Heinz Ritter-Schaumburg

Die Nibelungen zogen nordwärts

1 *Das große Stadtsiegel von Bonn. Aus der zweiten Hälfte des 13. Jahrhunderts.*

Bonn hatte in früher Zeit neben seinem Hauptnamen (Bonna-Bunna) auch den Namen VERONA (»cisalpina«), zu deutsch: BERN (»diesseits der Alpen«). So steht es in Chroniken, auf Siegeln und Münzen. Auf diesen Inschriften wird Verona-Bern als jeweils älterer Name angesehen. Dies ist die Heimat des Königs DIDRIK VON BERN.

Heinz Ritter-Schaumburg

Die Nibelungen zogen nordwärts

Herbig

2. verbesserte Auflage, August 1981

Umschlaggestaltung: Werner Rebhuhn, Hamburg
Titelbild: »Der Helm des Herrn von Gellep« (Krefeld)
Herstellung: Franz Nellissen, München
Satz: type center, München
Druck: Jos. C. Huber, Dießen am Ammersee
ISBN: 3-7766-1155-3

Gunnar König sandte Botschaft
über all sein Land,
daß alle seine stärksten
und raschesten Mannen
sich sollten fahrtbereit machen
und sich wappnen,
so gut sie nur könnten.
Da ward Gunnar König
fahrtbereit
mit tausend raschen Mannen
mit guter Rüstung
    mit weißen Brünnen
    und blitzenden Helmen
    und schneidenden Schwertern
    und scharfen Spießen
und reisigem Pferd.
    Und da sitzt daheim
    manch schöne Frau
    verlangend nach ihrem Gatten,
    ihrem Sohn und Bruder.
Da nahm Hagen
Gunnar Königs Banner
    in seine Hand,
das war vorn golden,
inmitten weiß
und ein Aar darin
aus roter Seide
mit einer Krone,
und außen war das grün.

Gunnar König hat gleichen Aar
auf all seiner Rüstung,
und Hagen hat auch
Aar auf seiner Rüstung
und nicht mit Krone.
Gernoz und Gislher
haben rote Schilde
und eingelegt
mit goldenen Falken,
und dies Wappen haben sie
auf all ihrer Rüstung,
und von gleicher Farbe
sind ihre Banner.
Hieran kann man sie kennen
mit ihrer Schar,
wo sie auch reiten.
So ritten sie
die Niflungen
immer ihren Weg,
bis sie kommen
zum Rhein,
wo Duna und Rhein
zusammenkommen.
Das war breit da hinüber,
wo die Flüsse sich treffen,
und war da kein Schiff.
Da blieben sie dort die Nacht
in ihren Zelten.

Aus der
Thidrekssaga

INHALT

Vorbemerkung

Dieses Buch wendet sich an die vielen, welche sich von den Fragen um die Nibelungen berührt fühlen. Es ist allgemein verständlich und leicht lesbar geschrieben, aber es richtet sich zugleich an die wissenschaftliche Welt; denn es ist die erste Zusammenfassung meiner Arbeiten, die bisher nur in Einzelaufsätzen erschienen waren und dadurch den großen Überblick entbehrten. Dieser Überblick wird hier gegeben.
Ein großer Menschenkreis hat meine Arbeiten mit wachsender Anteilnahme verfolgt. Er mußte sich in Geduld fassen; denn die Klärung der Fragen ging nicht so schnell voran, wie viele es wünschten. 1959 begonnen, hat sich diese Forschung über 20 Jahre hingezogen; und auch ich selbst mußte mich erst langsam von gewohnten Vorstellungen lösen.
Denn es handelte sich hier um *die Umkehr aller bisherigen Vorstellungen über die Nibelungen-Überlieferung*. Das bisher im Schatten Stehende war ins Licht zu rücken, das bisher Hochgeachtete mehr in den Hintergrund zu stellen. Was bisher als ursprünglich galt, erwies sich nun als abgeleitet, was als abgeleitet galt, zeigte sich als ursprüngliche Quelle.
In acht Aufsätzen habe ich bisher meine Forschungen dargelegt:

1. War die Lippe die norddeutsche Duna? (1963)
2. Der Zug der Niflungen nach Soest. Wo Duna und Rhein zusammenfallen. (1966)
3. Soest im Bilde der Thidrekssaga. (1970)
4. Soester Kammergräber und Frauen der Thidrekssaga. (1972)
5. Die Heimat der Niflungen. (1977)
6. Königsburgen der Thidrekssaga. (1979)
7. Das »Königsgrab« zu Enzen. Jb. d. Kreises Euskirchen 1978.
8. Didrik von Bern in Osning und Rimslowald. Histor. Verein Dortmund. (1980)

Diese Aufsätze sind zum großen Teil in der »Soester Zeitschrift« erschienen, etwas abseits der allgemeinen Aufmerksamkeit. Dieser Umstand erlaubte es der germanistischen Wissenschaft, abzuwarten ohne vorzeitig Stellung beziehen zu müssen, und ermöglichte es mir, meine Untersuchungen zu beenden, bis die Sicherheit gegeben, der Überblick vollkommen war.

Aber meine Untersuchungen erfolgten trotzdem in Fühlung mit den zuständigen Wissenschaftlern, und sie wurden aufmerksam verfolgt. Das geschah im besonderen durch die Expertin auf diesem Gebiet, Frau Professor Dr. Roswitha Wisniewski, der Inhaberin eines Germanistischen Lehrstuhls der Universität Heidelberg. Sie, einst Schülerin von Professor de Boor in Berlin, hat auch die Freundlichkeit gehabt, mit einigen Sätzen meine Arbeiten in die allgemeinen Bemühungen der Germanistischen Wissenschaft einzuordnen.

Juni 1980 Dr. Heinz Ritter-Schaumburg

Geleitwort

Heinz Ritter ist seit etwa 1963 mit einer Anzahl von Arbeiten zur Thidrekssaga hervorgetreten, die im vorliegenden Band vereint der Fachwelt zur Diskussion gestellt werden.

Die Saga erzählt bekanntlich Stoffe, die auch aus mittelhochdeutscher Dichtung, vornehmlich dem Nibelungenlied und den Dietrichepen, bekannt sind. Doch die Dichtungen des süddeutschen Raumes behandeln die Stoffe teilweise anders als die altnordische Thidrekssaga, deren Haupthandschrift, die sogenannte »Membrane«, um 1250 in Bergen entstanden sein dürfte. Da die Saga eigenen Angaben zufolge auf Quellen aus Niederdeutschland beruht, stellt sich die Frage, wie sich die niederdeutsche zur oberdeutschen Sagentradition verhält.

Einen besonderen Stellenwert besitzen in dieser Frage die topographischen Angaben der Thidrekssaga. Einige Ortsnamen in der Darstellung vom Nibelungenuntergang in der Thidrekssaga etwa klingen ähnlich wie die des Nibelungenliedes. Aber wenn man sie zu den Ortsvorstellungen des Nibelungenliedes stellt, ergibt sich daraus kein klares geographisches Bild. Denn der Nibelungenuntergang ereignet sich in der Thidrekssaga in Soest, im Nibelungenlied aber irgendwo im Hunnenland, das östlich vom heutigen Österreich gedacht werden muß.

Heinz Ritter geht in seinen Arbeiten davon aus, daß die Ortsangaben der Thidrekssaga auf tatsächlichen Gegebenheiten beruhen und im niederdeutschen Raum identifizierbar sind. Und er fördert Erstaunliches zutage. Der Raum, in dem die Handlung der Thidrekssaga spielt, wird durch Verona (= Bonn), Thorta (= Dortmund), Susat (= Soest), Babilonia (= Köln), Rom (= Trier, Roma Secunda) umschrieben. Die Duna der Thidrekssaga, zuvor stets mit der Donau gleichgesetzt, kann von Heinz Ritter als Dhünn (»Duone« in einer Urkunde von 1117), Nebenfluß des Rheins bei Wiesdorf – Leverkusen identifiziert werden; Bakalar, der Stammsitz Rodingeirs/Rüedigers als Blecher bei Altenberg. Vernica, der

Königssitz der Nibelungen, wird als Virnich oder Virmenich bei Zülpich identifiziert. Die wenigen Beispiele zeigen, daß die Forschung Ritters Identifizierungsergebnisse ernst nehmen sollte. Gewiß wird nicht alles überzeugen können, aber es bleibt doch genug, das zur Diskussion herausfordert. Heinz Ritter glaubt nachweisen zu können, daß die geographischen und geschichtlichen Angaben der Thidrekssaga ein einheitliches Bild von den Verhältnissen im norddeutschen Raum (West- und Ostfalen, Nordrhein, Belgien) im 6. Jahrhundert, also vor der Christianisierung ergeben. Besonders eindrucksvoll sind in diesem Zusammenhang seine Hinweise auf die Goldfunde in den Gräbern bei Enzen (= fränkisches Herrschaftszentrum?) und auf die Kammergräber von Soest. Es wäre schön, wenn die Archäologie hier noch weiteren Aufschluß geben könnte. Denn der Mangel an Parallelüberlieferungen – etwa durch Chroniken – erschwert die Verifizierung der Hypothesen. Heinz Ritters Arbeiten kann schon heute das Verdienst zugesprochen werden, daß sie die Nibelungenforschung auf neue Wege gewiesen und um viele Detailergebnisse bereichert haben.

Heidelberg, Germanistisches Seminar der Universität

Roswitha Wisniewski

Einführung

Auf der Suche nach ursprünglichen Formen der Sage stieß ich auf die *Thidrekssaga.* Ihren Spuren nachgehend machte ich ein paar aufregende Entdeckungen, die neue Wege zu öffnen schienen und geltenden Auffassungen widersprachen.

Karl der Große, ein christlicher König, hatte die ganz alten deutschen Lieder und Sagen von den Taten und Kriegen der einstigen Könige gesammelt und ließ sie »dem Gedächtnis einprägen«. Ludwig der Fromme, sein allzu kirchlicher Sohn, »verachtete die Volksgesänge, die er in der Jugend gelernt hatte, und wollte sie weder lesen noch hören noch lehren«. Einige Jahrhunderte später tauchte in den nordischen Ländern eine Sammlung heidnischer Sagen auf, welche beteuerte, ihre Erzählungen seien von deutschen Männern in den Norden gebracht worden und gingen zurück auf alte Lieder deutscher Zunge, die in Soest, Münster und Bremen in ganz gleicher Weise erzählt und gesungen würden. Diese Sammlung nannte sich die *Didriks-* oder *Thidrekssaga* (künftig auch abgekürzt Ths).

Neben vielen anderen bringt eine ihrer Sagen die Erzählung von Sigfrid und Brünhild, eine andere die Vermählung Sigfrids mit Grimhild und Gunters mit Brünhild, eine dritte den Streit der Königinnen, eine vierte den Untergang der Niflungen. Es sind Parallel-Erzählungen zum Nibelungenlied (künftig auch abgekürzt NL). Aber was für eine seltsame Nibelungensage ist das! Hier ziehen die Niflungen (nicht Burgunden!) mit 1000 Gewappneten (im NL 10000) von ihrer Burg Vernica (nicht Worms!) aus und reiten, bis sie an den Rhein kommen, da wo Duna und Rhein zusammenströmen. Dort schlagen sie ihre Zelte auf. Sie setzen über den Rhein (nicht über die Donau!) in einem Fährboot, das eine Hundertschaft faßt (im NL 500 oder drüber!). Sie treffen nach einem Halbtagsritt (im NL Wochen nach dem Rheinübergang, Tage nach dem Donauübergang) den schlafenden Wächter, dem Hagen einen Goldreif schenkt (im NL 6 Goldspangen!), und dieser führt sie zur nahen Burg Bakalar des Markgrafen Rodinger (Rüdiger). Mit ihm zusammen und 7 seiner Ritter (im NL 500!) reiten sie in mehreren Tagen an Burg Thorta (Dortmund) vorbei nach Susat-Soest und gehen dort durch ihre Schwester Grimhild und deren zweiten Gatten, den in Friesland geborenen und über das Hünenreich Westfalen herrschenden König Attala-Attila-Atilius, in zweitägigen Kämpfen zugrunde. Es ist Zug um Zug dieselbe Sage wie im Nibelungenlied, und doch Zug um Zug in andere Umwelt gesetzt, anders dargestellt und anders begründet. Wo liegt der Grund für diese doppelte, widersprüchliche Fassung?

Innerhalb einer Vielzahl von Sagen-Überlieferungen sind Thidrekssaga und Nibelungenlied die beiden großen Gegensätze. Die Thidrekssaga spielt zu beiden Seiten des Rheins und in Westfalen, das Nibelungenlied von Worms durch Bayern nach Ungarn. Die Thidrekssaga hält alles in bescheidenen und möglichen Maßen, das Nibelungenlied in üppigen und oft unmöglichen Maßen (aus der großen Kampfhalle werden allein an Toten 7000 hinausgeworfen; 100 Wagen bringen den Nibelungenschatz nicht fort). Nur eine der beiden Fassungen kann die ursprüngliche sein.

Man hatte wegwerfend gesagt, die Ortsangaben der Thidrekssaga zeugten von einer völligen Ahnungslosigkeit deutscher Verhältnisse, da sie die Donau in den Rhein fließen ließen. Aber ich entdeckte die in den Rhein fließende Duna, und einen halben Tagesritt entfernt lag der als Burg »Bakalar« beschriebene Herrensitz des Markgrafen Rodinger. Die Ortsangaben der Thidrekssaga zeigten in dieser Einzelsaga und in vielen weiteren ein klares Raumbild und genaueste Kenntnisse des niederdeutschen Gebietes in sehr alter Zeit. Das war bisher nicht erkannt worden, und frühere Gleichsetzungen von Saganamen mit geographischen Punkten gingen selten über ungeprüfte Vermutungen hinaus. Hier war es aber nötig, jeden einzelnen Namen zum besonderen Studium zu machen, die möglichen Orte selbst aufzusuchen, Urkunden und Kataster einzusehen, die alten Fernwege festzustellen, die überlieferten Namensformen zu vergleichen und die Forscher zu befragen.

Thidrekssaga und Nibelungenlied haben jedes für sich ihr vollständiges geographisches System. Sollte die Parallele von Duna und Donau der Schlüssel zur Ursprungsfrage sein? War es möglich, daß der norddeutsche oder nordische Sagaschreiber unter der »Donau« den kleinen, kaum bekannten Nebenfluß des Rheins verstand? Oder verstand der süddeutsche Dichter unter der »Duna« irrtümlich die ihm allein bekannte Donau?

Sprach die Sage ursprünglich von einem friesisch-westfälischen Attala-Attila-Atilius und seinen Hünen oder von dem mongolischen Attila und seinen Hunnen? Wußte der nördliche Sagaschreiber also nichts von dem historischen Etzel und den Hunnen und verwechselte er sie mit den Hünen? Oder mißverstand vielmehr der süddeutsche Schreiber die ihm unbekannten norddeutschen »Hünen« und setzte, da er die Sage irrtümlich an die Donau gebracht hatte, nun auch hier die benachbarten und dort gewesenen »Hunnen« dafür ein?
Löschte der nördliche Bearbeiter in der Thidrekssaga den Namen der Burgunden wissentlich aus und setzte dafür durchgängig den Namen »Niflungen« ein? Oder war der Name der Niflungen in der Sage ursprünglich, und die süddeutschen Bearbeiter, die ihn nicht verstanden, setzten dafür die Burgunden ein, weil sie die Sage nun einmal mit den Hunnen in Verbindung gebracht hatten und aus ihren Chroniken wußten, daß ein Burgunderheer samt seinem König Gundahar von Hunnen vernichtet worden war?
Sprach die Sage ursprünglich von Theoderich dem Großen, und der nördliche »Sagamann« verwechselte ihn mit einem fränkischen Didrik, der in Bonn residierte, das einst auch »Bern« genannt wurde? Oder schob der süddeutsche Bearbeiter ahnungslos dem ihm allein bekannten Gotenkönig die Taten des ihm unbekannten rhein-fränkischen Didrik zu, obwohl sein Theoderich erst nach dem Burgunden-Untergang und nach Etzels Tod geboren wurde und ganz andere Schicksale hatte?
Sagen! Sagen! Als ich begann, wußte ich nicht, was dies an Zeit und Arbeit mir abverlangen würde; aber ich konnte mich den Folgerungen nicht entziehen.

Dieses Buch ist die Hinführung zu der sogenannten »Thidrekssaga«, dieser Sammlung von Erzählungen und Berichten, die ursprünglich aus dem sechsten Jahrhundert stammen dürften. Es ist zugleich eine Einführung in die Fragen, die mit diesem besonderen Werk zusammenhängen. Die Thidrekssaga wird ihre wirkliche Bedeutung erst langsam zu erkennen geben. Aus einer für Norddeutschland stummen Zeit spricht sie mit einem Mal deutlich und vernehmlich, stellt uns plastisch und dramatisch die handelnden Personen jener Zeit vor Augen und die bedeutenden Verflechtungen und Schicksale, die sich zwischen ihnen und um sie abspielten. Sie dichtet nicht, sie berichtet. Und wo sie zu Dichtung wird, ist sie Bericht in dichterischer Form, keine willkürliche Erfindung. (Einzelne Ausnahmen werden angemerkt.)

Das Buch ist gleichzeitig ein Bericht über jenen Teil meiner Forschung, der sich auf die Nibelungen bezieht. Es fragt, wer die Nibelungen eigentlich waren, und ob ein geschichtlicher Kern in dieser Überlieferung stekke. Es beginnt mit dem Nibelungenlied und seiner Entdeckung, ruft kurz den Inhalt der großen Dichtung ins Bewußtsein und prüft dann ihre Wirklichkeit nach. Es zeigt sich – und das ist nicht unbekannt –, daß das Nibelungenlied einer solchen Prüfung nicht standhält. Wo man nach greifbarer Wirklichkeit sucht, bleibt alles im Ungewissen...

Das Nibelungenlied hat seine Inhalte aus »Alten Mären«, wie es in seiner ersten Strophe sagt. Hat es diese »Alten Mären« gegeben? Gibt es sie noch und sind sie in der Thidrekssaga verborgen? – Aber die Thidrekssaga ist voller Rätsel; sie ist bis heute unverstanden geblieben. Auch das Nibelungenlied hat sie vielleicht ganz mißverstanden. Die Rätsel der Thidrekssaga mußten gelöst werden. Das war nur möglich, wenn es gelang, den »geographischen Wirrwarr« aufzulösen, der in ihr zu herrschen schien.

Mit der Lösung dieser Rätsel beginnt der zweite Teil des Buches. Es zeigt den Weg auf, den die Niblungen-Niflungen auf ihrem Ritt nach Susat-Soest zogen und verfolgt ihn zurück in ihre Heimat westlich des Kölner Gebiets. Es geht den in der Thidrekssaga geschilderten Schicksalen des Nibelungengeschlechtes nach, Hagens besonderer Geburt, dem eigentümlichen Verhältnis der Königsgeschwister, der Beziehung zu König Didrik von Bern-Bonn und seinen Gesellen. Zu diesen treten dann Sigfrid und Brünhild hinzu, jene zwei ungewöhnlichsten Gestalten der Sage; und durch ihre Verbindung mit den Niflungen leiten sich nun die künftigen Ereignisse ein: Sigfrids Erschlagung und Grimhilds Rache.

All dieses in der Thidrekssaga Berichtete wird eingehend behandelt; es ist in sich stimmig und zeigt ein mögliches, ja wahrscheinliches Geschehen auf. Nun erst wird vieles Dunkle und Merkwürdige auch im Nibelungenlied verständlich; zugleich aber wird erkennbar, wie das Nibelungenlied die hier zugrunde liegende Überlieferung teils mißversteht, teils in freier Dichtung ausgestaltet.

Von all diesen Geschehnissen, welche die Thidrekssaga so eingehend schildert, müßten Spuren vorhanden sein. Sind sie zu finden? Dieser Frage geht der letzte Teil des Buches nach. Die Thidrekssaga erscheint am Schluß als ein Bericht aus der Völkerwanderungszeit, eine Kunde, die wir verloren glaubten. Jene »ganz alten Lieder deutscher Zunge, in denen der vergangenen Könige Taten und Kriege besungen wurden«, sie scheinen in der Thidrekssaga erhalten.

Damit sich der Leser einen umfassenden Eindruck von der Thidrekssaga und insbesondere der Niflungensage, wie sie in der Thidrekssaga enthalten ist, bilden kann, ist eine Übersetzung der entsprechenden Teile der Thidrekssaga, sowohl der altschwedischen Handschrift als auch der sogenannten Membrane, im Anhang des Buches abgedruckt. Die Übersetzungen sind so angeordnet, daß Übereinstimmungen und Abweichungen der beiden Handschriften sofort ins Auge springen. Außerdem ist in Auszügen ein Aufsatz mit in den Anhang aufgenommen, der die geographischen Angaben der Thidrekssaga eingehend untersucht.

Es ist unmöglich, all derer namentlich zu gedenken, die mir in diesen 21 Jahren hilfreich gewesen sind. Ich bin mir ihres Anteils in jedem Falle bewußt. Ich bitte sie, mit diesem allgemeinen Dank zufrieden zu sein. Einige von ihnen werden an Ort und Stelle genannt. Besonders danken möchte ich aber Frau Professor Dr. Roswitha Wisniewski (Germanistisches Seminar der Universität Heidelberg), der ich schon früh begegnete und die meine Arbeit seither mit Anteil und Aufmerksamkeit verfolgt hat, ohne mich irgend dabei zu beeinflussen. Ihr Rat, ihre Hilfe und ihr Einsatz waren mir mehrfach sehr nützlich. Ferner danke ich für vielfachen mediävistischen Rat meinem Freunde, dem Historiker Dr. Armin Wolf (Max-Planck-Institut für europäische Rechtsgeschichte Frankfurt), mit dem ich in ständigem Austausch war (der übrigens in ganz ähnlicher Weise den Wegen des Odysseus nachgegangen ist wie ich den Wegen der Niflungen). Dann Herrn Archivdirektor Dr. Deus in Soest, der mir behilflich war, die Soest betreffenden Fragen zu klären; dem Historiker Emile Bouvier in Tournai, Herrn Ministerialrat Hermann Bock in Düsseldorf, Herrn Professor Dr. Hans Georg Kirchhoff (Universität Dortmund), Herrn Oberstudiendirektor Dr. Fritz Rohr/Zülpich und Herrn Martin Jeremias in Dabringhausen bei Altenberg. Ferner danke ich dem Ministerium für Wissenschaft und Forschung des Landes Nordrhein-Westfalen in Düsseldorf, das meine Arbeit seit 1975 in dankenswerter Weise gefördert hat.

Frühlingsanfang 1981. Dr. Heinz Ritter-Schaumburg

Das Nibelungenlied

Die Nibelungenstraße

Durch Süddeutschland, Österreich und Ungarn führt eine berühmte Straße, in schöne romantische Gegenden hinein und durch alte, geschichtsträchtige Orte hindurch. Sie begleitet den Weg, den uns das Nibelungenlied beschreibt, das seine Helden von Worms am Rhein zur Donau, über Passau und Wien zur Burg des Hunnenkönigs Etzel ziehen läßt. Hier im Ungarland hätten – so erzählt das Nibelungenlied – die Burgundenkönige Gunter, Gernot und Giselher und ihr Verwandter Hagen ihre Schwester Kriemhild besucht, deren ersten Gatten, Siegfried, sie Jahre zuvor erschlagen hatten. Hier wären sie mit all ihren Mannen: 60 Kämpen, 1000 Ritter und 9000 Reisige und Knechte, durch Kriemhilds Rache in langen Kämpfen zugrunde gegangen.
Ungezählte Gedenk- und Werbestätten haben sich an diese Überlieferungen geheftet; und erst kürzlich wurden sie uns mit ihren Ansprüchen und Widersprüchen humorvoll geschildert.[1]
Aber es haben sich Zweifel erhoben, ob diesen Erzählungen eine WIRKLICHKEIT zugrunde liegt, oder ob dies alles nur Dichtung und LEGENDE ist. Lebt darin verbürgte Überlieferung? – oder nur lose Vermutung? – oder bloßer Irrtum? Und so steht immer wieder die Frage auf: *Hat je der Fuß eines Nibelungen diese schöne Straße betreten? Ist je der Huf eines Nibelungenrosses auf ihr erklungen?*

Die Entdeckung des Nibelungenliedes

Unsere Vorstellung von den Nibelungen ist durch das Nibelungenlied geprägt. Aber die Kunde von den Nibelungen war Jahrhunderte lang verschollen. Um die Mitte des 18. Jahrhunderts hatte keiner in Deutschland, keiner gar im Ausland, je von ihnen gehört.

Zwei Schweizer Gelehrte, Johann Jakob Bodmer und Johann Jacob Breitinger, waren kurz vorher auf die Spur der mittelhochdeutschen Dichtung gekommen, die sie »Altschwäbische Dichtung« nannten, und Bodmer hatte einen kostbaren Minnesinger-Codex in Paris entdeckt und bekannt gemacht. Aber sein Buch fand keinen Anklang. Nur aus der Poststraße in Berlin schrieb ihm ein Medizinstudent »inter strepitus nocturnos atque diurnos« (inmitten des Krachs bei Nacht und Tag) (!) einen begeisterten Hymnus darüber. Der Student hieß Jacob Hermann Obereit.

Bodmer suchte weiter; doch hatte er kein Glück mehr, obwohl er auf vielversprechenden Spuren war. Er hatte Schloß Hohenems im Auge und befand sich oft ganz in seiner Nähe. Aber er konnte sich nicht zur Reise dahin aufraffen. Jahre vergingen.

Obereit war Arzt geworden und hatte sich in Lindau im Bodensee niedergelassen. Hier bekam er »unvermuthete Gelegenheit, eine Reise nach Hohenems zu machen«. Am 29. Juni 1755, einem Sonnabend, stieg er vom oberen Rheintal her zum Schlosse auf, durchsuchte eifrig die alte Bibliothek und zog sehr bald zwei alte Codices hervor, von denen der eine, sorgsam in einst weißes Leder eingebunden, ein langes Gedicht enthielt, und er las, ohne eine Ahnung davon zu haben, was er hier gefunden: »Aventure von den Gibelungen«. – Er hatte sich verlesen: Das »G« war ein N. Es hieß richtig:

»Aventiure von den Nibelungen«

(iu = ü). Es war eine der drei großen Pergament-Handschriften des Nibelungenliedes, später C genannt. Mit dieser Entdeckung traten die Nibelungen, zum ersten Mal seit Jahrhunderten, wieder in das Bewußtsein der Zeit.

Obereit, der seine Entdeckung an Bodmer weitergibt, erkennt indessen bald, was er da entdeckt hat, und er wertet es auch gleich, indem er es den damals im höchsten Ansehen stehenden griechischen Epen, der Odyssee und der Ilias, an die Seite stellt: »Wie glücklich bin ich nicht, daß es mir besonders gleichsam vorbehalten war, just auf einmal ein paar große Epopeen unserer Alten ... aus der barbarischen Finsternis wieder an den frohen Tag ... zu bringen.«

Auch Bodmer hat »den Dichter der Chriemhildis von etwa homerischer Art gefunden« und ihm damit eine hohe Rangstufe zuerkannt. Am 24. März 1756 erscheint zum ersten Mal eine öffentliche Nachricht über das Nibelungenlied in einer schweizerischen Wochenschrift und ein Jahr später wird es herausgegeben, wenigstens in seinen dramatischen Teilen.

Anzeigender und Herausgeber ist Bodmer. Über die Auffindung des Nibelungenliedes schreibt er: »Ich (!) hatte vorm Jahre das Vergnügen, ein solches zu entdecken, welches mir vor andern würdig scheint, daß es dem Untergange, dem es zueilt, sollte entrissen werden.«

Von Obereit als dem eigentlichen Entdecker sagt Bodmer kein Wort. Er erwähnt ihn auch später nicht. Obereits Name wäre für immer in »der barbarischen Finsternis« verschwunden und nicht »wieder an den frohen Tag« gekommen, wenn nicht der fleißige und gewissenhafte Johannes Crueger, 125 Jahre später (!), Bodmers Briefwechsel durchgearbeitet und die Wahrheit ans Licht gebracht hätte.[2] Muß man nicht sagen, daß die Entdeckung des Nibelungenliedes mit einem Verrat begann?

Bodmers Druck wollte nur *Proben des Nibelungenliedes* geben. Er glaubte nicht, daß ein vollständiger Druck jemals genügend Anteilnahme finden würde. Deshalb verzichtete er auf die erste, sehr ausgedehnte Hälfte und begann den Abdruck erst hinter der großen Lücke, welche der Codex inmitten hat, mit der Einkehr der Nibelungen beim Markgrafen Rüdiger von Bechlaren.

Friedrich der Große an den Herausgeber des ersten vollständigen Abdrucks des Nibelungenliedes, Christoph Heinrich Myller (geb. 1744 in Zürich, Professor für Philosophie und Geschichte in Berlin), in der ihm eigenen ungeschminkten Offenheit als Dank für die Widmung seiner Sammlung:

»Hochgelahrter, lieber getreuer. Ihr urtheilt viel zu vortheilhafft, von denen Gedichten, aus dem 12., 13. und 14. Seculo, deren Druck Ihr befördert habet, und zur Bereicherung der Teutschen Sprache so brauchbar haltet. Meiner Einsicht nach, sind solche, nicht einen Schuß Pulver, werth; und verdienten nicht aus dem Staube der Vergessenheit, gezogen zu werden. In meiner Bücher-Sammlung wenigstens, würde Ich, dergleichen elendes Zeug, nicht dulten; sondern herausschmeißen. Das mir davon eingesandte Exemplar mag dahero sein Schicksal, in der dortigen großen Bibliothec, abwarten. Viele Nachfrage verspricht aber solchem nicht, Euer sonst gnädiger König Frch.

Potzdam d. 22. Februar 1784.«

Ob der König das gescholtene Werk wirklich gelesen hat, ist fraglich.

Bald wurden weitere Handschriften des Nibelungenliedes gefunden, herausgegeben, verglichen, in Volksausgaben verbreitet. Friedrich der Große gab ein vernichtendes Urteil über das Lied ab, aber er hielt seinen Siegeszug nicht auf. In den Freiheitskriegen 1813–1815 führten Freiwillige das Nibelungenlied im Tornister mit. Dichter griffen den Stoff auf und gestalteten ihn neu: Wilhelm Jordan in einem Epos, Friedrich Hebbel in Dramen, Richard Wagner in einem musikalischen Gesamtkunstwerk, Werner Janssen in Romanen, Agnes Miegel und andere in Gedichten. Endlich ergriff ihn der Film, zuletzt der Comic-Stripe.
So wurde die Geschichte von den Nibelungen allmählich zum Gemeingut aller, zunächst in Deutschland, bald in der ganzen Welt.

Der Inhalt des Nibelungenliedes

Was ist nun der Inhalt dessen, was zuerst nur Wenige und später ganze Generationen bewegte und erfüllte? Auch Obereit hatte drei Wochen nach der Entdeckung des Buches an Bodmer geschrieben: »Ich bin nun ungemein stark lüstern nach dem eigentlichen und völligen Inhalt und einigen Stellen meines gefundenen Heldengedichts.«
Obereit bekam zunächst allerdings nur den zweiten Teil des großen Gedichts zu lesen. Das Ganze wurde erst 14 Jahre später durch Zusammenstellung aus zwei verschiedenen Handschriften bekannt gemacht. Obereit hatte es in seinem Brief an Bodmer ganz richtig gekennzeichnet als ein »weitläuftig Heldengedichte ... von der burgondischen Königin oder Princessin Chriemhild«. Das ist es.
Es kündet seinen Inhalt in seiner ersten Strophe an und weist darin zugleich auf seine Quelle hin:

Uns ist in alten mæren wunders vil geseit
von helden lobebæren von grôzer kuonheit (arebeit)
von fröuden hôchgezîten von weinen und von klagen
non küener recken strîten muget ir nu wunder hœren sagen.

»*Alte Mären*« sind die Quelle des Nibelungenliedes, aus ihnen will es berichten, von Freude und von Leid, von hohen Festen (hôchgezîten) und kühnem Kampf, von Untergang und Klage.

Und gleich darnach in der zweiten Strophe beginnt das Lied dann zu erzählen von der Jugend der schönen Königstochter, um deren Schicksale es nun seinen großen Bogen schlingt, deren Leben es begleitet und mit deren Tod es in den letzten Versen schließt.

Ez wuohs in Burgonden ein schœne magedîn
daz in allen landen niht schœners mohte sîn.
Kriemhilt was sie geheizen unde was ein schœne wîp
darumbe muosen degene vil verliesen den lîp.

Es berichtet von ihren drei Brüdern, Gunter dem König, Gernot und Giselher, von dem Leben am Königshof zu Worms und seinen Helden, unter denen der grimme Hagen und sein Freund, der Spielmann Volker, besonders hervortreten.
Der ganze erste Teil der zweigliedrigen Dichtung erzählt die Liebesgeschichte von Kriemhild und Siegfried; und schon gleich zu Beginn wird das tragische Ende vorausgedeutet in Kriemhilds Traum von ihrem Falken, den zwei Adler ihr zerreißen. Es sind berühmte Strophen, von großer Sprachgewalt, und sie haben mit den Ruhm des Liedes begründet:

In disen hôhen êren troumte Kriemhilde
wie si züge einen valken starc, schœn unt wilde
den ir zwêne arn erkrummen, daz si daz muoste sehen.
ir enkunde in dirre werlde nimmer leider sîn geschehen.

Den troum si dô sagete ir muoter Uoten
si ne kunde in niht bescheiden baz der guoten:
der valke den du ziuhest daz ist ein edel man:
in welle got behüeten du muost in schiere vloren hân.

(In diesen hohen Ehren träumte Kriemhilde, wie sie einen Falken aufzöge, einen starken, schönen, wilden, den ihr zwei Adler zerrissen, daß sie es mußte sehen. Ihr konnte auf dieser Welt niemals Schmerzlicheres geschehen. / Den Traum sagte sie da ihrer Mutter Ute. Diese konnte ihn der Guten nicht besser deuten als so: Der Falke, den du aufziehst, das ist ein edler Mann; ihn wolle Gott behüten, du wirst ihn bald verloren haben.)

Jung-Siegfried ist der Falke, der Kriemhild zufliegt. Mit der Darstellung *seiner* Jugend beginnt der zweite Gesang.
Dann wird erzählt, wie Siegfried nach Worms kommt, wie er mit den Sachsen kämpft, wie er Kriemhild zum ersten Mal sieht, wie er ihrem

Bruder König Gunter hilft, die stolze Brünhild zu gewinnen, und wie er selbst die schöne Kriemhild erhält. Danach berichtet das Lied von dem todbringenden Streit, in den die beiden Königinnen geraten, der dazu führt, daß Siegfried verraten und schließlich erschlagen wird, beklagt und begraben. Und als Kriemhild Siegfrieds Schatz »von Niblunges Lande« an den Rhein bringen läßt, bemächtigt sich Hagen des Schatzes und versenkt ihn in den Rhein, da, wo er am tiefsten ist.

Nun hebt ein zweiter Zyklus an. König Etzel von Ungarland wirbt um die schöne Kriemhild und führt sie nach Etzelnburg heim. Sie haben einen Sohn, den sie Ortlieb nennen. Aber Kriemhild klagt noch immer um ihren erschlagenen Gatten Siegfried.

Nachdem Jahre vergangen sind, lädt sie ihre Verwandten zu sich ein. Mit großen Vorbereitungen, auf unendlich langen Wegen wird dieser Zug durchgeführt. Über 10000 Mann, darunter 60 »schnelle Recken« und 1000 Ritter, ziehen von Worms am Rhein zuerst an den Main, von dort zur Donau, treffen weise Frauen am Brunnquell, die ihren Untergang voraussagen, setzen über den angeschwollenen Strom, wehren sich gegen die Überfälle der Bayern, werden in Passau beim Bischof Pilgerîn und in Bechlaren beim Markgrafen Rüdiger gastlich aufgenommen und ziehen mit diesem zur Hunnenburg Etzels. Hier, zuerst freundlich empfangen und bewirtet, werden sie auf Antrieb Kriemhilds in immer sich steigernde Kämpfe verwickelt und finden schließlich alle ihren Tod. Als letzter wird Hagen durch Kriemhild erschlagen und diese durch Hildebrand.

All dies ist in großen Bildern dargestellt in einer Sprache von einprägsamer Kraft:

> Dô reit von Tronje Hagne zaller vorderôst
> er was den Niblungen ein helflîcher trôst

(Da ritt Hagen von Tronje ganz vorne voran; er war den Niblungen ein hilfreicher Trost.)

Kein Wunder, daß Generationen sich am Nibelungenlied begeisterten, daß grade junge Menschen an ihm Anteil nahmen, daß es im mittelhochdeutschen Urtext oder wenigstens in hochdeutscher Übertragung in den Schulen gelesen wurde. Die Schlußzeile lautete in Bodmers Codex:

> hie hât daz mære ein ende: daz ist DER NIBELUNGE LIET.

Danach bekam das große Gedicht den Namen »*Nibelungenlied*«. Später wurden weitere Handschriften gefunden, die einen Schluß hatten, der ursprünglicher erschien. Dort heißt es:

I'ne kan iu niht bescheiden waz sider dâ geschach
wan ritter unde vrouwen weinen man dâ sach
dar zuo die edelen knehte ir lieben friunde tôt.
hie hât daz mære ein ende: daz ist der Nibelunge nôt.

(Ich kann euch nicht Bescheid geben, was seitdem dort geschah, außer daß man Ritter und Frauen dort weinen sah, desgleichen die edlen Knechte um ihrer lieben Freunde Tod. Hier hat die Erzählung ein Ende. Das ist der Nibelungen Not.)

Man hätte das Gedicht nun gerne DIE NIBELUNGEN-NOT genannt; aber der Name NIBELUNGENLIED hatte sich schon fest eingebürgert und ließ sich nicht mehr verändern.

Die Folgezeit

Inzwischen ist das Nibelungenlied millionenfach gedruckt worden, und nicht nach *einer* Handschrift allein. *Alle* gefundenen Handschriften wurden abgedruckt, auch die kümmerlichsten Reste. Manchmal war es nur ein Streifen Pergament oder Papier, der zum Einbinden gedient hatte und beim Neueinband zutage trat.
Es wurde gedruckt in Hochdeutsch und Plattdeutsch, erschien übersetzt in allen wichtigen Sprachen der Welt, in wissenschaftlichen und in Volksausgaben, als Tornister- und Rucksackbuch, in bibliophilen Prachtausgaben. Einen Höhepunkt stellt das 1971 erschienene große Werk von Michael S. Batts dar, in welchem die drei Haupthandschriften A, B, C nebeneinander im Urtext abgedruckt sind, ergänzt durch Angaben über die übrigen Handschriften nebst Übersichten jeder Art und Proben aller Handschriften am Schluß.[3]
Am Nibelungenlied entwickelte sich die germanistische Wissenschaft; es war ihr Königsthema. An ihm übte sich der Scharfsinn und Spürsinn der Gelehrten, zuerst in deutschsprachigen Ländern, dann auf immer weitere übergreifend. Inhalt und Aufbau, Form und Metrik, Vers und Strophe, Ursprung und Sagenschichtung, Wege und Orte, Umwelt und Land-

schaft, Sitte und Menschenart, Brauch, Religion und Recht bis zu Waffe und Werkzeug – alles wurde durch und durch geprüft.
Jeder Wandel des Zeitgeschmacks, der Denkmodelle, der Philosophie, der religiösen und politischen Weltanschauung der jeweiligen Zeit spiegelte sich in der Beschäftigung mit dem Nibelungenlied. Kein Wandel konnte die Achtung vor diesem Werk verringern. Es blieb ein Zeugnis überzeitlicher Dichtung, gespannter Dramatik, voll ungewöhnlicher Kraft.

Und was ist nun das Ergebnis dieser zweihundertjährigen Bemühung? Was weiß man heute sicher über das Nibelungenlied, über seine Entstehung, seine Quellen, seine Heimat, über die Geschichtlichkeit seiner Personen, über den Dichter, der es aus »alten Maeren« in geschlossene Form brachte?
Die Antwort ist erstaunlich: Fast alle wichtigen Fragen sind immer noch offen. Unter den vielen Handschriften, vollständigen und fragmentarischen, hat sich ein Original nicht finden lassen. Welche Handschrift dem Original am nächsten stehe, darüber hat man sich nicht einig werden können. Jeder Handschriften-Stammbaum, den einzelne Forscher aufstellten, wurde von anderen bestritten.[4]
Aber dieses blieb: Der Anteil an den Nibelungen entzündete sich am Nibelungenlied und haftete im wesentlichen an ihm. Das Nibelungenlied gilt – von vorne herein und fast bis in unsere Tage – als die maßgebliche Darstellung der Nibelungen-Überlieferung. Dies ist ein Vor-Urteil. Man hat es abzuschütteln versucht, aber bis jetzt ist es nicht gelungen. Später traten die Edda-Lieder ins kritische Bewußtsein und erfreuten sich manche Zeiten hindurch großer Beliebtheit. Noch später folgte die Thidrekssaga. Ihre Zeit fängt erst an.

Zweifel

So hoch aber das Nibelungenlied zu allen Zeiten in Achtung und Ansehen stand, so ließen und lassen sich doch bei genauerer Beschäftigung mit ihm auch seine Mängel nicht übersehen. Kürzeren Stücken voll gesammelter Kraft stehen lange Strecken leeren Geschehens gegenüber, endlose Aufzählungen von modischen Kleidern, Schmuck und Waffen, ein

Schwelgen in Zahlen, prahlerische Übertreibungen, unwirkliche und märchenhafte Züge.

Den sagenhaften Nibelungenschatz bringen »hundert kanzwägene« nicht fort (92, 1122). Die Erzählung von der Tarnkappe, mit deren Hilfe Siegfried unsichtbar Gunter im Kampf gegen Brünhild beisteht, ist ein Märchenzug; die Wasserfrauen, denen Hagen begegnet, erscheinen als mythische Wesen. Hier ist die Überlieferung wirklichen Geschehens von der LEGENDE überwuchert.

Aber auch dort, wo es angeblich um geschichtliche Zusammenhänge geht, ist es im Nibelungenlied nicht gut bestellt. Die Burgunden, mit denen die Nibelungen durchgehend gleichgesetzt werden, sind geschichtlich schon in Worms kaum zu fassen. Von ihnen wird in Chroniken berichtet, daß sie irgendwo im Westen mit Hunnen in Kampf gerieten und im Jahre 436 zum großen Teil vernichtet wurden; aber niemals sind sie in Heeresstärke nach Ungarn gezogen. Und: meinte die ursprüngliche Überlieferung mit den Nibelungen überhaupt die Burgunden?

Theoderich der Große von Ravenna, allgemein als der Dietrich von Bern der Sage angesehen, war gar kein Zeitgenosse des Hunnenkönigs Etzel. Er ist erst nach Etzels Tod geboren, kann also niemals an Etzels Hof in der Verbannung gelebt haben. Island, wo Königin Brünhild auf dem »Isensteine« sitzen soll (»Ez was ein küniginne gesezzen über sê«), ist vor dem 9. Jahrhundert nicht besiedelt gewesen, und auch später hat es dort niemals Könige gegeben, geschweige denn eine Königin.

Natürlich hat auch das christliche Münster in Worms niemals die Burgunden-Fürstinnen des 5. Jahrhunderts gesehen; und der Widerspruch zwischen heidnischer Grundhaltung der Burgundenkönige und dem christlichen Rahmen im Nibelungenlied ist oft bemerkt worden. Vor allem ist der sinnlose Zug eines so großen Heeres über eine so weite Entfernung ohne jeden praktischen Zweck, nur zum Besuch der Schwester, die einen von ihnen noch dazu tödlich haßt, immer wieder Anlaß zu Verwunderung und Kopfschütteln gewesen.

All dies ist Anlaß, nach einer Darstellung des Nibelungenstoffes Ausschau zu halten, die einfacher, gradliniger, geschichtlich richtiger und in der weltanschaulich-religiösen Haltung stimmender ist.

Die Thidrekssaga

Es gab ja noch andere Gestaltungen der großen Sage: Da war das LIED VOM HÜRNEN SEYFRIED, aus dem das VOLKSBUCH VOM GEHÖRNTEN SIGFRID hervorging; da gab es mehrere Lieder der EDDA und die VÖLSUNGENSAGA in nordischer Prosa – und es gab die Erzählungen der THIDREKSSAGA (Ths).

Diese anderen Überlieferungen schildern im ganzen dieselben Begebenheiten wie das Nibelungenlied; aber sie schildern sie auf andere Art, in anderer Umwelt und Örtlichkeit, mit abgewandelten Namen. Sie beleuchten manche Seltsamkeiten des Nibelungenliedes auf eine eigene Weise. Doch blieben sie alle in seinem Schatten und wurden mehr am Rande beachtet.

Unter allen Parallelen zum Nibelungenlied ist die THIDREKSSAGA die umfassendste, geschlossenste und, in Ähnlichkeiten wie in Abweichungen, die wichtigste. Sie ist eine Sammlung früher niederdeutscher Überlieferungen, aufgeschrieben in den alten nordischen Sprachen: Altnordisch-Isländisch und Altschwedisch, alle kreisend um den rheinfränkischen König Didrik von Bern-Bonn, dessen Leben, von seinen Vorfahren an bis zu seinem Tod, sie in allen Einzelheiten beschreibt. Die NIFLUNGEN-SAGA ist nur ein Ausschnitt aus ihr.

Der Text der alten niederdeutschen Didrikssaga ist uns in deutschen Sprachen nicht erhalten geblieben; er ist uns aber in den nordischen Sprachen überliefert, und zwar durch drei Pergament-Handschriften in altnordischer und isländischer Sprache und durch zwei altschwedische Handschriften, von denen die zweite unvollständig ist.

Von den drei Pergament-Codices sind zwei verschollen und wahrscheinlich (beim Kopenhagener Stadtbrand 1728?) verbrannt.[5]

Als die älteste Thidrekssaga-Handschrift wird die heute noch in der Königlichen Bibliothek in Stockholm verwahrte MEMBRANE (Abb. 3) angesehen, deren Entstehung man um 1260 ansetzte. Diese Pergament-Handschrift ist nun nicht einfach die Abschrift eines älteren Manuskripts, sondern sie hat eine ziemlich verwickelte Entstehungsgeschichte.[6]

Im allgemeinen ist die »Membrane« als die Haupt-Handschrift der Thidrekssaga angesehen und bei Übersetzungen vorrangig benutzt worden.

Das ist aber unberechtigt. Die beiden verlorenen Pergamenthandschriften haben nach Ausweis ihrer Nachkommen A und B sehr gute und ein-

Abb. 1
Die goldene Soester Runenfibel. Mit über 200 geschliffenen Almandinen, deren jeder mit einem gewellten Goldblättchen besonders unterlegt ist. Durchmesser 5 cm Burghofmuseum Soest.

prus han hadhe wunnith tha ridha the vt aff rom
moth hom mz vm fulkena mer tho redh didrik
in i rom mz stor werdoghetth oc heffdhe han nu
ervfit alt sith rike offuer alla werldena stodh
han rytthe loff hedher prijs oc ara

KOnungh atilia i hunaladh war i thenna tima
en gamal man tha fordhe op alduan ha
gens son aff tromi som han afflade mz then
qwinna som war hono lagh dua natt for en han do
the konungh atilia hade oc en son han war xii ara
gamal han war oc aldrian hagensson has modher
modher fordhe them badha op thz war en ybrie
konungh atilia sith with bordh for hom stodh ald
rin hagensson oc hellt bloss for hom Tha fiolen
bradh aff blosit oc vpa alduans foth oc bran
dhom oc [illegible] i fotin tha sade aldrian [illegible]
til Tha talade konungh til hom hwadh tanker tu
aldrian fremmer tu en ath eldhen bramer til al
drian swarede iach san thz ath for til lyffthe geth
hwetheledh oc skraffligha rätth oc tu dyrsiker
goth win tha tenkthe iach ath then dagh skul
de koma ath thu [illegible] oc drisker
[illegible] om then fra thz fra konungh atilia
swarade hwi tenker thw thz ith iach skulle [illegible]
[illegible] dyrska [illegible] thz [illegible]
konungh [illegible]
thz [illegible] i om [illegible] tha iach bade hugsade
oc [illegible] iach san gamal [illegible]
[illegible] iach [illegible] i [illegible] tha taledhe
[illegible] tenkthe aldrian thz [illegible]
[illegible] sin fadher [illegible] oc [illegible]
[illegible] thz war en dagh ath konungh atilia [illegible]
[illegible] ath for [illegible] oc [illegible]
[illegible] fran hom [illegible] aldrian [illegible]
[illegible] sagde til atilia [illegible] oc [illegible]

Abb. 2
◁ *Ein Blatt der »Svava«-Handschrift. Um 1414.*

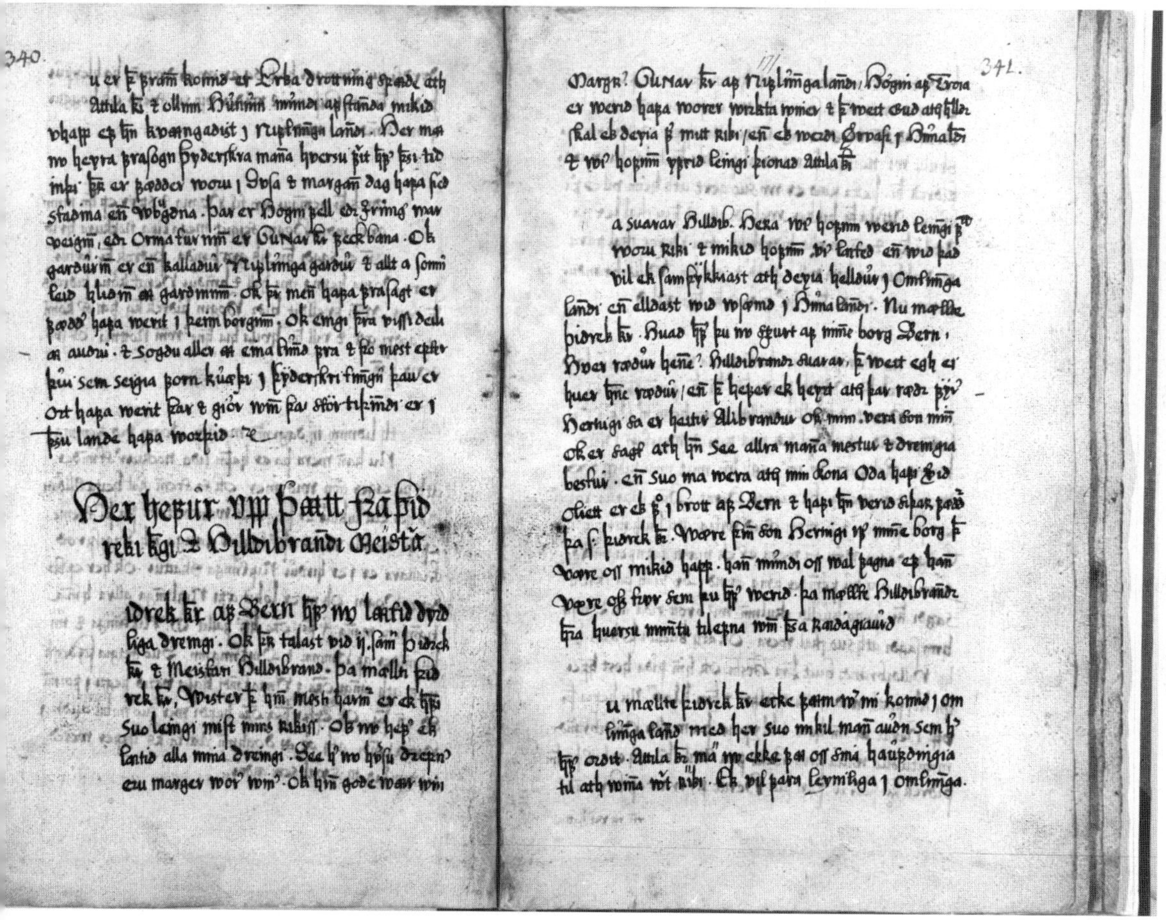

Abb. 3
Ein Blatt der Membran-Handschrift. Um 1260.

Abb. 4
Fränkische Schwerter aus dem ▷ 8. Jahrhundert n. Chr. Landesmuseum Hannover.

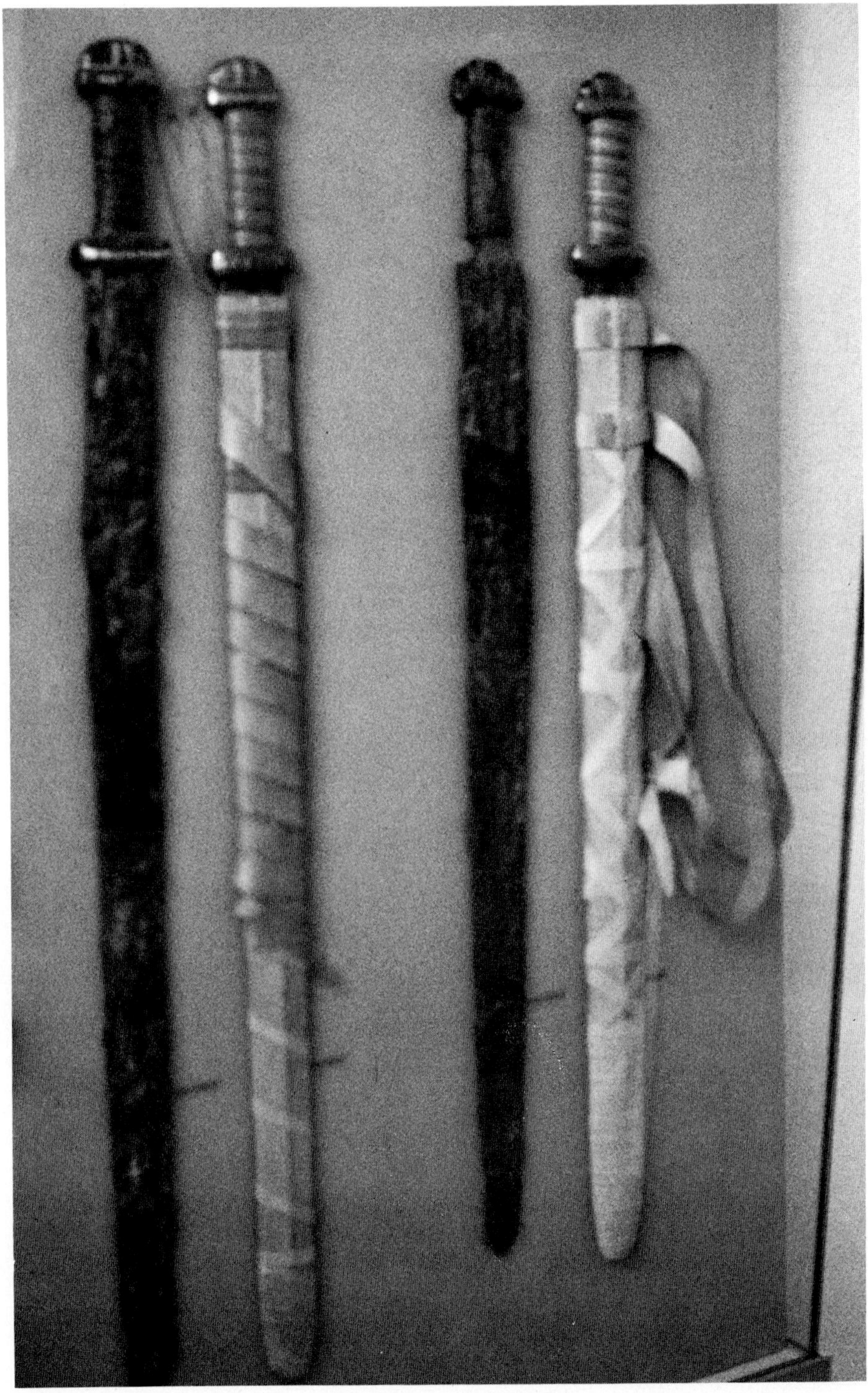

heitliche Texte, die sich keineswegs auf die Membrane zurückführen lassen. Wir müssen also vor der Membrane, d.h. vor 1260, weitere Handschriften annehmen, ja eine ganze Kette, von der die Membrane nur das letzte sichtbare Glied ist.

Nun gibt es aber außer diesen drei Pergament-Handschriften und ihren Nachkommen noch DIE ALTSCHWEDISCHE HANDSCHRIFT (Abb. 2), wobei man die beiden vorhandenen Exemplare, das vollständige und das unvollständige, als eine Einheit ansehen kann, so gering sind ihre Unterschiede. Diese »Svava«, wie ich sie zuerst (vielleicht irrtümlich, aber brauchbar) nannte, hat nun aber einen vollkommen anderen Text als alle anderen Handschriften: kürzer, sachlicher, einfacher, gradliniger, ursprünglicher, der deutschen Überlieferung näher.

Und dieser »Svava« geschieht nun dasselbe, was der Thidrekssaga im ganzen gegenüber dem Nibelungenlied geschah: Sie wurde in ihrer Einfachheit verachtet und als eine schlechte und verstümmelte Kopie der Membrane angesehen. Damit schied sie als benutzte Quelle aus.[7] Ich möchte sie aber im Gegenteil als eine ganz wichtige Quelle ansehen, aus der besonders rein zu schöpfen ist; denn ihr fehlen – »noch«, möchte ich sagen – die vielen Ausmalungen, Überlegungen und Empfindungen, welche vor allem die Membrane »schmücken«. Die Gegenüberstellung der Übersetzungen wird das deutlich zeigen.[8]

Auch in der Thidrekssaga ziehen die Niflungenbrüder Gunter, Gernoz-Gernholt und Gislher mit ihrem Halbbruder Hagen und 1000 Rittern von ihrer Burg Vernica aus ins Hunaland = Hünenland, um dort ihre Schwester Grimhild und deren zweiten Gatten, den König Attala-Attilla-Atilius zu besuchen; auch hier überschreiten sie unter Mühen einen großen breiten Fluß an der Duna-Mündung, werden sie gastlich beim Markgrafen Rodinger in seiner Burg Bakalar aufgenommen, treffen sie in König Attalas Burg ein und werden reich bewirtet. Ob auch gewarnt durch König Didrik von Bern, der seit langem an Attalas Hofe lebt, trifft sie auch hier Grimhilds Rache für die Erschlagung ihres ersten Gatten Sigfrid, und sie gehen in langen Kämpfen, zuletzt gegen Markgraf Rodinger und Didrik von Bern, bis auf den letzten Mann zugrunde – und Grimhild mit. Es scheint alles dasselbe, und ist doch alles anders.

Man kam vom Nibelungenlied her. Dies hatte die erste Kunde von diesen Vorgängen gebracht. Mit den vom Nibelungenlied geweckten Vorstellungen betrachtete man die Thidrekssaga. Wie sollte man unter der Niflungenburg Vernica-Verniza-Verminza etwas anderes verstehen als

Worms? Wie unter den Niflungen etwas anderes als die im Nibelungenlied genannten »Burgonden«, unter den »Hünen« die Hunnen, die im Jahre 436 jenes Burgunderheer samt seinem König Gundahar und seiner ganzen Familie vernichtet hatten? Wie unter Attala-Attila-Atilius etwas anderes als Etzel, unter Didrik von Bern Theoderich den Großen, den Gotenkönig? Und unter der »Duna« die Donau?
Niemand kam auf den Gedanken, daß das Nibelungenlied in der Thidrekssaga-Überlieferung seine – mißverstandene – Quelle haben könnte. Umgekehrt vielmehr vermutete man, daß die Thidrekssaga nichts anderes sein könne als eine verkümmerte und verworrene Abschöpfung aus dem Nibelungenlied, die in der nordischen Umwelt alle seelische Feinheit verloren habe.[9]

Die Thidrekssaga beginnt ihren Bericht vom Auszug der Niflungen in der altschwedischen Chronik (307) so:

> Gunter-König sandte Botschaft über all sein Land, daß alle seine stärksten und raschesten Mannen sich sollten rüsten und waffnen, so gut sie nur könnten.
> Da ward Gunter-König fahrtbereit mit tausend raschen Mannen mit guter Rüstung und reisigem Roß.
> Da nahm Hagen Gunter-Königs Banner, das war vorn golden, inmitten weiß und ein Adler darin von roter Seide mit einer Krone, und außen wars grün.
> So ritten sie (immer ihres Weges) zum Rhein, da wo Duna und Rhein zu Hauf kommen. Es war breit da hinüber, und war da kein Schiff. Dort blieben sie die Nacht in ihren Zelten.

Nach der Überfahrt über den Rhein ziehen die Niflungen dann weiter nach Soest.
Dies war nun eine seltsame Kunde! Was sollte das heißen: »zogen zum Rhein, dort wo Duna und Rhein zu Hauf kommen«, wobei eine andere Handschrift hinzufügt: »zogen immer ihres Weges, bis sie an den Rhein kamen?« Warum zogen die Niflungen zum Rhein, wenn sie in Worms am Rhein wohnten? – Und was soll das heißen: »wo Duna und Rhein zu Hauf kommen« – »zusammenkommen« – »zusammenfallen«? Gab es bei Worms eine »Duna«, die in den Rhein floß? Oder war mit der »Duna« die Donau gemeint? Floß die Donau jemals irgendwo in den Rhein? Hieß die Donau überhaupt jemals »Duna«?

Oder gab es noch eine andere »Duna«, die in den Rhein floß, nicht bei Worms, sondern weiter im Norden, näher an Soest, wohin die Niflungen dann weiterzogen?
Als ich mit meiner Forschung begann, war mir die Thidrekssaga nur wenig bekannt. Verwundert hatte ich zur Kenntnis genommen, daß hier die Niblungen-Niflungen ganz andere Wege zogen und zu ganz anderen Zielen. Ich war auf der Suche nach Sagen mit WIRKLICHKEIT, nicht mit erdichteten Phantasien, und so befriedigte mich das Nibelungenlied nicht und genügten mir ebensowenig die sonst so hochgepriesenen Lieder der Edda:

> Scheunen habe ich sieben,
> mit Schwertern gefüllt,
> ein Griff von Golde
> glänzt an jedem.

Wie klein man sich die »Scheunen« auch denken mag (etwa wie die Holzblockhäuschen in Österreich oder Schweden), dies war kein Bericht aus der Wirklichkeit.
Damals fand ich die Thidrekssaga. Sie schien mir ursprünglicher, der Wirklichkeit und irgendwelchen uns unbekannten Ereignissen der Geschichte näher. Nur verstand ich ihre geographischen Angaben nicht besser als andere. Aber *ich glaubte daran,* daß ihre Angaben sinnvoll seien. Ihr einfacher Stil, die berichtende Art ihrer Schilderung, die Angabe auch unbedeutender Neben-Umstände, weckten mein Vertrauen. Doch als ich mich umsah, was sonst die Meinung über die Thidrekssaga war, fand sich, daß niemand meine Auffassung teilte. Die meisten sahen in der Thidrekssaga einen trüben Auszug aus dem Nibelungenlied. Wie kam das?

Unter den Ortsangaben der Thidrekssaga muteten viele sehr seltsam und unbekannt an; keine aber seltsamer als die vom Zusammenfluß von Duna und Rhein. Man schloß daraus, daß der »Sagamann« des 13. Jahrhunderts im skandinavischen Norden, den man für den Verfasser der Ths-Erzählungen hielt, keine Ahnung von deutscher Geographie gehabt hätte, da er die beiden selbständigen Hauptströme Deutschlands, Donau und Rhein, ineinander fließen ließ. Die Thidrekssaga wäre daher anzusehen als ein wirres Machwerk, dessen bunte, wunderliche Angaben man nicht ernst nehmen könnte.

Das eben wäre die Eigentümlichkeit der Sage, daß sie die Schauplätze verschöbe, die Personen auswechselte, märchenhafte Züge einmischte. So hätte es die Thidrekssaga mit der Nibelungen-Überlieferung gemacht. Ihre Besonderheiten gingen bestenfalls auf eine »Soester Ortssage« zurück.

Diese Erklärung ist weder befriedigend noch einleuchtend. Daß die weitgereisten Skandinavier und Zeitgenossen der großen Staufenkaiser des 12./13. Jahrhunderts nicht gewußt hätten, wie sich die Läufe von Donau und Rhein zueinander verhalten, ist ausgeschlossen. Hatten sie doch Nachrichten über Deutschland genug, mündliche und auch schriftliche, wie den Bericht ihres Abtes Nikolaus von Thvera über seine Romreise um 1150, auf der er beide Flüsse berührte und fast Tag für Tag seine Aufzeichnungen machte.[10] Die Donau konnte mit dieser »Duna« nicht gemeint sein. Es mußte einen anderen Fluß ähnlichen Namens geben, der in den Rhein gemündet war. Aber wo war er zu suchen?

Die Überlieferung der Thidrekssaga

I
Der Zug der Niflungen nach Soest

War die Lippe die norddeutsche »Duna«?[11]

Einer der wenigen, die überzeugt waren, daß die Thidrekssaga einen wirklichen Nebenfluß des Rheins meinte und nicht die Donau, war der westfälische Pfarrer Otto Prein in Hohenlimburg. Er war nicht irgendwer. Er hatte immerhin im Jahre 1905 die ersten Spuren des Römerlagers von Oberaden bei Lünen an der Lippe entdeckt, die dann von Fachleuten bestätigt wurden. Er war auch sonst stark mit den Fragen nach der Frühgeschichte dieser Gegend beschäftigt.
Nun fand er bei seinen Besuchen im nahegelegenen Stifte Cappenberg bei Lünen Kaufbriefe, in denen von der Fischerei auf der Lippe zwischen Donau und Kremping gesprochen wurde. Er schloß daraus, daß die Lippe bei Lünen damals als »Donau« oder »Dunowe« bezeichnet worden sei, und meinte, hier einen alten, einst für die ganze Lippe gültigen Flußnamen gefunden zu haben. Er hielt die Lippe daher für die »Duna« der Thidrekssaga. Entsprechend suchte er die Übersetzstelle der Niflungen an der Mündung der Lippe bei Wesel. Von hier aus wären sie dann nach Soest gezogen an Dortmund vorbei, das in der Thidrekssaga als »Burg Thorta« erwähnt wird.[12]
Ich fuhr nach Cappenberg und sah jene Schriftstücke ein. Dort und auf den Karten des Urkatasters im Grundbuchamt des Bauamtes Bork fand sich folgendes:

> »Am 6. Februar 1419 verkaufen Frederich von Mengde von der Dunowe(,) Ernstes sone(,) und Frederich von Mengde(,) Frederichs sone(,) dem Stifte Cappenberg ihre Fischeri tor Dunowe und zu Kremping auf der Lippe.« (Stift Cappenberg, Briefschaften-Verzeichnis S. 75–78. Ähnlich 1475.)

Kremping war ein Freigut auf dem märkischen Südufer der Lippe, westlich von dem Hause Buddenberg im alten Amt Lünen. (Der Krempingbach fließt heute unter dem Lippewerk unsichtbar in die Lippe. Über die »Donau« heißt es in einem Kaufbriefe von 1611 (Akte I/1310): »Ein

Weidekamp, die Donau genannt.« Das Flurstück heißt heute »Donakamp«. Es liegt am rechten Ufer der hier nordwärts fließenden Lippe, ein Stück stromabwärts von Kremping, und hatte eine Größe von zehn Kuhweiden.

Es handelt sich bei der von Prein angeführten »Dunowe« also gar nicht um einen Fluß oder einen Flußabschnitt, sondern um ein Landstück. Es kann keine Rede davon sein, daß zur Zeit dieser Urkunden auch nur dieser Teil der Lippe »Donau« genannt worden sei; vielmehr sprechen auch viel ältere Urkunden (1128) hier stets von der Fischerei auf der Lippe (und Ems), also nicht auf der »Donau«. In der ganzen geschichtlichen Zeit sind für diesen Fluß keine anderen Bezeichnungen als »Lippe«, »Luppia« und ähnliche bekannt.[13]

Es ist daher nicht möglich, zu schließen, die Thidrekssaga habe mit ihrer »Duna« die Lippe gemeint. Dieser Schluß ist nicht einmal für das Lippestück bei Lünen berechtigt, erst recht also nicht für den weit entfernt liegenden Endlauf des Flusses vor seiner Mündung in den Rhein, auf den allein es in der Sage ankommt. Immerhin hat Prein einen ersten Versuch gemacht, eine wirkliche norddeutsche Duna aufzuzeigen, wenn der Versuch auch nicht glückte. Es fand sich dann eine sehr viel einfachere und überzeugendere Lösung dieser ganzen Frage.

Stichprobe: Wielands Schwert

Die Zuversicht, daß die Thidrekssaga Richtiges berichte und nicht Mythen und Märchen, hatte ich inzwischen aus anderen Zusammenhängen gewonnen. Die Thidrekssaga erzählt nämlich auch *die Sage von Wieland dem Schmied.* Sie erzählt sie deshalb, weil Wielands Sohn Wideke (Widga) später ein Geselle Didriks von Bern wird und Wielands berühmtes Schwert MIMUNG führt. Dieses Schwert spielt in vielen Kämpfen eine entscheidende Rolle; ja die Geschichte dieses Schwertes durchzieht die ganze Thidrekssaga, von Anfang an bis in die letzten Kapitel.

Es wird berichtet, daß Wieland schon als Knabe das Schmieden lernte, und zwar zuerst bei dem berühmten Schmied Mime im Hünenland (Westfalen-Niedersachsen), bis ihn angeblich des jungen Sigfrid Übermut von dort vertrieb. Einige Jahre später lernte er weiter bei zwei Zwergen, die in einem Berge wohnten, der BALLOFA hieß. Unter »Zwergen«

versteht die Thidrekssaga keine Märchenwesen, sondern kleinere Menschen, die vielleicht zu dem Rest einer abgewanderten Vorbevölkerung gehörten, wie wir heute vermuten würden. Ballofa wird mit BALVE an der Hönne (früher: Hunne) gleichgesetzt; und die Thidrekssaga sagt auch ausdrücklich, daß es ebenfalls im »Hünenland« lag.

Ich setzte mich in meinen Volkswagen-Käfer und fuhr nach Balve. Es war im Jahre 1959, ganz am Beginn meiner Forschungen. Ich wollte die Angaben der Thidrekssaga prüfen, ob sie auf Balve paßten; ob es dort eine Höhle gab; ob hier schon in früher Zeit Metalle verarbeitet wurden; und ob die Namen übereinstimmten. Balve liegt 30 km sw. von Soest.

Noch ehe ich in den Ort Balve hereinkam, schwang über der Straße ein großes Schild: BALVER HÖHLE, daneben ein Museum, das die Funde bewahrte. Die Höhle war, wie ich jetzt erfuhr, eine der berühmten Kulturhöhlen früher Zeit.

Den »Berg Ballofa«, in dem man wohnen und arbeiten konnte, gab es in Balve wirklich. Zwar war die Höhle im Laufe der Zeiten verwandelt worden: Man hatte den aus Schwemmgut und Knochenmassen vergangener Tiere bestehenden Kalk seit langem als wertvollen Dünger herausgeholt, und die Höhle war nun sehr viel größer, als sie einstmals gewesen; aber es gab sie. Die erste Frage war beantwortet.

Auf dem Rathaus fragte ich nach einem Orts- und Geschichtskundigen. Man nannte mir Herrn *Pütter*. Er hatte eben das »Heimatbuch Balve« herausgegeben. Darin waren alle Urkunden über Balve wiedergegeben, und in ihnen die früheren Namensformen.[14] Da fand sich, daß die früheste Namensform BALLOVA war, die gleiche wie in der Thidrekssaga, nur daß v und f wechselten.

Nun sind die Namensformen in den verschiedenen Handschriften der Thidrekssaga nicht einheitlich, und in zweien der wichtigsten unter ihnen lautet der Name nicht Ballova, sondern »Kallava«. Wilhelm Grimm[15] hat Kallava mit dem in einer anderen Schmiedesage genannten »Gloggensassen« zusammengebracht und als »Kaukasus« gedeutet, aber das paßt wegen der anderen Angaben nicht.

Den Namen »Ballofa« hat uns nur eine späte isländische Handschrift aus dem 17. Jh. (A) aufbewahrt. Daß dieser aber der richtige ist, dafür bürgt der Text dieser Stelle. Er hat sich nämlich den Stabreim bewahrt wie noch an anderen Stellen der Thidrekssaga am Anfang von Erzählungen. Da heißt es (A Kap. 58):

»Wade-Riese erfuhr nun aus Hünenland,
daß da *b*auen zwei Zwerge
in einem *B*erge, der heißt *B*allofa«.

(»bauen« meint: wohnen). Hier bewahrt eine späte Handschrift den ursprünglichen Text, den die frühen Handschriften nur verdorben bringen. Solche Möglichkeit muß man sich merken.
Der Name wird als »bâl-ofan« (= Glutofen) gedeutet, ohne daß man dabei an die Wielandsage dachte. Das würde ungewöhnlich gut zu den Schmieden passen. Aber bei Namendeutungen widerspricht immer eine Meinung der anderen.
Die Form »Ballova« erscheint nur in ganz früher Zeit, vor 890. Sie hat sich in der Ths-Überlieferung also über 900 Jahre lang erhalten. Das deutet auf eine sehr frühe Entstehung der Sage und wird uns noch beschäftigen. Der sagenhafte »Sagamann des 13. Jahrhunderts« konnte die Form »Ballofa« nur aus dieser frühen Ths-Überlieferung erhalten, nicht mehr aus Kunde *seiner* Gegenwart. Auch die zweite Frage war beantwortet: Auch der Name stimmte.

Von den »Zwergen« heißt es in der Sage (Sv 56):

»Die wußten wohl zu schmieden
beides in Gold und in Silber,
Brünnen, Schwerter und Helme.
Ihresgleichen fand sich
bisher nicht auf der Welt.«

Und in den ausführlicheren Handschriften Mb = AB heißt es:

»Gut können sie schmieden alle Art Eisernes,
Schwerter und Brünnen und Helme.
Von Gold und Silber können sie wirken
jegliches Kleinod,
und aus jedem Stoff, den man formen kann,
verstehn sie zu fertigen, was man nur will.«

Das also machten die Zwerge im Berge Balve.

Ich fragte Herrn Pütter, ob es alte Schmiedetradition in dieser Gegend gäbe. Er wies mich zu der nahen Museumsschmiede in Wocklum, der

frühesten noch erhaltenen Hammerschmiede Deutschlands. Sie stammt erst aus dem 17. Jahrhundert, steht aber auf alter Grundlage.
Hier war zu erfahren, daß diese Gegend reich war an alter Schmiede-Tradition. Es war eine Gegend der »Rennöfen«, in denen aus oberirdisch ergrabenen Eisenknollen im Zugwind der Berghänge in kleinen Lehmöfen die sogenannten »Luppen« oder »Wölfe« erschmolzen wurden, schwammige Metallklumpen, aus denen durch wiederholtes Hämmern und Glühen reines Eisen gewonnen und durch gewisse besondere Bearbeitung bis zu einer Art Stahl vergütet wurde. In Wocklum lagen lange, vierkantige Eisenstangen. Wenn man sie anschlug, klangen sie wie Glokken.
Die Höhle war vorhanden, die Namen stimmten, Metallgewinnung und Metallbearbeitung gab es hier seit früher Zeit. Viele Schlackenhalden in diesem ganzen Gebiet bezeugten es zusätzlich.[16] Die Thidrekssage berichtete nicht Märchen, sondern *Wirklichkeit früher Zeit.* Alle drei Angaben der Thidrekssaga hatten sich bestätigt.
Eine vierte kam hinzu. Es wird erzählt, daß Wieland die Zwerge, die ihm nach dem Leben trachteten, erschlug, ihr Werkzeug und ihre Metalle auf ein Roß lud und sich auf den Heimweg nach Dänemark machte. »Er zog, so schnell er nur konnte, in drei Tagen bis zu einem großen Fluß, der Wisara (Weser) hieß. Ein großer Wald war an dem Strom. Er blieb hier einige Zeit; und es war dort nicht mehr weit zur See.«
Diese Angabe kann fast nur die Porta Westfalica meinen; denn nur dort, wo der Fluß durch die Berge bricht, kommt der große Wald an die – sonst von breiten Talauen begleitete – Weser heran; auch lief hier der Fernweg nach Dänemark durch. Von Balve bis zur Porta sind es 150 km, und drei Tage marschierte Wieland. 50 km am Tag sind nicht wenig, aber nicht zu viel für einen rüstigen jungen Mann, der zudem auf der Flucht war, weil er wegen Totschlags und Raubes Verfolgung fürchten mußte.
Der findige Wieland entzieht sich dieser Verfolgung auf seine besondere Weise. Er fällt einen Baum, höhlt ihn aus und legt sein Gold, Silber und Werkzeug in den schmaleren Teil.

> Das war so meisterhaft gemacht, daß er selbst darin war, und ein kleines Glasfenster war darauf, das war so gesetzt, daß kein Wasser hineinkommen konnte. Er legte den Stamm nahe an den Fluß und bewegte sich darin, bis der Strom den Stamm erfaßte, und der trieb nun seinen Weg flußabwärts und ins Meer. Speise und Trank hatte er bei sich. 18 Tage und Nächte trieb er in der See. (Sv 59)

Glas herzustellen war für den auf der Höhe der Technik seiner Zeit stehenden Kunstschmied keine Schwierigkeit. So entkam er nach Dänemark und diente dort dem König Nidung zunächst bei Tische.
Von drei Messern, die er zu betreuen hat, verliert er beim Spülen im Meer das eine. Um es zu ersetzen, schmiedet er in der Werkstatt des dortigen Schmiedes ein neues. Als der König es benutzt, schneidet es durch das Brot tief in den Tisch hinein.
Wieland kommt dadurch in Streit mit dem Hofschmied Amilias. Es wird eine Wette vereinbart, daß jener eine Rüstung, Wieland ein Schwert schmieden soll. Wenn das Schwert nicht die Rüstung durchdringt, soll Wieland das Leben verlieren, sonst der Schmied.
Wieland fertigt ein Schwert in sieben Tagen, größer als üblich. Er feilt dann dieses Erstschwert zu Spänen auseinander:

> Weland ging in die Schmiede, zerschlug das Schwert, zerfeilte es, so schnell er konnte, und mischte es mit Mehl. Dann nahm er Gänse, ließ sie drei Tage hungern und gab ihnen das zu fressen. Darnach siebte er ihren Kot, den die Gänse nicht verdauen konnten, schweißte das zusammen und machte ein Schwert daraus, das viel kleiner war als das vorige.
> Der König war begeistert: »Du machst kein besseres Schwert als dieses jetzt ist!« – Weland antwortete: »Das soll noch zweimal so gut werden, Herr!« Damit trennten sie sich. Weland kam wieder in seine Schmiede, zerfeilte das Schwert, wie er vorher getan hatte, und machte das alles von neuem.« Sie prüften es, warfen einen Wollflausch in den Fluß und ließen ihn gegen das Schwert treiben. Das schnitt ihn glatt durch. Der König rief aus: »In der ganzen Welt findest du nicht ein Schwert wie dieses!« (Sv 65)

Das war *das Schwert Mimung,* das allen anderen Waffen überlegen war und, wie die Sage berichtet, Eisen wie Kleider schnitt (Abb. 4). Bei der Wettprobe schnitt es Rüstung und Schmied von oben bis unten durch.
Ich erzählte die Geschichte von Wieland dem Schmied in einer fünften Klasse vor Elfjährigen. Ich fragte sie: »Woher kannte Wieland solchen Kunstgriff, da er beim König Nidung doch fast keine Gelegenheit hatte, selbst etwas zu erfinden?« – Ich meinte, er hätte das von den »Zwergen« gelernt. Da meldete sich ein Mädchen und sagte: »Von Mime!« – »Und warum?« fragte ich verwundert. – »Er hat das Schwert doch Mimung genannt!«

Sie hatte recht. Darauf war noch niemand gekommen. Die Zwerge, die sich oft lange im Berge einschlossen, wie die Sage berichtet, hatten keine Gänse. Aber Mime, der eine Frau und zwölf Gesellen ernähren mußte, besaß einen Hof mit allem, was nötig war, also auch Gänse. Bei Mime hatte der Knabe Wieland das Verfahren gesehen; aber er verdoppelte es. Was erreichte er damit? Die deutsche Eisenindustrie hat sich dieser Frage seit 1936 angenommen und ist zu erstaunlichen Ergebnissen gekommen:

Das aus den »Luppen« gewonnene Metall war ein weiches, biegsames Schmiedeeisen. Es ließ sich leicht mit dem Hammer verformen und ließ sich verschweißen; aber es ließ sich nicht härten und wurde nicht Stahl. Wenn man es »abschreckte«, d. h. glühend in kaltes Wasser tauchte, veränderte es seine Eigenschaften nicht. Schwerter der Kelten aus solchem Eisen, Wurfspeere der Römer, verbogen sich schnell und wurden stumpf. Bestrich man solches Eisen aber mit Blut, Rindertalg, Kot oder sonst einem organischen Stoff, glühte es so und wiederholte diesen Vorgang mehrmals und schreckte es ab, dann wurde wenigstens seine Oberflächenschicht zu härtbarem Stahl: »Zementstahl«. »Aufkohlung« nannte man diesen Vorgang, weil Stahl erst durch eine Beimischung von Kohlenstoff entsteht. So konnte Wieland sich harte Feilen herstellen.

Außen Zementstahl, innen weiches Eisen, das war *Wielands erstes Schwert.* Wenn er dieses nun ganz zerfeilte, zusammen mit Gänsekot wieder verschweißte und neuerlich härtete, so war hartes Zementeisen und zähes Schmiedeeisen durch die ganze Masse verteilt, und diese von neuem mit einer Stahlhaut umgeben. Durch den Wechsel von hart und zäh entstand zugleich an der Schneide eine Sägewirkung, welche die Schneidkraft erhöhte. Das war *Wielands zweites Schwert* nach Mimes Verfahren. Ein solches Schwert besaß Sigfrid.

Wieland war das noch nicht genug. Er wiederholte diesen Vorgang noch einmal und schuf so ein GANZSTAHLSCHWERT, das allem Schmiedeeisen überlegen war und »Eisen wie Kleider schnitt«. Das war WIELANDS MIMUNG.

Hermann Rüggeberg, der dies in »Die Kunde« (Neue Folge 9 Heft 1–2 Jg. 1958) darlegt unter der Überschrift: »Werkstattklatsch oder Wahrheit? Wieland schmiedet das erste Ganzstahlschwert des Abendlandes«, faßt zusammen: »Indem Wieland die Feilspäne seines Schwertes, mit Gänsekot vermischt, dem Schmiedefeuer aussetzte, *kohlte er* in dem zweimaligen Verfahren *jeden Feilspan durch seine ganze Masse hindurch*

zu Stahl auf. ... Das gleiche Verfahren der Aufkohlung der Feilspäne in Gänsekot wendeten ebenfalls die Schwertfeger zu Bagdad an.« (Das war später.)
Aber dies war noch nicht alles. Dr. Ing. Karl Daeves, Düsseldorf schreibt 1940 in der »Rundschau deutscher Technik« (Nr. 26, 20. Jg. v. 27. 6. 1940) unter dem Thema: »Die Untersuchung altdeutscher Eisenteile«:

»Warum verwendete aber Wieland gerade Geflügelmist? Wozu die mehrfache Zerteilung, Einsatzbehandlung und Neuschmiedung? – Kot enthält außer Kohlenstoff auch Stickstoff. Erst seit Anfang dieses Jahrhunderts ist uns bekannt, daß die Stickstoffeinwanderung eine beträchtliche zusätzliche Härtesteigerung bewirkt, so daß »nitrierte« Stähle die höchste bei Eisen überhaupt feststellbare Härte aufweisen. Sie finden z.B. Anwendung in höchstbeanspruchten Flugmotorenteilen ...
Die nach dem Wielandschen Verfahren behandelten Späne bestanden also aus einem weichen und zähen Kern mit einer nach Härtung äußerst harten und schneidfähigen Schale. Wurden diese Späne zusammengeschweißt, erneut zerfeilt, eingesetzt und verschweißt, so mußte sich nach mehrfachem Wiederholen und Härten ein Körper ergeben, der sehr gleichmäßig aus zäherem härtbarem Eisen und äußerst hartem Karbid (Eisen-Kohlenstoff-Verbindung) und Nitrid (Eisen-Stickstoff-Verbindung) mosaikartig zusammengesetzt war. Die Vereinigung von Schneideigenschaften und Zähigkeit ist bei einem solchen Verbundkörper wesentlich günstiger als bei einem durchgehend harten neuzeitlichen Messer und infolge der größeren Härte und günstigeren Verteilung der Nitride auch besser als die eines Rasiermessers oder Werkzeugstahls, das aus einer harten Grundmasse (Martensit) mit eingebetteten Karbiden besteht.«

Auf diese Wielandschen Verfahren sind im Jahre 1936 zwei Patente zur Herstellung hochwertiger Stähle angemeldet worden. Vermutlich geschah dies auf Grund eines Aufsatzes von Dr. Ing. J. Heddäus in der Monatszeitschrift der Vereinigten Stahlwerke AG »Das Werk« (Jg. 1936 Heft 9), der wohl erstmals das Wielandsche Verfahren analysierte. 1962 hat dann nochmals der Hannoversche Oberschüler Paul-Georg Tegtmeyer eine eingehende, mit Experimenten unterbaute, Examensarbeit darüber gemacht. So stark hat diese Sage, in welcher Wirklichkeit lebt, die Techniker beschäftigt.
Dabei ist auch dies noch nicht alles. Die Industrie hat bisher nur nachgeprüft, was geschieht, wenn die Eisenfeilspäne mit Hühner- oder Gänsekot vermischt und geglüht werden. Wieland hat aber nicht einfach seine Feilspäne mit Gänsekot vermischt, was er ja leicht hätte tun können; sondern er hat sie, mit Mehl und wohl auch mit Milch vermischt und zu Klößen geformt, den Gänsen zu fressen gegeben. Es muß also noch nachgeprüft werden, welche Bedeutung der Durchgang durch den Gänsema-

gen für die Eigenschaften des Eisens hatte. Vielleicht ist dann ein drittes Patent fällig?(!)[17]

Die Wirklichkeit in der Wielanderzählung befestigte mein Vertrauen in die Thidrekssaga; denn die Ths als einzige hat die Kunde von Wielands Schwertschmiedung überliefert. Solche Kunde konnte der »Sagamann« des 13. Jahrhunderts nicht erfinden, sie konnte nur aus alter Überlieferung stammen. Jedenfalls war hier handgreifliche Wirklichkeit. Die Angaben der Thidrekssaga waren genau, sachkundig, geographisch und technisch richtig und zeugten von vorzüglicher Kenntnis der Verhältnisse früher Zeit.
Wenn nun in derselben Thidrekssaga von einer DUNA oder DYNA gesprochen wurde, die in den Rhein floß, so war zu vermuten, daß es sich auch hier nicht um Legende und Phantasie handelte, sondern um die Angaben eines Kundigen, der wußte, was er sagte; man mußte herausfinden, was er meinte.

Die Entdeckung der »Duna«[18]

Während meine bewußten und unbewußten Gedanken diese Frage umkreisten und alle Möglichkeiten prüften; während ich den klugen, fleißigen, sorgfältigen »Raszmann« durchstudierte, der aber auch nichts Wesentliches hierzu wußte; während ich alte Landkarten und Namensverzeichnisse durchsuchte, ohne doch auch nur ungefähr die Lage dieses Zusammenflusses festlegen zu können –
finde ich eines Tages in einem Buch über die Fluß- und Geländenamen des Bergischen Landes den Satz:

»Die Dhün, einst ein Nebenfluß des Rheins, 1117 und 1189 Důne.«[19]

Mit *einem* Schlage erkannte ich: Hier mußte die Lösung des Rätsels liegen. »Einst ein Nebenfluß des Rheins« – deshalb also hatte man sie nicht gefunden! Wenn dies sich bewahrheitete, dann war hier der Ansatzpunkt, die ganzen bisherigen Auffassungen über die Thidrekssaga und ihr Verhältnis zum Nibelungenlied, über Herkunft und Heimat der Niflungen, ihren Zug und ihr Ziel, über ihr ganzes Schicksal aufzubrechen und neu zu erforschen.

Im gleichen Augenblick ahnte ich aber auch, was da auf mich zukam. Wenn die einstmals in den Rhein fließende Dhün die Duna der Thidrekssaga war; wenn diese angeblich unsinnigste ihrer Angaben sinnvoll und genau war und beste Kenntnis sehr früher Verhältnisse zeigte, dann mußten auch weitere rätselhafte Angaben der Thidrekssaga richtig und sinnvoll sein; dann war hier das, was man beim Nibelungenlied stets vergeblich gesucht hatte: Fester Boden wirklichen Geschehens, echte, ungebrochene Überlieferung. Dann waren die ganzen geographischen Angaben des Nibelungenliedes unwirklich, dann war hier die ursprüngliche Quelle.

Das bedeutete, daß von nun an jeder Name der Thidrekssaga neu zu überprüfen war, daß in jedem Falle festgestellt werden mußte, was er eigentlich meinte, daß in keinem einzigen Falle bisherige Deutungen einfach übernommen werden konnten. Nun war es nicht mehr zu vermeiden, das riesige Gebiet der Nibelungenforschung anzugehen, dessen Literaturangaben für sich allein schon ein Buch umfaßten. Und darüber hinaus mußten die Ergebnisse der Archäologie und der Frühgeschichte einbezogen und mit dieser neuen Quelle verglichen werden.

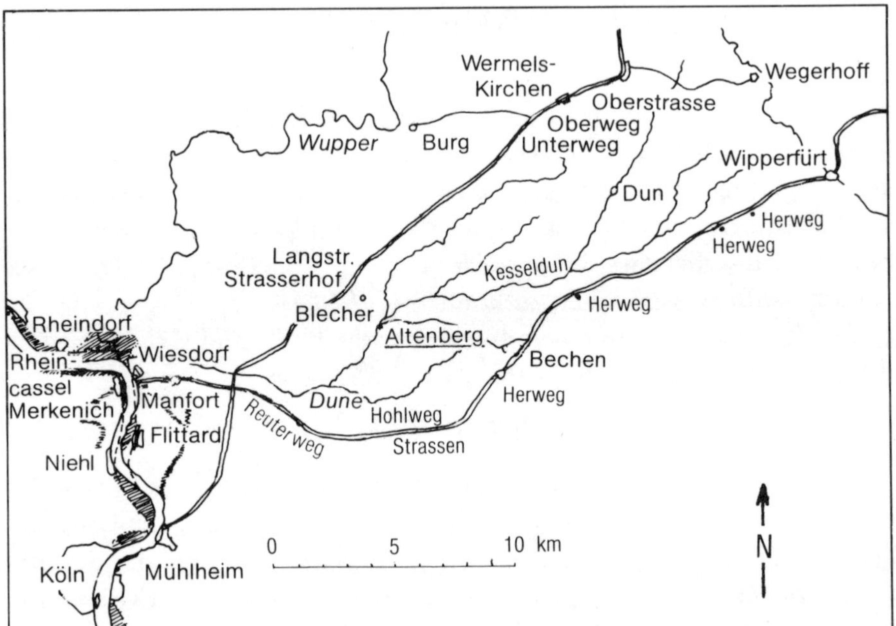

2 *Das Stromgebiet des Dun-Flusses mit Reuterweg (Heerweg) und Straße. Zeichnung nach der Le Coq'schen Karte von 1805.*

Abb. 5
Alter Heerweg bei Bechen. Ein Rest des alten Höhenweges, der jetzt nach Umlegung der Straße unbenutzt am Rand der Felder hinläuft.

Abb. 6 *Wappen der Städte Wiesdorf und Leverkusen.*

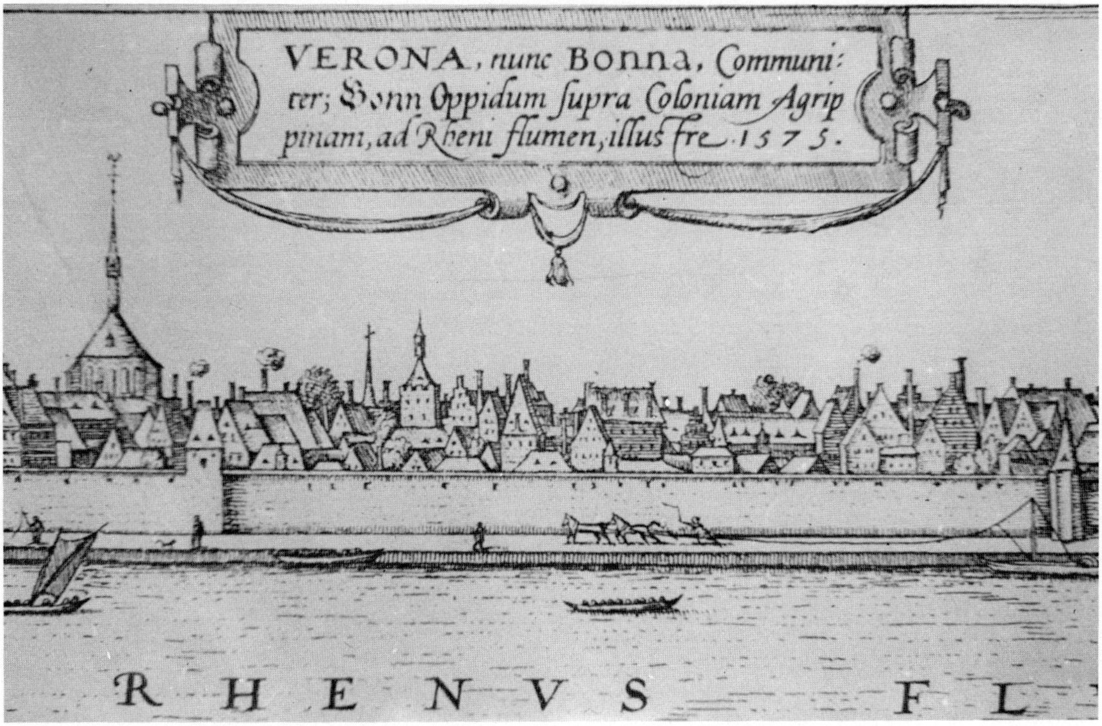

Abb. 8 *Stich von Verona (Bonn), 1575.*

Abb. 7
◁ *Die Wiesdorfer Fähre, nach einem Modell des Kölnischen Stadtmuseums. In Wiesdorf war eine der ältesten Fähren dieser Gegend.*

Abb. 9 *Burg Berge. Der kleine Felsberg ist jetzt mit Bäumen bestanden.*

War die Dhün wirklich die Duna-Dyna der Thidrekssaga? Alte Karten zeigten deutlich ihre selbständige Einmündung in den Rhein; und die alte Beschreibung eines Bernhard Möller von 1571 über den Rhein und seine Nebenflüsse führte ihn als richtigen Nebenfluß in aller Ausführlichkeit auf:
Bernhardus Mollerus, »Descriptio Rheni et fluminum illi influentium«.[20]

Rhenus a dextris pagum habet Molleniam; a sinistris oblongam facit insulam prope ripam; inferius eadem parte Nelium pagum, proxime Marconium habet; a dextris Duneum flumen excipit.	Der Rhein hat zur Rechten den Ort Mülheim; zur Linken macht er eine ganz lange Insel nahe dem Ufer; auf derselben Seite flußab hat er den Ort Niehl, dann bald Merkenich; von rechts empfängt er den Fluß Dune.

Hierzu gehört das Distichon:

> Duneus educit Dunano flumine saltu;
> Fluminis hunc Rheni dextra iungit aquis.
> (Der Dun oder die Dune kommt mit seiner Strömung aus dem Dunwald; er verbindet ihn zur Rechten mit den Wassern des Rheinflusses.)

Hier ist »der Dun« oder »die Dune« als ein selbständiger Nebenfluß des Rheins mit starker Strömung deutlich beschrieben.
Kein Zweifel: Dies war die Duna der Thidrekssaga. Wenn es aber so offensichtlich einen Nebenfluß des Rheins mit diesem Namen gab oder gegeben hatte – er war 1840 in die Wuppermündung geleitet worden – wie war es möglich, daß man ihn nicht früher gefunden hatte? Der eifrige Prein war so besessen von seiner »Donowe« an der Lippe, daß er für keine Möglichkeiten sonst zugänglich war; und die meisten anderen glaubten an eine Verwechslung mit der Donau. Keiner kam auf den Gedanken, sämtliche Nebenflüsse des Rheins durchzugehen, auch die kleinen, um zu prüfen, ob es nicht einen ähnlichen Namen gäbe, auch ich nicht; denn ich dachte, das hätten die anderen längst getan.
Ich fuhr zur Dhünmündung. Sie liegt nördlich von Wiesdorf-Leverkusen. Hier war alles verändert: Der einst freie Rhein reguliert, seine Ufer befe-

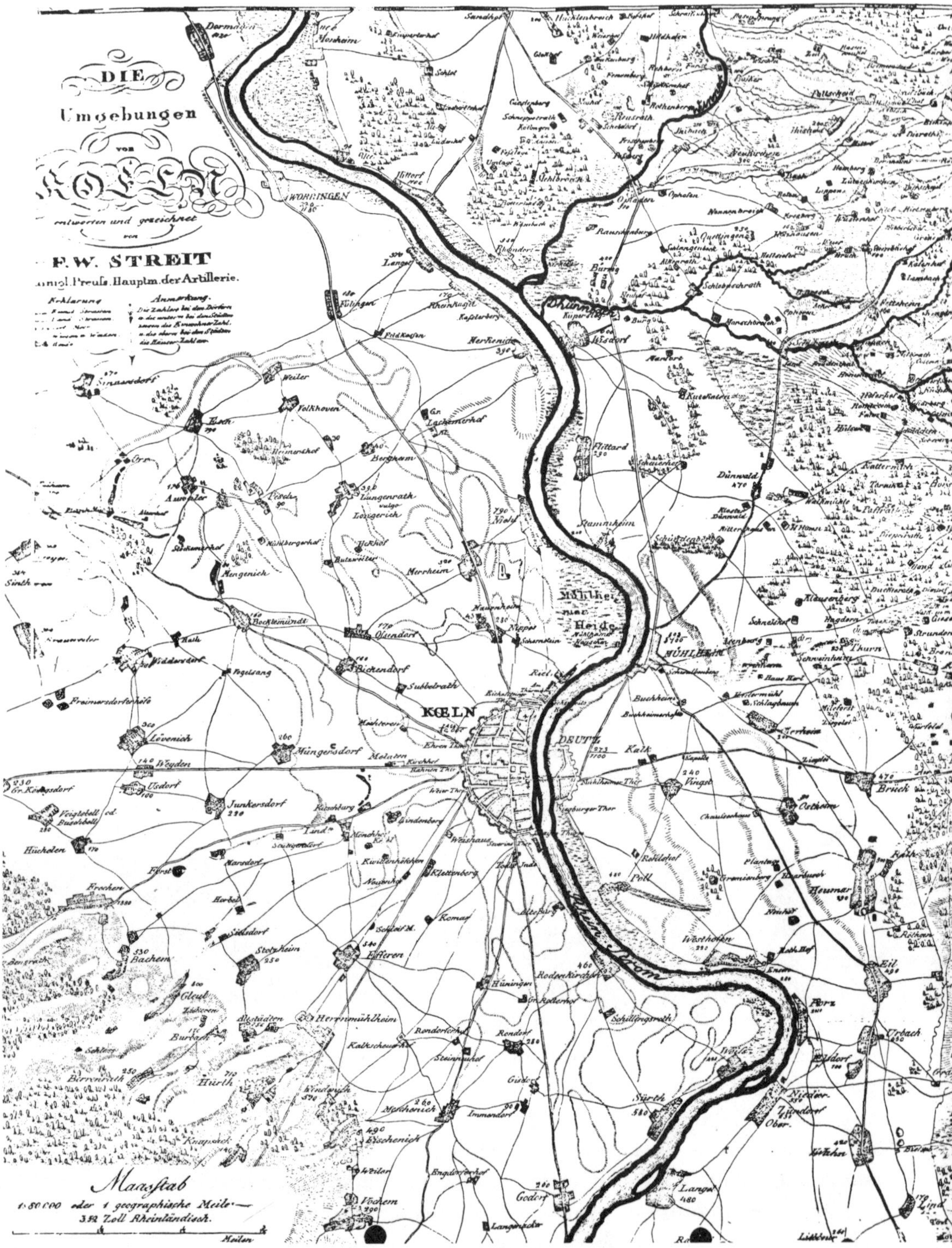

3 *Die Karte von 1825 von F. W. Streit: »Die Umgebungen von Köln« zeigt das gesamte Flußgebiet der Dhün und den Endlauf der Wupper noch ganz voneinander getrennt.*

stigt; die immer wachsende Stadt Leverkusen hatte sich bis an den Strom herangearbeitet und mit 20 m hohen Aufschüttungen alles Frühere zugedeckt. Die Mündung der Wupper aber mit dem Einfluß der Dhün war nur durch mühsamen Fußweg über pappelgesäumtes Ufergelände zu erreichen.

Über die Dhün führte eine kleine eiserne Brücke. Kähne lagen dort, Schiffer lehnten am Geländer. Ich ließ mir von ihnen über die Dhün erzählen. Sie berichteten:

Die Dhün ist ein kurzer, aber kein unbedeutender Fluß. Mit einer Länge von nur 30 Kilometern kommt sie von Höhen über 300 Meter herunter. Bei starken Regengüssen stürzen die Wassermassen ihres gesamten Einzugsbereiches in kurzer Zeit zu Tal und »fallen« – wie die gute Handschrift A sagt – noch am gleichen Tag über die Wuppermündung in den Rhein, der dann noch Niedrigwasser hat und die Flutwelle seiner südlicheren Nebenflüsse erst in den nächsten Tagen heranführt. Die Schiffer versicherten, daß der Wasserschwall der Dhün an solchen Tagen 2–3 m höher wäre als der Rhein.

Die Wassermassen der Dhün führten natürlich immer Sand und Geröll mit, so daß an ihrer Einmündungsstelle in den Rhein *stets* eine Untiefe entstand, eine Flachstelle, wie es sie sonst nirgends am ganzen Rhein gab. Noch heute, trotz dauerndem Baggern, ist hier die flachste Stelle des ganzen Niederrheins. (Das teilte das Wasserwirtschaftsamt Duisburg mit.)

Hier war daher in allen Jahrhunderten *eine natürliche Furt*. Die Flachheit des Rheins an dieser Stelle war schon den Römern ein Schrecken. Tacitus schreibt in seinen Historien (IV/26), daß das von Bonn nach Köln gezogene Heer dadurch in Gefahr geriet, »daß der Rhein bei einer unter jenem Himmelsstriche unerhörten Trockenheit kaum Schiffe tragen konnte, deshalb knappe Zufuhr, am ganzen Rhein aufgestellte Wachen, um die Germanen von den Furten fernzuhalten.«

Auch später wird von der Flachheit grade an dieser Stelle berichtet: »Anno 1130 du was der Rijn olso cleyne, dat man druychs vuys« (trokkenen Fußes) »over Rijn geyne«; und »Anno 1383 was der Rijn so kleyne, dat man dar over reit.« Bei Rheindorf wurden dann die »Hungersteine« sichtbar.

Hier, an der flachsten Stelle des Niederrheins, war zu allen Zeiten der beste Übergang für die, welche Köln mit seiner Brücke nicht passieren wollten.

Erwin Menz hatte eben damals, als ich diesen Dingen nachforschte, in seinem Buch: »Leverkusen – Junge Stadt am großen Strom« (1961)[21] alles zusammengetragen, was über Wiesdorf, Leverkusen, den Rhein und die Dhün wissenswert war. Man brauchte es nur herauszuholen (Abb. 6 und 7).

Die Duna der Thidrekssaga war gefunden! Der Satz: »Wo Duna und Rhein zusammenfallen« war keine geographische Unsinnigkeit, sondern eine genaue geographische Angabe. Mit ihr war ein ganz bestimmter Punkt in der Rheinlandschaft unverwechselbar markiert. Auf den Spott meines Lehrers und Freundes Prof. Dr. Otto Grüters: »An einem so unbedeutenden Flüßchen wie der Dhün sollen die Nibelungen über den Rhein gegangen sein?« – konnte ich nur antworten: »An einem so unbedeutenden Flüßchen wie der Düssel soll die Hauptstadt von Nordrhein-Westfalen liegen?«
Heute überquert die Autobahn Aachen–Berlin den Rhein an der alten Mündungsstelle der Dhün und zeigt an, daß hier ein natürlicher Übergang ist. Es wäre nicht zu verwundern, wenn Caesar seine Rheinbrücke hier geschlagen hätte.

»Da ist es breit, wo die Flüsse sich treffen«

Das Nibelungenlied, das seine Burgunden-Nibelungen nicht über den Rhein, sondern über die Donau setzen läßt, spricht dabei von einem ungewöhnlichen Hochwasser. Der Fluß ist angeschwollen, das Wasser über die Ufer getreten, und erst dadurch wird die Überfahrt so gefährlich und schwierig. Aber das Nibelungenlied hat seine Quelle, die »Alten Maeren«, falsch verstanden. Die Thidrekssaga jedenfalls meint keinen ungewöhnlichen Zustand.
Hier am Rhein, wo die Duna-Dhün ihre Sand- und Geröllmassen ausbreitet, war zu allen Zeiten, solange nicht gebaggert wurde, eine große Wasserfläche. Der Rhein war damals ein ungebändigter Strom, wie es die Flüsse Nordschwedens und Islands noch jetzt sind. Seine Ufer waren nicht begradigt, seine Flachstellen nicht vertieft, seine Betten wechselten oft von Jahr zu Jahr. Wo er tief war, war er schmal, wo er flach war, war er breit; denn die gleiche Wassermenge mußte durch jeden Querschnitt des Flußbettes hindurch.
Die große Wasserfläche von einst trat bis in unsere Zeiten immer wieder

zutage, wenn der Spiegel des Rheins sich auch nur um einen Meter hob. Dann war von Rheindorf bis Wiesdorf ein einziger See; dann wurde der Zustand von einst wieder sichtbar, als das Rheinbett noch weiter östlich lag und die Mündungen der Dhün und der Wupper getrennt in sich aufnahm.
Die Breite des Flusses an dieser Stelle war der normale Zustand. Nur an 42 Tagen des Jahres treten hier für die Schiffahrt geringere Behinderungen ein, von denen 17 durch Eisgang und Eisstau, 17 durch Niedrigwasser und 8 durch Hochwasser verursacht sind (Menz 51). Gegen Ende Mai, als die Niflungen nach Soest zogen, waren solche Tage kaum zu erwarten.
Schon an dieser Stelle läßt sich vermuten, daß nicht die Darstellung des Nibelungenliedes die ursprüngliche ist, sondern die der Thidrekssaga. In ihr ist das breite Wasser an dieser Stelle natürlich; das Nibelungenlied muß es besonders erklären.

Am Rhein

Den ersten Vortrag über meine Forschungen und neuen Entdeckungen hielt ich vor dem »Verein für die Geschichte von Soest und der Börde« am 22. Januar 1965 (Fr) mit dem Thema: *»Der Zug der Niflungen nach Soest«.*
Er wurde mit großem Interesse aufgenommen, denn die Entdeckung der Dhün als der Duna der Thidrekssaga eröffnete neue und bis dahin ungekannte Möglichkeiten. Aber das Thema vom Zug der Nibelungen nach Soest war dort nicht neu, es war schon vielfach erörtert worden.
Anders war es bei meinem zweiten Vortrag vor dem Bergischen Geschichtsverein in Wuppertal. Hier, in der Stadt, die unmittelbar bei den entscheidenden Stätten jener Geschehnisse lag, war er ein Ereignis. Als ich geendet hatte, sprang ein älterer Herr auf, stürmte zur Tafel, ergriff die Kreide, wandte sich um und sagte: »Erlauben Sie, daß ich in dieser historischen Stunde noch ein paar Ergänzungen bringe!«
Und nun zeichnete er an der Tafel die früheren Läufe des Rheins auf, zwei, drei, vier, wie sie sich nacheinander gebildet hatten: den ganz alten östlichen, einen späteren westlichen, den Einbruch des Rheins im Jahre 1571, als er mitten in Wiesdorf durch die Niederfeldstraße strömte und

die Wiesdorfer Kirche wegriß, und andere Phasen der Rheingeschichte. Es war der Oberregierungsrat Kloeppel, ein Fachmann auf seinem Gebiet. Mit der »historischen Stunde« meinte er, daß mit den in meinem Vortrag aufgewiesenen Zusammenhängen ein neuer Blick in die Frühgeschichte seiner bergischen Heimat eröffnet würde.
Später fragte ich ihn verwundert, woher er solche Kenntnisse hätte. Er antwortete: »Nehmen Sie eine Karte mit Höhenlinien und tönen Sie diese meterweise ab, die tiefsten Stellen dunkelblau, die höheren immer etwas heller, dann kommt das alles zum Vorschein.« – Ich befolgte seinen Rat; und da wurde nun sichtbar, was vorher verborgen gewesen war: Alte gewundene Flußläufe, die inzwischen längst Land geworden waren, langgestreckte alte Flußbetten zur Rechten und zur Linken. Sie ließen sich auch nach Zeiten ordnen, indem die dunkelsten die jüngsten, die blassesten die frühesten waren.
Da zeigte sich ein gewundenes jüngeres Rheinbett im Westen; da wurde die mächtige einstige Wasserfläche am Zusammenfluß von Wupper, Dhün und Rhein sichtbar; der Einbruch vom Jahre 1571; und man erkannte den schon tief verlandeten ältesten östlichen Rheinlauf oder Rheinarm, der vielleicht der Rhein zur Zeit der Niflungen gewesen war, mit der »Mannesfurth«, dem heutigen Manfort; jener Rheinlauf, in den die Dhün und die Wupper noch an weit auseinander liegenden Stellen gemündet waren. Und hinter der »Mannesfurth« begann, wie wir noch sehen werden, der »Reuterweg«.
Hier also kamen sie an, die Niflungen, als es dämmerte, suchten nach einem Schiff für die Überfahrt und fanden keins, schlugen ihre Zelte auf und aßen.

Die »Möre« und die Wasserfrauen

Nun erzählt die Thidrekssaga (Sv 308):

> Am Abend, als sie satt waren, bat König Gunter Hagen, zum Wachthalten zu schicken, welche ihm am besten schienen. Hagen antwortete: »Schickt heeraufwärts, welche euch gut scheinen; flußabwärts will ich selbst Wacht halten und sehen, ob ich irgendein Schiff bekomme.« – Gunter-König war das recht.

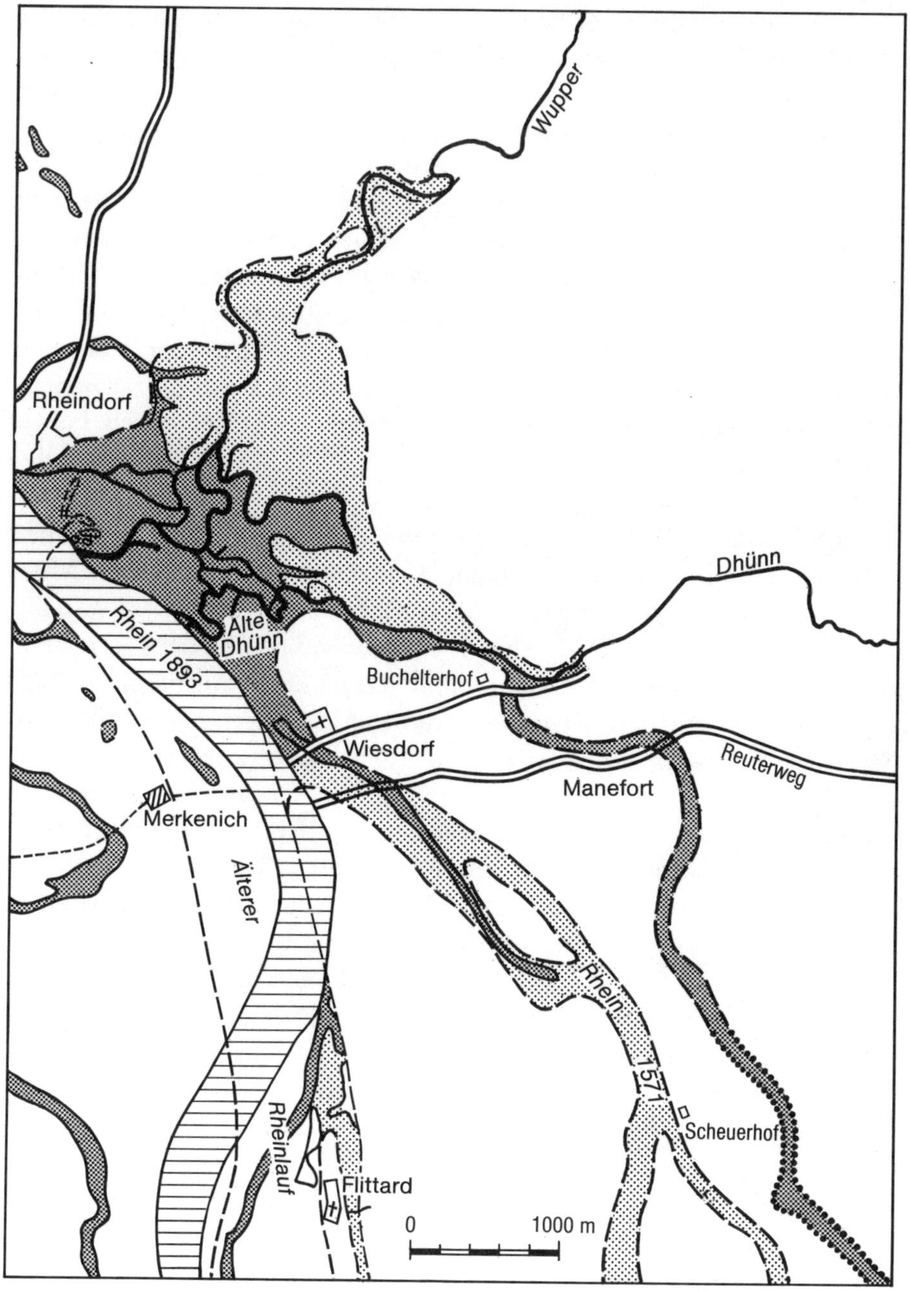

4 *Die Betten des Rheins zu verschiedenen Zeiten.*

> Als das Volk schlafen gegangen war, nahm Hagen seine Rüstung und ging flußabwärts im hellsten Mondschein. Er kam zu einem Wasser, das MÖRE hieß, und sah da irgendwelch Volk im Wasser und sah deren Kleider am Wasser liegen. Er nahm die Kleider und verbarg sie. Was er da sah, war kein anderes Volk als zwei Seefrauen (Wasserweiber), die kamen vom Rhein in den See, um sich zu vergnügen. Die Frau sagte zu Hagen: »Gib uns unsre Kleider wieder!« – Er antwortete: »Sag mir zuerst, was ich dich frage: Werden wir alle lebendig über den Rhein zurückkommen?« – Die Frau im Wasser erwiderte: »Ihr kommt alle heil weg über den Rhein, doch nie kommt einer von euch zurück. Und dir steht große Mühe bevor!« – Da zog Hagen sein Schwert und erschlug die Seefrauen. Er hieb sie mitten durch, beide, Mutter und Tochter.

Was sind das eigentlich für Wesen, denen Hagen hier begegnet? Man hat Fabelwesen in ihnen gesehen, Nixen, Wasserfrauen, Gestalten des Märchens; und vorweg das Nibelungenlied sieht sie so (»Si swebten sam die vogele vor im ûf der fluot«). Aber warum, wenn sie Wasserwesen sind, gehen sie noch besonders baden, und tun das als etwas Ausnahmsweises: »um sich zu vergnügen«? Und warum legen sie dabei ihre Kleider ab? Wasserwesen, die ihre Kleider im Trocknen lassen, wenn sie baden gehen?

Es sind keine Fabelwesen; es sind Menschenkinder von Fleisch und Blut, Schiffer- oder Fischerfrauen, Mutter und Tochter. Sie sind am Abend in dieses abgesonderte flache Gewässer gekommen, weil es hier jetzt noch warm ist gegenüber dem frühlingskalten Rhein. Scheint jetzt der Mond klar, so wird am Tage die Sonne stark geschienen haben.

Hagen fragt die Frauen, ob die Niflungen heil über den Rhein kommen werden und wieder zurück. Was die ältere antwortet, versteht er als Weissagung und als Vorverkündung des Niflungen-Untergangs. Aber die Frau meinte vielleicht etwas ganz anderes, was sich auf die Schwierigkeiten der Überfahrt über den Rhein bezog, und auf die Aussicht, diese ritterlichen Burschen wiederzusehen:

»Ihr kommt schon alle heil über den Rhein, so gefährlich ist die Überfahrt nicht; nur mühsam! Aber von euch kommt ja doch nie einer hierher zu uns zurück!« – Und indem sie dies sagt, steht sie, aufgetaucht, nackt, ohne Kleider, in Reichweite von Hagen.

Hagen mißdeutet ihre Rede als böses Omen. Daß er die beiden dafür aber mitten-durch haut, zeugt nicht von einer großen Seele. Das Nibelungenlied, das Hagen gerne beispielhaft hervorheben möchte, und das die »Wasserfrauen« als Nixen versteht, läßt denn auch Hagens Schandtat weg.[22]

Die geschilderten Landschaftsverhältnisse entsprechen wieder ganz den Zuständen bei Wiesdorf und Merkenich. Wie sehr sich der Rhein auch im Laufe der Zeiten verändert haben mag: der Einstrom der mächtigen Dune mit ihren Sand- und Geröllmassen war bis zur Neuzeit immer der gleiche, und so mußten die Verhältnisse ähnliche bleiben. Daher heißt es im »Jasmund«, einer Denkschrift der Rheinstromverwaltung von Regierungs- und Baurat Jasmund aus dem Jahre 1849:[23]
»daß das über das niedrige Vorland fallende Hochwasser damals (1849) von Merkenich an nahe dem linken Ufer eine Talrinne ausgespült hatte, die von den Tiefen des Rheins durch einen breiten, hochliegenden Grund getrennt war«.
Genauso findet es Hagen vor: dicht am Rhein, durch einen breiten Damm, auf dem er geht, von ihm getrennt, ein langgezogener Binnensee, in dem die Frau und das Mädchen baden. Zwar kann Hagens »Möre« nach den gewaltigen Veränderungen und Verlagerungen des Rheinbetts seit 1400 Jahren nicht dieser im Jasmund genannte Teich gewesen sein; aber der Name »Märe, Möre, Meer, Ma(a)r« kommt überall am Niederrhein vor und bedeutet ein stilles Wasser, einen Landsee, später auch ein mehr sumpfiges Gewässer.[24]
Auch hier an der Dune-Mündung kommt und kam der Name vor. Aber wenn die damalige Möre heute noch vorhanden wäre, müßte sie an anderer Stelle gesucht werden. Der damalige Rhein war vermutlich der ganz alte östliche Rheinarm, als dessen Reste jetzt noch die Burgmar und die Manforter Mar verblieben sind. Mar-Mär-Märchen-Namen gibt es hier überall, auch der 11 km entfernte Ort Mehrheim bei Köln-Mülheim (rechtsrheinisch) und das nur 4 km entfernte linksrheinische Mehrheim werden vom gleichen Grundwort abgeleitet, während Merkenich den Besitz des Marcus (Marciniacum) kennzeichnet.
Unmittelbar also in der Landschaft um die Dune-Mündung kommt auch dieses Wort »Möre« vor, das keineswegs deutsches Allgemeingut ist und im süddeutschen Raum nicht gleichbedeutend erscheint. Das Wort paßt geographisch wie sprachlich genau in diese Landschaft und zeugt von vorzüglicher Ortskenntnis.[25]

Jarl Elsungs Reich – Babilonia – »Bern«

Hagen setzt seinen Weg am Ufer stromabwärts fort.

> Er sieht mitten auf dem Fluß einen Mann rudern und ruft ihm zu: »Rudere hierher zu mir! Ich gehöre zu Elsung Jarl!« Deshalb sagte er das: Er war da in Jarl Elsungs Reich.

Jarl Elsung der Junge ist der Schwestersohn Jarl Elsungs »des Alten und Langbärtigen«, der einst von König Didriks Großvater Samson im Kampf um »Bern« erschlagen worden war. Samsons Sohn Thetmar hatte die Tochter des alten Jarl Elsung, Odilia, die Erbin von »Bern«, geheiratet, und ihrer beider Sohn war Didirik. Der alte Jarl Elsung war also Didriks Großvater.
Jarl Elsung der Junge ist nun Herr über ein linksrheinisches Gebiet. Er hatte offenbar den nördlichen Teil vom Reiche des alten Jarls bekommen. Von ihm berichtet die Thidrekssaga an späterer Stelle noch ausführlich. Als da nämlich ein Jahr nach den großen Soester Kämpfen König Didrik von Bern mit Hillebrand und seiner Frau Herrat von Soest aus auf dem westlichen Wege um das Gebirge (Sauerland) herum ihrer Heimat »Bern« zuziehen und die Dhün schon überschritten haben, kommt dieser Jarl Elsung aus seiner Burg BABILONIA über den Rhein herüber und legt sich mit ihnen an. Dabei reiten er und seine Mannen ohne Mühe hin und her über den Rhein, als ob dort eine Brücke wäre. Der einzige Brükkenort zu dieser Zeit ist aber KÖLN. Und auch seiner Lage nach (links vom Rhein, südlich der Dhünmündung) kann Jarl Elsungs »Burg Babilonia« nichts anderes sein als Köln.[26]

Nachdem Didrik von Bern und Hillebrand die Kämpfe mit Jarl Elsung und seinen Mannen siegreich bestanden haben, reiten sie weiter nach Süden und kommen dann schnell nach BERN.
Dieses »Bern« kann natürlich nicht das italienische Verona sein, wie man bisher gemeinhin glaubt (und erst recht nicht das schweizerische Bern). Es kann nur einen Ort in unmittelbarer Nähe von Köln meinen, und das ist BONN.
Bonn hatte in früher Zeit neben seinem Hauptnamen Bonna-Bunna auch den Namen VERONA CISALPINA, zu deutsch: BERN (diesseits der Alpen). So steht es in Chroniken, auf Siegeln und Münzen, auf dem Stadtbild von 1575, zwischen dem 10. und 16. Jahrhundert (Abb. 8).

1050: »Cisalpina Verona quae usitatius Bonna vocitatur«;
um 1250: »Bunne dat heisz man dô Berne«;
2. Hälfte des 13. Jahrhunderts: »SIGILLUM ANTIQUE VERONE NUNC OPPIDI BUNNENSIS«;
1575: »Verona, nunc Bonna, communiter«.
Auf diesen Inschriften wird Verona=Bern als jeweils älterer Name angesehen.[27]

Der Fährmann

Zu dem Kölner Reich des Jarl Elsung gehört der Fährmann. Deswegen sagt Hagen: »Ich gehöre zu Jarl Elsung!« – Hagen lügt. Er hat mit Jarl Elsung gar nichts zu tun. Er will den Fährmann nur gefügig machen, mit seinem Boot heranzukommen. Aber der Fährmann hat seine Fähre offenbar an der Grenze von Jarl Elsungs Machtbereich und weiß sich von ihm unabhängig. Er antwortet Hagen: »Mich kümmert nicht, wem du zugehörst! Wer mir Penninge gibt, den fahre ich über!«[28]
Hagen hat »Penninge«. Er hält seinen Goldring hoch und ruft: »Sieh, was ich dir geben will!« – Der Goldring war also kein Fingerring. Er war so groß, daß der Fährmann ihn im Mondschein über den halben Rhein hin sehen konnte – und der Rhein war dort breit. Es war eher ein Armring. Vielleicht glich er den goldenen Armringen, denen wir später im »Königsgrab zu Enzen« begegnen werden.

> Als der Fährmann den Goldring sah, ruderte er zum Land, dahin, wo Hagen stand. (Sv)

Die Membrane sagt dies etwas ausführlicher:

> Als dieser Schiffmann gewahr ward, daß ihm ein Goldring als Schifferlohn geboten wurde, dachte er daran, daß er vor kurzem geheiratet und eine schöne Frau genommen hatte und sie sehr liebte und wollte ihr gern das Gold geben, wenn er es erhielte.

An dieser ausmalenden Überlegung ist richtig, daß ein Fährmann verheiratet sein mußte; denn sein verantwortungsvoller Beruf verlangte einen ausgereiften Mann (Menz).

> Hagen stieg in die Fähre und stieß vom Lande ab. Das Fährmensch wollte flußabwärts rudern; Hagen sagte: »Du sollst flußaufwärts rudern!« Da mußte er rudern, wie Hagen verlangte, bis sie dahin kamen, wo das Heer lag.

So die altschwedische Handschrift (309).

Der Standort dieser Fähre dürfte die einstige Felsenenge zwischen Rheindorf und Rheincassel gewesen sein, etwa 3 km vom Lager der Niflungen entfernt. Hier war eine Felsbarriere, die den ausgeschweiften Rhein wieder in ein engeres Bett zwang. Sie ist erst in unserer Zeit beseitigt worden. Auch diese Fähre ist uralt.[29]

> »Die Rheindorfer Fähre (Abb. 7) war jahrhundertelang ein Begriff. Schon der Frankenkönig Pippin der Jüngere soll auf seinen Reisen zwischen Köln und Kaiserswerth wiederholt die Rheinfähre zu ›Rindorp‹ benutzt haben.« (Menz)

Wenn Hagen hier den Fährmann traf, so erklärt das, warum er nach seinen verschiedenen Begegnungen so lange brauchte, um mit dem großen Fährkahn gegen die starke Strömung zurückzukommen; denn das Rudern brachte das Boot nur meterweise vorwärts.

Die Überfahrt

> Sv 310: Da stand König Gunter auf und kleidete sich an und ließ das Volk überfahren mit einem kleinen Schiff – und sie hatten schon einen Teil ihrer Mannschaft übergesetzt. Da kam Hagen mit einem größeren Schiff. König Gunter stieg ein und mit ihm eine Hundertschaft seiner Mannen.
>
> Als sie mitten in den Fluß kamen, ruderte Hagen so stark, daß beide Ruder zerbrachen. Er sprang auf und verfluchte den, der die Ruder gemacht hatte, zog sein Schwert und schlug dem Fährmann den Kopf ab. Da sagte König Gunter: »Warum tatest du das, Hagen? Was gabst du ihm Schuld?« – Hagen antwortete: »Er soll nichts von unsrer Fahrt sagen, wohin wir fahren!« – Da sagte Gunter-König mit großem Zorn: »Du bist niemals froh, außer wenn du Böses tust!« – Hagen erwiderte: »Warum soll ich mich zurückhalten, Böses zu tun, während ich weiß, daß keiner von uns zurückkommt?« –

Der König steuerte. Da zerbrach das Steuer. Nun trieb die Fähre quer vor der Strömung. Da sprang Hagen vor, half am Steuer und besserte, was er konnte. Als sie gegen das Land kamen, füllte sich die Fähre und schlug mit ihnen um, und sie kamen naß und mit großer Not ans Land. Dann machten sie das Steuer wieder heil und schickten die Fähre über den Fluß zurück zu ihrem Volk.

Das Fährboot, mit dem die Niflungen nun über den Rhein setzen, wird uns deutlich beschrieben. Es hat zwei Ruder und ein Steuer. Hagen rudert das Boot allein, und in der Strommitte, statt es treiben zu lassen, reißt er so stark an den »Riemen« (Rudern), daß beide brechen. Hagen gibt dem Fährmann die Schuld, »der vor ihm auf den Gangbrettern sitzt«, wie die Membrane und Hs.A zusätzlich sagen, und erschlägt ihn.

Aber der Fährmann war unschuldig. Er hätte sie alle wohlbehalten hinübergebracht. Hagen dagegen verstand sich nicht auf dieses Gewerbe, nicht auf das Boot und nicht auf den Rhein mit seiner starken Strömung. Auch König Gunter verstand nichts davon. Statt schräg mit der Strömung flußab zu treiben, wollten sie das Boot querhinüber zwingen. Dadurch entstand ihr Mißgeschick.

Der Mord an dem Fährmann – denn was war es sonst? – wird von Hagen kaum entschuldigt. »Er soll nichts davon sagen, wohin wir fahren« ist nur eine Ausrede, und König Gunter nimmt sie nicht an. Der wahre Anlaß zur Erschlagung des Fährmanns ist wohl Hagens Wut über die eigene Unfähigkeit und über das spöttische Gesicht des zum Zuschauen verdammten Fachmanns, der vor ihm saß und ihm wahrscheinlich ins Gesicht guckte.

Die Fähre war keine »Schalde«, welche, an beiden Seiten breitflach, vorne wie hinten am Ufer auflaufen kann; sondern sie war ein großer Kahn. Wie sie aussah, können wir uns genau vorstellen. Denn gerade solch ein Boot aus fast ebenso früher Zeit (8. Jh.) ist 1973 im Rheinufer bei Krefeld gefunden worden.

Ein Bagger war beim Ausschachten eines neuen Hafenbeckens in 10 m Tiefe auf lange Planken gestoßen, und der umsichtige Baggerführer verständigte sofort eine Gruppe von Archäologen, die in der Nähe arbeitete. So konnte der Fund gerettet werden. Es war ein Frachtkahn von 15 m Länge und einer Breite von 2,60 m in der Mitte und 1,80 m am Heck. Der Bug war vom Bagger zerstört. Das Boot war aus Eichenholzplanken auf besondere Art gebaut und ohne Verwendung von Eisen mit Holzdü-

Ein toller Fund

... begeistert zur Zeit die Altertumsforscher im Rheinland. Bei Bauarbeiten am Krefelder Rheinhafen wurde – wie schon kurz gemeldet – dieses etwa 1200 Jahre alte und im Boden noch hervorragend erhaltengebliebene Rheinschiff entdeckt. Bildfunkdienst/AP

Rheinschiff aus der Zeit Karls des Großen gefunden

ap KREFELD. Bei Ausbaggerungsarbeiten in einem Krefelder Hafenbecken sind Arbeiter auf ein altes Rheinschiff gestoßen, das nach Ansicht von Fachleuten etwa 1200 Jahre alt sein und aus der Zeit Karls des Großen stammen muß. Wie der Landschaftsverband Rheinland am Donnerstag in Krefeld mitteilte, ist der Eichenkahn das vermutlich älteste noch erhaltene Schiff in Zentraleuropa. Es ist 14 Meter lang und zwei Meter breit, nach Meinung der Archäologen noch in hervorragendem Zustand und soll von Fachleuten nach der Bergung mit besonderen Präparaten konserviert werden.

Am 22. Juni 1973 stieß ein Bagger beim Ausschachten eines weiteren Beckens für den Rheinhafen der Stadt Krefeld in ca. 10 m Tiefe überraschend auf bearbeitete Holzplanken von beträchtlicher Größe. Der Baggerführer verständigte sofort ein in unmittelbarer Nähe der Fundstelle mit der Ausgrabung eines römischen Kastells beschäftigtes Archäologenteam. Die Ausgräber legten die Holzteile frei, die sich bald als zu einem relativ gut erhaltenen Schiff von beträchtlicher Größe gehörend erwiesen.
Dies war bereits das dritte, das innerhalb von zwei Jahren bei den Erweiterungsarbeiten für den Krefelder Rheinhafen in ca. 10 m Tiefe zutage kam. Von den beiden ersten Kähnen war jedoch einer vom Bagger zu zwei Dritteln zerstört (ursprüngliche Länge ca. 14 m). Der andere von ca. 8 m Länge konnte nahezu vollständig geborgen werden. Aus den bei beiden Kähnen in größerer Menge gefundenen Tonscherben ergibt sich eine Datierung in das 8. Jahrhundert.

Der Fund

Das Schiff ist nicht unversehrt. Der Bug wurde vom Bagger zerstört. Die ursprüngliche Länge muß ca. 15 m betragen haben. Die Restlänge beträgt noch 13,5 m. Davon abgesehen ist der Erhaltungszustand sehr gut. Es handelt sich um einen Frachtkahn von trapezförmigem Grundriß. Die maximale Breite mißt 2,6 m, das Heck ist 1,8 m breit, der Bug war wohl nur wenig schmaler und sehr flach. Die Fracht mußte hauptsächlich im hinteren Schiffsteil gestapelt werden, damit das Schiff hier tiefer im Wasser lag als vorne. Bei allen Beladungszuständen ergab sich dadurch ein ausreichender Überhang des Bugs; trotzdem konnte das Schiff nur auf Binnengewässern mit geringer Wellenhöhe fahren. Mit dem aufgebogenen Bug — wie heute noch viele Fähren — konnte es leicht schräg abfallende Flußufer auflaufen. Besondere Verladevorrichtungen

Fig. 1. Freilegung des Kahnes

oder Kaimauern waren nicht notwendig. Selbst schwere Fässer — die Container des Mittelalters — konnten leicht an Bord gerollt werden. Insgesamt konnte der Kahn etwas mehr als sein Eigengewicht als Fracht aufnehmen.
Die eigenartig anmutende Form des Kahnes zeigt, daß sie letzten Endes von Einbäumen herstammt. Daran erinnern auch die mit dem Beil ausgehauenen, L-förmigen Planken, die einen Teil der Bordwand und gleichzeitig des Bodens bilden. Das Bodeninnere wird durch zwei weitere dicke Bretter gebildet, die durch in regelmäßigen Abständen aufgedübelte Spanten zusammengehalten werden. Zwischen diesen sind paarweise Spanten angebracht, die aus naturkrummem Eichenholz gefertigt wurden, wobei bei jedem Paar jeweils eine die rechte, die andere die linke Bordwand stützt. Die Wand selbst wird durch auf der Außenseite der L-Planken angedübelte, ca. 60 cm hohe Eichenbohlen gebildet. Es wurden lediglich Holzdübel verwendet,

Fig. 2. Details vom Bau des Kahnes

Eisennägel kommen nicht vor. Nur das in die Plankennähte zum Abdichten gestopfte Moos wird an einigen Stellen durch eiserne Kalfatklammern festgehalten.
Glücklicherweise wurde im Innern des im Juni 1973 gefundenen Schiffes ein Tongefäß gefunden, das sich zweifelsfrei dem 8. Jahrhundert zuweisen läßt. Eine genau zeitliche Festlegung des Schiffsalters wird erst nach Abschluß von dendrochronologischen Untersuchungen am Holz der Eichenbalken möglich sein. Für die historische Schiffsbauforschung ist dieser Fund von großer Bedeutung, stellt er doch ein Bindeglied zwischen der Schiffsbautradition der Römer und der uns einigermaßen gut bekannten Technik des hohen Mittelalters dar. Es ist — abgesehen von einem Fund in der Nähe von Utrecht — der einzige aus der Karolingerzeit stammende vom europäischen Festland.
In unmittelbarer Nähe der Fundstelle des Krefelder Schiffes liegen die Überreste des römischen Kastells Gelduba, von dem Tacitus berichtet, es befinde sich unmittelbar am Rhein. Heute fließt dieser einige hundert Meter weiter östlich, doch zeigt uns der neue Schiffsfund, daß sich ein Flußarm mindestens bis zum 8. Jahrhundert an dieser Stelle erstreckt hat. An seinem Rande muß das Schiff gelegen haben, als es vermutlich von einer Hochwasserwelle überrascht und zugeschwemmt wurde. Der feuchte Schlick, mit dem es dann bedeckt war, hat das Holz mehr als tausend Jahre lang konserviert.
Der Fund eines hölzernen Schiffes aus dem 8. Jahrhundert ist für die Archäologen ein „freudiges Ereignis". Aber der Fund bringt auch Probleme mit sich. Holz ist seit Jahrtausenden einer der wichtigsten Werkstoffe des Menschen, sicher der älteste vor Bronze, Stein und Keramik. Aber nur ganz wenige Zeugen der ältesten Holzarbeiten sind uns erhalten geblieben. Holz, als organisch gewachsenes Material, ist dem Kreislauf der Natur unterworfen. Holzzerstörende Insekten und Mikroorganismen bauen das Holz mechanisch und chemisch ab. Je nach den äußeren Umweltbedingungen geschieht dieser Abbau schneller oder langsamer. Innerhalb weniger Jahre kann Holz zerstört werden, wenn Feuchte und Temperatur günstig sind. Durch geeignete Maßnahmen, durch Behandlung mit chemischen Holzschutzmitteln und durch konstruktive Maßnahmen läßt sich die Lebensdauer des Holzes unter ungünstigen Bedingungen vervielfachen. Zum anderen kann Holz auch Jahrtausende überdauern, wenn extrem trockenes Klima herrscht, z.B. in den Pyramiden [1]. Ebenso kann unter relativ kaltem und zugleich trockenem Klima Holz erhalten bleiben, wie die Stabkirchen in Norwegen beweisen [2, 1].

Konservierung

Aber auch in extrem feuchter Umgebung kann Holz Jahrhunderte überstehen, wie Funde von Schiffen beweisen, die meist nach einem Unglück gesunken sind und im Laufe der Zeit von Schlamm und Schlick überdeckt wurden, wie das berühmte Regalschiff Wasa in Schweden und die Bremer Hanse-Kogge [3, 4]. In diesem Milieu liegt das Holz in maximal gequollenem Zustand vor; beim Trocknen schwindet das Holz erheblich. Da auch im Laufe der Zeit ein gewisser Abbau durch vorwiegend anaerobe Mikroorganismen erfolgt ist, können beim Trocknen so starke Spannungen auftreten, daß das Holz zerfällt.
Bei Konservierungsmaßnahmen sind also zwei Gesichtspunkte zu berücksichtigen. Es muß verhindert werden, daß

1. ein weiterer biologischer Abbau erfolgt,
2. das Holz beim Trocknen durch das Schwinden zerstört wird.

Bei der Bergung dieses Fundes mußte als Sofortmaßnahme dafür gesorgt werden, daß das Holz keine Feuchte verlor und daß ein Konservierungsmittel angewandt wurde. Es erwies sich als unmöglich, das Schiff im Ganzen aus dem Boden zu nehmen, vielmehr war es notwendig, es in drei Teile zu zerlegen und in einem eigens dafür gebauten Becken im Garten des Museums unter Wasser einzulagern. Das Wasser enthält 1% Basilit ® BS als Konservierungsmittel. In dieser Lösung kann das Holz solange verbleiben, bis die endgültige Konservierung folgt.
Die Verhinderung des Schwindens beim Trocknen kann nur dadurch erreicht werden, daß das Wasser in den Holzzellen durch einen anderen, nicht verdunstenden Stoff, der das Holz in dem gequollenen Zustand erhält, ersetzt wird. Als geeignet hat sich Polyäthylenglykol [5] vom Molgewicht 800 bis 4000 erwiesen; meistens verwendet man ein Produkt mit einem Molgewicht von 1000—1500. Polyäthylenglykol wird in wäßriger Lösung verwendet. Durch Diffusion dringt Polyäthylenglykol langsam in das Holz ein und verdrängt das Wasser. Man beginnt zunächst mit einer 10%igen Lösung, im Laufe der Zeit wird die Konzentration auf 60—70% gesteigert. Die Erhöhung der Konzentration muß sehr vorsichtig vorgenommen werden. Beginnt man zu schnell mit hoher Konzentration, so kann durch osmotische Effekte eine innere Trocknung des Holzes hervorgerufen werden, die ebenfalls ein Schwinden bzw. eine Zerstörung des Holzes bewirken kann [6]. Der Polyäthylenglykol-Lösung

beln vernietet. Es hat etwa 20 Spanten, auf denen die Gangbretter gelegen haben müssen. Es konnte sicher eine gedrängte Hundertschaft fassen.
Dieser Frachtkahn ist eine archäologische Kostbarkeit; eine unendliche Mühe ist darauf verwandt worden, ihn zu bergen und zu erhalten. An seiner Konservierung wird noch gearbeitet.
Dies war bereits das dritte Schiff, das innerhalb von zwei Jahren bei den Erweiterungsarbeiten für den Krefelder Rheinhafen in ca. 10 m Tiefe zutage kam. Von den beiden ersten Kähnen war jedoch einer vom Bagger zu zwei Dritteln zerstört (ursprüngliche Länge ca. 14 m). Der andere von ca. 8 m Länge konnte nahezu vollständig geborgen werden. Aus den bei beiden Kähnen in größerer Menge gefundenen Tonscherben ergibt sich eine Datierung in das 8. Jahrhundert.

Die Erzählung der Überfahrt über den Rhein ist nur *ein* Beispiel für das negative Verhältnis der Thidrekssaga zum Wasser. Nirgends wird von einer wirklichen Seefahrt berichtet, höchstens von deren Anfang und Ende; und die meisten Begegnungen mit dem Wasser gehen unglücklich aus. Unmöglich, daß diese Erzählungen im seegewohnten Norwegen verfaßt worden wären oder gar in der Hafenstadt Bergen. Sie wurden dort höchstens weitererzählt und niedergeschrieben.
»Sie dürfen die Thidrekssaga nicht wie eine Chronik behandeln!« wurde mir von fachkundiger Seite geschrieben. »Es ist eine Saga, kein Bericht!« – Ich möchte erwidern: »Im Gegenteil! Da sich die Thidrekssaga wie ein Bericht gibt, *muß* zunächst geprüft werden, ob und wieviel Wahrheit in diesem (vorgeblichen) Bericht steckt. Diese Prüfung ist früher nicht vorgenommen worden. Meine bisherigen Bemühungen darum aber haben mich nicht enttäuscht.« –

An den Externsteinen fand ich *Fritz Schäfer*. Er war dort Wächter in den Jahrzehnten nach dem Krieg, ein einfacher Mann, der sich seine ganz eigenen Gedanken machte. Er hatte sich selbst allerhand Wissen erworben und vermutete darüber hinaus noch vielerlei Zusammenhänge. Er war in Verbindung mit allen, die an den Externsteinen arbeiteten und forschten. Er hatte wache Augen. Wenn in der Horner Straße aufgegraben wurde, war er zur Stelle und fand. Er brachte eine Menge jener kleinen Hufeisen zutage, die man für Zeugen des Untergangs der römischen Reiterei in der Teutoburger Schlacht hielt, und er zeichnete jedes einzelne Stück sorgsam ab.

Ich besuchte Fritz Schäfer, solange er lebte, immer wenn ich durch Horn kam, und das lag auf unserem Wege nach Paderborn und Soest. Ich erzählte ihm von meinen Forschungen und stellte meine Fragen. Und da kam es heraus, daß er jahrelang Schiffer auf dem Rhein bei Wiesdorf gewesen war. Er kannte die Verhältnisse dort genau. »Wie lange braucht man für eine Überfahrt?« fragte ich ihn. »Welches sind die Hauptschwierigkeiten? Wie kommen die Pferde hinüber?« Er antwortete mir auf alles.

»Die Strömung ist stark«, sagte er, »am stärksten am rechten Ufer. Man muß schräg mit der Strömung flußab fahren und schräg mit der Strömung flußab wieder zurück. Dann ist man ein gutes Stück stromabwärts getrieben und muß das Boot am Gleitufer gegen die Strömung hinaufrudern oder hinaufziehen. Das dauert eine ganze Zeit: Einsteigen, hinrudern, aussteigen, zurückrudern und das Boot wieder flußauf bringen. Wenn man nicht schräg genug mit der Strömung mitgeht, kippt das Boot leicht um.« – Bald zwei Stunden, meinte er, brauchte eine Überfahrt hin und zurück. Mir schien das viel, aber er bestätigte es.

»Und die Pferde?« – »Die Pferde schwimmen«, sagte er. »Das Leitpferd, oft eine Stute, wird am Halfter genommen oder am Heck angebunden. Ihr folgen die anderen Pferde nach.« –

Es war also kein Wunder, daß der Fährkahn der Niflungen kippte. Von unkundiger Hand gerudert und von unkundiger Hand gesteuert, fuhr er zu scharf gegen die Strömung an, wurde mit seiner Breitseite von der Wucht des Wassers gepackt und umgestürzt. Für die nasse Hundertschaft muß es ein unbehaglicher Tag gewesen sein.

Auf dem Heerweg

(Mb 367:) Und hierauf ziehen sie ihren Weg diesen ganzen Tag. Beim Dämmern legen sie sich nieder und lassen Hagen Wacht halten. Und als alle Mann schlafen, geht Hagen allein auf Kundschaft aus weitab von der Schar. Er kommt dahin, wo ein Mann liegt und schläft; der ist in Waffen und hat sein Schwert unter sich gelegt, doch der Griff schaut vor. Hagen packt das Schwert, zieht es und wirft es von sich. Er stößt den Mann mit dem rechten Fuß in die Seite und heißt ihn aufwachen.

Der Mann springt auf, greift zum Schwert, vermißt es und ruft: »Weh mir für diesen Schlaf, den ich hier schlief! Nun ist ein Heer in das Land meines Herrn Rodinger-Markgraf gekommen! Ich habe nun drei Tage und drei Nächte gewacht, eben darum schlief ich!« –
Da redet Hagen zu ihm und findet, daß er ein guter Held ist: »Du magst ein guter Bursch sein! Sieh hier meinen Goldring, den will ich dir geben für deine Ritterlichkeit, und du magst sein besser genießen als der, dem er vorher gegeben war. Ich will dir auch dein Schwert wiedergeben.« – Und so tut er.
Nun antwortet dieser Mann: »Hab großen Gottesdank für deine Gabe, zuerst dafür, daß du mir mein Schwert gabst, und dann für deinen Goldring!« –
Nun spricht Hagen: »Du sollst nicht in Furcht sein vor diesem Heer, wenn du das Land von Rodinger-Markgraf bewachst. Er ist unser Freund; denn unsre Schar führt Gunter-König aus Niflungenland mit seinen Brüdern. Sage mir noch, guter Held, wohin weisest du uns zur Herberge? Und wie heißt du?« – »Ich heiße Eckiward«, sagte er. »Und nun wundere ich mich, wie du daherfährst! Bist du Hagen, Aldrians Sohn, der meinen Herrn Jung-Sigfrid erschlug?
Hüte dich, solang du im Hünenland bist! Du wirst hier manche feindlich gesinnten Männer finden. Doch ich kann dir nicht bessere Nachtstatt weisen als in Bakalar beim Markgrafen Rodinger. Er ist ein guter Fürst!« –
Da sprach Hagen: »Du hast uns dahin gewiesen, wohin wir zuvor schon strebten. Reite nun heim zur Burg und sage, daß wir dahin kommen! Sag auch, daß wir ganz naß sind!« –
(Mb 368): Nun trennen sie sich, und Eckiward reitet heim. Hagen aber geht wieder zu seinen Mannen und sagt Gunter-König alles, wie es ihm ergangen ist, und heißt sie jetzt eiligst aufstehn und heim zur Burg reiten. Und so tun sie.
Eckiward reitet zur Burg heim, so schnell er nur kann. Als er in die Halle kommt, hat Markgraf Rodinger gegessen und denkt schlafen zu gehen. Da sagt Eckiward, daß er Hagen getroffen hat, und auch, daß Gunter-König dahergekommen ist mit großer Schar und will hierher zum Übernachten reiten. Rodinger-Markgraf steht auf und ruft alle seine Mannen. Er heißt sie schnell machen und sich herrichten, so gut und schmuck sie können, und so auch sein Haus. Er selbst, Markgraf Rodinger, läßt sein Roß bringen und will ausreiten ihnen entgegen mit vielen Rittern. Alle seine Mannen sind nun in Arbeit und Vorberei-

tung. Doch als Markgraf Rodinger zur Burg hinausreitet, kommt ihm Gunter-König mit all seiner Schar entgegen.

Nach dem Übersetzen über den Rhein reiten die Niflungen nach Osten zu. Welchen Weg sie ritten, zeigt die Thidrekssaga nicht an. Aber von der Mannesfurt aus, ihrer vermuteten Übersetzstelle über den östlichsten Rheinarm, führt auf der Le-Coqschen Karte von 1805[30] ein Fernweg, der den Namen »Reuterweg« (Reiterweg) trägt. Es ist ein echter alter Höhenweg, der das Dhüngebiet südlich umgeht, auf Wipperfürth zu läuft und auf dieser Strecke viermal den Namen »Heerweg« trägt (Abb. 5).[31]
Die Namen Mannesfurth und Wipperfürth zeigen an, daß diese Furten in der Benennungszeit die üblichen Flußübergänge waren; die Namen *Mannes*furth, *Reuter*weg, *Heer*weg, sagen aus, daß hier Mannschaften, berittene Boten, Heere zogen. Wipperfürth ist zudem von allen Wupper-Übergängen der flachste und bequemste. Zu ihm sinkt der Reuterweg von der Höhe her ab, wie er von der Mannesfurth aus zur Höhe aufsteigt. Oben aber ist es ein ebener Weg.
Den *Höhenwegen* wurde in den frühen Zeiten, da die Täler meist noch versumpft waren, der Vorzug gegeben. Sie liefen grade und eben auf der Wasserscheide über weite Strecken hin, sie brauchten keine Brücken, berührten kein bewohntes Gebiet, boten freie Übersicht, drohten nicht mit Hinterhalt. Der Boden war fest und an Quellen reich. Die Auf- und Abstiege wurden von den Pferden und den vielverwendeten zweirädrigen Karren ohne Mühe bewältigt.
Hinter Wipperfürth auf Hagen zu findet sich noch zweimal die Bezeichnung »Heerweg«, einmal »Heidenstraße«, einmal »Hochstraße«, einmal »Vorweg«. Der Weg wird für uralt gehalten und, auf Grund der Funde, für einen der wenigen ganz sicheren vorgeschichtlichen Fernwege. Diesen Weg möchten die Niflungen gezogen sein.

»Am Abend legen sie sich nieder«, berichtet die Thidrekssaga; aber sie sagt nicht, wie am Rhein, daß sie ihre Zelte aufschlugen, und sie sagt nicht, daß sie aßen. Warten sie auf etwas? Hagen geht allein auf Kundschaft aus, »fern von der Heerschar«. Was sucht er? Der Sicherung kann seine Kundschaft nicht gelten, denn das Heer ist nicht bedroht, und ein Heerführer, der allein auf Spähtrupp ginge, wäre ungewöhnlich.
Hagen »kommt dahin, wo ein Mann liegt und schläft«. Es ist der Wächter von Bakalar, der Burg des Markgrafen Rodinger. Er hat hier oben drei Nächte gewacht, deshalb schläft er jetzt. Burg Bakalar war demnach

vom Heerweg so weit entfernt, daß es nicht sinnvoll war, den Wächter täglich abzulösen. Der Wächter hieß Eckiward oder Eckihart, und er sagt, er wäre ein Mann Jung-Sigfrids gewesen. Er hatte also im Niflungenland gelebt und kannte die Niflungen; und dies dürfte mit ein Grund dafür gewesen sein, daß er als Wächter ausgewählt wurde.
Denn in Bakalar erwartete man die Niflungen, und Eckiward war der Verbindungsmann, nach dem Hagen auf Kundschaft ausging. »Wohin weisest du uns zur Herberge für die Nacht?« fragt Hagen. Und als Eckiward ihn zum Markgrafen Rodinger nach Bakalar weist, sagt Hagen: »Du hast uns dahin gewiesen, wohin wir auch zuvor schon gedacht haben.« – Deshalb also hatten die Niflungen keine Zelte aufgeschlagen und nicht gegessen: Sie erhofften sich Unterkunft und Bewirtung und Trocknung ihrer Sachen beim Markgrafen.
Eckiwards Wachtplatz mußte dort sein, wo der Weg nach Burg Bakalar vom Heerweg abzweigte. Von hier aus konnte er das Heer, das ins Land gekommen war, sehen. – In der Burg werden nun die Niflungen mit großer Gastlichkeit empfangen, und sie finden auch schon Feuer im Hof entzündet, an denen die Naßgewordenen sich trocknen können, während die anderen zu Umtrunk und Mahl in der Halle geladen sind.
Ist dies nun alles nur romanhaft erzählt, phantasievoll erdichtet? Oder ist es der Bericht eines wirklichen Auszuges, einer wirklichen Überquerung des Rheins, einer wirklichen Einkehr beim Markgrafen Rodinger von Bakalar? – Wenn es aber ein Bericht über wirkliche Vorgänge ist: WO LAG DANN BURG BAKALAR?

Burg »Bakalar«

Wenn es sie gab, muß man sie finden können; denn eine Burg kann nicht leicht ganz verschwinden. Entweder sie wird zerstört und bleibt dann als Ruine über oder unter der Erde erhalten – oder sie bleibt als Burg bestehen und wurde vielleicht bis zur Unkenntlichkeit ausgebaut. Aber irgend eine Spur muß sich sowohl in der Landschaft wie in der Überlieferung von ihr erhalten. Was sagt die Thidrekssaga über Burg Bakalar aus?
Sie erwähnt die Burg an verschiedenen Stellen und in verschiedenen Zusammenhängen: Burg Bakalar liegt »nicht weit vom Rhein«; »an der

MUNDIA – und das kann, nach den Schilderungen der Thidrekssaga, nichts anderes sein als die niederrheinische Tieflandsbucht;[32] sie liegt an der rechten Seite des Rheins, »am LYRWALD«, dem großen Waldgebirge Sauerland, das die Thiderekssaga dreimal nennt. Burg Bakalar muß östlich der Dhünmündung liegen, nicht am Heerweg, also nicht auf einem der Höhenzüge, auf welchen die Heerwege laufen. Aber wie weit liegt sie vom Rhein entfernt?

Den Rhein überschreiten die Niflungen am frühen Morgen. Als Hagen mit dem großen Boot kommt, mag es früh 3–5 Uhr sein. Die Sonne ist kurz nach vier Uhr aufgegangen. König Gunter kleidet sich eben an; und sie hatten mit einem kleinen Boot schon einen Teil ihrer Leute übergesetzt, sagen wir 100–200. Das große Fährboot faßt eine Hundertschaft. Sie hätten damit also noch 8–9 Fahrten gemacht. Rechnen wir für eine Hin- und Rückfahrt nur eine Stunde, dazu das Instandsetzen der zerbrochenen Teile, so können sie nicht gut vor 14 Uhr fertig gewesen sein. »Und darnach ziehen sie ihren Weg diesen ganzen Tag.«

Als Tagesleistung eines Reiterheeres rechnet man ohne Beeilung 35 km. Knapp ein halber Tag stand ihnen zur Verfügung, das wären 15–20 km. Etwa so weit von der Mündung der Dhün entfernt wäre Burg Bakalar zu suchen. Vom Rastplatz am Heerweg war sie so weit entfernt, daß es sich nicht lohnte, den Wächter täglich abzulösen. Andrerseits aber lag sie so nahe, daß den schon ruhenden Niflungen der Weg nicht zu weit erschien. Aus dem einen Grund kann die Entfernung kaum weniger als 5 km betragen haben, aus dem anderen kaum mehr.

Es war also *die* Burg zu suchen, welche von der alten Einmündungsstelle der Dhün in den Rhein einen halben Tagesmarsch nach Osten entfernt war; eine Burg, die nicht am Heerweg lag, sondern etwa 5 km davon entfernt; die am Rande des Sauerlands »Lyrwald« lag, und die zugleich Mittelpunktburg dieser ganzen Gegend war. Denn so heißt es an der Stelle der Thidrekssaga, wo Bakalar zum ersten Mal eingeführt wird – einer alten Stelle, wie der auch hier erhaltene Stabreimbeginn anzeigt:

»Bórg ein hèitir Bákalar«:

> Eine Burg heißt Bakalar.
> Darüber herrscht ein Markgraf,
> der Rodolf heißt, (sonst Rodinger)
> mächtiger Vasall
> und Freund Attala-Königs.

Eine andere Stelle sagt noch deutlicher: »der mächtigste Vasall im Reiche Attala-Königs«.
Bakalar gehört zum Hünenland Westfalen, so wie das Bergische Land, dem die Markgrafschaft Herzog Rodingers etwa entsprach, noch jetzt zu Westfalen gehört. In der Sprache einer späteren Zeit hätte man sagen können: »Der Graf von Berg war der mächtigste Vasall des Herrschers von Westfalen.«
Wenn Bakalar in früher Zeit die Mittelpunktburg dieser Gegend war, so mochte sie das in späterer Zeit geblieben sein. Wo war dieser Punkt zu suchen? Seit 1133 hatten die Grafen von Berg ihren Sitz in Schloß Burg an der Wupper. Ehe sie aber dieses Schloß erbauten, war ihr Sitz in Burg Berg(e) an der Dhün, dem heutigen ALTENBERG. Altenberg liegt 15 km Luftlinie von der früheren Duna-Mündung entfernt, 6 km abseits vom Reuterweg, am Rande des Sauerlandes.

An jenem Tag, an dem ich mit den Schiffern an der Dhün-Mündung gesprochen hatte, fuhr ich nach Odenthal und nahm dort Quartier. Ich fragte nach jemandem, der über die frühe Geschichte dieser Gegend Bescheid wüßte. Man wies mich zum Domführer Heinen in Altenberg gegenüber dem Dom.
Der ALTENBERGER DOM ist der Mittelpunkt, das Herz und das Heiligtum des Bergischen Landes. Erstaunlich steht dieser mächtige, spätgotische Bau hier in der Einsamkeit, mitten im Grünen. Ich klingelte beim Domführer Heinen. Seine Frau sah oben heraus: »Was wollen Sie?« – »Ich suche Burg Bakalar.« – »Die gibts hier nicht!« – »Nein«, sagte ich, »aber wo liegt die alte Burg Berg?« – Sie wies mir den Weg durchs Kloster hindurch zum Wald. »Und wer weiß hier über die frühe Geschichte Bescheid?« – »Da müssen Sie zum Herrn Eckert in Wuppertal; der weiß alles!«
Ich ging durch den Klosterhof hindurch auf die Wiesen der Dhün. Damals hatte die neue Straße das große Wiesengelände zwischen Dom und Burg noch nicht zerschnitten (Abb. 10). Ich ging am Wiesenrand hin und dann in den Wald hinein, wie ich glaubte, gewiesen zu sein. Aber ich war betrübt. Wenn die alte Burg Berge im Walde lag, dann war es, trotz allen Übereinstimmungen sonst, Burg Bakalar nicht. Denn ein letztes Merkmal lag noch im Namen:

> »Die Nachsilbe -lar, vorzugsweise den mittel- und niederdeutschen Stämmen der Sachsen, Friesen, Franken und Thüringer vorbehalten, bedeutet feuchte Wiese oder Weide.«[33]

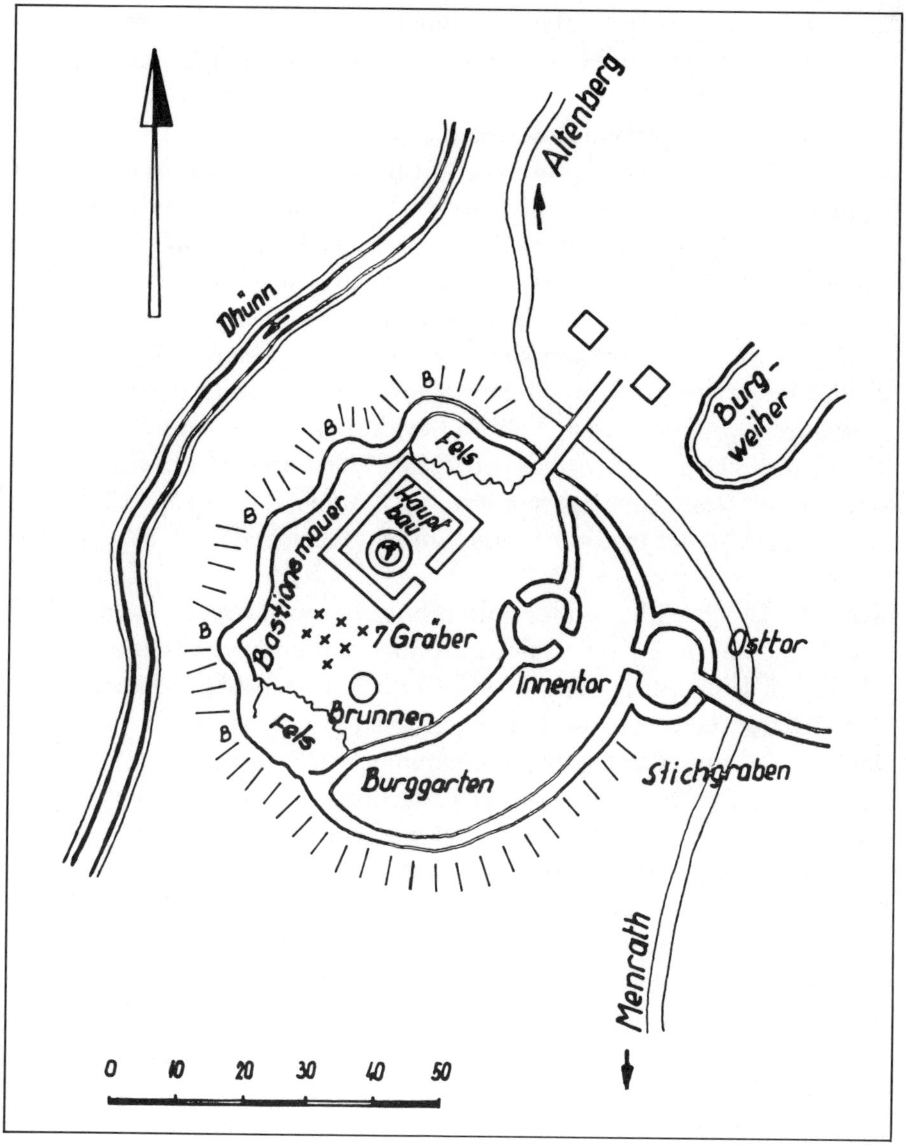

6 *Der Grundriß der alten Burg Berge. Aus Peter Kombüchen: Burg Berge, Wiege der bergischen Geschichte (Rhein.-Berg. Kalender, Berg. Gladbach 1962).*

Aber ich hatte mich nur verlaufen. Eine Frau an einem einsamen, auf einer Lichtung gelegenen Haus, zeigte mir den rechten Weg. Ich kam zur Dhün zurück. Da sah ich vor mir den baumbestandenen, steilen Burgberg aufragen, von einem Bogen der Dhün eng umflossen (Abb. 9). Ich stieg hinauf und sah mich um: Vor mir über die Dhün hinweg, und zur Rechten bis zum Kloster hinüber, in weiterer Entfernung auch zur Linken, breiteten sich die feuchten Wiesen der Dhün. Ich stand auf dem Boden der alten Burg. Ich hatte – so glaubte ich gewiß – Burg Bakalar gefunden! Der beiliegende Ort heißt *Blecher.*
Hierher waren die Niflungen von ihrem Rastplatz oben am Heerweg geritten, hier waren sie vom Markgrafen Rodinger und seinen Mannen gastlich empfangen worden, hier im Burghof hatten die Durchnäßten an zwei Feuern sich gewärmt und getrocknet, hier waren sie in der Halle der Burg auf das beste bewirtet worden und hatten bei fröhlichem Mettrinken ihre Abenteuer erzählt. So meinte ich. Aber der Platz ist eng.

Vielmals bin ich seither auf der alten Burg Berge gewesen, zu jeder Jahreszeit. Einmal besuchte ich sie zusammen mit einem befreundeten Archäologen, Wilhelm Jordan, einem Mann mit vielseitigen Fähigkeiten, wunderbarer Zeichen- und Plastizierkunst, voller Humor, der Sprache mächtig und mit einem unwahrscheinlichen archäologischen Spürsinn. Als wir ihn einmal in Haaren bei Paderborn besuchten, wo er damals wohnte, nahm er uns mit in den etwas entfernten Wald, in dem er die Reste eines Marserdorfs ausgegraben hatte, keine 10 cm unter der Rasendecke des Waldes. Den Platz hatte er sich nach der Lage der Quelle errechnet. Er hatte grobe Hände und feinspürige Finger.
Ihn nahm ich mit nach Burg Bakalar-Altenberg und wies ihm den Ort, wo der Brunnen gewesen sein mußte, und den Platz, wo ich Abfall vermutete. Aber er ließ sich nicht beirren. Ganz oben auf der Kuppe des Burgbergs begann er mit einem Löffel zu kratzen; und nach 10 Minuten hatte er die Randscherbe eines Rauhtopfs gefunden; Lehmbrocken, die im Feuer hartgebrannt waren; verkohltes Holz. Eine sorgfältige Ausgrabung des Burgbereichs wird hoffentlich Auskunft über das Alter der Anlage bringen.
Altenberg an der Dhün paßt genau zu den Angaben der Thidrekssaga. Alles trifft hier zusammen: Sie war in ältester Zeit die Mittelpunktsburg des Bergischen Landes; sie liegt »nahe am Rhein«, wie die Ths sagt, am Rande des »Lürwalds«, des Sauerlands, am Rande der »Mundia«, der Niederrheinischen Tieflandsbucht, in der rechten Entfernung vom Zu-

sammenfluß von Dhün und Rhein, abseits der Heerstraße, zwischen feuchten Wiesen und Weiden, wie der -lar-Name es verlangt. Und der Name »Bakalar«, der in der altschwedischen Handschrift »Becculär, Päclär (Päkler) heißt, scheint in unmittelbarer Nähe anzuklingen. Trägt die alte Burg diesen Namen nicht selbst, so trägt sie doch auch keinen anderen, nur einen Ersatznamen. Eine andere Burg aber in dieser Gegend, auf welche alle diese Bedingungen zuträfen, hat sich im geforderten Umkreis nicht finden lassen.[34]

Der richtige Punkt

Bedenken – nicht gegen den Bereich im Ganzen, aber gegen diesen besonderen Punkt der alten Burg – kamen mir erst sehr viel später. Beim eingehenden Studium der ganzen Thidrekssaga ging mir auf, daß hier unter »Burg« nicht dasselbe verstanden wurde, was wir darunter verstehen.

Die alte Burg Berge ist eine mittelalterliche Gründung, zu Schutz und Verteidigung erbaut, steil am Ufer der Dhün gelegen. Die »Burgen« der Thidrekssaga aber sind keine Kampfburgen. Ihre Verteidigung sind ihre Mannen, nicht ihre Mauern. Schutz- und Trutzburgen, auf Bergen oder Felsen gelegen, durch Gräben oder Flußläufe geschützt, sucht man in der Thidrekssaga in den niederdeutschen Landen vergebens.

Wir müssen uns die »Burgen« der Thidrekssaga vielmehr vorstellen als Herrensitze, als große Gutshöfe, etwa im Viereck gebaut, an einer Quelle gelegen, inmitten fruchtbaren Landes (Abb. 14). Dafür ist der alte Burgberg nicht der richtige Platz. Wir müssen Umschau halten, wo hier in Altenberg, dem späteren und wahrscheinlich auch früheren Herrschaftszentrum dieses Landes, solch ein Herrenhof gelegen haben könnte.

Auch die frühmittelalterliche Burg muß ja ihren Nährhof gehabt haben. Als ihr Wirtschaftshof wird 1157 der »Bullengesberg« (Bülsberg) genannt. Aber dieser liegt ziemlich weit höher hinauf und ist ganz und gar nicht das, was ein fürstlicher Herrensitz gewesen sein müßte. Auch stammt diese Mitteilung aus einer Zeit, als die alte Burg schon aufgegeben und dem Kloster überlassen worden war, als also schon andere Verhältnisse herrschten. Und der -lar-Name verlangte eine Lage an den Dhünwiesen.

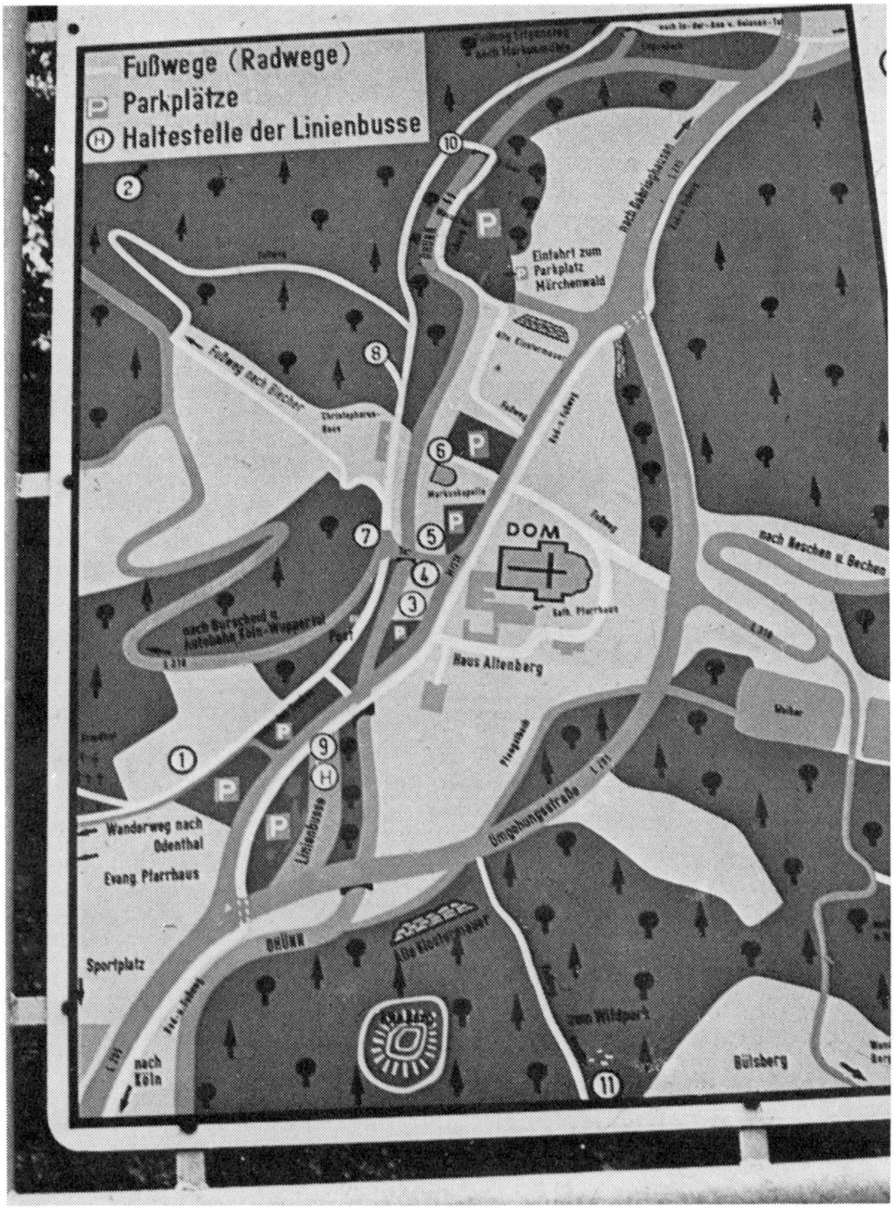

7 *Lageplan von Altenberg: Dom, Kloster, Burg, Wiesen, Wald.*

Ich teilte meine Bedenken Martin Jeremias mit, dem Hauptlehrer, der in Dabringhausen ganz in der Nähe von Altenberg wohnt und sich durch Tausende von archäologischen Funden in dieser, wie man lange Zeit meinte, siedlungsleeren Landschaft bekannt gemacht hat. Wir berieten schriftlich und fernmündlich miteinander. Und dann hatte er den, mir augenblicklich einleuchtenden, Gedanken: Die Stelle, wo heute das Kloster mit seinen Wirtschaftsgebäuden sich breit ausdehnt, oder die Stelle, wo der Dom steht, unmittelbar in den Talwiesen, das konnte der wahre Ort von Burg Bakalar gewesen sein (Abb. 10)! Dort kam der Weg vom Heerweg, von Bechen (Abb. 11), herunter, dort war der nötige Raum vorhanden, dort kam der Eifgenbach mit frischem Wasser heran. Dort, im Herzen des Bergischen Landes, müßte man nach den Spuren von Burg Bakalar suchen.[35]

Herr Eckert in der Ritterstraße in Wuppertal-Barmen wußte zwar nicht »alles«, aber doch vieles. Vor allem besaß er die einschlägigen Bücher, besonders das »Urkundenbuch der Abtei Altenberg I, 1183–1400« (Bonn 1912), das der Studienrat Hans Mosler herausgegeben hatte. So fand ich mich mit meinen einfältigen Fragen innerhalb von 24 Stunden zu den entscheidenden Quellen hin. Herr Eckert vermittelte dann meinen oben erwähnten Vortrag vor dem Bergischen Geschichtsverein in Wuppertal.
Die Niflungen ziehen am nächsten Tag, zusammen mit dem Markgrafen Rodinger und seinen Rittern, weiter an Burg Thorta vorbei nach Susat-Soest. Bevor wir sie aber auf dieser Fahrt begleiten, stellen wir zuerst die Frage nach ihrer Heimat, ihrer Herkunft, ihrem Geschlecht.

II
Die Heimat der Niflungen

Nivelles und Borg-Worm

Woher kamen sie nun, die Niflungen, als sie auf die Dhünmündung zuritten? Das Nibelungenlied sagt, ihre Heimat wäre Worms gewesen, und sie wären mit den »Burgunden« gleichzusetzen. Aber die Thidrekssaga kennt keine Burgunden; sie kennt für das fragliche Geschlecht nur den einen Namen: »Niflungen – Nyfflinge«. In Worms hat sich zudem nichts finden lassen, was irgend mit dieser Überlieferung zusammenhinge.[36] Das weit im Süden gelegene Worms paßt auch in keiner Weise zu den Vorstellungen der Thidrekssaga.
Welches aber ist die Vorstellung der Thidrekssaga? Woher kamen, ihrer Meinung nach, die Niflungen, als sie zu tausend Bewaffneten nach Soest aufbrachen? Wenn sie »immer ihres Weges« ritten, »bis sie an den Rhein kamen, da wo Dhün und Rhein zusammenfallen«, konnten sie ohnehin nicht im Süden wohnen und nicht in einer am Rhein liegenden Stadt (Worms), sondern sie mußten von Westen, Südwesten oder Nordwesten auf ihn zureiten.
Der belgische Forscher Henri Grégoire hatte eine These aufgestellt, die zu den Angaben der Thidrekssaga stimmen konnte.[37] Er glaubte, daß ein Zusammenhang bestünde zwischen den Nibelungen und der sehr alten Burg *Nivelles* in Südbelgien, die er »ein Kleinod der Pippiniden« nennt. Die Pippiniden und ihre Anhänger hätten den Ehrennamen »Nivellungen« angenommen (Nibelunc als Name einzelner Pippiniden im 8. u. 9. Jh.) und wären in diesem Sinne jene »franci nebulones«, von denen das Waltharilied[38] spricht. Pippin von Landen, Hausmeier der Frankenkönige von 615–639, gehörte jener mächtigen Familie an, deren Besitztümer sich zwischen Maas und Mosel ausdehnten. Er, der Gründer der Dynastie, heiratete Itta, die das Kloster Nivelles erbaute und sich später dorthin zurückzog. Ihre zweite Tochter folgte ihr dorthin, wurde erste Äbtissin und später als die »heilige Gertrud von Nivelles« verehrt.

»Die Stadt Nivelles, welche um die Abtei herum entstand, wird als die Wiege der Karolinger betrachtet. Man gibt den Gliedern der Pippinschen Familie einen Zunamen unter seiner germanischen Form: Die Leute von Nivelles wurden später Nibelungen genannt.« (So sagte es der Prospekt von Nivelles, der sich auf die Forschungen Grégoires bezog.)
Die Hauptgüter der Pippiniden lagen in der Diözese von Tongern. Nach Tongern versetzte Grégoire Hagen, zumal ein altes Volksspiel dort eine Art Sigfrid-Mord darstelle, und der Beiname Hagens – »von Tronje« im Nibelungenlied und »von Troia« oder »von Tröuia« in der Thidrekssaga – an Tongern anklänge.
Die Burg der Niflungen aber sieht Grégoire in der Hauptstadt der Hesbaye, der Provinz Hesbanien, in Waremme, das den flämischen Namen »Borg-Worm« führt (865 Woromia, später Worommes). Dieses Borg-Worm = Waremme, mit alter Zitadelle und Wallanlagen, an der alten Fernstraße Bavai – Maastricht – Köln, die hier den Namen »rue de Brunehaut« (Brünhildenstraße) trägt, liegt an dem Flüßchen Worm (romanisch: Geer).
Grégoire zweifelt daran, daß die Burgunden je in Worms gewesen seien. Nur durch zweimalige willkürliche Änderung des Textes der einzigen in Betracht kommenden Quelle (Olympiador frg. 17) sei man auf Mainz gekommen und von da auf die nicht weitab liegende Stadt Worms, indem man »Untergermanien« in »Obergermanien« änderte und »Moundiakon« in »Moguntiacum«. Moguntiacum in Obergermanien ist Mainz, die Lage von Moundiakon in Untergermanien ist ungewiß.
Nivelles hat einen herrlichen romanischen Dom. Unter dem Boden dieses mächtigen Bauwerks sind die Ausgrabungen der früheren Kirche zugänglich gemacht worden; in dieser eingebettet die Grundmauern der ersten Kapelle.
Bei unserem ersten Besuch in Nivelles wirkte Grégoires Geist noch fort. Wir bekamen einen schöngedruckten, zehnseitigen Prospekt in tadellosem Deutsch mit der großen Überschrift:

NIVELLES, STADT DER NIBELUNGEN,

der über Vergangenheit und Gegenwart von Nivelles aufwendige Auskunft gab. Auch über die, für die Pippiniden so wichtige Familienheilige *Gertrud von Nivelles* fanden sich darin die nötigen Angaben: 631 geboren, wurde sie 651 Äbtissin des Klosters. Sie starb in ihrem 33. Lebensjahr. Ihre kurze Lebensbeschreibung endet mit dem etwas resignierenden Nachsatz:

»Heutzutage wird die Heilige noch angerufen zum Schutz gegen die Nagetiere, um Heilungen zu bekommen und um ... gewissen Versuchungen widerstehen zu können.«

Sic transit gloria mundi! –
Bei unserem nächsten Besuch in Nivelles war der Prospekt nicht mehr zu bekommen. Die Zweifel an Grégoires Thesen waren größer geworden.
Wir sahen auch Borg-Worm = Waremme und besuchten die Bürgermeisterei. Aber hier wußte man nichts von so ruhmreicher Vergangenheit; und es ließ sich auch sonst der Geist der Nibelungen hier nicht erspüren.
Grégoires These war immerhin bestechend. Die Niflungen kamen hier gradewegs von Westen her auf der großen Fernstraße Bavai – Richtung Köln; und Borg-Worm an der Worm ließ möglich erscheinen, daß der Name von hier durch Verwechselung auf das süddeutsche Worms übertragen worden war. Denn daß die frühesten Lieder und Überlieferungen dieses Sagenstoffes ursprünglich im rheinfränkischen Bereich anzusiedeln seien, darüber waren sich die Germanisten einig.
Das einzige, was mich störte, war die Entfernung. Ich glaubte inzwischen, Grund zu der Annahme zu haben, daß die Niflungen auf ihrem Zug an den Rhein nicht nur mindestens zwei Tagesritte gemacht haben mußten, sondern auch höchstens zwei Tagesritte. Und 60 km oder mehr am Tag für ein Heer von tausend Mann schienen mir zu viel.
Welche Tagesleistung sollte man dem Niflungenheer zumuten? Die Regestae hist. Westfaliae Nr. 102 sagen zum Jahre 694: »Sachsen ist ein Dreieck, dessen eine Ecke bei Emmerich, die andere im Lande Hadeln, die dritte am Zusammenfluß von Elbe und Saale. Von Ecke zu Ecke sind es 8 Tage.« – Die Entfernungen betragen rund 400 km, woraus sich ein Tagesdurchschnitt von 50 km ergibt.
Das gilt für einen einzelnen Reiter. Für ein Heer wird man mit etwa 35 km am Tag rechnen können. 35 km Abstand ist auch sonst eine stets wiederkehrende Entfernung. Da es von Borg-Worm bis zur Duna-Mündung reichlich 120 km waren, noch dazu mit einer Flußüberquerung dazwischen, war der Weg für zwei Tage zu weit.
Welches waren nun die Gründe, die mir wahrscheinlich machten, daß die Niflungen – in der Vorstellung der Thidrekssaga – von ihrer Burg Vernica-Verniza bis zum Rhein nicht mehr als zwei Tage geritten waren?

»Im hellsten Mondschein«

Die folgenden Ausführungen werden mit Vorbehalt gemacht. Es ist ein Versuch, ob auf diesem zunächst ungewöhnlichen Weg zu irgendeinem Ergebnis zu kommen wäre. Der Erfolg muß den Versuch rechtfertigen.
Wenn die Thidrekssaga sagt, daß die Niflungen bei ihrer Ankunft am Rhein kein Schiff vorfanden, so muß man daraus schließen, daß sie mehr als einen Tagesritt entfernt wohnten; denn sonst hätten sie die Überfahrt vorbereiten und Boote bereitstellen müssen. Da sie aber sicher früh am Morgen losgeritten waren, um zu guter Tageszeit an den Rhein zu kommen, den sie an *einem* Tag nicht erreichen konnten, mußten sie *wenigstens zwei Tage* lang geritten sein.
Schwieriger war es, festzustellen, wie lange *höchstens* sie gebraucht haben konnten. Die Thidrekssaga gibt uns aber wahrscheinlich auch hierauf eine Antwort, wenn auch nur eine mittelbare. Sie sagt nämlich, daß zu dem Zeitpunkt, als Hagen seinen nächtlichen Gang antrat, *»hellster Mondschein«* herrschte. Hagen brach auf, »als das Volk schlafen gegangen war«, und das dürfte – nach dem Zeltaufbauen und Essen, abends gegen 9 Uhr (21 Uhr) gewesen sein.
Man hat diese Angabe bisher als rein dichterische Ausschmückung angesehen. Nehmen wir die Niflungen-Sage aber als Bericht über wirkliche Vorgänge, so müssen wir auch die Nebenumstände prüfen. Wenn Hagen die Ereignisse dieser Nacht Didrik von Bern erzählte und dieser die Erzählung bewahrte, so gehörte der helle Mondschein zum Ganzen des Berichtes jedenfalls hinzu.
Welche Jahreszeit war es denn, als die Niflungen auszogen? Als sie, etwa eine Woche später, in Soest einreiten, sagt Grimhild: »Jetzt ist schöner grüner Sommer!« Damit kann nur der Mai gemeint sein; denn nur 8–14 Tage dauert die besondere Zeit, in welcher das Laub hell und »schöngrün« ist in vielen Schattierungen, und die Nadelbäume noch dunkel. Dazu stimmt auch das Wetter: wechselnd zwischen warm und kalt, zwischen Regen und Sonnenschein. Die Schifferfrauen baden im Freien, aber nicht in dem noch kalten Rhein; auf dem Wege nach Soest regnet es; in Soest wird das Fest bei Sonnenschein in einem Garten gefeiert, aber es werden Feuer entzündet, weil es noch kühl ist. Es ist zweite Hälfte, vielleicht Ende Mai.[39]
Was ist nun »hellster Mondschein«? Der Ausdruck würde bedeuten, daß der Mond voll oder fast voll ist, und daß er hinreichend hoch am Himmel steht. Solchen »hellsten Mondschein« abends gegen 21 Uhr

Abb. 10 *Blick von der alten Burg Berge zum Altenberger Dom über die Dhünwiesen hin. Heute sind die Wiesen von der Umgehungsstraße durchschnitten.*

Abb. 11
Am Heerweg bei Bechen.

Abb. 12
◁ *Burg Zievel. Auf römischer Grundlage erbaut. Hier werden zwei erhaltene Goldschmuckstücke aus dem »Königsgrab zu Enzen« verwahrt.*

Abb. 13
Burg Irnich. Unmittelbar an der hier noch erhaltenen Römerstraße Trier-Köln gelegen.

gibt es nur an wenigen Tagen: kurz vor Vollmond und kurz nach Vollmond.

Wir hatten gesehen, daß die Niflungen in Bakalar erwartet wurden, und zwar an bestimmten Tagen; und es war zu vermuten, daß dies sehr kenntliche Tage waren. Dafür war der Vollmond die passendste Zeit. Wir wissen außerdem von Tacitus (Germania 11), daß die Germanen – und das gilt weitgehend für nichtchristliche Völker und Zeiten überhaupt – für den Beginn wichtiger Unternehmungen Vollmond oder Neumond bevorzugten:

»coëunt, nisi quid fortuitum et subitum incidit, certis diebus, cum aut incohatur luna aut impletur; nam agendis rebus hoc auspiciatissimum initium credunt.«

(»Sie kommen, wenn nicht zufällig und plötzlich etwas dazwischenkommt, an bestimmten Tagen zusammen, entweder bei Neumond oder bei Vollmond; denn sie glauben, daß dies für Unternehmungen der allergünstigste Anfang sei.«)

So erklärten zum Beispiel die Spartaner im Jahre 490 v. Chr., als sie gegen die Perser zu Hilfe gerufen wurden, sie müßten unbedingt erst den Vollmond abwarten, ehe sie den Zug nach Athen antreten könnten, und sie verpaßten auf diese Weise die Schlacht bei Marathon. Selbst also in einer Notsituation gingen sie nicht von ihrem Grundsatz ab, wichtige Unternehmungen bei Vollmond zu beginnen.[40]

Aus diesen beiden Gründen: weil der Vollmond als günstig und als üblich für den Beginn von Unternehmungen galt, und weil er merkbare Daten und helle Nächte für ein Treffen bot, werden die Niflungen, die ja nicht christlich waren, ihren Ritt am Morgen nach Vollmond angetreten haben. Entsprechend machte Hagen dann seinen Gang am Rhein in einer der Nächte kurz nach Vollmond. Die wievielte Nacht nach Vollmond war es dann?

Ich teilte meine Überlegungen dem Astronomischen Institut der Universität Münster mit, und Herr Professor Dr. Straßl und Herr Wilhelm Sengewiß hatten die Freundlichkeit, mir zu berechnen, welches in der Gegend von Leverkusen im Monat Mai die frühesten und welches die spätest-möglichen Mondaufgänge in den ersten drei Nächten nach Vollmond waren.

Hellsten Mondschein am Abend zwischen 21 und 22 Uhr – auch unter Berücksichtigung der 18jährigen Mondschwankungen – das *gab es nur in den ersten beiden Nächten nach Vollmond.* In der dritten Nacht ging der Mond in jedem Fall so spät auf, daß erst gegen Mitternacht »hellster

Mondschein« herrschen konnte; aber dann war der Mond schon nicht mehr voll. In der dritten Nacht waren die Niflungen auf dem Heerweg vor Bakalar, wo der Wächter drei Tage und Nächte gewacht hatte, d.h. seit dem Vollmond.

Hieraus ergab sich, daß die Niflungen, wenn sie am Morgen nach Vollmond abrückten, nicht später als am zweiten Abend danach am Rhein ankamen. Ihre Burg Vernica konnte also *höchstens* zwei Tagesritte vom Rhein entfernt sein. Da sie nach den früheren Überlegungen *mindestens* zwei Tagesritte entfernt sein mußte, so ergab sich, daß nach der Thidrekssaga *die Burg der Niflungen genau zwei Tagesritte vom Rheinübergang bei der Dhünmündung entfernt sein mußte.*

Diese Überlegungen, schon 1964/5 angestellt, waren der Hauptgrund dafür, daß ich die These Grégoires von der Gleichsetzung der Niflungenburg Vernica mit Borg-Worm – Waremme nicht annehmen konnte. Gegen Grégoire, der vor allem die Burgunden, weniger die Nibelungen suchte, hatten sich inzwischen auch sonst wachsende Stimmen erhoben; und ein befreundeter belgischer Forscher, Emile Bouvier, den ich auf meinen Exkursionen in Tournai kennen und schätzen lernte und der selbst einen Aufsatz über »Die Nibelungen und die Hesbaye« geschrieben hatte, wies mich eindringlich darauf hin, daß die, ihm von mir genannten, Namen der Niflungenburg Vernica mit den früheren Namen von Waremme (865 Woromia später Worommes) nicht in Übereinstimmung zu bringen seien.[41] Man mußte also anderswo suchen.

Burg Vernica

Ich hatte mich inzwischen in dem ganzen in Frage kommenden Raum westlich von Wiesdorf-Merkenich bis zu einer Entfernung von 120 Kilometern nach verwandten Namen umgesehen, hatte aber nichts gefunden. Ich mußte meine Methode ändern. War es nicht vielleicht möglich, von den in der Thidrekssaga genannten Namen, so wie sie waren, auszugehen und zu fragen, zu welchen Namensformen sie sich im Laufe der Zeit verwandelt haben könnten oder müßten? Dann brauchte man weiterhin nur noch zu suchen, wo solche Namen sich in heute noch vorhandenen oder in vergangenen Orten wiederfinden ließen.

Hierbei war allerdings eine Voraussetzung zu machen: daß nämlich die

Namen der Thidrekssaga alt waren, daß sie nicht erst aus der Zeit um 1260 stammten, als die »Membrane« entstand, sondern daß sie einer früheren Stufe der Überlieferung angehörten, möglicherweise der Zeit jener Geschehnisse selbst. Von deren Überlieferungen konnten vor allem die Ortsnamen unverändert bewahrt worden sein, wie es sich schon bei Ballofa = Balve anzudeuten schien. Diese Möglichkeit mußte getestet werden.

Die Voraussetzung so frühen Ursprungs der Ortsnamen in der Thidrekssaga war berechtigt auf Grund folgender Überlegung: Die Thidrekssaga ist, ihrem ganzen Inhalt nach, nicht aus der Zeit ihrer frühesten Handschrift, dem 13. Jahrhundert, erklärbar; auch nicht aus den Jahrhunderten vorher, der Zeit der deutschen Kaiser und der fünf deutschen Stammesherzogtümer; aber auch nicht aus der Zeit Karls des Großen und der Pippiniden – sondern nur aus den Verhältnissen der Völkerwanderungszeit vor Einführung des Christentums, und zwar im norddeutschen Raum.

Sie ist noch ganz heidnisch. Sie kennt – außer in wenigen Randgeschichten – keine Geistlichen und keine Klöster, keine kirchlichen Bräuche und Sakramente, und der Name »Christus« kommt in ihr nicht vor. Sie kennt keine der vielen Pfalzen Karls des Großen, keine rechtsrheinischen deutschen Städte außer Soest und wenigen Burgen, kennt nicht Paderborn, nicht Detmold, Enger, Minden, Hildesheim, Verden, Magdeburg, nicht die Sigiburg noch die Eresburg. Das Land ist schwach bevölkert, die Kämpen ziehen auf »Volkwegen« oder auf einsamen Höhenwegen durch »bebautes und unbebautes Land«.

Hinzu kommt, daß die in der Thidrekssaga genannten Orte ganz *alte Namensformen* haben. Von ihren zusammengesetzten Ortsnamen gibt es viele mit -borg, 2 mit -stein, 2 mit -fils (im Sinne von Dickicht), 2 östliche mit -gard, je 1 mit -saela, -lar, -port (an der Mosel), -heim (südlich der Mosel); aber keiner mit -dorp (außer einer späten Erwähnung in Dänemark), keiner auf -ingen, -hausen, -rode, -bach, -tal, -scheid, -hoven, -weiler, -hagen, -feld, -bruch, -siefen. Das bedeutet: *Die Thidrekssaga hat einen ganz alten Ortsnamenbestand.*

Diese alten Ortsnamen kann die Thidrekssaga nicht in Norwegen aufgenommen haben, denn dort waren sie unbekannt; diese hat sie aus Niederdeutschland mitgebracht; sie stammen *aus der alten Substanz.*

Wie ist die Entstehung der Thidrekssaga überhaupt vorzustellen? Die übliche Erklärung, die durch ein – nur in späten Handschriften überliefertes – »Vorwort« und durch ein Nachwort zur Niflungensaga nahegelegt

wird: daß die Thidrekssaga in Norwegen um 1260 zu der Zeit, als die Membran-Handschrift entstand, nach Berichten deutscher Männer zusammengestellt worden sei (oder umgekehrt: in Deutschland aufgezeichnet und durch deutsche Männer in den Norden gebracht), ist nicht haltbar; schon deshalb nicht, weil neben der »Membrane« noch andere Handschriften der Thidrekssaga vorhanden sind, die sich nicht auf sie zurückführen lassen.
Es müssen also frühere Manuskripte und wortgetreue mündliche Überlieferungen vorhanden gewesen sein, und wir haben dafür auch eine ganze Anzahl von Zeugnissen, vom 8. Jh. an.

Mir hat sich im Laufe der Zeit die folgende Vorstellung als die wahrscheinlichste herausgebildet:
Karl der Große, ein christlicher König, »ließ die ganz alten Lieder deutscher Sprache (›barbara carmina‹), in denen der frühen Könige Taten und Kämpfe besungen wurden, aufschreiben und dem Gedächtnis einprägen«. Er lehrte sie auch selbst.
Ludwig der Fromme, sein Sohn, »verachtete die Volksgesänge, die er in der Jugend gelernt hatte, und wollte sie weder lesen, noch hören, noch lehren«.[42] Zu seiner Zeit waren sie also noch schriftlich vorhanden, wurden noch vorgetragen und wurden noch gelehrt; das heißt: man ließ sie auswendig lernen. Dies »Lehren« erwartete man ursprünglich auch vom König. Das war im Anfang des 9. Jahrhunderts.
Dann brachen die fürchterlichen Normannenstürme über Deutschland herein, bei denen die Wikinger bis zu entlegenen Klöstern vorstießen, mordeten, brannten und raubten. Sie raubten alles, was Wert hatte, auch Codices; denn an Sagen waren sie leidenschaftlich interessiert. So kann es nicht Wunder nehmen, daß diese Erzählungen darnach in Dänemark auftauchten in Form von gesungenen Balladen (»kämpeviser«), daß ihre Niederschriften, ins Altnordisch-Isländische und ins Altschwedische übersetzt, sich in den Nordländern finden, und daß, dadurch angeregt, eigene, höchst phantasievolle Dichtungen dort entstanden.[43]
Die letzte Fassung der Sagensammlung auf deutschem Boden dürfte im Beginn der zweiten Hälfte des 9. Jahrhunderts entstanden sein, ihre geographischen Angaben dürften spätestens hier ihren Ursprung haben. Doch scheint das Wesentliche noch unmittelbar aus der alten schriftlichen Überlieferung zu stammen. Das darf, nicht zuletzt, auch von den Namen der Niflungenburg gelten.
Diese Namen kommen in jeder der Handschriften nur vier- bis fünfmal

vor: in der »Membrane« dreimal als VERNICA, zweimal als VERNIZA; in der als gut überliefert geltenden Handschrift A dreimal als VERMINTZA-WERMINTZA; einmal als VERMINNA; in der Handschrift E, die dem gleichen Strang wie A angehört, viermal als VERMINSA; in der nicht so guten Handschrift B erscheint dreimal VERMISTA, einmal VERMUSTA; in ihrer Parallel-Handschrift D zweimal VERMISTA, einmal VERNISTA. Diese Formen scheinen also noch recht verschieden. (Die altschwedische Fassung nennt den Namen nicht.)

Die ST sind aber wahrscheinlich nur eine etwas unordentliche Schreibweise für TS, also für Z, und das C dürfte denselben Laut meinen. Das heißt: Die Buchstaben C, ST, TS, TZ, Z und S meinen keine Sprachunterschiede, sondern sind nur Schreib-Abwandlungen. So führen sich alle diese Schreibweisen zurück auf die beiden Hauptformen VERNIZA und VERMINZA, neben denen Vermuza, Vermiza, Verminna gewisse Sonderformen bleiben. Wie würden nun diese Namen VERNIZA und VERMINZA heute lauten, wenn sie aus dem 5.–8. Jahrhundert stammten?

Wenn aus BELGICA BILLICH (BILLIG) wurde, aus LINNICA (880) LINNICH, aus TOLBIACO (300–650) über ZULPICHA (1080) ZÜLPICH, so konnte (oder mußte?) aus VERNICA: VIRNICH werden, wobei das betonte E durch nachfolgendes I zu I erhellt wird. Aus VERMINZA konnte (oder mußte?) entsprechend VIRMINICH-VIRMENICH werden. Diese Namen werden auf alte -acum-Formen zurückgeführt, und bei ihnen wird keltisch-römischer Ursprung angenommen. Diese Orte sind also in jedem Falle sehr alt, älter als die Geschehnisse, von denen die Thidrekssaga berichtet. Wo waren diese Orte zu finden?

Namen mit der Endung -ich kommen rechtsrheinisch nur selten vor, linksrheinisch aber gehäuft. Insbesondere findet sich in der Voreifel im Raume Zülpich-Euskirchen-Mechernich eine dichte Anhäufung von mehr als 30 -ich-Orten in einem Umkreis von nur neun Kilometern; und mitten unter ihnen, eng einander benachbart, VIRNICH und VIRMENICH (Abb. 14).

War dies der Ort, den die Thidrekssaga als Stätte der Niflungenburg meinte? Freunde fuhren mich vom Ahrtal zur Hochfläche hinauf, und wir gewannen hier einen ersten Eindruck.

Die Landschaft, in der diese Orte liegen, ist eine weite, leidlich ebene Hochfläche, die von wenigen Bächen durchzogen wird. Nur im Osten ist ein mäßiger Bergzug sichtbar. Diese Hochfläche hat eine beherrschende Lage, mehrere Schlachten sind hier, sicher oder wahrscheinlich, geschlagen worden, und im letzten Weltkrieg verhielten hier die Amerikaner

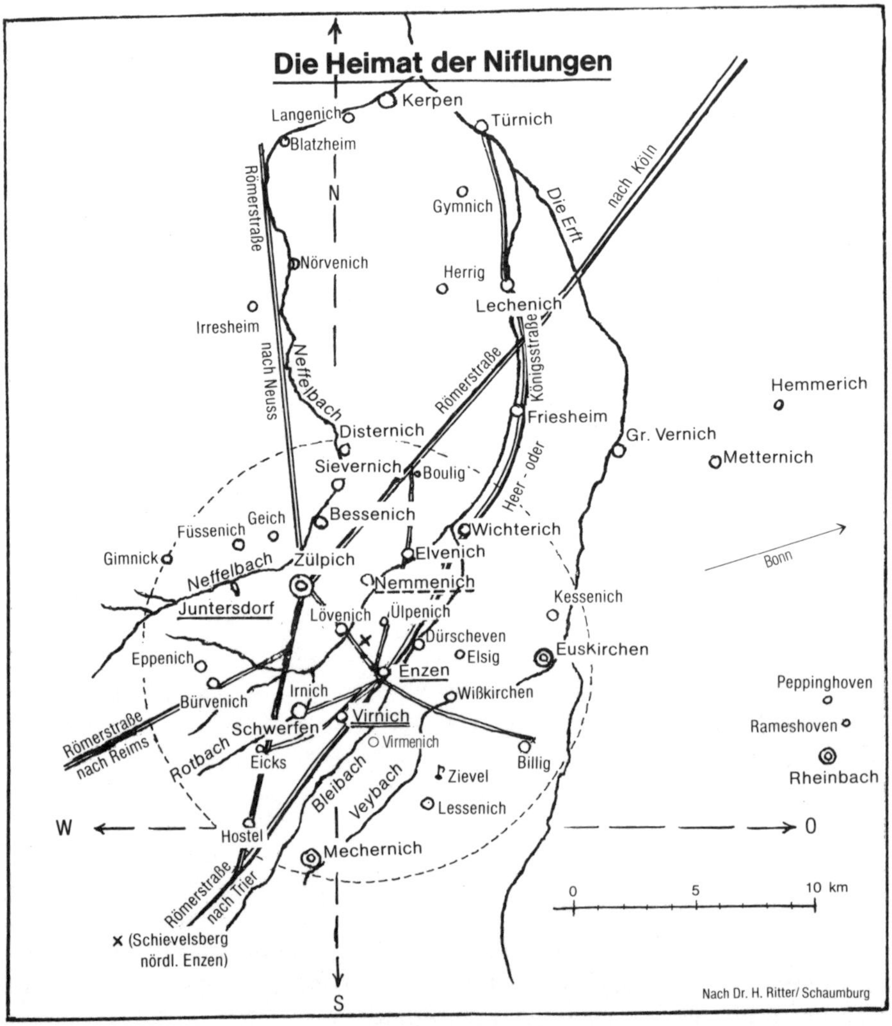

8 Die Heimat der Niflungen

Der gestrichelte Kreis umfaßt den Ballungsraum der -ich-Orte, die sich aus keltisch-römischer Zeit herleiten. In seiner Mitte liegt der Schievelsberg mit seiner weithin zuständigen Gerichtsstätte. Südwestlich von Enzen liegt Virnich, südlich davon fingen die Wälder an. Alles liegt dicht beieinander, der Durchmesser des Kreises beträgt nur 18 km. Hauptort in römischer Zeit war Zülpich (Tolbiacum), Treffpunkt der Römerstraßen, wie andrerseits auch Enzen.

viele Wochen lang in gesicherter Stellung, ehe sie sich in die tiefen Täler hinunterwagten. Denn von der Hochfläche fällt es nach Süden ins Tal der Ahr und nach Westen ins Tal der Rur ziemlich steil ab.
Hier oben ist fruchtbarer Lößboden, seit frühesten Zeiten besiedelt. Überall finden sich Spuren römisch-keltischer Zeit, Wasserleitungen, Fernstraßen, Weihesteine des Matronenkultes, ihnen folgend frühe und spätere fränkische Ansiedlung. Grade auch aus der frühen Frankenzeit haben sich viele Gräber gefunden, obwohl die Gegend archäologisch noch lange nicht erschlossen ist.
Die vielen -ich-Namen der Ortschaften deuten auf römische oder schon keltische Herkunft.[44] Daß sie erhalten blieben, zeigt an, daß die Franken bei ihrer Landnahme die Vorbevölkerung nicht vertrieben, sondern mit ihr zusammenlebten und von ihr die Orts- und Gutsnamen übernahmen. Das bedeutet allerdings nicht, daß sie sich auch mit ihr vermischten. Vielmehr blieben die Franken zunächst eine Herrenschicht und legten ihre Reihengräber gesondert an.
VIRNICH liegt an einer der sieben Quellen des Enzbaches. Die Lage spricht für frühe Mittelpunktssiedlung. Die 1140 genannte Burg, die vielleicht auf alter Grundlage stand, wurde 1647 gebrandschatzt und 1860 abgetragen. Heute hat Virnich nur einen großen, im Viereck gebauten Hof und wenige Häuser. VIRMENICH, heute Firmenich-Obergartzem, liegt $2^1/_2$ km südöstlich am Bleibach. Es hat einen schönen großen Bauernhof, gleichfalls im Viereck gebaut, am Bleibach gelegen, der sich ebenfalls »Burg« nennt.[45]
Eine solche »Burg« hat hier fast jedes Dorf, Sitze meist adliger Familien. Es sind die früheren Herrenhöfe, und sie lassen die ursprüngliche Struktur dieser kleinen Ortschaften noch erkennen (Abb. 15).
Sehr viel anders dürfen wir uns überhaupt nicht vorstellen, was in der Thidrekssaga »Burg« genannt wird: große feste Herrenhöfe, vom Landbesitz umgeben. (Nur Soest wird als eine wirkliche Burganlage geschildert. / Und so auch »Bern«.)
Zwischen Virnich und Virmenich hindurch läuft noch heute auf der niedrigen Wasserscheide der »Römerweg«, auch »Heerstraße oder »Königsstraße« genannt, der von Commern über Enzen – Friesheim – Lechenich zum Erft-Übergang bei Türnich führt. Er ist zugleich die Abkürzung des römischen Fernweges von Trier nach Köln unter Umgehung von Zülpich.[46]

Das »Königsgrab zu Enzen«

Ich wollte mit meiner Frau nach Finnland fahren, das ich immer noch nicht kannte, mit dem Wagen. Sie erklärte: »Ich fahre nicht mit! Wenn dir da oben etwas zustößt, muß ich dich den ganzen Weg wieder nach Hause fahren! Laß uns doch lieber dahin gehen, wo du immer schon hinwolltest, in die Heimat der Niflungen!« –
So fuhren wir in den Zülpicher Raum, nach Virnich-Firmenich, nach Enzen, zum Schievelsberg, nach Juntersdorf und Elvenich, zur Burg Satzvey und Zievel (Abb. 12), zur Burg Nideggen, nach Mechernich und Euskirchen. Vier Wochen wohnten wir in dieser schönen Gegend, durchzogen sie von Commern aus nach allen Richtungen mit Abstechern bis nach Prüm, zur Virneburg, zum Kürrenberg bis ins Maifeld, besuchten Pfarrer, Lehrer, Bürgermeister, Burgbesitzer, Geschichtskundige, die Museen in Zülpich, Köln und Bonn, die Bibliotheken in Düren und Euskirchen, das zuständige Katasteramt, das Personenstandsarchiv in Brühl und das Archiv im Landesmuseum in Bonn.
Und es öffnete sich uns diese Landschaft und ihre Geschichte, der wir bis in Einzelheiten nachspürten, und es lüftete sich etwas das Geheimnis um das Königsgrab zu Enzen, wozu die kleine Schrift, die ich in der Bibliothek des Euskircher Geschichtsvereins zufällig herauszog, einen wichtigen Beitrag leistete.[47]
Wenige ($2^1/_2$) Kilometer östlich von Virnich liegt ENZEN, durch den »Königsweg« mit ihm verbunden. Hier mündet der Enzbach, der in Virnich entspringt, in den Bleibach. Virnich und Enzen gehören zusammen. Dieselben adligen Geschlechter hatten hier wie dort ihre Besitzungen, und in späterer Zeit gehörte Virnich samt dem beiliegenden Schwerfen (mit alter Dionysiuskirche) zur Bürgermeisterei Enzen.[47a]
Unmittelbar neben Enzen liegt nördlich der SCHIEVELSBERG, eine ausgedehnte, flache Erhebung zwischen Bleibach und Rotbach. Hier war die alte Gerichtsstätte für einen weiten Bereich, hier wohl auch der Sammelplatz der Heere, und hier sollen große und harte Schlachten geschlagen worden sein. Im Bereich des Schievelsberges hat man immer wieder ungewöhnliche Funde aus römischer und frühfränkischer Zeit gemacht.

Der berühmteste Fund dieser ganzen Gegend, ja bis zu den neuesten Kölner Ausgrabungen der reichste Fund des ganzen Rheinlandes, war das sogenannte KÖNIGSGRAB ZU ENZEN. Seine Entdeckung wie sein Inhalt bleiben gleich geheimnisvoll. Folgendes wird berichtet:

Bei der Ausschachtung für ein Stallgebäude im Gelände der »Burg« von Enzen (Abb. 16) um das Jahr 1700 stieß man unmittelbar an der Heerstraße auf einen mächtigen Steinsarg: mehr als 2,40 m lang, mehr als 90 cm breit, ursprünglich mehr als einen Meter hoch, aus einem einzigen Sandsteinblock gehauen. Seine Deckplatte soll einen Fuß (30 cm) dick gewesen sein (Abb. 17).

Als man den Sarg öffnete, fand sich darin ein Gerippe, das beim Abheben des Deckels zu Staub zerfiel, angetan mit einer goldenen Rüstung und unendlichen goldenen Schätzen. Die Überlieferung, die sich in den Familien der Finder erhalten hat, berichtet von Krone, Zepter, Harnisch, Beinschienen, je einem Teller unter Haupt und Füßen, alles aus Gold. Der Harnisch – oder war damit die ganze Rüstung gemeint? – soll 14 kg gewogen haben. Auch wird von einem goldenen Schwertgriff mit Schwertgehänge gesprochen sowie von 28 gewundenen goldenen Armringen.

Der Finder soll samt seiner Ehefrau vier Monate lang in Jülich in Haft gehalten worden sein, während das Getreide auf den Feldern verdarb. Er mußte den Schatz ausliefern, und dieser sei nach München oder nach Mannheim gekommen, nach einer anderen Mitteilung aber »in die Hände der französischen Könige«. Diese letzte Meldung findet sich auf einem Fragebogen, den das Rheinische Landesmuseum in den 20er Jahren auf der Suche nach Funden ausgegeben hatte. Er ist ausgefüllt von dem Hauptlehrer Schick in Commern, und dieser kleine Ort war der Wohnsitz mehrerer Finder-Nachkommen.

Diese Nachricht ist nicht ganz von der Hand zu weisen; denn in den Zeiten des Spanischen Erbfolgekrieges (1701–1721), wie auch vorher und nachher machten die Franzosen vielmals Einfälle in diese Gegenden, drangsalierten die Bevölkerung und erpreßten große Geldsummen. Bei einem dieser Einfälle wurde der Bürgermeister von Zülpich so lange in harte Haft genommen, bis die verlangte gewaltige Geldsumme aufgebracht war.[48]

Ähnlich mag es bei dem Schatz aus dem Königsgrab gewesen sein. Es war eine Beugehaft, um die Herausgabe zu erzwingen. Daß allerdings in Frankreich von diesem Riesenschatz nach all den Wirren der Vergangenheit und dem völligen Umsturz in der französischen Revolution sich noch irgend etwas sollte erhalten haben, ist unwahrscheinlich.

Zwei Fundstücke aus dem Königsgrab-Schatz befinden sich aber noch heute im Besitz der Nachkommen des Finders.[49] Sie bestehen aus reinem, 23karätigem Gold (95 %ig). Ein drittes Stück, wohl gleichfalls ein Armring, ist verschollen.[50] Zusammen wogen sie etwa 140 Gramm (jeder Armring 55 g, das Gehänge 35 g). Das wären 1 % der abgelieferten goldenen Rüstung, deren Gewicht mit 14 kg angeben wird. Sie ist also bei der Ablieferung gewogen worden, und man hat den Findern offenbar 1 % Finderlohn zugebilligt dafür, daß sie den Schatz herausrückten. Daß die Finder aber tatsächlich alles abgeliefert haben, ist unwahrscheinlich. Dafür spricht auch eine ENZENER SCHATZSAGE, die noch im Anfang dieses Jahrhunderts als eine wahre Begebenheit erzählt wurde, an deren Wirklichkeit die Erzählenden nicht zweifelten.[51] Sie lautet:

> Der Bauer sieht draußen ein Feuer brennen, und Männer am Feuer. Er schickt die Magd hin, glühende Kohlen zu holen. Die Magd geht hin, erbittet und bekommt glühende Kohlen. Als sie die aber nach Hause bringt, ist da pures Gold. Der Bauer schickt die Magd zum zweitenmal hin. Sie geht auch und bringt zum andern Mal glühende Kohlen, und wieder ist da pures Gold. Aber um keinen Preis will sie zum dritten Mal hingehn; denn die Männer am Feuer hätten sie schwer bedroht, und bei dem einen hätte sie, als sie sich bückte, einen Pferdefuß gesehen.

Schatzsagen sind allgemein bekannt. Man sieht in ihnen Aberglauben und Spuk. Aber sie können auch einen ganz handfesten Sinn haben. Schatzfunde waren nicht selten, man grub nach ihnen an Fernstraßen und Kreuzwegen, weil dort reiche Gräber und Verstecke vermutet wurden. Was man fand, schmolz man gern ein. Wurde das Feuer durch Blasebalg oder »Schmelzsalz« zu hoher Hitze gebracht, so entstand eine blaue Flamme. Die Holz- oder Schmiedekohlen konnten dann zwar nicht zu Gold werden, aber es konnte Gold an ihnen haften bleiben. Das dürfte der Sinn dieser Schatzsagen sein.

In dem Enzener »Königsgrab« sollen außer der 14 kg schweren Rüstung noch zwei goldene Teller gewesen sein und 28 gewundene goldene Armringe, von denen zwei bei den Findern rechtmäßig verblieben. Die 26 übrigen Armringe, die nie mehr aufgetaucht sind, dürften eingeschmolzen worden sein, sie erbrachten samt den Tellern gut drei Pfund Gold.[52] Das blieb aber ein Geheimnis unter den Findern. Noch mehr als hundert Jahre nach dem Fund erwähnt der 60jährige Andreas Steinhausen[53] kein Wort von gefundenem Gold. Er sagt nur: »Heidnische Särge mit ewigen Lampen. Vor hundert Jahr wurde der Sarg gefunden, worauf stand: MUTIO SCAEVOLA UXOR ET CONIUNX, der metallene Inhalt ist nach München kommen.« – Das ist sehr unauffällig ausgedrückt, das Wort Gold ist hier sorgsam vermieden. Aber »metallener Inhalt«, der über weite Entfernungen fortgeschickt wird, kann nur Edelmetalle meinen.

Die angebliche Inschrift steht sonst nirgends verzeichnet. Ein Buchstabe mag durch Beschädigung verloren gegangen sein; denn die Inschrift, wahrscheinlich zweizeilig geschrieben, müßte gelautet haben:

Mutio Scaevolae	(Dem Mutius Scaevola
Uxor et Coniunx	die Gattin und Geliebte)

Peter Simons, der die obige Nachricht in seinem Büchlein: »Kleine Geschichte von Uelpenich bei Zülpich« (Köln 1921) berichtet, führt vorher an:

> Alt scheint auch die Sage von einer fürchterlichen Römerschlacht zu sein, die unter einem Anführer Scaevola auf der Schievelheide geliefert worden sei. So bemerkt zuerst Bürgermeister J. Brauweiler von Linzen-Lövenich in einem Schreiben vom 11. Januar 1817: »Das in dieser Gemeinde befindliche Schlachtfeld des Mutius Scaevola heißt noch zu jetzigen Zeiten Scaevols Heide.«[54]

Und Gottfried Broix in seinen »Erinnerungen an das alte berühmte Tolbiacum, die jetzige Stadt Zülpich« (Neuß 1842) fügt hinzu: »Den Stamm des Wortes Scaevola haben noch: Die Zieveler Burg bei Satzvei und das Dorf Dürscheven.« Dürscheven liegt unmittelbar am Schievelsberg.

So könnte im »Königsgrab zu Enzen« ein römischer Feldherr prunkvoll beigesetzt worden sein. Aber die Inschrift darauf, auch wenn es sie gab, was man wohl annehmen muß, würde nur besagen, daß hier des toten Mutius Scaevola von seiner Frau auf einer Steinplatte gedacht worden ist. Das Gerippe des goldgepanzerten Ritters kann auch das eines ganz anderen gewesen sein, der nachträglich in diesem Sarg bestattet wurde, wie die Franken es vielfach taten.[55] Allerdings dürfte dies ein heidnischer König aus der ersten Hälfte des 6. Jahrhunderts gewesen sein, den wir historisch nicht kennen, und nicht der christliche Theudebert II., den man hier vermutet hat und nach dem man die Straße benannte.

Von den noch erhaltenen Fundstücken ist das eine ein Schmuckband, 16,5 cm lang, 13–14 mm breit, 35 g schwer, aus feinem Golddraht gewirkt mit anhängenden Kettchen und drei Halbedelsteinen. Felix Vtere steht darauf (»Als ein Glücklicher nutze es!«)[56] – Von den Findern wurde es für ein Schwertgehänge gehalten, und so war es vielleicht auch gebraucht worden, denn ein Schwertgehänge fehlte sonst. Es soll ursprünglich ein spätrömischer Frauen-Haarschmuck gewesen sein (Abb. 20).

Der Armreif ist aus vier Golddrähten gewunden,[57] so daß immer ein glatter und ein verzierter Draht abwechseln. Der Ring kann römischer oder fränkischer Herkunft sein. Er ist 55 g schwer. Einen Ring von solcher Größe könnte Hagen dem Fährmann gewiesen haben, der ihn so im

Mondschein über den halben Rhein hinweg sehen konnte (Abb. 21). – Noch ein weiterer solcher Armring muß vorhanden gewesen sein; denn es gibt verschiedene Abbildungen des Armreifs, einmal mit Sicherheitskettchen und Verdickung am einen Enddraht, einmal ohne diese. Der andere Reif ist aber verschollen.
Die Entstehungszeit der Schmuckstücke sagt über die Bestattungszeit nichts aus, beide können weit auseinanderliegen. Goldener Schmuck kann Erbe oder Raub, Geschenk oder Fund sein und war bei der Bestattung des letzten Besitzers vielleicht Jahrhunderte alt. – Man hat auch behauptet, es handle sich hier um ein Frauengrab; denn die erhaltenen Schmuckstücke seien Frauenschmuck. Das hieße aber, die Überlieferung nicht zur Kenntnis nehmen, die stets von einer goldenen Rüstung spricht. Selbst beiliegender Frauenschmuck könnte die Überlieferung an den toten Ritter in goldener Rüstung nicht auslöschen. Auch das Childerichgrab in Tournai enthielt Frauenschmuck.
Das »Königsgrab« blieb nicht allein. Im Jahre 1811 stampfte ein Karrengaul wenige Meter vom Fundort entfernt ein Loch in die Heerstraße, und beim Nachgraben fand sich ein weiterer Steinsarg, wenig kleiner als der erste. In ihm lag eine siebendochtige Erzampel, ein gläserner Fisch, Nadeln mit goldenen Köpfen und Kinderspielzeug.
Die kostbaren Funde zeigen an, daß an dieser Stätte Reichtum und Macht zu Hause waren, wenn sich auch nicht sagen läßt, wer der goldgepanzerte Ritter im »Königsgrab« war. Die Vermutung richtete sich auf Chlodwigs Urenkel Theudebert II., der nach mörderischer Schlacht auf dem Schievelsberg im Jahre 611 von seinem Bruder Theuderich II. gefangen genommen wurde und samt seinem Söhnchen umgebracht worden sein soll. Die Kinderbestattung rechnete man diesem Söhnchen zu, mit den goldenen Nadeln wäre sein zerschmetterter Schädel zusammengehalten worden.[58]

Die Vergangenheit wacht auf

Am ersten April 1977 hatte ich vor dem Bergischen Geschichts-Verein in Düsseldorf-Erkrath zum ersten Mal über meine Entdeckung der Heimat der Niflungen berichtet. Am nächsten Tag, Sonnabend den 2. April 1977, fuhren wir zum zweiten Mal auf die Hochfläche, die ich jetzt schon mit einiger Zuversicht als die Heimat der Niflungen ansah. Zuerst suchten wir

den Pfarrer von Obergartzem-Firmenich auf, den Erzbischöfl. Rat Heinrich Josef Dahmen, einen kundigen Mann, der uns über die Verhältnisse und die Vergangenheit dieser Gegend zusammenfassend unterrichtete. Dann besuchten wir nochmals das »Königsgrab« auf dem Friedhof zu Enzen. Es machte einen traurigen Eindruck. In der steinernen Höhlung, in welcher einst der vornehme Tote unter seinen Schätzen geruht hatte, lagen leere Bierflaschen. Die Vergangenheit war verschollen.
Aber wenige Tage nach unserer Heimkehr erhielten wir vom Pfarrer Dahmen einen Zeitungsbericht, der ganz neue Ereignisse meldete: Am 5. April, drei Tage nach unserem Besuch, hatte der Schaufelbagger in der Theudebertstraße einen dritten mächtigen Steinsarg angerissen, wieder nur ein paar Meter vom ersten entfernt.
Die Vergangenheit wachte auf. Aus Bonn kamen Mitarbeiter des Landesmuseums; Sachkundige und Neugierige strömten von allen Seiten heran. In Dreck und Regen wurde der Inhalt des Sarges aus dem vom Bagger gerissenen Loch an seiner Ecke hervorgeschabt und in Eimern nach oben gezogen. Der steinerne Deckel einer Vorkammer brach beim Wegheben des Steinsarges trotz Tüttenbergs Warnung ein, einiges ging zu Bruch, manches blieb heil. Es waren keine großen Schätze, aber auch hier Gold und Glas sehr früher Zeit. Und der Deckel des Sarges blieb diesmal erhalten: einen Fuß dick, wie es auch vom Deckel des Königsgrabsarges berichtet worden war; aber es war keine glatte Platte.
Enzen hatte sich als ein Zentrum der römisch-fränkischen Zeit wieder ins Bewußtsein gebracht und war jetzt in aller Munde. Ich schätzte mich glücklich, daß ich diesen Punkt in meinem Vortrag vor dem Bergischen Geschichtsverein über »Die Heimat der Niflungen« vier Tage *vor* der großen Überraschung klar bezeichnet hatte. So bestätigte der neue Fund nur die behauptete Bedeutung dieser Örtlichkeit.
Die Aufregung war groß. Als dann auch noch meine Forschungen bekannt wurden, sah mancher im Geiste schon neue Nibelungenorte, -straßen, -denkmäler, -Gaststätten erstehen, neue Ziele des Fremdenverkehrs. Das war verfrüht. Immerhin gewann den Kampf, der inzwischen um den Besitz des neuen Sarges entbrannt war, die Heimat. Rechtzeitig hatte sich Zülpich alle seine Nachbarorte einverleibt, und so wurde als Standort des Sarges der Platz vor dem geschichtsträchtigen Museum in Zülpich bestimmt. Dort bildet er die eine, weithin sichtbare Kostbarkeit dieses Museums, während drinnen die kleine Kostbarkeit des sogenannten »Nemmenicher Reiters« auf eine intimere Weise an die fränkische Zeit erinnert (Abb. 18 und 19).[59]

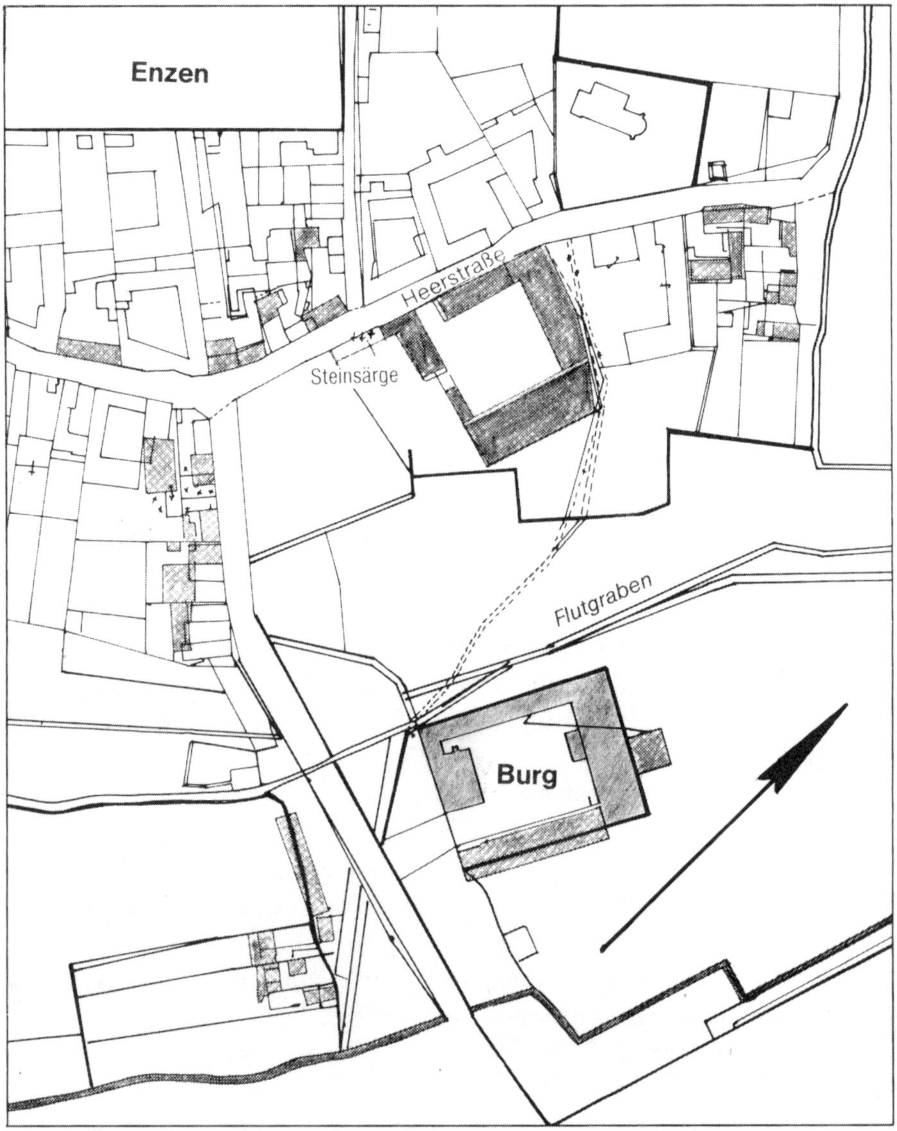

9 Plan von Enzen (nach dem Kataster). »Burg«-Gelände, Theudebertstraße (= Heer- oder Königsstraße). Lage der Steinsarggräber.

Enzen muß ein Ort von besonderer Bedeutung gewesen sein. Sechs alte Wege laufen hier zusammen, unter ihnen, einlaufend und auslaufend, die »Heer- oder Königsstraße«. Zur Seite liegt der Schievelsberg mit seiner alten Gerichtsstätte. Viele Funde römischer und frühfränkischer Zeit sind hier gemacht worden, und jede Aufgrabung bringt neue Spuren und Funde zutage.

Als 1977 am Südrand von Enzen ein Neubau errichtet wurde, spielten die Kinder dort mit gefundenen Schwertern. Und im Winter zeichnen sich in bestimmten Gärten steinsarggroße Flecken ab, auf denen der Schnee schneller schmilzt.

Wenn hier auf der Zülpicher Hochfläche das Herrschaftsgebiet der Niflungen war, so wird einerseits ihre mächtige und gesicherte Stellung deutlich, von welcher die Thidrekssaga erzählt, andrerseits die Beziehung zu den Pippiniden, in deren besonderem Besitz diese Gegenden und Stätten sich später befanden, die auch den Namen Niblung-Nivelung aufgriffen und die Nibelungen offenbar zu ihren Vorfahren rechneten.

Für die Heimat der Niflungen im Zülpichgau spricht die allgemeine Lage. Wenn es in der Thidrekssage (Mb 363) heißt: »Die Niflungen reiten nun immer ihres Weges, bis sie an den Rhein kommen, da wo Dhün und Rhein zusammenkommen«, so ist vom Zülpichgau aus dieser Punkt bei Merkenich gegenüber Wiesdorf-Leverkusen unter Umgehung von Köln über Nörvenich – Türnich – Lövenich leicht zu erreichen. Die Entfernung beträgt 75 km, das sind, wie es gefordert und errechnet war, *zwei Tagesritte,* nicht mehr und nicht weniger. Und diese Entfernung war aus den Angaben der Thidrekssaga errechnet, ehe die Auffindung des Niflungenlandes gelungen war.

Da dies nun stimmt, so ist jetzt auch der umgekehrte Schluß erlaubt, daß jene Voraussetzungen richtig waren: Einmal, daß die Niflungenerzählung der Thidrekssaga einen genauen Bericht über wirkliches Geschehen enthält, auch in Einzelheiten; zweitens, daß die Niflungen am Morgen nach Vollmond loszogen, wie es auch aus praktischen Gründen und aus hergebrachter Überlieferung zu vermuten war.

Vom Zülpicher Raum aus erscheint nun auch die ganze Fahrt der Niflungen über die Duna-Dhün-Mündung bei Wiesdorf, über Burg Bakalar-Altenberg, an Burg Thorta-Dortmund vorbei nach Susa(t)-Soest als ein sinnvoller Weg, auch für den Besuch nur der Schwester. Es ist im ganzen eine mäßige Entfernung, rund 300 km, ein Ritt von acht Tagen. Dies wäre der eigentliche NIFLUNGENWEG, während man jenen anderen im Süden eine NIBELUNGENLIEDSTRASSE nennen müßte.

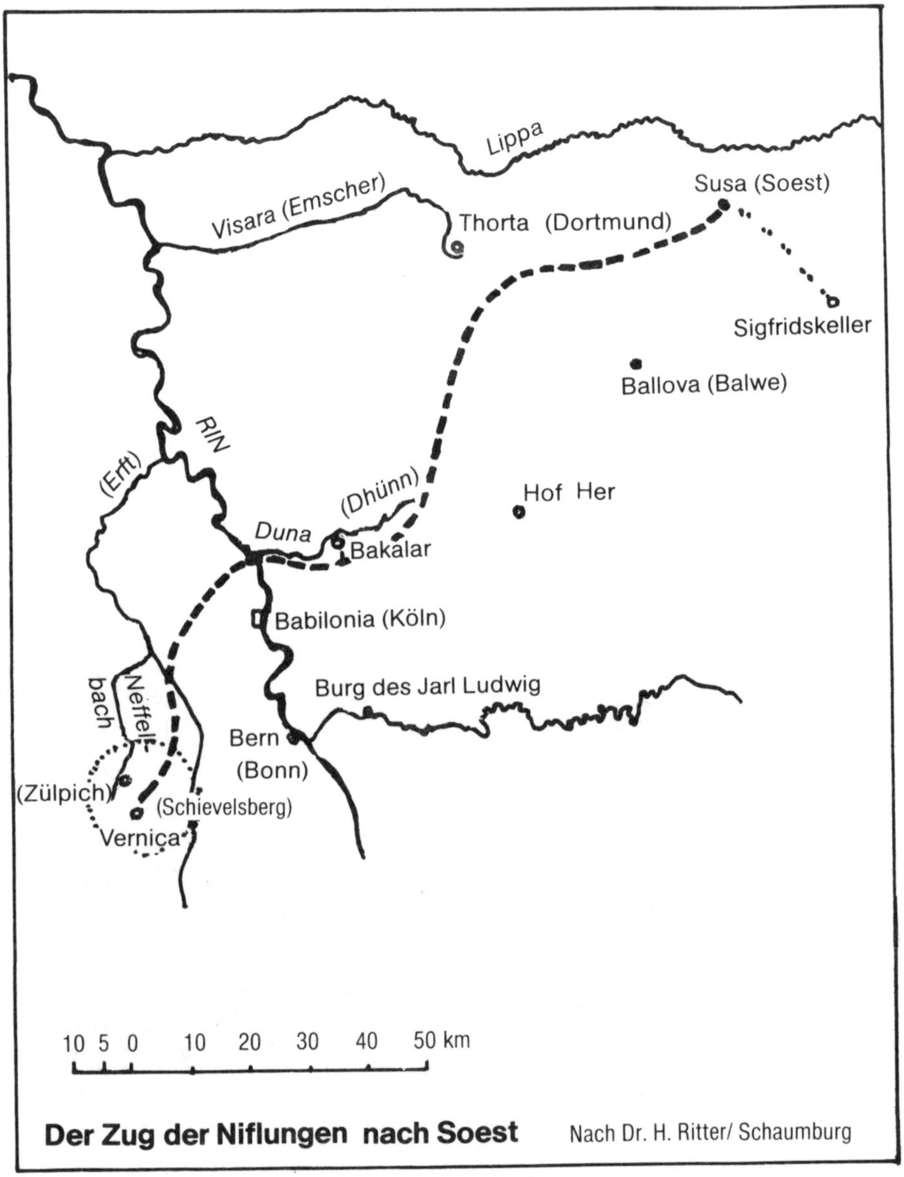

10 Der Zug der Niflungen nach Soest.
Vom Zentrum ihres Herrschaftsgebiets im Zülpichgau reiten die Niflungen auf der »Heer- oder Königsstraße«, ohne die Burg Babilonia (Köln) zu berühren, zur Mündung der Duna (Dhünn), besuchen Burg Bakalar (Altenberg) und ziehen an Burg Thorta (Dortmund) vorbei nach Susa (Soest). Es ist ein Ritt von etwa sieben Tagen: 2 Tage von ihrer Burg Vernica (Virnich) an den Rhein, 1 Tag bis Burg Bakalar, von dort etwa 4 Tage bis zur Burg Susa(t). Dies ist der eigentliche Niflungenweg, während man jenen berühmten süddeutschen eine »Nibelungenliedstraße« nennen müßte.

Abb. 14 *Die »Burg« von Virmenich. Geschlossener Viereckshof. Gutes Beispiel einer Kleinburg der Thidrekssaga.*

Abb. 15 *Die »Burg« in Virmenich. Innenhof. Gebäude mit Schattengang.*

Abb. 16
Die Fundstelle der Steinsärge an der Heer- oder Königsstraße. Dieser Rand der Straße gehörte früher noch zum Gelände der »Burg« von Enzen und wurde zur Verbreiterung der Straße abgetrennt.

Abb. 17
Der »Königssarg« auf dem Kirchhof von Enzen.

Abb. 18
Nemmenicher Reiter (Seitenansicht). Eine kleine Bronzefigur, 14,4 cm hoch, 12,9 cm lang, die 1933 bei Nemmenich, 3 km östlich von Zülpich, beim Auswerfen eines alten Pflaumenbaumes gefunden wurde. Zeitlich ist sie bisher nicht einzuordnen, da Vergleichsstücke fehlen. Man könnte darin Chlodwig sehen, als er vor oder in der Alemannenschlacht sich an den Christengott um Beihilfe wendet. Museum der Stadt Zülpich.

Abb. 19
Nemmenicher Reiter (Vorderansicht).

Auch die Lage des Zülpichgaues zu BERN-BONN entspricht ganz den Angaben der Thidrekssaga. Denn König Didrik von Bern lädt zu seinem Fest, bei dem er die tüchtigsten Helden seines rheinischen Reiches um sich versammelt, als einzige »ausländische« Gäste (»utlanzka manna« Mb 170) König Gunter und seine Brüder ein, seine nächsten Nachbarn, die nur *einen* Tagesritt entfernt wohnen, 35 km. Mit ihnen und zehn weiteren »Gesellen« reitet er dann ins Bertangaland (Bardengau bei Lüneburg), um sich dort mit König Isung und seinen elf Söhnen und mit dessen starkem Bannerträger Jung-Sigfrid im Kampf zu messen.

Nach diesen Kämpfen, von denen wir später ausführlicher hören werden, reitet König Didrik mit all seinen Kämpen und zusammen mit Sigfrid zurück nach Bonn und dann gleich weiter »mit Gunter-König ins Niflungenland«. Didrik von Bern und die Niflungen sind Nachbarn, die sich besuchen.

Die von der Neffel

Warum aber, wenn hier der Ursprung der Niflungen war, taucht ihr Name nicht irgendwo auf? Fehlt er in diesem Bereich? – Ich rief den mir befreundeten Ministerialrat in Düsseldorf an und sagte: »Ich glaube, ich habe die Heimat der Niflungen gefunden!« – »Und wo?« – »Im Raum von Zülpich.« – »Da fließt doch die Neffel!« – »Das muß ich prüfen!« –

Ich prüfte. Es dauerte seine Zeit. Endlich war alles beisammen. Der Name stimmte, auch in seinen früheren Formen.[60] Die Tranchot-Karte von 1810 nennt ihn »Neffelstrom«, weiter flußabwärts auch »Naffelstrom«, und zeigt damit an, daß es damals ein stark strömender Fluß war. Er bildet in der Landschaft einen tiefen Einschnitt und trennt die dichtbesiedelte Hochfläche im Süden deutlich von der nördlichen ab. Als ich ihn 1977 zuerst besuchte, war er nur noch ein kleiner Bach; und als ich 1980 wieder nach Zülpich kam, suchte ich die Neffel hier vergebens. Sie war verschwunden. Der Straßenbau hatte sich ihrer »angenommen«.

Unmittelbar an der Neffel lag das vorrömische Tolbiacum, Vorläufer der jetzigen Stadt Zülpich. Das römische und fränkische Zülpich liegt auf der ca. 30 m höheren Geländestufe und fällt zum Bachtal stark ab. Heute steht dort noch das mächtige »Weiertor« (Abb. 22). Die Neffel entsprang 8 km westlich vor Zülpich und bog gleich hinter Zülpich nach Norden um. Sie zieht an Nörvenich vorbei zum 16 km entfernten Blatzheim, wendet hier scharf nach Osten und mündet bei Kerpen unweit Türnich in den Hauptfluß dieser Gegend, die Erft.

Der Name war vorhanden. Es läßt sich annehmen, daß die Niflungen, die in der altschwedischen Handschrift »Nifflunge, Nyfflunge, Nyfflinge, Nöfflinge, Nafflinge« heißen, von dieser NEFFEL ihren Namen erhalten haben, so wie bei Tacitus die Ampsivarier von der Ems, die Huntuarier von der Hunte ihren Namen hatten. »Nifflungaland = Nifflun-ga-land = NEFFEL-GAU-LAND.

Von hier aus läßt sich nun fragen, ob nicht etwa NIVELLES – umgekehrt als Grégoire es vermutete – seinen Namen von der Neffel abgeleitet habe. Nivelles = eine Siedlung der Herren von der Neffel. Eine alte Beziehung muß hier bestehen, da alle diese Bereiche später in der Hand der Pippiniden waren. Unmittelbar neben Zülpich in der üblichen Entfernung von 2½ km, liegt Juntersdorf, früher GUNTIRSDORP, ein Ort, der in der ersten Zeit der fränkischen Landnahme begründet worden sein soll.[61] Es hat seinen Guts- und Herrenhof unten an der Neffel, zieht sich aber hinauf bis an den Rand der Hochfläche und hat hier oben (auf dem früheren Thingplatz?) seine Kirche, ursprünglich eine Eigenkirche, welche *der Gertrud von Nivelles geweiht* ist.

So finden sich im Zülpichgau die Namen der Niflungenburg Verniza-Verminza als Virnich-Virmenich; die rechten Entfernungen zur Duna-Mündung einerseits und zu Bern-Bonn andrerseits; findet sich der Gunternname in ganz früher Zeit (Zeit der fränkischen Landnahme) in Guntirsdorp; finden sich die Quellbäche und großen Jagdwälder, an und in denen Sigfrid jagte und das Leben verlor; finden sich die Spuren der frühen Frankenzeit in vielen Grabfunden, Macht und Reichtum in Virnich-Enzen, und findet sich der Niflungenname, welcher hier seinen Ursprung haben dürfte als »Die von der Neffel«.

Im Ursprungsland der Sage

Als ich im Jahre 1965 den damals führenden Nibelungenforscher und Altgermanisten Professor Dr. Helmuth de Boor in seinem Haus in Berlin-Dahlem aufsuchte, berichtete ich ihm von meiner Entdeckung der Dhün als der Duna und entwickelte ihm den Zug der Niflungen von der Dhün-Mündung an Burg Thorta-Dortmund vorbei nach Susa(t)-Soest. Er hörte mit großem Interesse zu, fand diese Forschungen sehr verdienstvoll und ermunterte mich, sie fortzusetzen. »Aber«, sagte er, »ziehen sie keine Schlüsse daraus!« –

Die wohlgemeinte Ermahnung ließ sich nicht verwirklichen. Die Schlüsse zogen sich von selbst. In der Entdeckung der Duna waren sie »in nuce« bereits enthalten; de Boor mochte es ahnen, aber er ging der Frage nicht mehr nach. Sie hätte die Umstülpung seiner germanistischen Vorstellungen erfordert.

Denn wenn die Mündung der Duna in den Rhein ein sicherer geographischer Merkpunkt war, dann war mindestens *diese* Vorstellung der Thidrekssaga nicht unsinnig und stammte nicht nur aus einer »Soester Ortssage«; dann war der Zug der Niflungen nach Soest nicht unwahrscheinlich, dann war auch von anderen Angaben der Thidrekssaga anzunehmen, daß sie möglich oder sogar richtig und wirklich seien. Dann machte die Thidrekssaga dem Nibelungenlied den Rang als erste Quelle streitig, dann mußte möglicherweise das Nibelungenlied aus der Thidrekssaga erklärt werden.

Ich glaube nicht, daß de Boor diese Umkehr vollzogen hätte; aber er ließ die Freiheit dazu. Und schon damals begann seine Assistentin, die heutige Inhaberin des germanistischen Lehrstuhls in Heidelberg, Frau Professor Dr. Roswitha Wisniewski, die ersten Schritte in diese Richtung zu tun.[62]

Wenn die Duna die Dhün war, dann konnte nicht Worms die Heimat der Nibelungen sein, dann lag diese Heimat im Westen, dann führte die Suche nach ihr notwendig zuletzt in den Zülpichgau, an die Neffel.

Wo aber befinden wir uns nun mit den Niflungen? In eben dem Gebiet, in dem schon immer der Ursprung dieser Überlieferungen vermutet worden war: *Im Gebiet der Rheinfranken,* der FRANCI NEBULONES, wie das »Waltharilied« sie nennt, im Gebiet der Neffelfranken. Und dazu braucht es nicht den Umweg über mühsam konstruierte angebliche Vorstufen des Nibelungenliedes,[63] sondern die Thidrekssaga selbst, wenn man ihre geographischen Angaben nur ernst nimmt und sie recht versteht, gibt uns diesen Ursprung an. Man darf sie nur nicht als eine Schöpfung des

13. Jahrhunderts deuten und aus den Verhältnissen jener Zeit erklären wollen, sondern man muß den Aussagen ihres Kerns folgen und sie aus den Verhältnissen des 6. Jahrhunderts begreifen.
Damit zeigt sich die Thidrekssaga-Überlieferung aber als die ursprünglichere, ja als *die* ursprüngliche, von welcher das Nibelungenlied nur ein später Abzweig ist, der vor allem das geographische Raumbild seiner »Alten Maeren« gänzlich mißversteht und es mit falschen Historisierungen zudeckt. Immer wieder muß betont werden, daß *die Thidrekssaga keine Burgunden kennt,* daß ihre *Niflungen nur im norddeutschen Raume leben* und dort ihre Schicksale erleiden, daß sie aus ihrer niederrheinischen Heimat in das niederdeutsche Soest ziehen und dort zugrundegehen.[64]

Die »Burgonden«

Wie war man überhaupt auf die Burgunden gekommen? Kenntnisreiche Leute, vermutlich Mönche, wußten von der Überlieferung, wie sie sich in der Thidrekssaga erhalten hatte, aus mündlichen oder schriftlichen Quellen. Aber sie kannten auch anderes: Etwa das Chronicon des Prosper Aquitanus, in dem vom Jahre 435/6 folgendes berichtet wird:

> »Theodosio XV et Valentiniano IIII cons. Gundicarium Burgundionum regem intra Gallias habitantem Aetius bello obtinuit pacemque ei supplicanti dedit: qua non diu potitus est: si quidem illum Hunni cum populo atque stirpe sua deleverunt.«

Auf Deutsch: »Als Theodosius XV. und Valentinianus IV. Konsuln waren, hielt Aetius den König der Burgunder Gundikar, der innerhalb Galliens wohnte, durch Krieg nieder und gab ihm, als er darum bat, den Frieden. Den behielt er nicht lange; denn ihn vernichteten die Hunnen mit seinem ganzen Volk und seiner Sippe.«
Oder sie kannten das Chronicon des Cassiodor von den gleichen Jahren, in dem es heißt:

> »... His consulibus Gundicharium Burgundionum regem Aetius bello subegit pacemque ei reddidit supplicanti: quem non multo post Hunni peremerunt.«

Deutsch: »Unter diesen Konsuln bezwang Aetius den König der Burgunden Gundichar durch Krieg und gab ihm auf seine Bitten den Frieden wieder. Ihn vernichteten nicht viel später die Hunnen.«
Jene klugen Männer – so vermute ich – verbanden nun die »Alten Mae-

ren« der Ths-Überlieferung und die Berichte der Chroniken miteinander, indem sie meinten, der Untergang der Niflungen unter dem König Gunter durch die Hünen sei dasselbe Ereignis gewesen wie der Untergang der Burgunden unter dem König Gundichar durch die Hunnen. Und das schien ja auch einleuchtend.

Aber diese Gleichsetzung war willkürlich und, wie sich jetzt herausstellt, falsch. Auf dieser falschen Gleichung beruht das Nibelungenlied. Die germanistische Wissenschaft aber hat diesen Irrtum weitgehend übernommen und ihn zum Teil geradezu zur Voraussetzung ihrer Forschung gemacht, indem sie forderte: Alle Untersuchungen über die Nibelungen müssen vom Burgunden-Untergang des Jahres 436, als von einem Fest-Punkt, ihren Ausgang nehmen. Damit wurde der Irrtum zementiert. Wer sich an diese Forderung hielt, verbaute sich selbst den Zugang zu den wahren Zusammenhängen.

Das Gegenteil dieser Forderung ist richtig: Nicht von historischen Daten ist der Ausgang zu nehmen, sondern von den Quellen, das heißt von den Texten. Das ist für das Nibelungenlied auch ausgiebig geschehen, nicht aber für die Thidrekssaga. Hier hat man bis heute mit Texten gearbeitet, deren geographische Angaben man, zugestandenermaßen, *nicht verstand.* Man umging diese Notwendigkeit, indem man die Thidrekssaga in Bausch und Bogen für eine Quelle minderen Ranges, für unzuverlässig und irrtumerfüllt erklärte.

Darüber hinaus schaltete man auch noch die altschwedische Fassung aus, indem man sie für einen verkürzenden Auszug aus der Membran-Handschrift hielt. Die altschwedische Fassung ist aber ein völlig selbständiger Text, der auf früher Überlieferung fußt, die notwendigerweise mit herangezogen werden muß. Ihr fehlen so wichtige Namen wie der der Niflungenburg Verniza, was bei einer Textabhängigkeit von der Membrane auf keine Weise zu erklären wäre, und sie hat deutsche Namensformen wie Hagen, Didrik, Wideke, die nicht aus den anderen Handschriften stammen können. Sie nennt sich selbst eine Übersetzung, aber das bedeutet nicht eine Übersetzung aus dem Altnordischen, sondern eher aus dem Deutschen oder Dänischen. Ins Deutsche ist sie bisher nicht übersetzt worden.

So stand dem nach allen Seiten hin durchgearbeiteten Nibelungenlied eine nur schwach durchgearbeitete und in wesentlichen Teilen nicht verstandene Thidrekssaga gegenüber, ohne ausreichenden Handschriftenvergleich. Um zu wirklichen Erkenntnissen über das Verhältnis von Nibelungenlied und Thidrekssaga zu kommen, mußte dies alles nachgear-

beitet werden. Bevor das nicht geschehen war, ließen sich nur Vermutungen äußern. Die berühmten »Stammbäume« Andreas Heuslers schwebten gleichsam in der Luft.[65]
Indem so all das ausgeschaltet wurde, was Auskunft über die Entstehung des Nibelungenliedes und seiner vielen Seltsamkeiten hätte geben können, wurde der Zugang zu den »Alten Maeren«, von denen das Nibelungenlied sich herschreibt, verschüttet.
Immerhin: Obwohl das Nibelungenlied seine Quelle ganz mißverstand, hat es doch dadurch, daß es die erregenden Ereignisse um die Niblungen in kostbar gebundener Form zu großer Dichtung gestaltete, diesen Stoff, wenn auch in eine andere Landschaft und in eine christliche Umwelt übertragen, dem allgemeinen Bewußtsein tief eingeprägt.
Noch eine andere Frage scheint sich hier zu lösen. Man hat daran gezweifelt, daß die Erzählung vom Streit der Königinnen, in dessen Folge Sigfrid erschlagen wurde, und die Erzählung von Grimhilds Rache in einem notwendigen und ursprünglichen Zusammenhang gestanden hätten, und man hat gemeint, erst durch Willkür und durch die Kunst der Dichtung seien die beiden Geschehnisse miteinander verbunden worden. Aber bereits hier, wo wir die Überlieferung in ihrem rheinfränkischen Ursprungsland aufgespürt haben, finden wir Sigfrid-Mord und Niflungen-Untergang vielfältig und unauflöslich miteinander verknüpft.
Daraus ist wohl zu schließen, daß die Überlieferung der Thidrekssaga aus wirklichen Geschehnissen hervorgegangen ist: Aus der Ermordung eines hervorragenden Fürsten oder Königs durch seine Schwäger – und die Sühnung dieses Mordes durch die nachfolgende Rache. Wir wissen nur zunächst noch nicht, welche bekannten oder unbekannten Persönlichkeiten und Ereignisse das waren. Auf keinen Fall haben sie mit dem in ganz anderen Räumen erfolgten Burgunden-Untergang zu tun.

Eine ab-wegige Hypothese

Nun ist in jüngster Zeit eine Hypothese aufgetaucht, welche glaubt, den Untergang der Niflungen noch auf ganz andere Weise erklären zu können. Sie bezieht sich auf Nachrichten, welche Gregor von Tours (540–594) im 4. Buch, Kapitel 41f., und im 5. Buch, Kapitel 15, seiner »Fränkischen Geschichte« mitteilt über die Kämpfe zwischen Schwaben und Sachsen. Unter »Schwaben« sind hier die ostelbischen Schwaben zu verstehen, welche sich nach Westen hin über das Vorland des Harzgebirges ausgebreitet hatten und mit den früher dort wohnenden und dann zurückkehrenden Sachsen in Streit gerieten.

Gregor erzählt hier, daß im Jahre 568 die Langobarden unter ihrem Führer Alboin aus ihrer Heimat an der Unterelbe mit dem ganzen Volk nach Italien zogen und dort das Langobardenreich südlich der Alpen begründeten. Mit ihnen sei ein Volksteil der Sachsen gezogen, die damals im nördlichen Vorharz wohnten und nun in Italien auf eigene Faust Eroberungen (und Beute) machten.

Diese seien nach manchen Hin- und Herzügen auch im Frankenreich eingefallen und endlich, nach Schlachten mit wechselndem Ausgang, zu König Sigibert von Francien gekommen. Dieser Frankenkönig, dem damals auch das Thüringerreich am Harz unterstand, habe ihnen im Jahre 573 wieder jene Gegenden zugewiesen, aus denen sie fünf Jahre früher fortgezogen waren. Gregor fährt dann fort:

»Und da zu jener Zeit, wo Alboin nach Italien gezogen war, Chlothar und Sigibert Schwaben und andere Völker in die Gegend versetzt hatten, welche die Sachsen, die mit Alboin ausgezogen waren, bewohnt hatten, so wollten diese, als sie zur Zeit Sigiberts zurückkehrten, jene aus dem Lande treiben und sie vernichten. Die Schwaben boten ihnen den dritten Teil des Landes an und sprachen: ›Wir können ja zusammenleben, ohne uns zu nahe zu treten.‹ Jene waren jedoch damit nicht zufrieden, weil sie selbst zuvor alles gehabt hatten, und wollten keinen Frieden. Danach boten die Schwaben ihnen die Hälfte, dann zwei Drittel des Landes an, nur ein Drittel wollten sie für sich behalten. Als jene auch dies nicht annehmen wollten, boten sie ihnen mit dem Land auch noch alles Vieh an, nur möchten sie vom Kriege abstehn. Aber jenen war auch dies noch nicht genug, und sie verlangten den Kampf. Und schon vor demselben machten sie miteinander aus, wie sie die Frauen der Schwaben unter sich teilen wollten, und welche nach dem Tod ihrer Männer ein jeder erhalten sollte; denn sie meinten, sie hätten diese schon alle erschlagen. Aber die Barmherzigkeit des Herrn, welche Gerechtigkeit übt, vereitelte ihre Absichten; denn als es zum Kampf kam, waren es 26000 Sachsen, und von denen fielen 20000; und 6000 Schwaben, von denen fielen nur 480, und die andern behaupteten den Sieg. Die von den Sachsen am Leben geblieben waren, schwuren, keiner wolle sich den Bart oder das Haupthaar scheren, ehe sie sich an ihren Feinden gerächt hätte. Und als es abermals zum Kampfe kam, erlitten die Sachsen eine noch größere Niederlage. So standen sie endlich vom Kriege ab.«

So erzählt Gregor von Tours. Beide, Schwaben wie Sachsen, überlebten diese Kämpfe. Und Widukind von Corvey, der um 967 schrieb, berichtet, diese Schwaben hätten noch zu seiner Zeit andere Gesetze gehabt als die Sachsen.

Diese von Frankreich in die Gegend des Nordharzes rückkehrenden Sachsen sollen nun – nach Meinung von Dr. Gerd Müller in Bergisch-Gladbach – gleichzusetzen sein mit den Niflungen der Thidrekssaga. Müller bezieht sich dabei ausdrücklich auch auf meine Forschungen. Wie ist diese These zu bewerten?

Die Helden des Nibelungenliedes, gewöhnlich »Burgonden« genannt und nur zehnmal »Nib(e)lungen«, ziehen angeblich von Worms nach Ungarn. Ihr Zug läßt sich also mit dem der Sachsen nicht vergleichen. Gerd Müllers These bezieht sich denn auch ausdrücklich auf die Thidrekssaga und auf den von mir dargelegten Zug der Niflungen von Westen her auf die Dhün-Mündung zu und weiter nach Soest. Dies soll nun der Zug jener Sachsen sein, die vom Frankenreich zum Nordharz zurückkehrten.

Nun sind auf der Marschroute der Niflungen, die ein alter Heerweg war, natürlich im Laufe der Zeit sehr viele gezogen: Einzelreiter, Trupps, Heere und Volksscharen. Nehmen wir an, die Sachsen seien den gleichen Weg gezogen. Waren deshalb diese Sachsen die Niflungen der Thidrekssaga?

Im 42. Kapitel des 4. Buches sagt Gregor ausdrücklich, daß die Sachsen »ihre Weiber und Kinder und alle ihre fahrende Habe« auf ihrem Zuge bei sich hatten, als sie im Jahre 573 aus Italien nach Frankreich zogen und von dort durch das Frankenreich hindurch in ihre Heimat zurückkehrten. An streitfähigen Männern hatten sie dort noch 26000. Die Niflungen aber ritten mit nur 1000 Bewaffneten nach Soest.

Die Niflungen zogen auch nicht durch das Frankenreich hindurch, sondern sie hatten ihre feste Heimat im Zülpichgau (und nicht am Nordharz); sie lebten dort wenigstens drei Generationen hindurch. Ihr Volk blieb auch während ihres Zuges seßhaft und wurde von der zurückbleibenden Königin Brünhild regiert. Damals ist im Frankenland noch heidnische Zeit, während des Zuges der Sachsen aber christliche Zeit. Die ausgerittenen Niflungen gehen in Soest bis auf den letzten Mann unter; nicht einer kehrt zurück außer dem nachgeborenen Sohn Hagens, von dem wir noch hören werden. Die Sachsen aber überleben, wenn auch unter großen Verlusten.

Hier stimmt rein gar nichts zusammen, weder die Stammeszugehörigkeit (hier Franken – dort Sachsen), noch das Heimatgebiet (hier linksrheinisch – dort fern rechtsrheinisch); nicht die Umstände des Zuges (hier Ritterheer von 1000 Mann – dort Volkshaufe von etwa 60000 Seelen), noch die Umstände des Endkampfes (hier völliger Untergang – dort Überleben eines Teiles); nicht der Ort (hier Soest – dort Nordharz) und nicht die Zeit (hier heidnische Zeit – dort christliche Zeit 573).

Es sind zwei vollständig verschiedene Geschichten: Andere Zusammenhänge, andere Beweggründe, andere Vorgeschichten, andere Folgen. Gar nichts läßt sich miteinander in Einklang bringen. Dies ist keine These, sondern eine Spekulation. Es ist ein augenblicklicher Einfall, vermutlich veranlaßt durch den gleichen Weg, den beide Züge genommen haben könnten; und diesem Einfall werden bestätigende Gründe beigefügt. Aber das genügt nicht. Es muß *alles* zusammenstimmen, und deshalb müssen die Unstimmigkeiten ebenfalls beachtet und behoben werden.

Ich möchte hier Gelegenheit nehmen, diesem Verfahren meine Arbeitsweise gegenüberzustellen. Auch ich habe Vermutungen, aber ich setze sie in Einzelfragen um und stelle Kontrollfragen. So genügt nicht die Vermutung, daß mit der Duna die Dhün gemeint sei, sondern es kommen sofort die weiteren Fragen: Stimmen die Frühnamen der Dhün? Ist hier das Wasser breit? Warum? Ist hier ein alter Fluß-Übergang? Geht von hier aus ein Fernweg Richtung Soest? Läßt sich einen halben Tagesmarsch entfernt Burg Bakalar finden, abseits vom Heerweg, zwischen feuchten Weiden, wie es der Name verlangt? – So wird jede Antwort immer neu überprüft, so prüft eine die andere, bis *ein zusammenhängendes System* sichtbar wird. Dann erst kann mit einiger Sicherheit gesagt werden: So meint es die Thidrekssaga! Und die nächste Frage ist: »Entsprach diese Meinung der Wirklichkeit? Und welcher?«

III
Das Königsgeschlecht der Niflungen

Rückblick und Vorblick

Wir sind der Thidrekssaga bis hierher gefolgt. Wir haben ihre Glaubwürdigkeit an vielen Punkten überprüft. Wir haben ihre angeblich unsinnigste Angabe, den Zusammenfluß von Duna und Rhein, als eine höchst sinnvolle aufklären können. Wir haben damit einen festen Punkt im Gefüge der geographischen Vorstellungen dieser alten Überlieferung gefunden, von dem aus wir in beiden Richtungen vorgehen konnten: einmal voraus zu Burg Bakalar-Altenberg und einmal zurück zur Heimat der Niflungen, indem wir die Entfernung von der Dhünmündung auf zwei Tagesritte berechneten und dann die Namen Vernica-Verminza in Virnich-Virmenich auffanden mitten im Zülpichgau. Wir haben damit einen klaren Überblick über den ganzen Zug der Niflungen von Virnich-Enzen bis Soest gewonnen.
Im Heimatraum der Niflungen bestätigte sich durch archäologische Funde, daß in Virnich-Enzen ein Zentrum von Macht und Reichtum aus der Wende der römisch-fränkischen Zeit vorhanden war. Wir werden dieselbe Entdeckung später auch in Soest machen. Das Fortschreiten von einer geographischen Angabe zur anderen hat sich ausgezahlt, und schon jetzt wird, wenigstens ahnungsweise, ein geographisches Raumbild der Thidrekssaga sichtbar.
Nun fragen wir aber nach dem Geschlecht der Niflungen selbst. Die Thidrekssaga, die uns so viel über ihren Zug nach Soest berichtet hat und später über ihre Schicksale dort ausführlich erzählen wird, gibt auch über das Geschlecht der Niflungen selbst eingehende Auskunft. Sie weiß von ungewöhnlichen Vorgängen innerhalb dieses Geschlechts und von deren Folgen. Wir sehen die Königssöhne, denen wir später als mannhaften Helden begegnen, hier heranwachsen, und wir erfahren von Spannungen, die zwischen den Gliedern des Niflungen-Geschlechts bestehen.
Unsere Methode war bisher diese: Wir nahmen die Angaben der Thi-

drekssaga, eine nach der anderen, und prüften sie. Wir setzten dabei hypothetisch voraus, daß uns in ihnen nicht Dichtung und Legende, sondern Wirklichkeit übermittelt würde – und wir fanden Wirklichkeit. Wir setzten Frage hinter Frage.

Diese Methode ändern wir nicht, nur wenden wir sie jetzt auf ein anderes Gebiet an. Auch hier nehmen wir wieder Angabe um Angabe vor und versuchen herauszufinden, was die Meinung der Thidrekssaga dazu sein kann. Wir begnügen uns auch hier nicht mit dem oberflächlichen Augenschein, sondern wir versuchen, tiefer einzudringen und das Mitgeteilte verstehbar zu machen. Wir fragen also, ob die Thidrekssaga in ihren Berichten einen möglichen, wahrscheinlichen, in sich stimmigen Hergang erzählt. Wir prüfen, ob nicht vielleicht auch das anscheinend Wunderbare durchaus natürliche Zusammenhänge haben könnte.

Wir stellen wenigstens die Möglichkeiten fest und lassen den Rest als Frage stehen. Auf diese Weise gewinnen wir ein geschlossenes Bild vom Geschlecht der Niflungen, wie es die Thidrekssaga uns übermittelt.

Natürlich ist jetzt nicht zu erwarten, daß eine Bestätigung unserer Ergebnisse durch archäologische Funde oder andere Tatsachen erfolgt, wie das in den vorhergehenden Kapiteln möglich war. Die einzige Stütze für die Glaubwürdigkeit der folgenden Ausführungen ist eben die Thidrekssaga selbst.

Hagens Herkunft

In dem berühmten Kapitel 169 der »Membrane« (= Sv 161), welches die Herkunft der Niflungen erzählt, bringt die Thidrekssaga eine ganz ungewöhnliche Geschichte, die im Text der altschwedischen Handschrift so lautet:

> Ein König hieß Aldrian und herrschte über Niflungenland. Seine Ehefrau war Yrian-Königs Tochter.[66] Einmal war sie (wein-)trunken, als der König nicht daheim war in seinem Reiche, und war eingeschlafen in ihrem Grasgarten. Da kam ein Mann und hatte Liebschaft mit ihr, so daß sie, als sie erwachte, dachte, das wäre Aldrian gewesen. Indem verschwand der Mann.
>
> Etwas später wurde die Königin schwanger. In dieser Zeit kam ein

Mann zu ihr und sagte: »Mir gehört das Kind zu, und ich bin ein Albe. Wächst das Kind auf, dann sage ihm von seinem Vater, doch keinem sonst. Ich meine, das wird ein Knabe, und oftmals steht er in Not, ein mächtiger Mann für sich. Allemal, gerät er in Not und weiß er sich keine Hilf', da ruf er den Vater sein, der hilft ihm, so oft ers bedarf!« – Indem verschwand der Elff wie ein Schatten.
Darnach gebar die Königin einen Knaben und nannte ihn Hagen, Sohn Aldrian-Königs. Als der vier Jahre alt war, ging er zum Spiel mit Knaben. Er war hart und stark und übel im Umgang; deshalb wurde er gemieden; denn er glich mehr einem Troll als einem Menschen. Darüber ergrimmte er, ging zu einem Spiegel und sah sein Abbild. Da sah er sein Antlitz garstig und bleich wie Asche, groß und grimm. Darauf ging er zu seiner Mutter und fragte, warum er so beschaffen wäre. Sie sagte ihm die ganze Wahrheit, wer sein Vater war. Da stand eine Frau nahbei, die nachmals die Freundin König Didriks von Bern wurde; die sagte ihm das im Vertrauen, und davon kam viel Streit.

Diese Begegnung der Königin mit dem »Alben« ist stets so aufgefaßt worden, als handle es sich um eine unwirkliche, märchenhafte, mythologische Begebenheit, um die Begegnung mit einem Fabelwesen. Dazu trägt der Name »Elff« oder »Albe« bei, der in unseren Märchen und Sagen gewisse Geistwesen meint. Solche Gleichsetzung dürfte hier aber genauso unrichtig sein wie bei den Wasserweibern, denen Hagen am Rhein begegnet, die ihre Kleider vor dem Naßwerden schützen. Jene sind Wesen von Fleisch und Blut. Versuchen wir, ob es mit dem »Alben« nicht ebenso ist! Wie ist er aber zu deuten?
Die Voreifel war in der Zeit um 500 n. Chr. nicht nur von den Franken bewohnt, sondern auch noch von der keltischen Vorbevölkerung, die schon von den Römern unterworfen worden war, aber ihr Eigenleben behalten hatte, und nach Abzug der Römer von den Franken nicht vertrieben wurde, wie die bewahrten keltisch-römischen Ortsnamen deutlich dartun. Vielleicht gab es auch noch ältere Bevölkerungsreste. Stark in keltischer Hand dürfte besonders auch der Matronenkult gewesen sein, die Verehrung der Muttergottheiten, von dem sich grade in dieser Gegend überall Zeugnisse in Form von Matronensteinen finden[67] (Abb. 23).
Knapp 5 km von Zülpich, knapp 8 km von Virnich entfernt, liegt ELVENICH, 844 als Albiniacum[68] bezeugt. Hier wurden zur Römerzeit die MATRONAE ALBIACINAE (Albiniacae?) verehrt. Der »Elff« oder »Albe«

(Mb) könnte also einfach einen Mann aus Albiniacum-Elvenich meinen.
Hierfür spricht noch einiges mehr. Der Albe ist der Königin unbekannt, er stellt sich ihr erst vor. Was er dann aber spricht, sind offensichtlich Verse, ungereimte, dreihebige Verse, die in der altschwedischen Handschrift (und zwar *nur* in ihr) in diesen Rhythmen geschrieben und durch Satzzeichen so abgeteilt sind, daß immer Schrägstrich und Punkt abwechseln. Sie lauten:

Jak mener thz worder et swenbarn/	Ich meine, das wird ein Knabe,
oc offta stadder i nöd.	und oftmals steht er in Not;
oc mykin man for sik /	und sehr ein Mann für sich.
hvart sin han komber i nöd.	Allemal, gerät er in Not,
oc wenter sik ängen hielp /	und weiß er sich keine Hilf',
tha kalla a fader sin.	da ruf er den Vater sein,
han hjelpr hanum nog	der hilft ihm genug,
tha han torff /	wenn er's braucht!

Wenn es darnach heißt: »Indem verschwand der Albe wie ein Schatten«, so muß auch dies nichts Übernatürliches meinen; denn der ungebetene Eindringling mußte zusehen, daß er unauffällig verschwand.
Der sich einen »Elff« oder »Alben« nennt (was im rheinischen Sprachgebrauch kaum ein Unterschied ist), war kein gewöhnlicher Mann. Er hat keine Scheu, die Königin, die ihn nicht kennt, in ihrem Garten aufzusuchen, ja ihr beizuliegen. Er spricht sieben Verse und ist sich besonderer Macht bewußt; denn er behauptet, das künftige Königskind in Not schützen zu können. Er ist von anderer Art als die Franken, wie sich aus all diesen Seltsamkeiten ergibt; und er kann keine Schönheit gewesen sein, was aus dem Aussehen seines Sohnes Hagen folgt (»er glich mehr einem Troll als einem Menschen«).
Wegen seines Sprechens in Versen möchte man vermuten, daß dieser Mann etwa ein Priester oder etwas Ähnliches war – denn wer spricht sonst schon Verse, noch dazu sieben? – vielleicht ein Priester des Matronenkultes in Albiniacum-Elvenich? Sicher war er ein führender Mann der einheimischen Oberschicht. Und möglicherweise war die Zeugung des erstgeborenen Königsknaben ein bewußter politischer Akt mit der Absicht, Einfluß auf die königliche Macht zu gewinnen.
Welches Selbstbewußtsein muß dieser Mann gehabt haben, daß er es wagte, bei der Königin einzudringen! Und welche Umsicht hat dieser Va-

ter Hagens bewiesen, daß er das eben im rechten Augenblick tat, als der König fern war und die Königin weintrunken und leicht zugänglich in ihrem Garten! Das war ohne Helfer unter dem Gesinde nicht möglich. Und da die Namen der vielen -ich-Orte dieser Gegend keltischen Ursprungs sind und nicht durch fränkische ersetzt wurden, durften wir folgern, daß in den Gutshöfen unserer Neffelfranken und so auch am Königshof keltisches Gesinde arbeitete, das den Winken ihres Vorstehers oder Priesters gehorsam war.

Alles war gut vorbereitet. Die Überrumpelung gelang, das Geheimnis wurde allseits gehütet, auch die Königin spielte mit. Der Albe(npriester) schien sein Spiel gewonnen zu haben. – Oder nicht? – Nach fünf Jahren kommt alles heraus. Durch Zufall? Die Magd hört mit, was die Mutter dem Knaben sagt; sie gibt das Gehörte weiter an Didrik, den Königssohn in »Bern«, und dieser teilt es dem König Aldrian mit. Die Königin wird ausgeschaltet, wie wir sehen werden, der »Albensohn« Hagen von der Nachfolge ausgeschlossen, obwohl er der Älteste ist, und König wird nach Aldrians Tod der in gültiger Ehe gezeugte Sohn Gunter. Das Spiel des »Alben« scheint mißlungen. – Oder doch nicht? Wir werden hier noch manches zu beobachten haben.

Hagens Einfluß auf alles Geschehen bleibt trotzdem groß; und bis zu seinem Tode hält er daran fest, sich König Aldrians Sohn zu nennen, obwohl ihm die Umstände seiner Zeugung bekannt sind. Auch Eckivard, der Wächter von Bakalar, der aus dem Niflungenland gekommen war, nennt ihn so: »Bist du Hagen, Aldrians Sohn, der meinen Herrn Jung-Sigfrid erschlug?« –

Es wird nicht eigens gesagt, daß König Aldrian die Ehe mit Hagens Mutter, König Irians Tochter, löste und eine andere Frau nahm. Es ist aber zu erschließen, wie wir sehen werden. Am Schluß dieses Kapitels heißt es nur:

»Darnach hatte König Aldrian mit seiner Ehefrau drei Söhne und eine Tochter. Der älteste Sohn hieß Gunter, der zweite Gernholt, der dritte Gyntar (Gislher). Ihre Schwester hieß Krimilde. Als Aldrian-König starb, übernahm sein ältester Sohn Gunter sein Reich und Königtum.«

Hier erscheint der Name der Schwester in der Form, wie sie das Nibelungenlied auch hat; und hier mag dieses seine Quelle haben.

Das Geschlecht der Niflungen

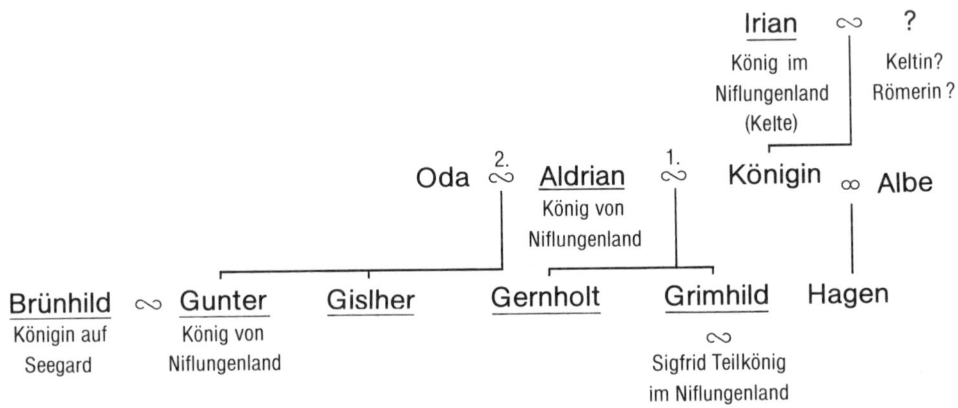

König Irian

Es lohnt, sich noch weitere Gedanken zu machen: Der Vater der Königin, die Hagen geboren hatte, hieß IRIAN[69] (Yrian, auch Irung). Der Name erscheint wieder in BURG IRNICH (Abb. 13), welche 2½ km von Virnich an der römischen Hauptstraße Trier – Zülpich – Köln liegt, die weitgehend noch unversehrt erhalten ist. Der Name wird zurückgeführt auf »Iriniacum, Gut oder Sitz des Kelten Irinius«. Irian(us) ist derselbe Name, -Ir- ein keltischer Wortstamm. (So sagt Mürkens, der die Ortsnamen dieser Gegend bearbeitet hat. Einen germanischen Wortstamm -Ir- gebe es nicht.)[70]

Hiernach ist es nicht abwegig, den in der Thidrekssaga genannten »König Irian« für jenen Fürsten zu halten, der diesem Ort seinen Namen gegeben hat. Dann wäre hier sein Königssitz gewesen, er selbst ein Kelte, seine Tochter Keltin oder Halbkeltin. In Irian dürfte man den früheren König dieser Gegend vermuten. Aldrian wäre dann der neue König aus Frankengeschlecht, der dieses Niflungenland eroberte und die Tochter des besiegten oder erschlagenen Königs heiratete, wie es die Thidrekssaga mehrfach erzählt.

Wenn die Irianstochter eine Keltin war, dann würde das zum Teil auch die Dreistigkeit erklären, mit welcher der »Albe« bei ihr eindrang, da sie zu seinem eigenen Volkstum gehörte.
Zugleich würde es bedeuten, daß hier Keltisches in das nibelungisch-fränkische Königsgeschlecht einfloß. Das gilt für Hagen, aber vielleicht auch für Grimhild, welche Tochter der gleichen Mutter sein konnte.
Denn es ist ja ganz unwahrscheinlich, daß die Mutter der Königin, die Frau des Kelten Irian, eine Germanin war. Vermutlich war auch sie Keltin; vielleicht aber auch eine Römerin, da die vornehmen Römer als hochadelig galten und einem keltischen »König« gewiß ebenbürtig waren. Dann wäre Grimhild Halbfränkin, Viertelkeltin und Viertelrömerin; und diese Zusammensetzung würde manches in ihrem Wesen erklären. Es ist daher gar nicht wahrscheinlich, daß Grimhild diese große, blonde, blauäugige Germanin war, als welche sie immer vorgestellt wird.
Hagen aber war dann überhaupt kein Germane. Sein Vater war ein Kelte oder noch anderer Herkunft, und von der Mutter her war er Halbkelte oder zu einem Viertel ein Kelte und zum letzten Viertel ein Römer. Und so wäre diese Hauptgestalt der deutschen Heldensage schon etwas sehr Besonderes. Der Zuschuß von Eisen, den er wie Grimhild im Blute zu haben scheint, würde sich dadurch erklären.
Um so seltsamer muß es erscheinen, daß grade Hagen im vorigen Jahrhundert und bis in unsere Zeit herein als das Symbol für *germanische Nibelungentreue* galt, was schon mit der Treue nicht so ganz stimmt, und nun auch ganz und gar nicht mit dem »Germanischen«. Was Hagen auszeichnet, ist seine Furchtlosigkeit trotz mißtrauischer Vorsicht, seine Umsicht, sein entschlossenes Handeln in der Gefahr, sein Nichtzurückblicken und die stoische Hinnahme zubestimmten Schicksals. Insofern bleibt er eine Hauptgestalt der deutschen Heldensage. Wir kommen später im Kapitel »Grimhild und Attalas Nachtgespräch« noch einmal ausführlich auf die Verhältnisse des Niflungengeschlechtes zurück.
Wenn dies alles sich so verhält – und ich finde keine sinnvollere Deutung der vielen seltsamen Umstände als diese – so läßt sich daraus noch weiteres folgern:
Irnich nahe Virnich wäre der Sitz des früheren »Königs« Irian gewesen. Irnich-Virnich-Virmenich-Enzen wäre also der alte vornibelungische Herrschaftssitz gewesen, unmittelbar nördlich vor dem großen Walde »Osning«[71], der das Jagdgebiet der Fürsten war. König Gunter hätte dagegen seinen Königssitz in oder bei dem historischen Machtmittelpunkt

dieser Gegend, ZÜLPICH, gehabt, wo der daneben liegende Ort Juntersdorf (GUNTIRSDORP) im Neffeltal, dessen Name nach H. Firmenich aus der Zeit der ersten fränkischen Landnahme stammt, seinen Namen noch festhält – und warum soll der Name nicht von diesem in der Sage überlieferten Gunter stammen statt von irgendeinem späteren Bischof, über dessen tatsächliche Zugehörigkeit zu Zülpich man nichts weiß?
Bei Zülpich war kein Wald. Und da die Jagd eine Hauptleidenschaft der Fürsten war, ganz sicher der germanischen, so mußte Virnich zur Jagdzeit immer wieder der bevorzugte gemeinsame Königssitz sein.

Didrik und seine Kämpen

Als Jungkönig Gunter und sein Ziehbruder Hagen mannbar geworden sind, treten neue Ereignisse ein. König Didrik von Bern-Bonn, ihr Nachbar am Rhein, hat um sich seine Gesellen versammelt, die wackersten Kämpen seiner Zeit, und er lädt zu einem Gastmahl, das er gibt, als einzige »ausländische Gäste« (utlandzka manna) Gunter und Hagen ein.
Didrik von Bern ist die Hauptgestalt der Thidrekssaga, die von ihm ihren Namen hat. Sie begleitet sein ganzes Leben. Didrik ist zu dieser Zeit noch sehr jung. Ihm zur Seite ist immer sein 24 Jahre älterer Freund und Betreuer »Meister« Hillebrand. Von Didrik und seinen Helden gibt uns die Thidrekssaga genaue Schilderungen. Da heißt es (Sv 11 f):

> *Didrik* wuchs auf groß und stark. Er hatte scharfe Augen. Sein Haar war wie das Gold und schön gelockt; doch er bekam nie einen Bart, solange er lebte. Seine Schultern waren zwei Ellen breit, seine Arme waren hart wie Baumknäste. Er war so stark, daß sich wenige seinesgleichen fanden; doch war er schlanken Leibes, hatte hübsche Beine und kräftig. Er war fröhlich, freundlich und freigebig, er sparte weder an Gold noch Silber. Das sagte jedermann. Zu jener Zeit war kein anderer Mann geboren mit solcher Geistes- und Willenskraft außer seinem Vatersvater Samson. Und alle mochten ihn gern.
> Didriks Schild war mit roter Farbe gemalt und darauf ein vergoldeter Löwe gezeichnet. Seit er König war über Bern, führte er eine vergoldete Krone über dem Haupt des Löwen. Dazu führte er dieses Zeichen auf all seinen Gewaffen. Daran war er kenntlich, wohin er auch ritt.

Das bedeutet so viel: Wie der Löwe furchtbar war über alle Tiere, so war Didrik furchtbar über alle Menschen, und alle fürchteten sich vor ihm. Damals war es Brauch: Wer den Löwen führen wollte, durfte niemals fliehen.

Hildebrand der Alte war ein schöner Mann, weiß und rot in den Wangen, Goldhaar und gelockt, und so war auch sein Bart. Er war kraftvoll gewachsen, so daß alle sich über ihn wunderten, und nicht fand sich seinesgleichen in Wenden. Er war sanftmütig und bedachtsam und der verständigste Mann, von dem man wußte. Er war auch freigebig, so daß alle ihn lobten. Er hatte ein starkes Herz, so daß man nie vernahm, daß er irgendwie furchtsam war.

Hildebrand der Alte hatte Schild mit der gleichen Farbe wie Didrik. Darin stand eine Burg und dahinter geschrieben: »Bern«. Das führte er auf all seinem Gewaffen. Das bedeutete: Er wollte niemals verleugnen, daß er König Didriks Mann war. Niemals kam er in so große Not.
(Mb 187): Meister Hillebrand hat *das* Ding voraus vor allen Kämpen in Bern, daß er *den* Schlag mit dem Schwert versteht, daß kein Mann dem mit dem Schild zuvorkommen konnte, wo er nur zum Kampf kommt. Und meistens erringt er den Sieg auf *einen* Hieb.

Gunter-König hatte lockiges Haar, lockigen Bart und weißblond, breite Schultern, war groß und stark gewachsen und der beste Ritter, mannhaft, wenn er zu Rosse saß. Er konnte auch gut umgehn mit Schild und Spieß und Schuß. Er war hitzigen Sinnes und unbesonnen, grimm gegen seine Feinde, sonst fröhlich und freundlich. Auf seinem Schild stand ein gekrönter Adler, den hatte er auf all seinem Gewaffen. Denn er war geboren aus Königsgeschlecht, wie der Adler König ist über alle Vögel. Deutlich ist er kenntlich, wo er reitet, an seiner Ritterschaft.

Sein Bruder *Hagen* hatte schwarzes Haar, große Nase, tiefhängende Brauen und bleichen Bart. Sein Antlitz war auch bleich und grimmig. Er hatte ein schwarzes Auge. Er war groß und kräftig. Wenn er in seiner Rüstung war, war er grimm und schmuck. Er war stark und der beste Ritter, gerne mochte er kämpfen. Er war verständig, klug und wortkarg. Er hatte ein starkes Herz, war ausdauernd und geradezu. Er hatte gleiches Wappen wie Gunter-König, sein Bruder. Sein Schild war silbern. Damals war es Brauch, daß niemand einen silbernen

> Schild trug, der nicht aus Königsgeschlecht geboren war. Er führte auch einen Adler, doch ohne Krone.
> Hagen war daran kenntlich: Er hatte schmalen Leib, breite Brust, langes Antlitz und bleich wie Asche, und nur *ein* Auge, und das war ganz schwarz. (Sv 318)

Als nun bei dem Gastmahl alle diese Kämpen beisammen sitzen, aneinander Vergnügen haben und stolz auf ihre Mannhaftigkeit sind, rühmt sich Didrik, daß es wohl nirgends auf der Welt eine solche Auslese an wackeren Helden gebe, wie sie hier um ihn versammelt sei. Da warnt ihn Herr Brand, »der Weitgefahrene«, er solle sich nicht überheben. Es gebe da im Bertangenland einen König mit Namen Isung, der zusammen mit seinen elf Söhnen und mit seinem starken Bannerführer *Jungherr Sigfrid* ihnen mindestens gewachsen sei.

Sigfrid

An dieser Stelle tritt SIGFRID in unsere Geschichte ein. Er ist der stärkste Kämpe auf Seiten König Isungs, mit ihm will Didrik selbst sich messen, an König Isung soll sich König Gunter versuchen. Von Sigfrids Herkunft hat die Thidrekssaga vorher ausführlich erzählt. Davon das Wichtigste zu wissen ist nötig; denn Sigfrid ist mit dem folgenden Teil der Niflungengeschichte unzertrennlich verbunden.
Sigfrids Vater Sigmund war König im *Tarlungaland,* und dieses lag jenseits des Teutoburger Waldes nach Osten, wie eine Stelle der Thidrekssaga ganz deutlich sagt.[72] »Tarlun-ga-land« ist ein Gauname wie Niflun-ga-land und Bertan-ga-land, und wir dürfen es gleichsetzen mit dem *Darlingau* nördlich des Harzes mit Halberstadt, der nach dem Bericht der Thidrekssage bis fast an den großen Harzwald heranreichte.
Sigfrid stammt also nicht vom Rhein und hat nichts mit Xanten zu tun. Dort hat sich auch nichts Zugehöriges gefunden. Sein Vater Sigmund ist ein König im mittleren Deutschland. Sein Land grenzt im Süden an *Suava,* das unmittelbar vor dem Harzgebirge liegt, und dieser große Bergwald wird hier »Suavawald« genannt. Mit »Suava« scheint die Thidrekssaga das nördliche Gebirgsvorland zu meinen, das sich vom Harz bis zum Sauerland hinzieht.

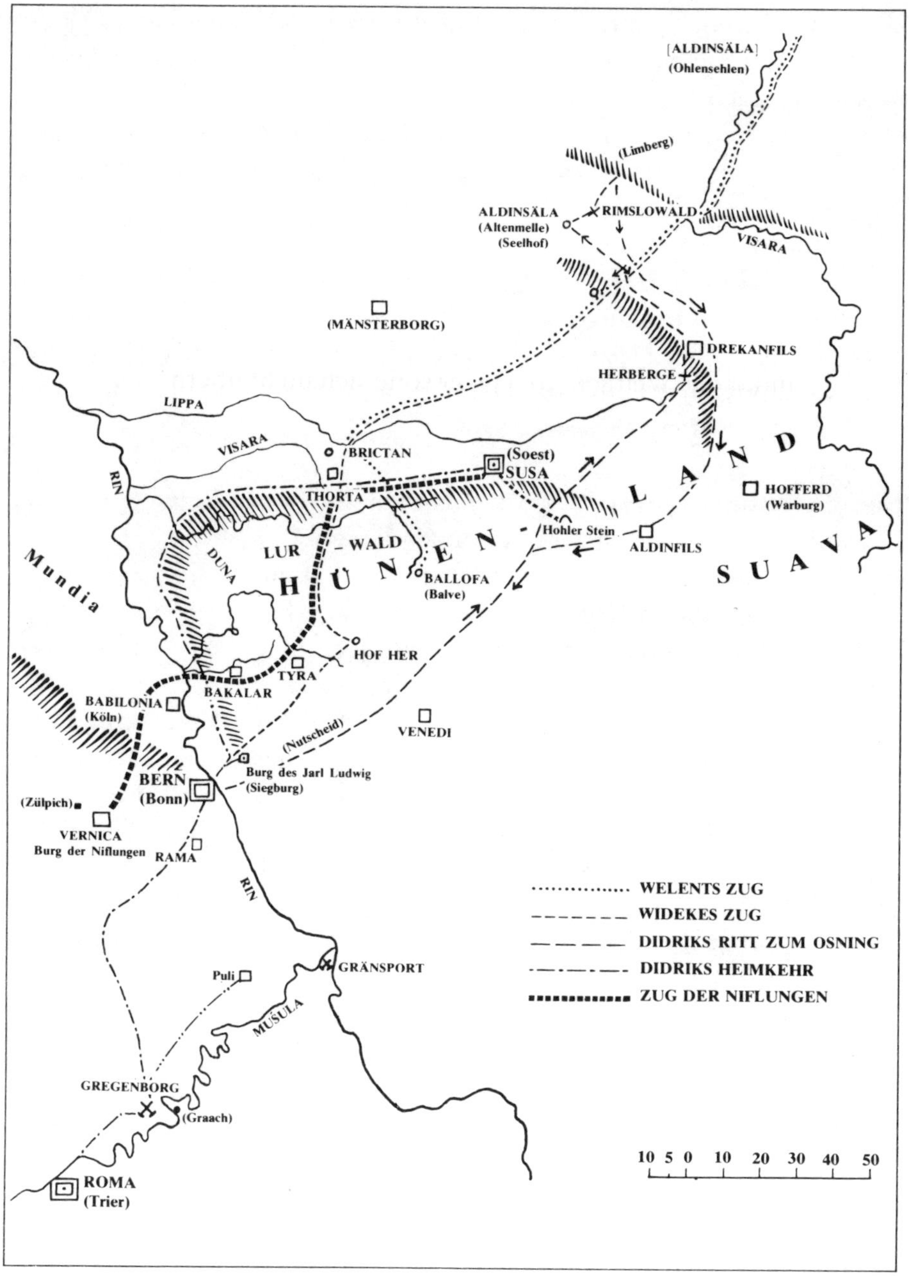

12 Orte der Thidrekssaga. Übersicht.

Wenn nun König Sigmund auch weit östlich vom Rhein wohnte, so holte er sich seine Gemahlin Sissibe doch aus dem Westen, aus Yspania-Hispania. Auch hier ist das -ia am Ende dasselbe wie -ga und bedeutet »Gau«, und der Name bezeichnet den Hespen- oder *Haspengau*, der jenseits der Maas in Nordbelgien liegt. Dort herrschte der König Nidung.

> König Nidung gab Sigmund große Burgen und sein halbes Reich, und seinem Sohn Ortwangeris gab er die andere Hälfte und machte ihn zum König über Hespanien; denn er selbst war ein alter Mann. Der Brautlauf währte fünf Tage. Dann ritt König Sigmund heim und seine Ehefrau mit ihm.

König Sigmund war erst acht Tage daheim, da kamen Boten von König Drasolf, dem Ehegatten von Sigmunds Schwester, und baten ihn um Hilfe bei einem Kriegszug gegen Pullialand (Polen). König Sigmund sammelte ein Heer und gedachte, ein Jahr lang fern zu bleiben. Ehe er fortzog, gab er sein Reich und seine junge Gemahlin in die Obhut zweier Grafen aus Suava, Hartwin und Herman, auf die er vertraute.

Die beiden Grafen erwiesen sich aber als untreu. Hartwin bedrängte die Königin, sie sollte König Sigmund verlassen und sich mit ihm verbinden, und Hermen, der zuerst zögerte, half ihm zuletzt dabei. Als die Königin sie immer wieder abwies, suchten sie König Sigmund in seinem Heerlager auf und verleumdeten die Königin bei ihm, sie sei ihm untreu geworden und bekäme ein Kind von einem Knecht. Der König gab zuletzt seine Zustimmung, daß sie sie in den Suavawald brächten und dort umkommen ließen.

Die Grafen führten die Ahnungslose in den großen Suavawald. Von ihm sagt die Thidrekssaga: »der ist keines Menschen Weg, und dahin kam in zehn Wintern kein Mensch«. Sie gelangten in ein großes Tal, »wohin niemals zuvor ein Mensch gekommen war«. Hier gebar die Königin einen schönen Knaben, wickelte ihn und tat ihn in ein Glasgefäß, das sie dafür mitgenommen hatte. (Glasgefäße galten damals als etwas Seltenes und Kostbares und fanden sich nur bei Reichen und Mächtigen.) Während hier die Grafen in Streit gerieten, starb die Königin.

Das Glasgefäß, beim Kampf der Grafen angestoßen, glitt in den Fluß und wurde fortgetrieben, es lief auf einen Sand auf und zerbrach. Da kam eine Hirschkuh und fand das Kind, trug es zu ihren Jungen und säugte es.

Nun erzählt die Thidrekssaga weiter:

> Nicht weit von diesem riesigen Wald wohnte ein Schmied, der Mime hieß. Er war der beste Schmied, von dem man wußte. Er hatte eine Frau und viele Gesellen, aber er hatte kein Kind mit seiner Frau. Das machte ihm großen Kummer.
> Eines Tages ging Mime in den Wald, Kohlen zu brennen. Er hatte Kost für drei Tage mit. Sie machten dort große Feuer. Als Mime am Feuer saß, kam da ein kleiner Knabe gelaufen. Mime setzte ihn auf sein Knie und fragte ihn, wer er wäre. Er konnte ihm keine Antwort geben, denn er konnte nicht sprechen. Mime nahm Kleider und hüllte ihn ein, denn zuerst war er nackt. Da kam eine Hirschkuh zu Mime gelaufen und leckte dem Kinde Gesicht und Haupt. Davon wußte Mime, daß die Hindin das Kind aufgezogen hatte.

Mime arbeitete für Könige und kannte ihre Geschichten. Er mochte wohl ahnen, woher der Knabe stammte, und er nannte ihn *Sigfrid.* Er nahm ihn mit sich und wollte sich in ihm einen Sohn aufziehen. Sigfrid wuchs auf, wurde groß und stark und kam in die Flegeljahre. Er stieß und ärgerte die Schmiedegesellen, er rangelte und prügelte sich mit ihnen. Als er es einmal gar zu schlimm trieb, nahm Mime ihn mit sich in die Schmiede und wollte ihn arbeiten lehren.

> Er legte ein großes Eisen ins Feuer und gab Sigfrid einen Hammer, den größten, den er hatte. Als das Eisen heiß war, legte er es auf den Amboß und hieß Sigfrid zuschlagen. Sigfrid schlug den ersten Schlag so, daß der Amboßklotz riß, der Amboß ab in die Erde fuhr; das Eisen schwirrte durch die Schmiede, die Zange zerbrach und der Hammerschaft zerbrach auch. Mime sagte: »Niemals sah ich einen grimmigeren Schlag! Was auch aus dir wird, niemals taugst du zum Handwerk!«

Mime fürchtete sich jetzt vor dem Knaben und wollte ihn sich vom Halse schaffen. Mime hatte einen Bruder, der *Regen* hieß. Der war stark und böse und trieb üble Zauberei. Er wurde zuletzt – so heißt es – ein »Drache«, der schlimmste Wurm, den man sich denken konnte. Er überfiel alle Leute und brachte sie um. In den Wald dieses »Drachen« schickt Mime den Pflegesohn, dort Kohlen zu brennen. Er gibt ihm eine Axt mit und Verpflegung für neun Tage.

> Als Sigfrid in den Wald kam, zündete er ein großes Feuer an. Dann setzte er sich dazu und aß. Er aß und trank in *einer* Mahlzeit, was ihm für neun Tage zugedacht war. Dann sagte er zu sich selbst: »Jetzt bin ich richtig satt! Und nicht leicht kommt mir jetzt ein Mann vor, mit dem ich mich nicht zu schlagen traute.« – Da kam der große »Drache«. Sigfrid sagte: »Ich glaube, jetzt wird mein Wunsch erhört! Jetzt werde ich meine Stärke erproben!« – Er sprang zum Feuer, griff sich einen großen Brand und schlug den Wurm aufs Haupt, daß er taumelte. Dann schlug er einen Hieb auf den andern, bis der Wurm tot war, nahm darauf seine Axt und schlug ihm das Haupt ab (Abb. 24 und 26).

Dies wird von der Thidrekssaga erzählt wie ein wirklicher Kampf mit einem wegelagernden Unhold, der sich mit einem Drachenhelm tarnte, der die Leute überfiel und sie ausraubte. Sein Schatz gehört nun Sigfrid. Die Thidrekssaga spricht zwar an dieser Stelle nicht von der Erwerbung des Hortes, aber später weiß sie, »daß Sigfrid viel Gold besaß, zuerst was er nahm unter dem großen Drachen, den er erschlug«. Sie erzählt dann weiter die zunächst märchenhaft anmutende Erwerbung der Hornhaut:

> Da war ein Tropfen vom Blut des Wurms auf seiner Hand, er konnte es nicht abwischen, denn es war so hart wie das Horn. Und sogleich fuhr er aus seinen Kleidern und badete sich ganz im Blut des Wurms. Ein Ahornblatt lag zwischen seinen Schultern, deshalb kam dahin kein Blut. Da wurde er hart wie Horn, nur nicht dort, wo das Blatt gelegen hatte.

Die Thidrekssaga erzählt auch, daß zwei Vögel, deren Sprache er versteht, ihn aufmuntern, Mime zu erschlagen, der ihn in den Tod geschickt hatte. Wir werden uns mit diesen beiden Merkwürdigkeiten noch beschäftigen.
Sigfrid kommt heim voller Zorn und hat das Drachenhaupt in der Hand. Mime will seine Schuld abbüßen und verspricht Sigfrid ein Roß aus Brünhilds Gestüt. Dazu gibt er ihm eine Rüstung, die er für König Herding in Nogard geschmiedet hat, Beinschienen, Brünne und Helm und »das Schwert, das *Gram* heißt, das ist aller Schwerter bestes«. Sigfrid zieht das Schwert aus der Scheide und gibt Mime den Todesstreich. Dann geht er fort und erfragt den Weg zu der Jungfrau, die Brünhild heißt. Von ihr wird gesagt:

> Vor dem Nordgebirge (A: in Suava) liegt ein Herrensitz, der *Seegard* heißt. Er gehörte der reichen Brünhild, der schönen und klugen. Große Taten geschahen um ihretwillen in der Welt. Sie war eine mächtige Jungfrau. Ihr Vater und ihre Mutter waren gestorben.
> In einem Wald ganz nahe dabei besaß sie einen großen Hof, den bewirtschaftete ein Mann, der Studder hieß, ein kräftiger Mann. Sie hatte ihr Gestüt in demselben Wald. Dort zog man die besten Rosse auf, die es gab, Schimmlinge, Falken und manche mehr, die waren alle grau und schwarz. Hier ging der Hengst, den Mime ihm gab. Er kam in einen Wald, dort fand er ein Schloß vor sich. Er ging zum Tor, und das Tor war verschlossen. Da schlug er das Tor ganz in Stücke und ging so in die Burg hinein.

Die Torhüter, die sich ihm in den Weg stellen, erschlägt er. Brünhild empfängt ihn trotzdem freundlich, und sie weiß, wer er ist. Sie fragt ihn nach seinem Geschlecht. Sigfrid sagt, davon wüßte er nichts.

> »Weißt *du* mir das nicht zu sagen, so will *ich* dir das sagen: Dein Vater heißt Sigmund-König, deine Mutter hieß Sissibe. Du sollst mir willkommen sein. Wohin dachtest du?« – »Hierher!« sagte er. »Mime, mein Ziehvater, hieß mich hier einen Hengst holen. Willst du ihn mir lassen? Das ist mein erster Wunsch an dich.« – »Kannst du ihn fangen, so will ich ihn gerne dir geben und für dein Wohl sorgen, wo ich kann.« –
> Sigfrid bekommt den Hengst. Er dankte der stolzen Brünhild und ritt davon, was er konnte. – (Sv 160)

Dies ist die erste Begegnung zwischen Sigfrid und Brünhild. Sie sagt ihm sein Geschlecht, denn sie kennt die Königsgeschichten noch besser als Mime und weiß nach Alter und Art, daß Sigfrid niemand anders sein kann als der verschwundene Königssohn aus Sigmunds Geschlecht.
Wohin reitet nun Sigfrid? Die Suava gibt uns darüber keine Auskunft. Sie spricht von Sigfrid erst wieder, als er bei König Isung erscheint. Dazwischen klafft eine große Lücke.[73]
Als Sigfrid von Brünhild wegreitet, ist er ein junger Bursch, wild, ungestüm, rüpelhaft, rücksichtslos. Vor Tagen noch hat er sich mit Mimes Schmiedeburschen geprügelt, hat den fürchterlichen Hammerschlag in der Schmiede getan, zeigte jenen unstillbaren Appetit, wie ihn die 14–16jährigen haben, erschlug gleich darauf den großen »Drachen«

und danach seinen Lehrmeister und Ziehvater Mime. Dann brach er in Brünhilds Burg ein, sprengte das Tor auf, erschlug skrupellos jeden, der ihm entgegentrat; er kannte nichts von Anstand noch Höflichkeit, wußte nichts von Eltern und Verwandten und stand ganz für sich allein.
Als wir ihn bei König Isung wiederfinden, ist er in geachter Stellung, des Königs bester Kämpe, sein Bannerträger und Ratgeber, ein vollendeter Ritter, in jeder Kampfart ausgebildet, von feinem Benehmen und sicheren Formen, voller Charme und Humor. Genau weiß er über seine Verwandten Bescheid, und er pflegt diese Verwandtschaft. Es müssen Jahre

Das Geschlecht Sigfrids

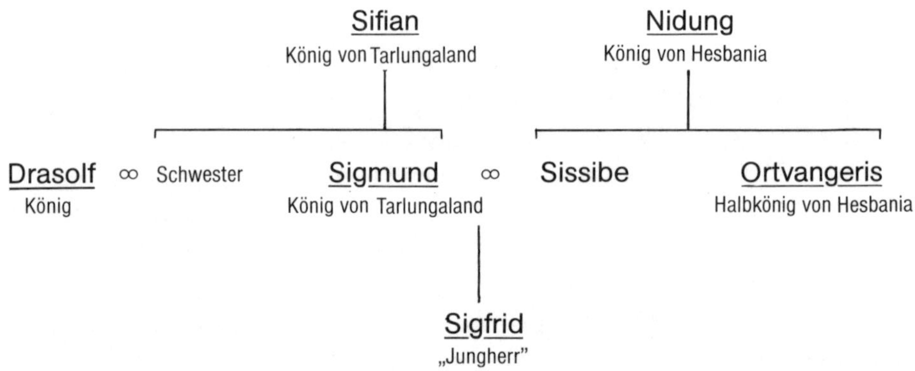

zwischen damals und später liegen. Wo hat Sigfrid diese Jahre zugebracht?
Wir erfahren an anderer Stelle, daß Sigfrid seinen Vater, König Sigmund, beerbt hat. Daraus müssen wir schließen, daß Sigfrid nach dem Abschied von Brünhild seinen Vater, von dem er eben erfahren hatte, aufsuchte, daß König Sigmund diesen seinen einzigen Sohn freudig aufnahm, ihn bei sich behielt und ihn auf das beste ausbilden ließ in all den Tugenden, die er von Mime nicht hatte lernen können. Selbst das Bogenschießen erübt er gründlich. Auf seine Stellung als Sohn des Königs deutet auch die

Bezeichnung »Jungherr« oder »Jung-Sigfrid« hin, Rückübersetzung des altnordischen Wortes »svein«, das einen Jüngling aus vornehmem Stande bezeichnete.[74] Der Name blieb ihm.

So, auf das beste ausgebildet, kommt Sigfrid zu König Isung und wird von ihm auf das Ehrenvollste aufgenommen. Zusammen mit König Isung und seinen elf Söhnen bildet er die Heldenschar, mit der die Berner sich jetzt messen wollen.

Brünhild ist in diesen Erzählungen keine »Walküre« wie in den nordischen Dichtungen, und sie hat nichts mit Odin zu tun – Götter dieser Art sind der Thidrekssaga unbekannt. – Sie kämpft nicht in Schlachten und schlummert nicht auf dem Hindarberg, von einem Flammenring umgeben, den der rechte Freier erst durchreiten muß. Das ist phantasievolle nordische Dichtung. Sie hat keine Eltern und keine Brüder wie dort und ist nicht mit dem Hünenkönig Attala verwandt. Sie muß auch nicht durch Kampfspiele gewonnen werden. Ihre Burg oder ihr »Schloß« Seegard liegt nicht am Meer, sondern etwa an einem kleinen See am Rande des großen Svavawaldes, in dem wir den Harz erkannten, und es war keine stolze Felsenburg. Sie war eine Landkönigin mit begrenztem Herrschaftsbereich und ihr Herrensitz eher ein im Viereck gebauter Gutshof. Jene überschwenglichen und dichterisch kühnen Bilder, wie sie das Nibelungenlied und die Edda bei dieser Gelegenheit bringen, werden von der Thidrekssaga nicht bestätigt. Sie bleibt der Wirklichkeit nahe.

Der Zug ins Bertangaland

Herr Brand »der Weitgefahrene« hat in der Königshalle zu »Bern« den Gesellen die Taten Jung-Sigfrids berichtet. Dann sagt er zu Jungkönig Didrik:

> »Jungherr Sigfrid ist der größte Kämpe, den man finden kann, im Zweikampf wie im Heerkampf. Seine Haut ist hart wie Horn. Er ist so stark, er bände uns wohl alle zusammen, wenn er hier wäre. Er hat kein schlechteres Schwert als du es hast, Herr, das heißt Gram; das kann wohl Helme zerklaffen und Männerknochen zerscheren. Sein Roß heißt Grane; das ist Falkes, Schimmlings und Rispas Bruder.

> Sigfrid hat goldlockiges Haar und Bart, breites und großes Antlitz. Seine Augen sind so grimm, daß wenige wagen, hineinzuschauen, wenn er in Zorn ist.[75] Er weiß wohl mit dem Schwert zu schlagen, mit dem Speer zu stoßen und den Bogen zu spannen, und jede Art Kampfspiel versteht er gut. Er sitzt auch fest in seinem Sattel. Er kennt auch die Vogelsprache. Er redet allezeit kühn.
> Sein Schild ist von roter Farbe. Darin steht ein Drache, halb braun, halb rot. Er führt deshalb den Drachen, weil er den großen Drachen erschlug, Mimes Bruder. Zählte man alle Helden her, man fände doch niemals seinesgleichen!«

Als Didrik dies hört, will er keine Nacht mehr in seinem Bette in Bern schlafen, bevor nicht erprobt ist, wer die Stärkeren sind, sie oder jene, und bis er selbst sich im Kampf mit dem starken Sigfrid gemessen hat. Sie rüsten sich gleich und brechen augenblicklich auf.

> Da ging Didrik zu seinem Roß und sprang in den Sattel ohne Bügel. So taten auch manche von seinen Kämpen. Brand reitet nun vor ihnen, des Königs Banner in seiner Hand. Didrik-König ritt hinter ihm selbzwölft. Sie ritten durch große Wälder und Heiden, wo Didrik niemals vorher gewesen war. Sie kamen an einen großen Wald, der Bertangawald heißt.
> Dann ritten sie durch den Wald. Da sahen sie eine Burg, die da stand, auf einem hohen Berg. Dort schlugen sie ihre Zelte auf, dicht draußen vor dem Schloß.

Was ist das BERTANGALAND? Es ist dadurch gekennzeichnet, daß es (in anderen Erzählungen) auf der östlichen Seite an das VILCINALAND (Wilzenland) angrenzt – das ist das Land nordöstlich der Niederelbe, etwa Mecklenburg –, daß es von der südwestlichen Seite her nur durch ungeheure Wälder und Heiden zugänglich ist; und daß seine Königsburg auf einem hohen Berg liegt.
Das kann nach Lage und Namen nur den BARDENGAU meinen, das Land der Lango-barden westlich der Unterelbe. Hier hat BARDOWIK den alten Namen noch festgehalten, heute ein kleiner Ort, dessen mächtige Kirchen von bedeutender Vergangenheit im Mittelalter zeugen. Hauptort dieser Gegend aber ist Lüneburg, dessen »Kalkberg« einer der wenigen hohen Berge der norddeutschen Tiefebene ist. Heute steht davon nur noch ein Rest, das Übrige ist in Jahrhunderten abgetragen worden. Aber

auch dieser Rest ragt noch hoch über das Land – und ringsum sind unendliche Wälder und Heiden.
Die Thidrekssaga weiß von dieser Burg noch etwas Besonderes: Als Sigfrid die fremden Herren empfängt, sagt er: »König Isung, mein Herr, sendet mich hierher mit dem Auftrag, Schatzung von euch zu nehmen, wie hier die Gesetze den König berechtigen zu erhalten ... ihr werdet die Gesetze nicht brechen wollen.« (Mb 201) Die altschwedische Handschrift nennt es einen »alten Brauch« und fährt fort: »Wollt ihr das nicht im Guten geben, so verliert ihr darüber Leben und Gut und alles, was ihr mit euch führt.« (Sv 186). – Solche Einsprengsel von Wirklichkeit, die für den Fortgang der Handlung ganz unerheblich sind, finden sich in der Ths oft. Lüneburg war ein uralter Salzort, und der Zoll dürfte ein Salzzoll gewesen sein.
Im Bertangaland werden die Berner wohl empfangen, und die Kämpfe werden vereinbart. Jung-Sigfrid stellt die Paare für die Zweikämpfe möglichst gleichwertig zusammen, nur seinem Verwandten, dem jungen Amlung, gibt er einen leichteren Gegner. In diesen Kämpfen unterliegen die meisten von Didriks Gesellen, auch Gunter und Hagen, nur nicht Wideke Welandssohn mit seinem scharfen Schwert Mimung.[76] Den letzten Kampf bestehen Didrik und Sigfrid.
Didrik vermag seinen starken Gegner weder am ersten noch am zweiten Tag zu bezwingen. Im Zorn hierüber entleiht er sich von Wideke den Mimung. Gegen diese Waffe wollte aber Sigfrid nicht antreten, und er ließ Didrik jedesmal vor Beginn des Kampfes schwören, daß er den Mimung nicht führe. Am dritten Tag soll Didrik diesen Schwur abermals leisten. Er tut das, indem er das gezogene Schwert hinter sich in die Erde stößt, sich an dessen Knauf lehnt und nun den trügerischen Eid spricht, daß er Mimungs Spitze nicht über der Erde wisse und seinen Griff in keines Mannes Hand.
Damit ist Sigrid zufrieden. Aber er erfährt sehr schnell die Wirkung des unvergleichlichen Schwertes; denn mit jedem Hieb nimmt es ein Stück von seiner Rüstung weg, und er empfängt in Kürze fünf Wunden. Da kommt ihm in den Sinn, daß Didrik trügerisch den Eid geschworen hat, und er sagt zu ihm:

> »Ich will dir meine Waffen übergeben; denn du bist ein vorzüglicher Mann. Es ist keine Schande für mich, einem solchen Herren zu dienen, wie du es bist, lieber als daß ich mein Leben verliere.«

So wird Sigfrid Didriks Mann, und Didrik gewinnt den Ruhm, der stärkste Held seiner Zeit zu sein. Aber Didrik weiß sehr wohl, daß dies kein sauberer Sieg war, und er versucht das auszugleichen. Er nimmt Sigfrid zwar mit sich nach »Bern«, aber er gibt ihn gleich wieder frei und vermittelt für ihn eine Heirat, die ihn zum selbständigen Teilkönig macht.

Von Sigfrid heißt es in aller Überlieferung, daß seine Haut »hürnen« war, »hart wie Horn«, und daß er die Vogelsprache verstand. Das klingt zunächst sehr märchenhaft. Nehmen wir aber einmal an, es wäre wahr, was die Thidrekssaga überliefert – und das ist ja nichts Unmögliches –, daß Sigfrid im Walde aufwuchs, von einer Hirschkuh gesäugt, mit den Hirschjungen spielend und rennend; dann mußte er, um zu überleben, hart von Haut sein oder dicht behaart, und er hatte dies von Jugend auf, ohne sich erst in Drachenfett zu baden; dann verstand er auch die Sprache der Tiere, mit denen er gelebt hatte, also auch die der Vögel, ihre Lock- und Zorn- und Drohrufe und vielleicht mehr, auch ohne daß ihm deren Sprache plötzlich aufging, als ihm ein Tropfen Drachenbrühe den Hals herabrann.
Sigfrid kann also diese Merkmale wirklich gehabt haben; aber er war zugleich voller Phantasie und hatte Lust an Scherz und Spiel, wie mehrere Stücke der Bertanga-Erzählung zeigen. Dann mochte er Frager nach seinen Besonderheiten mit allerlei Märchen abgespeist haben. Natürlich war seine Hornhaut nicht so dick und hart, daß ein Speer sie nicht an jeder Stelle durchdringen konnte, und er empfängt ja auch im Kampf gegen Dikdrik durch das Schwert Mimung mehrere Wunden. Aber es scheint so, als ob man sich doch über die Beschaffenheit seiner Haut immer wieder gewundert hätte.
König Didrik und seine Gesellen nehmen in Freundschaft Abschied von König Isung und seinen Söhnen; dann reiten sie zusammen mit Sigfrid zurück nach Bern-Bonn. Von hier aus ziehen die meisten wieder in ihre Heimatsitze. König Didrik aber und die noch übrigen Kämpen reiten

> heim mit König Gunter ins Niflungenland, und dort wird nun die Heirat gestiftet, die später so berühmt geworden ist, daß Jungherr Sigfrid zur Ehe nimmt Grimhild, Schwester Gunter-Königs und Hagens, und mit ihr das halbe Reich König Gunters erhält. (Mb 226)[77]

Sigfrid und Brünhild

An Sigfrids Heirat ist manches merkwürdig. Zunächst fällt das nicht auf. Vergleichen wir aber mit dem Nibelungenlied, so sehen wir schnell den vollkommenen Gegensatz. In der Thidrekssaga wird nämlich nichts erzählt von der Begegnung zwischen Sigfrid und Grimhild, nichts von einem Gespräch, nichts von Zuneigung und Bewunderung füreinander. Von dem, was das halbe Nibelungenlied erfüllt, von der Liebe zwischen den beiden, weiß die Thidrekssaga nicht ein einziges Wort.
Sie bringt dafür an dieser Stelle, mitten in den Brauttagen mit Grimhild, aus Sigfrids Mund ein hohes und ungewöhnliches Lob auf eine andere Frau, und nicht auf Grimhild. Sigfrid sagt da zu König Gunter:

> »Ich weiß eine Jungfrau, die weiseste und die schönste, die es bisher auf der Welt gibt. Sie heißt Brünhild (Brynilla). Sie hat ein Schloß, das heißt Seegard. Willst du um sie werben, so will ich dir den Weg dahin weisen und dir helfen, was ich kann.« Gunter-König dankte ihm und sagte, das wäre guter Rat. Darauf rüsteten sie sich rasch und ritten los, Didrik-König und Gunter-König und Hagen und Jungherr Sigfrid. Und nicht eher ließen sie ab, als bis sie zu der stolzen Brünhild kamen. (Sv 210)[78]

Nichts also (außer dem üblichen »Brautlauf«-Fest) wird von einer Brautzeit mit Grimhild berichtet, nichts von der Brautnacht, nichts von Gesprächen, nichts von Begrüßung oder Abschied von ihr. Grimhild scheint für Sigfrid und seine Schwäger keine große Wichtigkeit zu haben. Von dem Verhältnis zwischen Sigfrid und Brünhild aber erfahren wir viele Einzelheiten:

> Brünhild empfängt (ihre Gäste) wohl, wie ihr gebührte, alle außer Sigfrid; denn er hatte ihr gelobt, er würde keine Frau haben als nur sie. Nun redet Sigfrid mit Brünhild und bittet sie, König Gunter gute Antwort zu geben. Sie erwidert:
> »Warum hast du dein Wort mir so übel gehalten? Ich wollte keinen Mann auf der Welt als nur dich, wenn ich zu raten hatte.« – Sigfrid antwortete: »Das wird nun bleiben, wie es getan ist. Du bist edel und klug. Deshalb komme ich hierher mit Gunter-König, damit *er* dich erhält. Er ist ein guter Kämpe und reicher König. Und deshalb nahm ich seine Schwester, weil sie so wackere Brüder hatte, und wir haben uns

Brüderschaft geschworen.« – Brünhild antwortete: »Da ich dich nicht haben kann, den ich am liebsten habe von allen Menschen, so will ich doch gerne deinem Rat folgen.« – Darauf gingen Didrik-König und Gunter-König zu ihr und machten darüber einen Vertrag, daß Gunter-König Brünhild freite und sogleich Brautlauf mit ihr machte.

Halten wir hier einen Augenblick an! Wir erfahren jetzt, daß zwischen Sigfrid und Brünhild ein festes bräutliches Verhältnis bestand, durch gegebenes Wort gesichert. Und diese Zuneigung und enge Verbindung besteht zur Zeit noch fort. Sigfrid nennt Brünhild die weiseste und schönste Jungfrau, die es bisher auf der Welt gibt, und sie will keinen Mann auf der Welt als nur ihn und hat ihn am liebsten von allen Menschen. Wie stark muß die Sympathie zwischen beiden sein, daß Brünhild noch jetzt, da Sigfrid an eine andere gebunden ist, ihm solche Liebeserklärung macht!

Wann ist jene Verlobung geschlossen worden? Nicht bei Sigfrids erster Begegnung mit Brünhild, denn über diese haben wir den genauen Bericht. Also geschah es in jener Zwischenzeit, als Sigfrid, wie wir erschlossen, bei seinem Vater war. Die Reiche König Sigmunds und Brünhilds waren benachbart, und benachbarte Königsfamilien besuchen sich. So ist es nicht anders denkbar, als daß Sigfrid *die* Jungfrau, die ihm schöner, weiser und tüchtiger erschien als alle Frauen, die er kannte, nochmals besuchte und vielmals wieder. Sie »versprachen« sich und lebten im Brautstand, bis Sigfrid zu König Isung kam.

Warum hat Sigfrid sein Eheversprechen an Brünhild nicht gehalten, sondern Grimhild genommen? Der Grund, den er selbst dafür angibt, ist merkwürdig und für Grimhild nicht schmeichelhaft: Nicht aus Liebe oder um ihrer Schönheit willen habe er sie genommen, sondern »weil sie so wackere Brüder hatte – und wir haben uns Brüderschaft geschworen«.

Es muß eine starke Freundschaft zwischen Sigfrid und den Niflungenbrüdern Gunter und Hagen aufgebrochen sein, daß sie gleich in den ersten Wochen ihrer Bekanntschaft den Blutsbruderbund schlossen und ihr ganzes Leben miteinander verbanden.

Dies kann aber der eigentliche Grund für die Heirat mit Grimhild nicht sein. Dieser liegt vielleicht gar nicht bei Sigfrid. Denken wir daran, daß Sigfrid zu dieser Zeit nicht frei war: Didrik von Bern war sein Herr geworden, er hatte ihn besiegt, wenn auch durch Trug. Didrik wollte diese Schuld löschen, indem er Sigfrid wieder zum selbständigen König mach-

Abb. 20 *Das goldene »Schwertgehänge« aus dem Königsgrab zu Enzen. Verwahrt auf Burg Zievel. Originalgröße.*

Abb. 21 *Der goldene Armreif aus dem Königsgrab zu Enzen, ebenfalls auf Burg Zievel. Originalgröße.*

Abb. 22
◁ *Das Weiertor in Zülpich. Es führte zum Neffelbach hinunter und zeigt den mäßigen Höhenunterschied zwischen unten und oben an.*

Abb. 23
Keltisch-römischer Matronenstein, gefunden bei Nettersheim. Rheinisches Landesmuseum Bonn.

Abb. 24 *Sigurd im Kampf mit dem Drachen, Felszeichnung bei Ramsund.*

te. Die Heirat zwischen Sigfrid und Grimhild war König Didriks Wunsch. Wahrscheinlich wurde sie zwischen Didrik, Gunter, Hagen und Sigfrid abgesprochen, ohne Grimhild eigens zu fragen, ja ehe Sigfrid Grimhild überhaupt sah. Deren Einverständnis, solchen Helden zu heiraten, durften sie voraussetzen.
Daß Sigfrid nicht gern und nur notgedrungen auf Brünhild verzichtete, deutet die Handschrift A an, wenn sie Sigfrid zu Brünhild sagen läßt:

> »Aber weil ich nun sehe, daß ich des Glückes beraubt bin, habe ich König Gunter aufgemuntert, um dich zu werben, denn ich gönne ihm nun diese Heirat am liebsten.«

Sigfrid ist des Glückes beraubt, sich mit Brünhild verbinden zu können. Die »wackeren Brüder« sind für ihn daher wohl eher ein Trost als ein Beweggrund für diese Heirat.

Woher wissen wir eigentlich von diesem Gespräch zwischen Sigfrid und Brünhild, das doch kein Zeuge gehört hat? Die Frage stellt sich, wenn wir nicht alles einfach für Dichtung halten wollen. Daß Brünhild ihre Zuneigung zu Sigfrid irgend jemandem verraten haben sollte, ist unwahrscheinlich; auch waren ihr Didrik, Gunter und Hagen fremd. Also muß es Sigfrid gewesen sein, der von diesem Gespräch berichtete, etwa an König Didrik. Aber doch nur das, was ihm gut schien. Besprach er mit Brünhild vielleicht noch ganz andere Dinge, die für fremde Ohren nicht taugten? Hören wir zunächst die Thidrekssaga weiter!

König Gunters Hochzeit

> (Sv 211) Den ersten Abend gingen sie zu Bett, Braut und Bräutigam, und alle waren von ihnen gegangen. Da nahm Gunter-König sie in seine Arme und wollte tun, wie es alte Sitte ist und Brauch der Welt – sie wollte keineswegs. Sie rangen lange darum, bis sie ihren und seinen Gürtel nahm, seine Hände und Füße band und ihn über einen Balken hängte. Dort hing er die ganze Nacht. Als der Tag kam, löste sie ihn und legte ihn ins Bett neben sich. Seine Mannen kamen zu ihm; da

stand er auf und ging davon. Er sagte keinem Menschen, was ihm geschehen war.

Die zweite Nacht geschah ihm dasselbe, die dritte ebenso. Am vierten Tag war Gunter-König vergnügt, damit keiner merken sollte, was ihm geschah. Da sagte er Sigfrid, wie es ihm ergangen war. Er vertraute ihm wohl, denn sie hatten einander Eide geschworen. Sigfrid antwortete: »Sie hat solche Natur: Solange sie Jungfrau ist, ist sie stärker als jeder Mann. Hättet ihr erst ihr Magdtum, dann wäre sie nicht stärker als andere Frauen!«

Der König antwortete: »Ich vertraue keinem mehr als dir. Ich weiß auch, daß du so stark bist, daß du ihr Magdtum bekommst, wenn irgend ein Mann das vermag. Und ich traue dir am besten zu, daß du das keinem Menschen sagst.« – Sigfrid antwortete: »Ich will gern euren Willen tun; doch tragt mir keine Feindschaft nach!« – Der König antwortete: »Das soll niemals geschehn!« – Darauf gingen sie zu Tische und gaben sich vergnügt – und gingen dann zu Bett.

Als sie ins Brauthaus kamen, löschte der König alle Lichter und wies seine Mannen zur Tür. Da kam Jung-Sigfrid im Dunkeln herein. Der König ging hinaus, und Sigfrid schloß die Tür. Dann legte er sich zur Braut. Sigfrid breitete Kleider über seinen Kopf; dann nahm er Brünhild in die Arme und tat, was ihm gut schien. Nicht rang sie gegen ihn. Am Morgen zog er einen Ring von ihrer Hand und steckte ihr wieder einen anderen an.

Da kam Gunter-König hereingegangen. Sigfrid stand auf und zog sich an; und kein Mensch außer den zweien wußte darum, wie es zugegangen war. Sie gingen in die Stube und waren vergnügt, und tranken das Brautlauffest acht Tage lang. Dann ritten sie von dannen. Herr Didrik ritt nach Bern mit seinen Mannen. Sie schieden als gute Freunde. König Gunter ritt heim ins Niflungenland und seine Ehefrau mit ihm, und Jung-Sigfrid und Hagen. Sie herrschten alle über Niflungenland.

Dies ist die seltsame, im ganzen doch einfache Erzählung der Thidrekssaga über König Gunters Hochzeit. Keine Wettkämpfe, kein Tarnkappe, keine Blitzfahrt ins Nibelungenland, um Helfer zu holen, wie im Nibelungenlied. Hier ist nichts Mythisches, nur einige Heimlichkeiten. Die Hochzeit ist so nichtchristlich wie alle Hochzeiten der Thidrekssaga: ein Vertrag und ein »Brautlauf«-Fest von mehreren Tagen, je bedeutsamer, desto länger: Sigfrids Hochzeit 5 Tage, Gunters Hochzeit 8 Tage.

Brünhild erscheint als eine urwüchsige, starke, ungebrochene Natur,

Gunter ist ihr nicht gewachsen. Brünhild und Sigfrid aber sind sich verwandt in der ihnen innewohnenden Urkraft, und sie sind voller Sympathie und Bewunderung für einander.

Aber vielleicht sehen wir diese Zusammenhänge, von denen alles Künftige abhängt, doch noch zu einfach. Wir müssen noch einige Fragen stellen:
Warum eigentlich tauschte Sigfrid mit Brünhild den Ring? War dies die übliche Bindungsformel zwischen Frau und Mann, der Sigfrid entsprechen mußte, wenn er sich nicht verraten wollte? Nahm er den Ring also und gab den andern stellvertretend für Gunter? Dann hätte er ihn an Gunter weitergeben müssen. Wir erfahren aber später, daß Sigfrid den Ring behalten hat. Also muß es eine andere Bewandtnis damit haben.
Oder sollte die Ringnahme Sigfrid ein Beweis sein, daß er die starke Brünhild bezwungen hatte? Brauchte er einen solchen Beweis, da es ihm an Selbstbewußtsein doch nicht fehlte? Und außerdem: Er hatte Brünhild gar nicht bezwungen; denn sie hatte sich gegen ihn nicht gewehrt. Das war am Abend. Und erst am Morgen tauschte er den Ring. Nein! Auch der Siegbeweis kann der Grund für den Ringtausch nicht gewesen sein.
Oder war der Ringtausch das uralte Liebes- und Treuegelöbnis wie seit Jahrtausenden? Sigfrid lag bei der Jungfrau, die ihm die schönste, weiseste und tüchtigste von allen Frauen schien. Es war ein Abschied. Nie würde ein solches Beilager wiederkehren. Da zieht er den Ring von ihrer Hand und steckt ihr den seinen an: »Ewig werde ich dir verbunden bleiben, und ewig sollst du mir verbunden bleiben!« – Ist es so?
Hat Brünhild in jener Nacht Sigfrid wirklich nicht erkannt? Wenn Sigfrids Haut so anders war als die anderer Männer, dann mußte Brünhild Sigfrid schon an seiner Haut erfühlen, wenn sie ihn nicht schon an seinen raschen und kräftigen Bewegungen erriet – oder ihn erroch. Es scheint unmöglich, daß sie nicht merkte, daß Sigfrid neben ihr lag. (Keine Frau, die ich fragte, hat etwas anderes gemeint.)

> Da nahm er Brünhild in seine Arme und tat, was ihm gut schien. Nicht wehrte sie sich gegen ihn.

Warum wehrte sich Brünhild nicht, wenn sie meinte, daß es wieder König Gunter wäre, der sich um sie bemühte? Warum tat sie in der vierten Nacht nicht, was sie in den drei vorigen Nächten getan hatte, und machte

durch ihr jetziges Gewähren ihren früheren Widerstand sinnlos? Wenn sie aber ahnte, merkte, wußte, daß es Sigfrid war, den sie am liebsten hatte von allen Menschen, den sie kannte, mit dem sie vertraut war, dann hatte sie keinen Grund, sich zu wehren.
Wußte aber Brünhild nicht vielleicht schon vorher, daß Sigfrid kommen werde? Sollte er ihr kein Wort von dem Plan gesagt haben? Oder – war gar Brünhild selbst die Urheberin dieses Planes?

Nach einem Vortrag über diese Zusammenhänge im März 1980 in Zülpich fuhr mich Studiendirektor Tüttenberg – dem ich die Goldschatzsage von Enzen verdanke – zu meiner Pension, aber wir stiegen nicht aus. Im Wagen sitzend blieben wir noch lange im Gespräch beisammen. Tüttenberg stimmte meinen Gedanken und Zweifeln zu. Und dann brachte er noch einen neuen Gesichtspunkt herein. Er meinte, es hätte jene Verlobung mit Sigfrid, auf welche Brünhild sich berief, gewiß gegeben, und das sei keine nur ideelle Verlobung gewesen. Sigfrid hätte schon damals Brünhilds »Magdtum genommen«. Brünhild hätte daher die Blutprobe der Brautnacht als den Beweis ihrer Unberührtheit nicht mehr erbringen können, und sie hätte sich deshalb Gunters erwehren *müssen*. Und Sigfrid hätte es dann dahin gebracht, daß er von Gunter die Vollmacht bekam, das Brautlager mit Brünhild zu halten, wodurch denn die Blutprobe der Brautnacht fortfiel.
In der Thidrekssaga wird zwar im allgemeinen von der Forderung nach Jungfräulichkeit der Braut nicht gesprochen; aber das kann daran liegen, daß sie selbstverständlich war. Grade bei Brünhild entsteht nachher im Streit der Königinnen der große Zwist dadurch, daß Grimhild der Königin Brünhild vorwirft, nicht unberührt in die Ehe gegangen zu sein, sondern vor Gunter schon Sigfrid gehabt zu haben.
Andrerseits wird die Jungfräulichkeit Brünhilds grade durch Sigfrid bezeugt, indem er zu Gunter sagt:

> »Sie hat solche Natur: Solange sie Jungfrau ist, ist sie stärker als jeder Mann. Hättet Ihr erst ihr Magdtum, so wäre sie nicht stärker als andere Frauen.«

Man wundert sich, woher Sigfrid solche Weisheit hat. Stimmt sie überhaupt? Wir wissen von unseren Sportlerinnen, daß sie Höchstleistungen noch nach der Geburt von 1–2 Kindern vollbringen können. Verheimlicht Sigfrid also mit dieser Angabe nur sein früheres Beilager mit Brün-

hild, das Tüttenberg vermutet und das auch mir wahrscheinlich scheint?
Sigfrid spricht hier kaum die Wahrheit. Merkwürdig, daß er grade an dieser Stelle den Blutsbruder statt mit dem vertrauten »Du« mit »Ihr« anredet! War Sigfrid also nicht die offene Natur, als die er uns sonst vor allem erscheint? – Oder war er in einer Zwangslage?

> »Aber weil ich nun sehe, daß ich des Glückes beraubt bin, habe ich König Gunter aufgemuntert, um dich zu werben, denn ich gönne ihm nun diese Heirat am liebsten.«

Wenn Brünhild König Gunter heiraten sollte, dann war es notwendig, allen Zweifel an Brünhilds Jungfräulichkeit auszuschließen. Wenn Brünhild nicht mehr Jungfrau war, dann mußte dies Geheimnis bleiben. In dieser Zwangslage war Sigfrid.
Wie es dann ablief, *blieb* es geheim. Brünhild wehrte sich gegen Gunter, und es kam dahin, daß Gunter selbst auf Brünhilds Jungfräulichkeit Verzicht tat, indem er Sigfrid ins Brauthaus ließ und zufrieden war, daß er nach außen hin seine Ehre rettete. Dies alles aber konnte nur durch Sigfrid und Brünhild *gemeinsam* veranlaßt und durchgeführt werden; und so müssen wir annehmen, daß in jenem Zwiegespräch zwischen Sigfrid und Brünhild, das keine Zeugen hatte, dies alles besprochen wurde, daß es *ihr* Geheimnis war und blieb und an niemanden weitergegeben wurde.

> Sie tranken den »Brautlauf« acht Tage lang, dann ritten sie von dannen. Herr Didrik ritt nach »Bern« mit seinen Mannen. Sie trennten sich von einander als gute Freunde. König Gunter ritt heim und seine Ehefrau mit ihm, dazu Jungherr Sigfrid und Hagen. Die herrschten alle im Niflungenland.

Im *Nibelungenlied* ist die Fahrt zu Brünhild eine Meerfahrt. Brünhild hat ihren Sitz auf dem Isenstein in Island, und so führt es Brünhild ein:

> »Ez was ein küneginne gesezzen über sê« (de Boor 326)

Das Nibelungenlied hat offenbar den Namen »Seegard« seiner »Alten Maeren« so verstanden, als müsse dies eine Burg im Meer, am Meer, über dem Meere sein. Aber das »Seegard« der Thidrekssaga meint einen Königinnensitz, vielleicht an einem See gelegen, und das kann ein kleiner

See gewesen sein. Brünhilds »Schloß« liegt tief im Land, und nichts deutet auf das Meer hin.

Das Nibelungenlied hat die Vorgänge um Brünhild ganz umgewandelt. Wettkämpfe müssen ausgetragen werden. Aber Gunter ist der starken Jungfrau nicht gewachsen, und Sigfrid muß mit Hilfe der »Tarnkappe« für Gunter Speerwurf, Steinstoß und Sprung ausführen. Die Vorgänge nehmen zum Teil märchenhafte Züge an.

Die Kampfspiele werden in Brünhilds Burg ausgetragen. Nur der Gewinner kann Brünhild erwerben. Die Hochzeit wird dann in König Gunters Burg gefeiert. Auch hier kann Gunter die starke Brünhild nicht bezwingen, sondern wird gebunden und an den Nagel gehängt, und Sigfrid muß Brünhild auch im Bett bezwingen. Aber im Gegensatz zur Thidrekssaga läßt er sie unberührt, und König Gunter nimmt ihr dann das Magdtum. Das erscheint zwar sittsamer, umgeht aber den zugrunde liegenden Zwiespalt.

Halten wir noch einmal fest:

1. Zwischen Sigfrid und Brünhild bestand ein langjähriges bräutliches Verhältnis, das durch eine Heirat besiegelt werden sollte. Jeder von ihnen schätzt und liebt den anderen mehr als irgend jemanden auf der Welt.
2. Da aber Sigfrid dem König Didrik, wenn auch durch Trug, im Kampf unterliegt, wird er von ihm abhängig. Auf Didriks Wunsch heiratet er Grimhild, die Schwester Hagens und Gunters, »weil sie so wackere Brüder hat«, und schwört sich mit diesen beiden Brüderschaft. Von Liebe zwischen Sigfrid und Grimhild weiß die (ganze) Thidrekssaga nichts zu melden.
3. Da Sigfrid sich »des Glückes beraubt« sieht, Brünhild zu besitzen, muntert er Gunter auf, um sie zu werben, denn ihm gönnt er sie am meisten. Brünhild, da sie Sigfrid nicht bekommen kann, den sie am liebsten hat unter allen Menschen, willigt in die Heirat ein.
4. Sie läßt aber im Brauthaus Gunter nicht an sich heran, sondern hängt ihn dreimal an die Wand. Gunter bittet Sigfrid um Hilfe. Sigfrid erklärt, daß Brünhild, da noch Jungfrau, unüberwindlich sei. Diese Erklärung ist wahrscheinlich in beiden Teilen falsch. Aber Gunter gibt sein Einverständnis, daß Sigfrid Brünhilds Magdtum nehme.
5. Brünhild nimmt Sigfrid an und liegt ihm bei. Am Morgen zieht er einen Ring von ihrer Hand und behält ihn; ihr steckt er wieder einen anderen Ring an. Diese Vorgänge bleiben zwischen den Beteiligten geheim.

Der Streit der Königinnen

Nun berichtet die Thidrekssaga in langen Erzählungen, wie König Didrik von seinem Oheim König Ermenrik in »Rom« (Trier) aus seinem rheinischen Reiche um Bern (Bonn) vertrieben wird und mit Meister Hildebrand und seinen anderen Mannen Zuflucht findet bei König ATTALA im Hünenland.[79]

Attala war ein Friesenprinz, zweiter Sohn des König Osid von Friesland-Herraland. Er zieht aus in ganz jungen Jahren, sich ein eigenes Reich zu erobern, weil die Herrschaft über Friesland seinem älteren Bruder Herding zufallen mußte. Er erobert sich das südlich angrenzende

Die Sippe der Königin Ercha

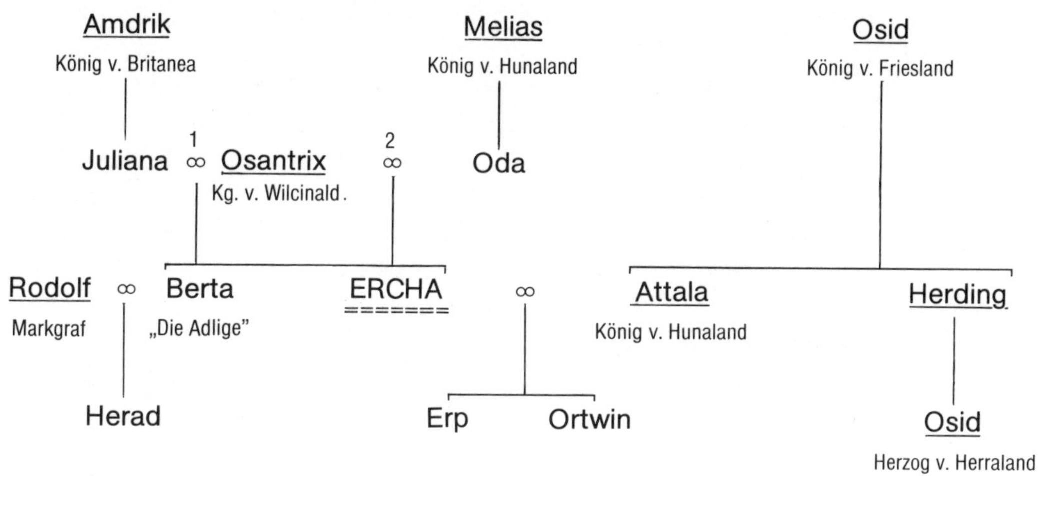

»Hünenland« (Niedersachsen-Westfalen) und baut sich als seinen Königssitz die Burg Susat (Soest) prächtig aus. Den früheren König des Hünenlandes, den schon alten und kranken Melias, vertreibt er, und dieser findet Zuflucht im Wilzenland (Mecklenburg-Pommern) bei König Osantrix, dem Gatten seiner Tochter Oda.

Deren Tochter Ercha-Erka wäre die rechtmäßige Erbin des Hünenlandes gewesen, wenn Attala es nicht erobert hätte. Attala gelingt es, Ercha ent-

führen zu lassen und sie zu seiner Königin zu machen. Diese Entführung vollbringt sein Neffe Osid, der Sohn seines Bruders Herding, der nun meist am Hofe seines Oheims in Soest lebt, und der diesem eng befreundete Markgraf Rödger (Rodinger) von Bakalar.
Königin Ercha ist schön, klug und freundlich gegen jedermann. Sie wird von allen geliebt. Sie nimmt sich auch des vertriebenen Didrik von Bern an. Dieser begleitet Attala auf vielen Kriegszügen in den Osten gegen Wilzen, Polen und Russen. Dann aber, zwanzig Jahre nach seiner Vertreibung, versucht er, sein rheinisches Reich wiederzugewinnen und erhält dafür nach Königin Erchas Fürbitte die Hilfe König Attalas. Sie geben ihm auch ihre beiden jungen Söhne Erp und Ortwin mit, die samt Didriks jungem Bruder Dieter den Kriegszug unter Didriks Obhut mitmachen sollen.
Bei Gränsport an der Moselmündung (Gänsfurt)[80] findet die Entscheidungsschlacht statt. Didrik siegt, aber die drei jungen Königssöhne werden durch den Wielandssohn Wideke, der inzwischen Vasall König Ermenriks geworden war, mit dem Schwert Mimung erschlagen. Nun fehlt Didrik Mut und Kraft, seinen Sieg zu verfolgen. Die Erzählung, wie Didrik nach Soest zurückkehrt und sich mit Königin Ercha und König Attala aussöhnt, gehört zu den eindrucksvollsten der Thidrekssaga.
Zwei Jahre nach der Schlacht bei Gränsport stirbt Königin Ercha, allgemein betrauert. König Attala bleibt als Witwer zurück. Seit König Gunters Heirat sind inzwischen etwa 24 Jahre vergangen.[81] Ganz neu fängt nun die Thidrekssaga wieder mit ihrem Bericht an:

> (Sv 291) Zu dieser Zeit war ein König in Niflungenland, der Gunter hieß, und seine Brüder mit ihm, die hießen Hagen, Gernholt und Gislher[82] und deren Schwager Jungherr Sigfrid, welcher der beste Kämpe war, von dem man irgend zu sagen wußte. Er hatte Grimhild (Krimilla), deren Schwester. Diese hatten alle *ein* Reich. Sie waren mächtige Kämpen, und keiner wagte, gegen sie zu streiten. Sigfrid war viel stärker als jeder von ihnen, seine Haut war hart wie ein Drachenpanzer, und keine Waffe biß auf ihn außer an einer Stelle zwischen seinen Schultern.

Diese Einleitung klingt so, als spräche hier ein anderer Berichter als bei der Erzählung von König Gunters Hochzeit, oder als hätte der Sammler dieser Begebenheiten einen anderen Gewährsmann gefunden. Immerhin hatte dieser Sammler die vielfältigen Ereignisse aus über zwanzig Jahren

zusammengetragen und wendet sich nun nach dieser langen Zeit wieder den längst verlassenen Ereignissen im Niflungenland zu.
Noch eher aber könnte man denken, daß dies eine nachträgliche Zwischenfügung ist, welche vielleicht zu viel späteren Zeiten geschrieben wurde und die Ereignisse für einen Kreis von Hörern und Lesern zubereitet. Denn gleich darnach im folgenden Kapitel beginnt die Erzählung wieder im alten Stil, als wäre nichts Trennendes dazwischen gewesen.
Sigfrid hatte durch seine Heirat mit Grimhild das halbe Niflungenland und den Königstitel erworben. Die Übertragung des halben Niflungenlandes auf ihn war insofern merkwürdig, als noch zwei andere Königssöhne vorhanden waren, Gernholt und Gislher, die nicht erbten. Grimhild hatte also offenbar ein besonderes Vorrecht. Das mag daran liegen, daß Grimhild von der ersten Frau König Aldrians abstammte, der Tochter König Irians, und daß ihr, da ihr Halbbruder Hagen aus dem Erbe ausschied, der südliche Teil des Niflungenlandes um Irnich-Virnich-Enzen zukam.
Die nördliche Hälfte des Niflungenlandes mit dem Mittelpunktsort dieser Gegend, dem hochummauerten Zülpich und dem dicht dabeiliegenden Guntirsdorp (jetzt Juntersdorf) war dann König Gunters eigentliches Reich. Gunter scheint als der älteste rechtmäßige Sohn König Aldrians ein gewisses Königs-Vorrecht beansprucht und ausgeübt zu haben. Seinen Schwager Sigfrid mochte das nicht anfechten, da seine Stärke und Stellung ihm jeden gewünschten Einfluß erlaubten, zumal er, Gunter und Hagen Blutsbrüder waren. Und während der Jagdzeit waren wohl alle Glieder des Niflungengeschlechts in Virnich am Rande der großen Wälder beisammen. Auch Grimhild, die hier ihr besonderes Heimatrecht hatte, scheint die ganzen etwa 24 Jahre hindurch an Gunters und damit zugleich an Brünhilds Vorrangstellung keinen Anstoß genommen zu haben. Aber dann ändert sich das ganz plötzlich.

(Sv 292) Eines Tages ging Königin Brünhild, König Gunters Ehefrau, hinein in einen Saal. Dort saß schon vor ihr Grimhild und wollte nicht vor ihr aufstehn. Brünhild entgegnete: »Bist du so toll, daß du nicht vor mir aufstehen magst, die ich Königin über dich bin?« – Grimhild antwortete: »Ich will dir sagen, warum ich das tue: Du sitzest in meines Vaters Hochsitz, in dem zu sitzen mir gebührte!« – Die Königin erwiderte: »Das ist wahr, dein Vater und deine Mutter besaßen dieses Schloß und Land. Das gehört nun mir zu, nicht dir! Du kannst besser

zu Wald laufen hinter Jung-Sigfrid her und ihm folgen, als Königin sein im Niflungenland!«
Grimhild entgegnete: »Du wirfst mir nun das als Schande vor, wovon ich meinte, Ehre zu haben, meinen Gatten Jung-Sigfrid. Und nun hebst du ein schlimmes Spiel an! Ich werde dich jetzt etwas anderes fragen: Sage mir, wer dein Magdtum bekam!« – Brünhild antwortete: »Das will ich dir sagen! Ich hoffe, das ist mir keine Schande! Das war der mächtige Gunter-König, dein Bruder. Der kam zu meiner Burg, und manche andre Edle und Herren, und machte Brautlauf mit mir mit großem Ruhm. Der bekam mein Magdtum und kein andrer!«
Grimhild entgegnete: »Das logst du! Dein Magdtum bekam Jung-Sigfrid!« – Brünhild erwiderte: »Niemals wurde ich Sigfrids Frau, und nie er mein Mann!« – Grimhild entgegnete: »Hier ist der Goldring, den er von deiner Hand zog, als er dein Magdtum bekam!«
Als Brünhild dies hörte und sah den Ring, da ahnte sie wohl, wie es darum bestellt war; und es wurmte sie sehr, daß dies ihr vorgeworfen war. Sie wurde rot wie Blut und ging hinaus; sie sprach nicht ein einziges Wort und verließ das Schloß. – Dort traf sie Gunter-König, Hagen und Gernholt. Sie ging weinend zu ihnen und zerriß ihre Kleider.
König Gunter und seine Brüder waren im Wald gewesen und Tiere jagen. Sie fragten, was der Königin geschehen sei, und warum sie so bitterlich weine. Die Königin sagte zu Gunter-König: »Dir ist wohl bewußt, wie ich aufgab mein eigen Schloß und meine Freunde und Verwandten. Darum kommt es dir zu, Kränkung zu rächen, die mir geschieht! Willst du nicht *meine* Kränkung rächen, dann räche, was dir selber geschah!
Jung-Sigfrid hat dich in deinem Vertrauen getäuscht; denn er hat seiner Frau die heimlichen Dinge gesagt, die zwischen uns waren. Sie warf mir heute das vor, daß nicht du mein Magdtum bekamst; und mein Kummer ist nun so groß, daß ich ihn nie verwinde! – Hagen antwortete: »Weine nicht, Königin! Tu, als ob nichts wäre und sprich nicht mehr davon!«
»Als Jung-Sigfrid zu uns kam«, sagte sie, »da war er wie ein Heimloser und wußte weder von Vater noch Mutter. Nun ist er so toll, daß er über uns alle sein will!« – Da antwortete Gunter-König: »Weine nicht, Königin! Jung-Sigfrid soll nicht lange unser Herr sein, und nicht meine Schwester Grimhild deine Königin!« – (Sv 293)

Ich habe den Streit der Königinnen, wie ihn die Thidrekssaga wiedergibt, vielmals erzählt und oftmals vorgelesen, vor Kindern wie vor Erwachsenen. Ich habe immer wieder die ausweglose Notwendigkeit dieses Geschehens empfunden und die ungeheure Konzentration dieser wenigen Abschnitte. Ich möchte keine der umgestaltenden Parallel-Dichtungen so hoch stellen wie diesen Bericht. Ganz ähnlich geht es mir mit der Erschlagung des Königsknaben, auf den wir noch kommen, mit welchem der Kampf in Soest anhebt. Hier ist mehr als Dichtung. Hier ist schicksalhaftes Geschehen.

Grimhild ist in den Besitz jenes Ringes gekommen, den Sigfrid in der Brautnacht von Brünhilds Hand zog; und Grimhild hat das Geheimnis erfahren, das vor ihr und allen hätte verborgen bleiben müssen. Wie kam sie dazu? Um jenes Geschehen wußten außer Brünhild nur Sigfrid und Gunter; und dieser hatte keinen Grund, die ihn bloßstellenden Vorgänge jener Nacht mitzuteilen. Grimhild kann Ring und Geheimnis nur von Sigfrid erhalten haben.

Wenn auch in der ganzen Thidrekssaga kein Gespräch zwischen Sigfrid und Grimhild wiedergegeben wird, so hat hier doch eines stattgefunden, und zwar ein entscheidendes. In Vertraulichkeit oder in Zorn? Wenn wir an Grimhilds spätere Taten denken oder an ihres Halbbruders Hagen Wesensart, so werden wir eher an Heftigkeit und List denken und an unablässiges Fragen und Drängen. Denn bei aller Offenherzigkeit Sigfrids kann man nicht meinen, daß er ungenötigt dieses heikle und gefährliche Geheimnis weitergegeben hätte, zumal es ihm zur Pflicht gemacht war, darüber gegen jedermann zu schweigen.

In der Mitteilung des Geheimnisses, wenn es auch unter dem Gebot strengsten Schweigens preisgegeben wurde, lag alles Künftige bereits beschlossen: Der Streit der Königinnen; Sigfrids Erschlagung; Grimhilds Rache. Alles wurde nun unausweichlich.

Was hat Grimhild von Sigfrid erfahren? Nur eben das, was die Thidrekssaga früher mitgeteilt hatte: Sigfrids Beilager mit Brünhild unter Billigung Gunters. Mehr nicht. Nichts wußte Grimhild offenbar von Sigfrids und Brünhilds früherer Verlobung, nichts von ihrem geheimen Einverständnis.

Und Brünhild? »Gunter bekam mein Magdtum und kein anderer!« sagt sie. »Das logst du!« antwortet Grimhild mit Recht. Unmöglich konnte Brünhild die Wahrheit sagen. Aber sie ist entsetzt, daß Grimhild dies alles weiß. Man meint zuerst, Brünhild hätte erst hier erfahren, daß es Sigfrid war und nicht Gunter, den sie damals zu sich ließ. Aber ihr Entsetzen geht auf etwas anderes. Brünhild ahnt und weiß und sagt es dann zu König Gunter: »Sigfrid hat dich in deinem Vertrauen getäuscht; denn er hat seiner Frau die heimlichen Dinge gesagt, die zwischen uns waren.« Brünhild weiß also um die »heimlichen Dinge«. Ihr Entsetzen ist nur, daß sie jetzt öffentlich geworden und nun Grimhild bekannt sind, und das durch Sigfrids Schuld.

Aber noch etwas anderes verwundert an dieser Erzählung: Brünhilds plötzliche Verachtung für Sigfrid, *bevor* sie noch weiß, daß er das Geheimnis verriet. Woher kommt das? Es muß als erstes ein Zerwürfnis oder eine Entfremdung zwischen Sigfrid und Brünhild gegeben haben, und erst daraufhin hat Sigfrid das Geheimnis an Grimhild preisgegeben. Nun mißachtet Grimhild die Frau ihres Bruders, da sie Sigfrids Beischläferin war, und glaubt, ihr keine Ehrerbietung mehr schuldig zu sein. An dem Morgen, nachdem sie diese Dinge erfahren hat, setzt sie sich in den Hochsitz, den sonst Brünhild einnahm, und ist nicht gewillt, vor dieser aufzustehen.

Was hat zu der Entfremdung zwischen Sigfrid und Brünhild geführt, die sich einst so ganz verstanden? Brünhild sagt: Einst »war er wie ein Heimloser und wußte weder von Vater noch Mutter. Jetzt ist er so toll, daß er über uns alle sein will«. Mehr erfahren wir nicht. Hochmut und Herrschsucht wirft sie ihm vor. Mehr wußte auch der Berichter dieser Begebnisse nicht. Oder bezweifelt Brünhild inzwischen gar, daß Sigfrid wirklich König Sigmunds Sohn war?

Ein Grund für die Entfremdung wäre allerdings denkbar. Wir wissen, daß Sigfrid seinen Vater, König Sigmund, beerbte. Es wird nicht gemeldet, wann das geschah; es könnte aber eben zu dieser Zeit gewesen sein. Seit dieser Erbschaft besaß Sigfrid »so viel Gold, daß kein König der Welt gleichreich war wie er«, wie es später heißt. Sigfrid hätte dadurch gegenüber seinen Schwägern ein solches Übergewicht bekommen, daß dadurch das ursprüngliche Gleichgewicht innerhalb der Sippe gestört war. Das mochte sich bei den Frauen am frühesten bemerkbar machen.

Fassen wir noch einmal zusammen:

1. Etwa 24 Jahre lang leben im Niflungenland die königlichen Paare Sigfrid–Grimhild und Gunter–Brünhild samt Hagen, Gernholt und Gislher friedlich zusammen. Zur Jagdzeit sind sie alle in Burg Virnich vereint. In dieser Zeit wird von Spannungen unter ihnen nichts erwähnt. Nach außen halten sie fest zusammen und sind ihren Feinden furchtbar. Sigfrid tut sich in allem hervor.
2. Nach dieser Zeit kommt es zu einer Entfremdung zwischen Brünhild und Sigfrid, ohne daß wir den Grund erkennen. Brünhild wirft Sigfrid

Hochmut und Herrschsucht vor. Sie fühlt sich in ihrem Königsrecht beeinträchtigt. Auch scheint sie jetzt an der Rechtmäßigkeit von Sigfrids königlicher Abstammung zu zweifeln.

3. Grimhild erfährt von Sigfrid die Vorgänge jener Nacht und kommt in den Besitz des Ringes, den Sigfrid damals von Brünhilds Hand zog. Ob Sigfrid ihr diese Eröffnung freiwillig machte, erfahren wir nicht. Es ist aber nicht wahrscheinlich.
4. Grimhild sieht jetzt auf Brünhild herab, weil diese Sigfrids Beischläferin war, und nimmt nun selbst den Platz im Hochsitz ein, den sonst Brünhild innehatte. Als Brünhild den Platz beansprucht, kommt es zu einem harten Streitgespräch.
5. Dabei erfährt Brünhild, daß Grimhild das Geheimnis jener Nacht erfahren hat. Grimhild hat als Beweis Brünhilds Ring vorgezeigt.
6. Brünhild klagt vor Gunter und Hagen Sigfrid an, daß er sein Schweigeversprechen gebrochen habe und nach Vorherrschaft strebe. Sie verlangt seinen Tod.
7. Gunter und Hagen beschließen Sigfrids Tod.

Sigfrids Tod

Sigfrid zu erschlagen erscheint den Verschworenen als eine schwere, kaum zu bewältigende Aufgabe; denn Sigfrid ist stärker als jeder von ihnen. Am Tage nach dem Streit geben sich Gunter und Hagen, als ob nichts Ungewöhnliches geschehen wäre. Sie begrüßen Sigfrid, als er von der Jagd kommt, sie trinken am Abend tüchtig und tun vergnügt. Von da an aber sprechen sie mit Sigfrid nur noch das Nötige.

Sigfrid bleibt arglos. Niemand warnt ihn; niemand berichtet ihm das Geschehene, auch Grimhild nicht. Man kann sich denken, warum. Die Königin Brünhild ist sehr bekümmert.

Eines Tages sprach Hagen mit Gunter-König und sagte: »Willst du in den Wald zur Tierjagd reiten?« – Der König sagte: »Ja!« – Da ging Hagen zum Koch: »Morgen früh mach uns die Mahlzeit fertig und salze, was du kannst! Das Salzigste setze Jung-Sigfrid vor!« – Dann ging er zum Schenken und sagte: »Morgen, wenn wir essen, laß uns wenig zu trinken bringen!« – Darüber wurde nicht weiter gesprochen. (Sv 295). Am Morgen früh ließ Gunter-König sie zu Tische gehn, Hagen und seinen Bruder. Da kam Jung-Sigfrid gegangen und fragte: »Wohin wollt ihr reiten?« – Der König antwortete: »Wir wollen reiten und uns vergnügen und Tiere jagen. Willst du mit uns kommen?« – Sigfrid antwortete: »Ich will dich gerne begleiten.« – Der König sagte: »So geh zu Tisch und nimm dein Essen!« – Der Koch und der Schenk hatten getan, wie ihnen geheißen war. Als sie satt waren, ritten sie aus zum Wald und schlugen ihre Hunde los.

Als Sigfrid aus der Burg ritt, ging Grimhild zu Bett und legte sich schlafen; denn sie wollte mit Brünhild nichts zu schaffen haben. Brünhild bat auch Hagen, ehe er ausritt, es so zu fügen, daß Sigfrid nicht mehr hierher zurückkäme, es sei denn, er würde den Tag erschlagen. Dafür wollte sie ihm Gold und Silber geben, soviel sie vermöchte. Hagen antwortete: »Sigfrid ist ein so starker Kämpe; ich weiß nicht, ob ich ihn töten kann; doch ich will es versuchen.«

Dann ritten sie in den Wald und spürten Tiere auf, und immer war Sigfrid der rascheste, wie er allezeit vorher gewohnt war. Hagen durchschoß mit dem Spieß einen Wildeber; dann schnitten sie das Schwein auf und gaben den Hunden das Eingeweide. Nun wurden sie so heiß und durstig, daß sie fast von Sinnen kamen.

Es war dort ein Quellbach. König Gunter und Hagen legten sich nieder, um zu trinken. Auch Sigfrid kam und tat desgleichen. Da stand Hagen auf, nahm seinen Spieß in beide Hände und schoß ihn Sigfrid zwischen die Schultern, daß er durchs Herz hinausfuhr.

Wie Sigfrid den Stich spürte, sagte er: »Solches vermutete ich mir nicht von meinem Schwager, wie du mir jetzt tatest! Hätte ich auf meinen Füßen gestanden, dann wären mir zuvor Schild, Brünne und Helm zerkloben worden, meine Rüstung zerrissen und mein Schwert schartig, und solltet ihr alle vier vor meinen Füßen liegen, ehe einer von euch mir die Todeswunde gab!« – So starb Sigfrid.

Da sagte Hagen: »Den ganzen Tag haben wir einen Eber gejagt und konnten ihn alle vier kaum fangen. Doch jetzt habe ich ganz allein Bär und Wisent in eins erlegt, welche die schlimmsten sind von den Tieren allen!« – Da antwortete König Gunter: »Wahrhaftig, du hast gut gejagt! Und wir wollen unsrer Schwester Grimhild diesen Bären heimbringen!« –

(Sv 296) So brachten sie die Leiche mit sich zum Schloß. Brünhild stand dort oben und sah, wie ihr Gatte und seine Brüder kamen und führten den toten Sigfrid mit sich. Da ging sie hinaus ihnen entgegen und sagte, sie hätten männlichst gejagt, und sie sollten ihn in Grim-

hilds Arme legen. »Sie liegt und schläft in ihrem Bett. Das haben sie nun, wie sie es verdient haben!« –
Als sie vor Grimhilds Türe kamen, war die Tür verschlossen. Sie schlugen die Türe entzwei und warfen die Leiche in ihre Arme. Davon erwachte sie und sah Sigfrid tot neben sich. Da sagte Grimhild: »Übel dünkt mich deine Wunde! Wie bekamst du die, während dein goldbeschlagener Schild unzerbrochen hier steht, dein Helm unzerkloben? Also mußt du ermordet sein! Wüßte ich, wer das getan hat, ich würde es einmal rächen!« –
Da entgegnete Hagen: »Nicht ist er ermordet! Wir jagten vielmehr einen wilden Eber, der hieb ihm die Todeswunde! – Grimhild antwortete: »Du selbst warst dieser wilde Eber, und keiner sonst!« – und sie brach in bitteres Weinen aus.
Sie gingen von ihr in den Saal und gaben sich froh und vergnügt. Auch Brünhild war sehr froh. – Darauf rief Grimhild ihre Mannen und ließ Sigfrids Leiche begraben so gut sie es nur irgend konnte. –

Soweit der Text der Thidrekssaga. Das ist alles – aber das *ist* auch alles! Es ist Brünhilds und Sigfrids Schicksal. Brünhild hatte gesagt: »Ich wollte keinen Mann auf der Welt als dich, wenn ich zu raten hatte ... Nun ich dich nicht haben kann, den ich am liebsten habe von allen Menschen ...«
Grimhild beweint Sigfrid nicht. Sie ist auch hier hart. Eine Zuneigung zu Sigfrid wird nicht deutlich erkennbar. Ihr erster Gedanke ist Rache; denn die Tat ist, wie sie sicher vermuten darf, ihrer Feindin Brünhilde zuliebe geschehen. Und wenn Grimhild später, beim Rückblick auf Sigfrids Erschlagung, immer wieder weint, so ist auch dies zunächst Zorn und Scham über die Schande, die man ihr antat.
Die Thidrekssaga fügt einen besonderen Nachruf auf Sigfrid an, der noch einmal die hohe Achtung ausspricht, welche der Berichter dieser Ereignisse Sigfrid gegenüber empfand:

> Alle, welche erfuhren, daß Jung-Sigfrid erschlagen war, sagten, daß niemals, seit die Welt steht, einer geboren wurde, der Sigfrid gleich war an Stärke, Mannesmut, Charme, jeder Art Ritterlichkeit und Großmut, die er allen Menschen voraus hatte. Sein Name wird nie sich verlieren, solange die Welt steht. (Sv 296)

Die Prophezeiung könnte stimmen.

Der Nachruf könnte von Didrik von Bern stammen; denn dieser wußte Sigfrids Kraft und Klugheit am besten zu würdigen. Sigfrid war der einzige, den Didrik nicht hätte besiegen können, wenn er nicht, gegen die Abmachung, das überlegene Schwert Mimung benutzt hätte. Didriks Trug war letztlich an allem schuld. Ohne ihn wäre Sigfrid im Bertangenland geblieben, hätte er Brünhild zur Frau genommen, wäre das ganze Niflungen-Drama ungeschehen geblieben.

Man hat geglaubt, den Sigfrid unserer Sage gleichsetzen zu dürfen mit dem Sieger der Varusschlacht, dessen römischer Name ein angenommener war, dessen eigentlicher Name nach Ausweis seiner Verwandtschaft sehr wohl »Sigfrid« hätte heißen können.[83] Aber das ist eine ganz andere Zeit, und so einfach läßt sich die Frage nicht lösen.

Unser Sigfrid ist nicht Arminius, sein Kampf mit dem »Drachen« ist ein Kampf mit einem Wegelagerer und Räuber, nicht ein Kampf mit dem römischen Heerwurm. Seine Schicksale sind ganz andere. Der Sigfrid der Thidrekssaga ist auch keine mythologische Figur, die mit dem Göttermythos von Baldur in irgend eine Verbindung gebracht werden könnte.

Aber es kann sein, daß die Taten Arminius-Sigfrids lange nachwirkten, daß sie in Spielen und Festen jahrhundertelang gefeiert wurden, daß dabei jeweils ein »Sigfrid« einen römischen »Drachen« erschlug, daß der Sigfrid-Name als nachahmenswertes Zeichen und Sinnbild gegeben wurde.

Grimhild ließ Sigfrid auf das Kostbarste begraben. Die altschwedische Handschrift sagt: »Darauf rief Crimilla ihre Mannen und ließ seinen Leichnam begraben, so gut sie es nur irgend konnte.« »Gar herrlich bestatten« sagt die Membrane. Und Grimhild konnte es; denn Sigfrid war reich. Sie sagt später: »Mein Gatte Jung-Sigfrid besaß so viel Gold, daß kein König der Welt gleichreich war wie er.« (Mb 359)

Es muß ein reiches Grab gewesen sein, in dem Sigfrid beigesetzt wurde, mit seinen Waffen, den kostbarsten, die er besaß. Von seinem Schild und seinem Helm wird ausdrücklich gesagt, daß sie vergoldet waren (Sv 296 u. 344) und die übrige Rüstung wird dem nicht nachgestanden haben. Allerdings: Helm und Schild verschenkte König Gunter später an Herzog Osid, und das Schwert, mindestens die Klinge, an den Markgrafen Rodinger von Bakalar. Aber die wahrscheinlich vergoldete Rüstung, Panzer und Beinschienen, und die Krone, falls Sigfrid eine trug, vielleicht auch der Schwertgriff, konnten ihm ins Grab gelegt worden sein.

Denken wir jetzt zurück an das Königsgrab zu Enzen! Enzen hatte sich durch seine Funde als ein Machtzentrum der frühen Zeit zwischen Römer- und Frankenherrschaft kenntlich gemacht. Der ehemalige Kustos am Landesmuseum in Bonn, Waldemar Haberey, schrieb 1962 – obwohl auch er kritisch war gegenüber der »Königsgrab«-Überlieferung – es sei »in Enzen ein Schatzfund an Goldsachen zutage gekommen, der weder früher noch später an Reichtum und Wert von einem anderen in den Rheinlanden übertroffen worden ist.« –[84]
Das war 1962. Inzwischen sind, etwa in Köln, weitere reiche Funde gemacht worden. Aber für die Gegend von Zülpich – Virnich – Enzen, in der wir die Heimat der Niflungen ansetzen, gilt Habereys Ausspruch noch voll und ganz. Dieses Grab muß nicht mit den Ereignissen der Thidrekssaga zusammenhängen. Wenn wir es aber damit in Beziehung bringen wollten, so müßten wir fragen: Wer von den königlichen Personen der Thidrekssaga – wenn wir deren Angaben als wirklich ansehen – könnte hier so prächtig begraben worden sein? Die Königsbrüder Gunter, Gernholt, Gislher und Hagen gingen, wie Grimhild selbst, im fernen Soest zu Grunde; und von dem Vater der Jung-Könige, Aldrian, wird ein kostbares Begräbnis nicht gemeldet.
Die Thidrekssaga weiß nur von Einem, daß er – und zwar im Niflungenland – prächtig begraben worden sei und unermeßlichen Reichtum besaß. Das ist Sigfrid, der die Königstochter Grimhild zur Gattin hatte, der hier Teilkönig war, der mit seinen Schwägern in den unmittelbar angrenzenden Wäldern jagte und an einem der Quellbäche dieser Gegend, etwa dem (oft durch Mineralien gefärbten) Rotbach, erschlagen wurde.
Das Königsgrab zu Enzen enthielt – nach dem zuverlässigsten Bericht von Freudenberg –

> »ein Gerippe, welches beim Öffnen in Staub zerfiel, in goldener Rüstung, eine goldene mit drei Edelsteinen besetzte Krone auf dem Haupte, mit goldenem Zepter, einem 28 Pfund schweren goldenen Panzer und goldenen Beinschienen. Außerdem enthielt der Sarg einen goldenen Schwertgriff, ein von Gold geflochtenes Wehrgehänge und 28 goldene ... Kettenringe, endlich einige Münzen.«

In der Aufzählung fehlen: der Schild, der Helm, die Schwertklinge, eben *die* drei Waffenstücke, welche Gunter sich vorbehielt und später verschenkte. So weit stimmen die Angaben der Thidrekssaga und die Berichte über den Königsgrab-Fund zu Enzen überein.
Wir wissen nicht, welche historische Persönlichkeit sich hinter dem Sigfrid der Thidrekssaga verbirgt. Nach ihrem Bericht war Sigfrid weder Franke noch Christ. Er kann also nicht mit dem historischen Sigibert

gleichgesetzt werden. Die ungewöhnliche Art, wie er in der Thidrekssaga hervorgehoben wird, der Kampf des Fast-noch-Knaben mit dem Unhold, der dann »der schlimmste Wurm« wurde, »den es geben konnte«, geben noch einige Rätsel auf.

IV
Der Untergang der Niflungen in Soest oder Grimhilds Rache

König Attalas Werbung

Als Sigfrid erschlagen ist, treten neue Ereignisse ein. König Attala von Soest, mächtiger Herrscher des Hünenlandes, wirbt um Sigfrids Witwe Grimhild. Er tut das trotz der Warnung, die ihm Königin Ercha auf dem Totenbette mitgab:

> »Du mächtiger König, wir werden uns nun scheiden. Aber du kannst doch nicht lange ohne Ehefrau sein. Deshalb nimm dir eine brave Frau, du bist das wohl wert! Doch bitte ich dich, daß du dir keine Frau nimmst aus dem Niflungenland und nicht aus König Aldrians Geschlecht. Tust du das, dann entsteht viel Schlimmes daraus für dich und dein Kind.« –

Die Warnung klingt so, als wäre sie der Königin Ercha nachträglich in den Mund gelegt worden, als das große Unheil schon geschehen war. Aber diese Stelle steht ganz außerhalb der Erzählung von »Grimhilds Rache«. Und da Königin Ercha von der Mutter her eine Westfälin war, aus dem Land also, in dem Vorausschau und zweites Gesicht verbreitet sind, kann hier eine echte Vorschau gemeint sein.
Die Warnung vor dem Niflungen-Geschlecht dürfen wir bei der Beurteilung von Grimhild und Hagen nicht ganz außer acht lassen. – König Attala folgt aber Königin Erchas Weisung nicht. Und vielleicht gab es auch nicht viele ebenbürtige Königsgeschlechter, aus denen er sich eine Gemahlin wählen konnte.
Die Thidrekssaga beginnt nun neu und berichtet weiter:

> Als Attala, König von Hünenland, lange einsam gesessen und erfuhr, daß Jungherr Sigfrid tot sei und daß ihn überlebte Grimhild, von allen Frauen die klügste und schönste, da sandte er Botschaft an seinen Neffen, Herzog Osid, und bat ihn, zu ihm zu kommen. Als der das ver-

> nahm, zog er sogleich zu ihm mit zwanzig Rittern. Attala empfing ihn wohl und bat ihn, seine Botschaft zu bringen an Grimhild, König Gunters Schwester, die Jungherr Sigfrid zum Manne gehabt, um sie sich zur Gemahlin zu erbitten.

Dies geschah kurze Zeit, nachdem Sigfrid erschlagen worden war. Osid traf König Gunter und seine Brüder in Burg Vernica. Diese hielten die Werbung des reichen und mächtigen Königs Attala für eine große Ehre.

> »Aber«, sagte Hagen, »unsere Schwester Grimhild ist von so hohem Sinn, daß es uns nicht ansteht, sie zu vergeben außer mit ihrer Einwilligung.«
> Auch Grimhild wollte den König Attala nicht abweisen, »denn er ist ein reicher König und mannhaft. Wollt ihr es, meine Brüder, dann ist es auch mein Wille.« – Sie antworteten: »Ist es dein Wille, so ist es unser Wille!« (Sv 302).

So wurde der Heiratsvertrag geschlossen, wie König Attala es gewünscht hatte. König Gunter schenkte an Herzog Osid Helm und Schild, die Sigfrid besessen hatte, und Osid brachte die Botschaft zu König Attala. Nun ritt König Attala wohlgerüstet mit 400 Rittern ins Niflungenland. König Didrik begleitete ihn und auch Markgraf Rodinger von Bakalar.

> Als König Gunter dies erfuhr, ritt er aus ihnen entgegen und empfing sie wohl. Didrik-König und Hagen küßten sich, als sie sich fanden, denn sie waren gute Freunde. So ritten sie alle in die Burg. Hier gaben Gunter-König und seine Brüder ihre Schwester Grimhild an Attala-König, und sie feierten eine prächtige Hochzeit. (»Sie tranken Brautlauf« heißt es hier wie sonst.) »Gunter-König gab Didrik Jung-Sigfrids Roß Grane; und das Schwert Gram gab er dem Markgrafen Rodinger. König Attala gab Grimhild soviel Silber, wie ihr zukam. Dann trennten sie sich. Attala-König und Didrik-König ritten heim in ihr Reich nach Soest. Aber Grimhild weinte allezeit um den Tod ihres Gatten Jung-Sigfrid. (Sv 303)

Die Thidrekssaga braucht die Brautreise König Attalas und Grimhilds nicht ausführlich zu beschreiben, wie es das Nibelungenlied tut; denn es war keine lange Fahrt vom Neffelgau nach Soest. Die Thidrekssaga

braucht sich auch keine Sorgen zu machen um Etzels Heidentum und Grimhilds Christentum; denn der in Friesland geborene König Attala ist kein Hunne, wenn auch kein Christ, und Grimhild ist ebenfalls keine Christin. Sie stammen aus verwandter Umwelt. Kein Priester und kein Sakrament geben der Ehe Attalas und Grimhilds die Weihe, wie sie auch Königin Erchas Heirat und Begräbnis nicht begleitet hatten.
Das Nibelungenlied tut sich da sehr viel schwerer. Nachdem es die ursprünglich heidnisch-niederdeutsche Grimhild zu einer oberdeutschen Christin gemacht hatte und den ebenso heidnischen niederdeutschen Soester König zum ungläubigen Mongolen, mußte es nun sehen, wie es mit solchen Gegensätzen zurechtkam.

Grimhilds und Attalas Nachtgespräch

Über die nächsten Jahre erfahren wir nur, daß Grimhild und Attala einen Sohn bekommen, den sie Aldrian nennen nach Grimhilds Vater. Als die Thidrekssaga ihren Bericht fortsetzt, ist der Knabe sechs Jahre alt. Jetzt beginnt, mit der Einladung der Niflungen nach Soest, *große Dichtung* – nicht im Sinne phantasievoller Erfindung, sondern im Sinne geprägter Form. Das nun folgende »Nachtgespräch« zwischen Grimhild und Attala läßt, trotz der Übertragung ins Altnordische, noch die rhythmischen Verse erkennen, in denen es ursprünglich geschrieben wurde.
Dies wird auch in dem »Vorwort« bestätigt, das der eigentlichen Erzählung in einigen Handschriften vorangestellt ist.[85] Darin heißt es:

> Diese Saga ist zusammengesetzt nach der Erzählung deutscher Männer, aber zum Teil aus ihren Liedern, womit man vornehme Männer unterhalten will; Liedern, die in alter Zeit gedichtet wurden gleich nach den Begebenheiten, die in dieser Saga erzählt werden. Und wenn du einen Mann nimmst aus irgendeiner Burg in ganz Sachsland, so werden alle diese Saga auf die gleiche Weise erzählen. Das bewirken ihre alten Lieder. (Sachsland ist Deutschland, Niederdeutschland).

Ein solcher, »aus ihren Liedern« stammender Teil ist das »Nachtgespräch«. Wir befinden uns hier gleichsam auf dem Urgestein der Sage. Es ist bemerkenswert, daß in diesem Kapitel die sonst oft recht verschiedenen Texte der Handschriften fast vollkommen übereinstimmen. Nur an wenigen Stellen fügt die Membrane dem gemeinsamen Text etwas hinzu, das dann auch als Zutat zu erkennen ist. Es lohnt sich, den Text genau zu betrachten. Er lautet (Mb 359):

Als verwichen waren	sieben Winter,
daß Grimhild war gewesen	im Hünenlande,
da ist es eines Nachts	daß sie sagt zu Attala-König:
»Herr König Attala,	das ist großer Harm,
daß in (diesen) sieben Wintern	ich meine Brüder nicht sah.
Wann, Herr, willst du	sie hierher laden?
Ich kann dir erzählen	diese Zeitung
(– doch mag es sein, daß	du sie schon weißt –)
Jung-Sigfrid, mein Mann	besaß so viel Gold
daß kein König der Welt	gleichreich war wie er.
Doch dies große Gut	haben nun meine Brüder
und gönnen mir nicht	einen Pfennig davon.
Das aber däuchte mich	ziemlicher, Herr,
daß *ich* verwaltete	all dieses Gut!
Und das sollst du	gewiß wissen:
Wenn ich bekomme	dieses Gold,
das sollst du alles	besitzen mit mir!«

Und König Attala antwortet:

»Ich weiß (Frau) daß Sigfrid	viel Gold besaß,
zuerst, was er nahm	von dem großen Drachen,
(den er erschlug,)	
dann das, was er	auf Heerfahrt gewann,
und dazu, was sein Vater,	König Sigmund, besaß;
und alles dieses	vermissen wir
und doch ist König Gunnar	uns liebster Freund.
Nun will ich, Frau,	wenn du das willst,
daß du sie einlädst	hierher, deine Brüder,
und nicht will ich dabei	irgend sparen,
zu richten das Fest	auf das Fürstlichste.«

Das Versmaß dieser Stelle sind Langzeilen von zweimal zwei Hebungen mit einer Caesur in der Mitte. Es ist das gleiche Versmaß, das auch an anderen Stellen der Thidrekssaga durchscheint, wenn es etwa (Mb 389) heißt:

daß da zagem Mann — nicht behaglich war,
als sich trafen im Kampf — Didrik und Niflungen
und man hört — weithin durch die Burg,
wie Ekkisax singt — in Helmen der Niflungen.

Ekkisax ist das Schwert Didriks. – Die Bindung der Verse geschah durch den Stabreim, der trotz der Übersetzung noch mehrfach durchklingt. Im Niederdeutschen käme manches noch besser heraus (»Ik kann vertelln di düsse Tiding ...«).
Zwischen die Reden Grimhilds und Attalas ist eine Betrachtung eingefügt, die nicht so gut in den Rhythmus paßt, in der vor allem eine Zeile ganz herausfällt. Da heißt es:

Doch als Attala-König — dieses Wort hört,
bedenkt er ernstlich, — was sie redet,
und weiß, daß es wahr ist,
(und Attala-König ist aller Männer habgierigster)
und es dünkt ihn übel,
daß *er* nicht soll haben — (den) Niflungenschatz.

Die eingeklammerte Zeile paßt auf keine Weise in den Rhythmus der übrigen. Sie paßt auch nicht zu der Gesamt-Erzählung und nicht zu Attalas eigenen Worten, daß er bei dem Fest nichts sparen wolle. Die Zeile muß nachträglich eingefügt sein, und man kann nicht, wie es oft geschieht, den Soester König nach dieser Zeile beurteilen. Er wird sonst nicht als goldgierig geschildert. Dieser Vorwurf taucht erst bei seinem Tod wieder auf im Munde eines Knaben, und es bleibt fraglich, ob zu Recht.[86]
Die Thidrekssaga fährt fort:

Wenig später sandte Grimhild zwei ihrer Mannen mit König Attalas Brief, der so lautete: »Attala-König ist schon recht alt, und sein Sohn Aldrian ist noch zu jung, so daß keiner näher dazu wäre, die Lande zu lenken als die, welche Aldrians Mutterbrüder sind. Deshalb bäten sie diese, zu ihnen zu kommen und raten zu helfen zu des Landes Bestem«.
Als König Gunter und sein Bruder Hagen und die übrigen den Brief

> gehört hatten, antwortete Hagen: »Bruder, fährst du ins Hünenland, so kommst du niemals wieder heim, und auch keiner, der dir folgt; denn Grimhild ist klug und falsch, und ich fürchte, sie will uns täuschen.« – Gunter-König antwortete: »Mein Schwager Attala hat mich freundschaftlich zu sich geladen. Doch dein Rat ist, Hagen, ich soll nicht dorthin kommen. Das rätst du mir nun, wie deine Mutter meinem Vater riet, und war immer ihr fernerer Rat schlechter als der vorige. Doch ich beachte nun deinen Rat nicht, sondern ich fahre ins Hünenland und hoffe, wohl wieder heim zu kommen nach meinem Willen. Und bevor ich vom Hünenland scheide, kommt das ganz in meine Gewalt! Doch du, Hagen, folge mir, wenn du willst! Wagst du nicht, mir zu folgen, dann sitze daheim!« –
> Hagen antwortete: »Nicht sagte ich das deshalb! Ich fürchte nicht mehr um mein Leben als du um deins. Doch als wahr sage ich dir dies: Du kommst niemals aus Hünenland heraus! Und fährst du dahin, mit wenigen oder mit vielen: von denen allen kommt keiner ins Niflungenland zurück! Willst du nun fahren, so will ich daheim sein. Erinnerst du das nicht mehr, wie wir uns von Jung-Sigfrid trennten? Ich weiß da jemand im Hünenland, der erinnert das noch. Das ist Grimhild, unsere Schwester. Sie erinnert dich daran gewiß, wenn du nach Soest kommst!« –
> König Gunter antwortete: »Bist du so bange vor deiner Schwester, daß du dich zu fahren nicht traust, so will ich fahren!« – Da wurmte es Hagen, daß ihm der Rat seiner Mutter so oft vorgeworfen wurde. Er ging in den Saal zu seinem Vetter Folkward Spelemann und sagte zu ihm: »Willst du mit uns ins Hünenland fahren, wie König Gunter vorhat auf Grimhilds Botschaft hin? Mit uns werden all unsre Mannen fahren, die kühn sind zu kämpfen!« – (Sv 305)[87]

Man hat oft gemeint, unter den Niflungen wäre Hagen die tonangebende Gestalt. Hier aber erscheint Gunter ganz als der König, und *er* hat das Sagen. *Er* bestimmt, was getan wird, und er verweist Hagen in die Rolle des Untertanen. Gunter ist es auch, der das Verfügungsrecht über die Waffen Sigfrids hat, obwohl Hagen es gewesen war, der Sigfrid erschlug.
König Gunter wirft Hagen die schlechten Ratschläge seiner Mutter vor. Das klingt deutlich so, als hätte Hagen nicht nur nicht denselben Vater wie Gunter, sondern auch nicht dieselbe Mutter. Hagen *gilt nur* als König Aldrians Sohn, und er wäre dann nur ein *Nennbruder* Gunters, nicht

ein Halbbruder. Man möchte aus dieser Stelle schließen, daß Hagens Mutter zwar noch bei König Aldrian lebte, aber aus ihren Rechten gesetzt war wegen des Fehltritts mit dem Alben, dessen Frucht Hagen war. Und Hagen blieb ja auch, obwohl Ältester, von der Thronfolge ausgeschlossen.
Die Königin Oda wäre dann nicht die erste, sondern die zweite Frau König Aldrians. Als ihre Söhne werden ausdrücklich Gunter und Gislher genannt, aber nicht Gernholt. Dieser muß wie Hagen und Grimhild aus der ersten Ehe stammen. Hagen spricht denn auch zu der Königin Oda sehr unehrerbietig:

> Da ging Königin Oda, König Gunters und Gislhers Mutter, zum König und sagte: »Mir träumte, ich sah im Hünenland so manchen toten Vogel, so daß all unser Land leer war von Vögeln. Nun willst du ins Hünenland fahren, und ich weiß, aus eurer Fahrt entsteht viel Unheil für beide, Niflungen und Hünen, und es kostet vieler Männer Leben. Darum fahr nicht dorthin! Es kommt viel davon her!« – Da sagte Hagen: »Gunter-König gedenkt endgültig, diese Fahrt zu tun! Was fragen wir nach deinen Altweiberträumen?« (Sv 306)

Man wunderte sich bisher über Hagens Grobheit gegen seine Mutter. Wenn es aber gar nicht seine eigene Mutter war, sondern die Stiefmutter? Ist dies Hagens Gegenschlag? Seine Revanche: Gunter spricht schlecht von Hagens Mutter, Hagen spricht schlecht von Gunters Mutter – Hagen und Gunter sind quitt?
Die Königin Oda hat aber ganz richtig geträumt. Sie sieht das Land leer von Vögeln. Die Vögel sind die Niflungen, denn ihre Fürsten führen Adler (Gunter und Hagen) und Falken (Gernholt und Gislher) im Wappen. Königin Odas Rat war richtig, wie auch Hagens ursprünglicher Rat: nicht zu fahren. Vielleicht waren auch die Ratschläge, welche Hagens Mutter Gunters Vater gab, gar nicht so schlecht. Gunter jedenfalls, der Hagens Rat so schroff von sich wies, erlangte nicht, wie er erhoffte, die Königsherrschaft im Hünenland, sondern, wie Hagen voraussah, den Tod.

> Nun antwortete die Königin: »Gunter-König und du, ihr mögt, wenn ihr wollt, ins Hünenland fahren; doch mein junger Sohn, Gislher, der soll daheim bleiben!« – Gislher antwortete: »Fahren meine Brüder, dann muß ich mit!« und lief gleich und wappnete sich. (Sv 306)

Wir dürfen wohl festhalten: König Aldrian hatte zwei Frauen. Den Namen der ersten kennen wir nicht, nur den ihres Vaters Irian, eines keltischen »Königs«. Sie ging mit dem »Alben« eine Verbindung ein und wurde Hagens Mutter, den sie »Aldrians Sohn« nennen ließ. So hieß Hagen auch künftig; und er ließ den Sohn, den er später noch bekam, wieder »Aldrian« nennen. Aber Hagen wurde von der Thronfolge ausgeschlossen, seine Mutter offenbar ihrer Königinnen-Rechte entkleidet; doch lebte sie weiter in Aldrians Nähe und gab diesem Ratschläge, die nach der Meinung seines Sohnes Gunter schlecht waren.

Die zweite Frau des Königs hieß Oda. Ihre Herkunft kennen wir nicht. Sie wird Mutter Gunters und Gislhers genannt. Wessen Tochter ist aber nun GRIMHILD? Sie hat vorrangige Rechte; denn Sigfrid erhält durch die Heirat mit ihr halb Niflungenland. Diese Hälfte könnte das Erbe der Irian-Tochter sein, und Grimhild war dann deren Tochter aus der Ehe mit Aldrian.

Das Geheimnis von Hagens Geburt scheint lange verborgen geblieben zu sein. »Wächst das Kind auf, dann sage *ihm* seinen Vater, doch keinem sonst!« hatte der Albe gesagt. Erst, als Hagen vier Jahre alt war, sagte ihm seine Mutter »die ganze Wahrheit«; aber nun blieb sie nicht mehr verborgen: »Da stand eine Frau nahbei, die danach die Freundin König Didriks von Bern wurde. Die sagte ihm das im Vertrauen, und davon kam viel Streit.« (Sv 161) Der »Streit« kann sich nicht auf Didrik von Bern, sondern nur auf die Niflungen beziehen; und dieser Streit wird eben darin bestanden haben, daß mehr als vier Jahre nach Hagens Geburt der Fehltritt der Königin entdeckt wurde, sie aus ihren Rechten gesetzt, Hagen enterbt, die Mitgift seiner Mutter, der Irianstochter, aber Grimhild zugesprochen wurde als der rechtmäßigen Tochter aus König Aldrians erster Ehe. Vielleicht geschah dies auf Drängen König Irians, von dem die Mitgift ja stammte. Alles spricht also dafür, daß Grimhild Hagens Halbschwester war, geboren in jenen vier Jahren zwischen Hagens Geburt und der Aufdeckung des Geheimnisses. Von einer Beziehung der Königin Oda zu ihr wird nichts erwähnt. Grimhild hatte dann mit Hagen die gleiche Mutter, mit Gunter und Gislher den gleichen Vater. Den jungen Gislher mag Grimhild als ältere Schwester mit aufgezogen haben. Und Gernholt? Er wird immer hinter dem offenbar jüngeren Gislher zurückgesetzt, muß also auch von der ersten Frau König Aldrians stammen.[88]

Aber auch Didrik von Bern hat etwas mit diesen Vorgängen zu tun. Er ist es, der seinen Nachbarn, König Aldrian, »die ganze Wahrheit« wissen ließ, und offenbar sehr bald, nachdem er sie erfahren hatte. Er hat also den »Streit« ausgelöst, und er hat hier wohl zu vermitteln gesucht. Er hat zu Gunter ein gutes, zu Hagen ein ungewöhnlich herzliches Verhältnis (»Didrik-König und Hagen küßten sich, als sie sich fanden; denn sie waren gute Freunde«). Die beiden lädt Didrik als einzige auswärtige Gäste zu seinem Fest ein und zieht mit ihnen ins Bertangaland; und Didrik ist es dann wieder, der die Hochzeit Sigfrids mit Grimhild stiftet und diesen beiden damit nochmals Grimhilds Mitgift sichert.

Nun wird aber auch verständlich, warum der Königin Brünhild Sigfrids und Grimhilds Rechte nicht klar und deutlich gemacht wurden. Die Verhältnisse im Niflungengeschlecht waren schwierig und nicht ohne Peinlichkeit, und für Brünhilds grade Natur wohl nur schwer verständlich. Vieles wurde ihr nicht oder spät mitgeteilt.

Deutlicher wird jetzt auch Hagens Stellung. Er, der bis zu seinem fünften Jahr als rechter Sohn König Aldrians galt, behält diesen Prinzentitel auch künftig und gehört weiterhin zum Königshaus. Er verliert nur seine Erbfolgerechte. Das Nibelungenlied hat ganz recht, wenn es ihn nicht einen Bruder der Jungkönige nennt, sondern nur einen Verwandten. Die Bedeutung, die ihm auch später noch zukommt, verdankt er nicht seiner Abstammung, sondern seiner Persönlichkeit und seinen Fähigkeiten: seiner Umsicht, seiner Furchtlosigkeit, seiner Tapferkeit. Hagen macht Gunters Beschluß zu seinem eigenen, und so finden wir ihn alsbald als Bannerträger und Feldzeugmeister des nach Soest ziehenden Heeres.

Wir wenden uns jetzt dem eigentlichen Drama zu, das schon durch Jahrhunderte die Menschen erregt hat, jenen großen blutigen Kämpfen, in denen ein ganzes Geschlecht untergeht. Vorher aber rufen wir uns noch einmal den Zug zum Markgrafen Rodinger mit einigen Einzelheiten wieder ins Bewußtsein und verfolgen ihn dann weiter zur Hauptstadt des Hünenlandes, SOEST.

Der Zug der Niflungen nach Soest

Gunter-König sandte Botschaft über all sein Land,
daß alle seine stärksten und raschesten Mannen
sich sollten rüsten und waffnen, so gut sie nur könnten.
Da ward Gunter fährtig mit tausend Rittern
mit guter Rüstung und reisigem Roß.

Da nahm Hagen Gunter-Königs Banner,
das war vorn golden inmitten weiß
und ein Aar darin von roter Seide
mit einer Krone, und außen war es grün.

So ritten die Niflungen ihres Weges zum Rhein,
da wo Dhün und Rhein zuhauf kommen.
Es war breit da hinüber und war da kein Schiff.
Dort blieben sie die Nacht in ihren Zelten.

Überschauen wir noch einmal kurz den Niflungenzug nach Soest, dessen einen Teil wir schon kennen! Aus ihrem Reiche im Neffelgau, von ihrer Burg Virnich am Rand des großen Waldes sammeln sich die Niflungen nach Mitte Mai auf dem Schievelsberg bei Enzen und reiten am Morgen nach Vollmond los, nord- und nordostwärts am Rotbach entlang über Türnich und Lövenich und kommen am Abend des zweiten Tages am Rhein bei Merkenich an, wo auf der anderen Seite die Dhün mündet. Hier halten sie Nachtrast.

Hagen geht allein am Rhein flußabwärts »im hellsten Mondschein«; er kommt an ein Binnenwasser seitlich vom Rhein, die »Möre« genannt, findet darin Mutter und Tochter nackt baden und verbirgt ihre Kleider. Er fragt nach Überfahrt und möglicher Rückkehr und versteht aus der Antwort, keiner von ihnen würde zurückkommen. Da erschlägt er die Weiber.

Weiter flußabwärts an der Enge von Rheindorf trifft er den Fährmann, winkt ihn mit goldenem Armreif heran und zwingt ihn, flußaufwärts zu rudern. Es dauert lange, bis sie zum Heer kommen. Dort sind König Gunter und die andern Niflungen schon im Aufbruch und haben mit einem kleinen Boot einen Teil der Mannen übergesetzt. Da kommt Hagen mit dem großen Fährboot.

König Gunter steigt mit einer Hundertschaft ein, Hagen rudert. Der

Fährmann sitzt vor ihm »auf den Gangbrettern«. Als sie in die Mitte des Flusses kommen, wo die Strömung stark wird, legt sich Hagen voll in die Riemen und rudert quer gegen die Strömung mit solchem Ruck, daß die Ruderpflöcke zerbrechen. Hagen springt auf, verflucht den Fährmann, erschlägt ihn und nimmt den Goldring wieder an sich. König Gunter verweist ihm die Untat. Hagen läßt etwas über die (angebliche) Weissagung verlauten.
König Gunter steuert. Auch er ist nicht schiffskundig. Das Steuerband reißt, Hagen flickt es. Am Ufer schlägt die Fähre um, sie kommen heil, aber naß ans Land. Die Fähre wird ausgebessert und zurückgeschickt, der Rest des Heeres herübergeholt, die Pferde schwimmen der Leitstute nach. Dann zieht die Schar, (etwa) auf dem »Reuterweg«, während des übrigen Tages nach Osten.
Beim Dämmern lagern sie am Heerweg, doch schlagen sie keine Zelte auf und nehmen keine Mahlzeit ein. Auch an diesem Abend ist es noch leidlich hell vom Mondschein. Hagen geht vorauf. Er sucht nach dem Verbindungsmann zum Markgrafen Rodinger und findet ihn schlafend. Dieser, Eckiward, hat hier oben seit dem Vollmond gewacht. Der Markgraf hat diesen Mann ausgesucht, weil er früher Sigfrids Mann war und die Niflungen kennt. Eckiward weist sie zur Burg Bakalar. Dort werden sie gastlich empfangen, trocknen ihre Kleider am Feuer und werden bestens bewirtet.
Am Morgen gibt Markgraf Rodinger den Niflungen reiche Geschenke. Dem jungen Gislher führt er seine Tochter als Braut zu und schenkt ihm Sigfrids Schwert Gram, das er selbst früher von Gunter bekommen hatte, und das jetzt die beste Waffe in der Schar ist. Dann begleitet er mit sieben seiner tapfersten Ritter die Niflungen auf ihrem Wege nach Soest. Unter seiner Führung mögen sie einen kürzeren Weg gewählt haben als den zuerst eingeschlagenen.

> Nun ist nichts weiter von ihrer Fahrt zu sagen, als daß sie ritten einen Tag um den andern. Und den Tag, als sie auf Soest zureiten, ist nasses Wetter und starker Wind, und alle Niflungen sind nun naß und ihre Kleider. Und als sie vorbeikommen bei einer Burg, die *Thorta* heißt, reitet ihnen ein Mann entgegen, der ist Sendbote Attala-Königs.

»Thorta« ist ein früher Name von Dortmund, der zweitältesten Stadt Westfalens, die im 10. Jahrhundert »Thortmanni« genannt wird, d. h. »Mannen der Burg Thorta«. Damit ist wieder ein Fixpunkt des Niflungenzuges gesetzt. Er paßt genau in die Lücke zwischen Burg Bakalar = Altenberg und Soest. Die fünf Ortsangaben reihen sich aneinander wie die Perlen an der Schnur:

VERNICA –	DUNA –	BAKALAR –	THORTA –	SUSA(T)
VIRNICH –	DHÜN –	ALTENBERG –	DORTMUND –	SOEST

In Soest vollzieht sich nun das Schicksal der Niflungen (Abb. 25).

Das Drama von Soest

DIE HANDELNDEN:

GUNTER	König im Niflungenland
GISLHER	sein Bruder
GERNHOLT	sein Halbbruder
HAGEN	sein Nennbruder
VOLKWARD	dessen Vetter
ATTALA	König von Hünenland
GRIMHILD	Königin, Attalas Gemahlin, Sigfrids Witwe, Halbschwester der Niflungen
ALDRIAN	beider Söhnchen, 6 Jahre alt
DIDRIK	»von Bern«, König im Exil an Attalas Hof
HILDEBRAND	»Meister«, Didriks Mann
OSID (Blodlin)	Herzog von Herraland, König Attalas Neffe
RODINGER	Markgraf von Bakalar, Attalas Vasall
IRUNG	Jarl, Ritter der Königin, Führer einer Hundertschaft, Grimhilds Vetter (?)
NIFLUNGEN	1000 Ritter
KNAPPEN	der Niflungen, etwa 30
AMLUNGEN	Mannen Didriks
HÜNEN	5000 etwa, Mannen König Attalas.

Zwischen diesen dreizehn Personen und ihrem Anhang spielt sich das ganze Drama in Soest ab. Für die Thidrekssaga aber ist es kein erdichtetes Drama, sondern der Bericht über ein wirkliches Geschehen.

Zunächst herrscht Freundschaft. Die Stadt ist festlich geschmückt, die Unterkünfte sind vorbereitet, Feuer werden entzündet. König Didrik von Bern, von Attala gebeten, reitet hinaus und begrüßt die Niflungen, warnt sie aber zugleich. Wie verhält sich Grimhild?
Erstaunlich, wie die Thidrekssaga in wenigen Sätzen Grimhilds ganze Lage darstellt, den Widerstreit der Gefühle nach sieben Jahren der Trennung von ihren Verwandten, von der sonst nie verlassenen Heimat, ihr Überwältigtsein beim Wiedersehn mit den Brüdern, zugleich ihr brennendes Verlangen, die Erschlagung Sigfrids zu rächen.
Die altschwedische Handschrift hat hier noch ihre große Lücke. Die Membrane sagt (Mb 372):

> Königin Grimhild steht in einem Turm und sieht die Fahrt ihrer Brüder, daß sie nun einreiten in die Burg Susa. Sie sieht dort manchen neuen Schild, manche blanke Brünnen, manchen teuerlichen Helden. Da sprach Grimhild: »Nun ist dies ein schöner, grüner Sommer. Nun fahren meine Brüder mit manchem neuen Schild, mancher blanken Brünne; und nun gedenke ich, wie mich noch grämt die große Wunde Jung-Sigfrids.« –
> Nun weint sie ganz bitterlich um Jung-Sigfrid, ging den Niflungen entgegen und hieß sie willkommen sein; und küßt den, der ihr zunächst war, und dann einen um den andern.

Dies ist die erste, die unmittelbare Begrüßung, noch von verhaltenen Gefühlen geladen. Die Erregung spiegelt sich wider im Wechsel der Vergangenheits- und Gegenwartsformen. Die zweite, herbere Begrüßung, die alles aufs neue verhärtet, folgt gleich darnach:

> Nun ist diese Burg beinahe voll mit Männern und Rossen – und da waren auch schon vorher in Soest viele hundert Mannen und ebenfalls Rosse, so daß man die Zahl nicht bestimmen kann.
> Attala-König nimmt seine Schwäger wohl auf; er hat sie dort in die Hallen begleitet, die vorbereitet sind, und läßt ihnen Feuer machen. Doch die Niflungen fahren nicht aus ihren Brünnen und lassen ihre Waffen nicht von sich.
> Nun kommt Grimhild hinein in die Halle, wo vorher ihre Brüder am Feuer waren und sich trocknen. Sie sieht, wie sie ihre Röcke aufheben, und darunter sind blanke Brünnen.

(Hier endet die Lücke in der altschwedischen Handschrift; und wir folgen nun wieder dieser mit ihrem kürzeren Text.)

Als Hagen seine Schwester Grimhild sah, setzten er und Folkward die Helme auf und spannten sie fest. Da sagte Grimhild zu Hagen: »Hast du mir nun hergebracht den Niflungenschatz, den Jung-Sigfrid besaß?« – Hagen erwiderte: »Ich bringe dir einen starken Feind, dem folgt mein Schild und mein Helm, und meine Rüstung lege ich nicht ab!«
König Gunter sagte: »Schwester, geh her und setz dich zu uns!« – Da ging sie zu ihrem jüngsten Bruder, setzte sich zwischen König Gunter und ihn und weinte bitterlich. Gislher fragte: »Was weinst du so, Schwester?« – Sie antwortete: »Ich weine jetzt um dasselbe wie je: um die große Wunde, die ich sah zwischen Sigfrids Schultern, und war keine Scharte an seinem Schild!« –
Da entgegnete Hagen: »Denk nicht mehr an Jung-Sigfrid oder seine Wunde, sondern hab König Attala lieber; denn er ist halbmal mächtiger und reicher, als Sigfrid war! Nicht machst du Sigfrid mehr heil! Sigfrids Wunde, das wird nun bleiben, wie es getan ist!« –

Die gleichen Worte hatte Sigfrid zu Brünhild gesprochen, als sie ihn zur Rede stellte, warum er sein Verlöbnis mit ihr nicht eingehalten hätte: »Das wird nun bleiben, wie es getan ist.« – Eine Redensart? Vielleicht! Aber die beiden Stellen entsprechen sich und ergänzen sich. Das eine Geschehen folgt aus dem anderen.
Grimhilds Heimweh ist ausgestanden, die alte Wunde frisch aufgebrochen; die Fronten haben sich gebildet, die Kriegserklärung ist ausgesprochen. Ein Kampf steht bevor auf Leben und Tod, und die Hauptbeteiligten wissen es. Noch verläuft dieser Abend friedlich, und so auch der folgende Morgen:

Da ging Grimhild hinaus. Und Didrik von Bern kam zu den Niflungen und bat sie zu Tisch. Ihn begleitete Aldrian, König Attalas Sohn. Da nahm König Gunter Aldrian auf seine Arme und trug ihn hinaus. Doch Didrik-König und Hagen legten jeder den Arm um des anderen Hals in enger Freundschaft und geleiteten so einander hinaus, bis sie hinkamen zu des Königs Saal.
Da standen alle Türme und Zinnen voll edler Frauen und Jungfrauen; und alle wollten sie Hagen sehen um der großen Berühmtheit willen, die er in allen Landen besaß, seiner Mannheit wegen.

SOEST

Abb. 27 *König Gunter in der Schlangengrube schlägt die Leier mit den Füßen. Schnitzerei am Westportal der abgerissenen Holzkirche von Hylestad in Norwegen. Zweite Hälfte des 12. Jahrhunderts.*

Abb. 26
◁ *Sigfrid kämpft mit dem Drachen. Schnitzerei am Westportal der abgerissenen Holzkirche von Hylestad in Norwegen. Zweite Hälfte des 12. Jahrhunderts.*

Abb. 28 *Der »Niflungengarten« vor 1970, noch weithin unbebaut.*

Dies alles ist meisterhaft erzählt, knapp, in starken Bildern, in klarer Sprache. Am Abend ist Geselligkeit unter den Männern, Gastmahl und Umtrunk. Ein Fest wird eingeleitet, ein gewaltiges Drama bereitet sich vor.

Vorbereitungen

> Attala erkannte, daß das Volk viel war, und fände nicht alles Platz in einem Saal. Nun war schöner Sonnenschein; darum ließ er das Gastmahl in einem Baumgarten richten.

Während nun die Niflungen in der Burgstadt umhergehen, sich dort umschauen und sich anstaunen lassen, geht die Königin Grimhild umher und versucht, Helfer für ihre Rache zu finden. Sie wendet sich zuerst an König Didrik von Bern. Er empfängt sie freundlich, doch weist er sie ab:

> »Frau, das kann ich keinesfalls tun, und wer das tut, das ist ohne meinen Rat und Willen; denn das sind meine besten Freunde! Mir steht eher an, ihren Vorteil zu suchen als ihren Schaden!« –

Nun geht Grimhild zu Herzog Osid – aber auch er weist sie ab: »Tue ich das, dann habe ich König Attalas Feindschaft; denn er ist ihr guter Freund.« – Endlich geht Grimhild zu König Attala selbst und sagt:

> »Herr, wo ist das Gold und Silber, das meine Brüder dir brachten?« – Attala antwortete: »Sie brachten mir weder Gold noch Silber. Gerne will ich sie wohl empfangen, besonders gern hier in meinem Heim.«
> Die Königin antwortete: »Wer wird nun meine Unbill rächen, wenn du es nicht willst? Ich vergesse niemals, wie Jung-Sigfrid ermordet ward; das macht mir weh in meinem Herzen. Sei so gut, Herr, und räche das! Dann bekommst du Niflungenland und den ganzen Niflungenschatz!« –
> Der König erwiderte: »Schweig und schwätze kein einziges Wort mehr! Ich will meine Schwäger nicht betrügen. Sie sind auf Vertrauen hierhergekommen. Solches sollst nicht du tun noch irgendwer sonst!« – Da ging Grimhild hinaus, weit unfroher als vorher.

König Attala ist, nach dieser Erzählung, den Niflungen wohlgesonnen; ihn verlangt nicht nach ihrem Land noch nach ihrem Gold. Grimhild hat keinen Helfer gefunden. Sie steht allein gegen alle. Wie kann es ihr gelingen, die andern auf ihre Seite zu ziehen?
Zunächst versucht sie, die Niflungen waffenlos zu machen.

> Der König ging in den Apfelgarten und ließ dorthin alle Gäste kommen. Da sagte die Königin zu den Niflungen: »Ihr seht, alle Hünen haben die Waffen abgelegt. Deshalb will ich, daß ihr Niflungen mir eure Waffen in Verwahrung gebt.« –
> Hagen entgegnete: »Du bist eine Königin! Es schickt sich nicht für dich, Männerwaffen zu hüten. Mein Vater lehrte mich, da ich jung war, niemals meine Waffen in eines Weibes Obhut zu geben. Und solang ich im Hünenland bin, lege ich nie meine Waffen von mir!«
> Damit band er seinen Helm so fest er konnte. Da sahen alle, daß Hagen voll Grimm war, und wußten doch nicht, was das bedeutete.

Ganz so, zum Teil mit denselben Worten, erzählt es auch das Nibelungenlied. Der Versuch der Königin ist mißlungen. Die Niflungen bleiben bewaffnet, das Verhältnis des Königs zu ihnen ist besser als je. Zwischen Grimhild und Hagen aber stehen die Zeichen auf Sturm.

> Attala-König stand auf und ging zu Gunter-König und Gislher, nahm Gunter an seine rechte Hand und Gislher an seine linke, rief Hagen und Gernholt und setzte sie zu Tisch, wie vorher gesagt ist. Es waren viele Feuer im Garten und Tische ums Feuer. Nun waren alle Niflungen im Garten mit blanken Brünnen, scharfen Schwertern und harten Helmen. Schilde und Spieße hüteten ihre Knappen draußen vorm Garten; und sie hatten auf Hagens Rat 15 Diener entsandt, die sollten ausspähen unter den Hünen, ob Trug sich erhöbe.
> Dort saß der Erzieher des Königssohns neben Folkward Spelemann, und die Königin ließ ihren Stuhl gerade gegenüber dem Könige setzen. Herzog Osid saß neben ihr.

Hatte Grimhild bisher vergeblich versucht, einen Helfer zu finden, der den Streit entfachen konnte, so geht sie jetzt zu einem Ritter, der IRUNG heißt; »zu *ihrem* Ritter«, sagt die Membrane. Von ihm berichtet die altschwedische Handschrift, daß er »Hauptmann über ihr Volk« war.

Grimhild hatte demnach ihre eigene Truppe im Hünenland und ihren Hauptmann, der diese Truppe führte. Zu ihm sagt sie nun:

> »Guter Freund Irung, willst du meinen Harm rächen, da nicht Attala-König und nicht Didrik von Bern und keiner meiner Freunde ihn rächen wollen?« – Irung antwortete: »Warum weinst du so? Und was willst du rächen?« –

Ritter Irung weiß anscheinend nichts von Grimhilds Rachegedanken oder doch nichts Genaues, obwohl er täglich in ihrer Nähe war. Sie hat darüber geschwiegen, jetzt aber sagt sie:

> »Ich vergesse niemals, wie Jung-Sigfrid ermordet ward. Ihn will ich rächen, wenn einer mir dazu helfen will!« – Sie nahm seinen vergoldeten Schild und sagte zu ihm: »Willst du meinen Harm rächen, dann will ich dir soviel Rotgold geben, als du darauf ausbreiten kannst, und meine Freundschaft auf ewig!« –
> Irung antwortete: »Das ist viel Gold; doch deine Freundschaft ist besser!« – Und sogleich stand er auf, wappnete sich mit einer Hundertschaft Ritter, die ihm gehorchten, und schlug alsbald sein Banner aus.
> Da sagte Grimhild: »Schlage zuerst all ihr Volk zur Hel, das außer dem Garten ist, so daß keiner hereinkommt! Und laß keinen nach draußen, der drinnen ist!« –

Sie ließ vor dem Gartentor blutige Rindshäute ausbreiten, so daß jeder stürzte, der darüber lief. Dort stellte sich Irung mit seinen Mannen auf.

Wer ist dieser Ritter Irung, den sich Grimhild so schnell zum Vertrauten gewinnt, dem sie ihre »Freundschaft auf ewig« verspricht? Er scheint jung gewesen zu sein; doch hatte er, wie später erzählt wird, eine mannbare Tochter. Er fragt nicht nach König Attalas Willen, ihm genügt der Auftrag der Königin. Über die Folgen denkt er nicht nach. Wahrscheinlich unterstand er König Attala nicht, stammte nicht aus dem Hünenland, sondern war mit Grimhild aus dem Niflungenland gekommen?
Erinnern wir uns daran, daß Grimhild die Enkelin König Irians war, der in anderen Handschriften auch Irung heißt. Jarl Irung, auch Iron genannt, war ein Graf, vornehmen Geschlechts. Er könnte von König

Irian-Irung abstammen, wie oftmals in der Thidrekssaga der Enkel den Namen des Großvaters trägt, oft auch in abgewandelter Form. Dann war Jarl Irung Grimhilds Vetter – und Verwandtschaft zählte in diesen Geschlechtern viel. Das würde ihre Vertraulichkeit erklären.

Auch später wird die besondere Vertrautheit und Zuneigung Grimhilds zu Irung-Iron nochmals betont, als Grimhild hofft, Hagen selbst an den Leib zu kommen. Da heißt es: Es stand einer dabei, der Iron hieß. Er war der Königin guter Freund. – Sie schickt ihn gegen Hagen aus, und als er diesen verwundet hat, nennt sie ihn einen trefflichen Mann. Dann nimmt sie zwei Goldspangen und spannt sie um seinen Helm. Eine solche persönliche Beziehung und Berührung durch Grimhild wird von keinem anderen Manne berichtet. Irung-Iron kann also sehr wohl ein Vetter Grimhilds sein, den sie, als sie ins Hünenland zog, zu ihrem persönlichen Schutz und Geleit mit sich nahm.

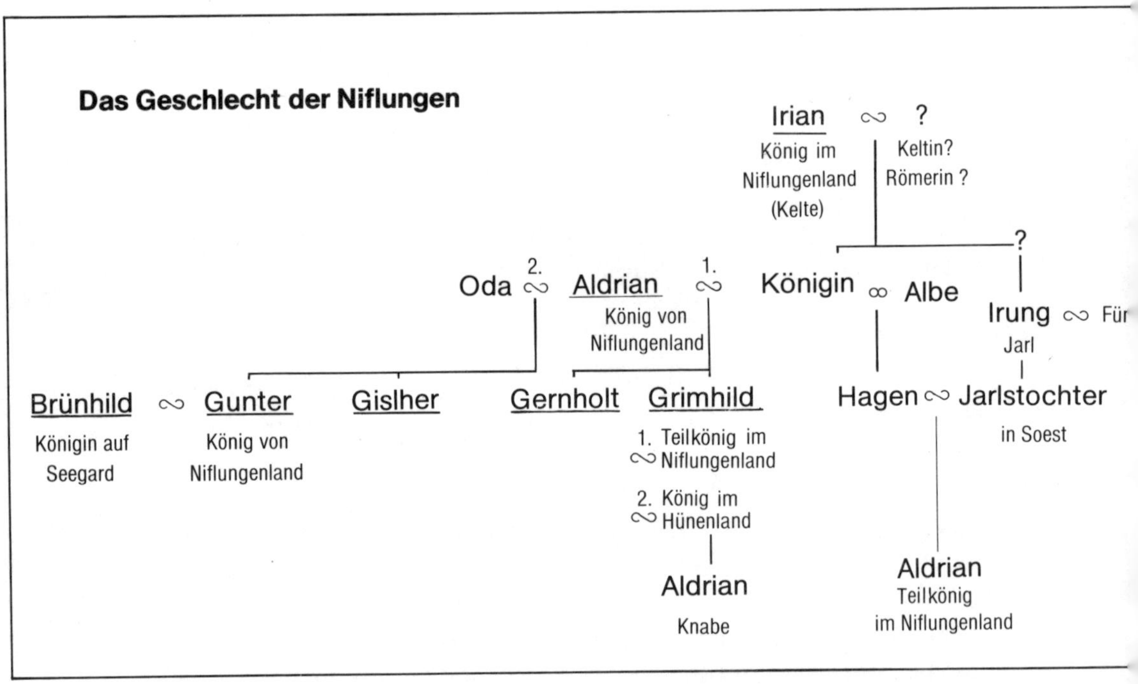

15 Jarl Irungs wahrscheinliche Beziehung zu den Niflungen.

Der Kampf beginnt

Die Beseitigung der 30 Niflungenknappen ist im Garten gar nicht bemerkt worden. Hier scheint alles noch friedlich. Aber nun erzwingt Grimhild den Kampf auf eine ganz andere Weise, als es bisher zu vermuten war.

Die Königin ging rasch und setzte sich wieder in ihren Stuhl. Da lief zu ihr hin ihr Sohn Aldrian und küßte sie. Die Königin sagte: »Lieber Sohn, bist du deinen Verwandten gleich und hast du das Herz dazu, dann geh zu Hagen und hau ihm mit deiner Faust stracks an sein Kinn einen mächtigen Hieb! Wagst du das, dann wirst du ein wackerer Held!« –

Der Wicht lief flugs zu Hagen hin, und als der sich über den Tisch herbeugte, hieb er ihm mit der Faust gegen sein Kinn einen Schlag, so stark, daß man ihn kaum einem Älteren zugetraut hätte, als er es war.

Da griff Hagen dem Wicht mit der Linken ins Haar und sagte: »Das hast du nicht nach dem Rat deines Vaters und nicht nach deinem eignen getan, sondern hierzu hetzte deine Mutter dich auf. Das entgiltst du nun!« – Und er zog mit der Rechten das Schwert heraus, hieb dem Knaben den Kopf herunter, schlug Grimhild damit vor die Brust und rief: »Frau, da hast du 'nen sauren Apfel (Fru, där hawwer du et surt äpple)! – Wir trinken guten Wein hier im Garten, den werden wir nun teuer bezahlen!« –

Und zugleich, über Folkward Spelemann hinweg, schlug er auch dem Erzieher des Knaben den Kopf ab und sagte: »Und du, Ziehmeister, bekommst deinen gerechten Lohn, weil du das Bürschchen nicht besser zogst!« –

Da sprang König Attala auf und rief: »Auf, alle meine Mannen! Erschlagt die Niflungen!« – Da sprangen alle Attala-Mannen auf zu ihren Waffen, und die Niflungen zogen ihre Schwerter.

Der Kampf ist losgebrochen. Grimhild hat, was vorher unmöglich schien, König Attala, Herzog Osid und alle Hünen auf ihre Seite gebracht und zur wildesten Wut gegen Hagen und die Niflungen entflammt.
Nicht die Thidrekssaga, sondern das Nibelungenlied gibt hierzu den Kommentar, indem es, als Grimhild ihr Söhnchen hereinholen läßt, ausruft: »Wie konnte ein Weib um Rache je etwas Schrecklicheres tun?!«

Dô der strît niht anders kunde sîn erhaben
(Kriemhilt leit das alte in ir herzen was begraben),
dô hiez si tragen ze tische den Etzelen suon. –
wie kund ein wîp durch râche immer vreislîcher tuon?

Frei übersetzt:

Da der Streit nicht anders konnte sein entfacht
(Kriemhilds Leid, das alte, in ihrem Herzen war erwacht),
da ließ sie tragen zu Tische den Etzel-Sohn.
Wie konnte ein Weib um Rache je etwas Schrecklicheres tun?!

Aber im Nibelungenlied tut die Frau das Schreckliche nicht. Sie reizt ihren Knaben nicht gegen Hagen auf, sie opfert ihn nicht willentlich; sondern der Kampf entsteht, als die Erschlagung der Niblungenknechte – hier sind es 9000! – dadurch bekannt wird, daß Dankwart, der sie betreute, blutberonnen in die Tür des Festsaales tritt:

Vil lûte rief dô Dancwart zuo dem degene:
ir sitzet alze lange bruoder Hagene.
iu und gote von himele klage ich unser nôt:
rittere unde knehte sint an der herbergen tôt.

(Mit lauter Stimme rief da Dankwart zu dem Degen:
»Ihr sitzet allzu lange, Bruder Hagen!
Euch und Gott im Himmel klage ich unsere Not:
Ritter und Knechte sind bei der Herberge tot!«)

Und Hagen antwortet:

»Ich hörte schon lange von Kriemhilde sagen,
daß sie nicht ungerochen ihr Herzleid wolle tragen.
Nun trinken wir die Minne und zahlen Etzels Wein:
Der junge Vogt der Heunen muß hier der allererste sein!«

Ortlieb das Kind erschlug da Hagen der Degen gut,
daß von dem Schwerte nieder zur Hand ihm floß das Blut,
und das Haupt herabsprang der Königin in den Schoß.
Da hob sich unter Degen ein Morden grimmig und groß.

Darauf dem Hofmeister, der des Kindes pflag,
mit beiden Händen schlug er einen schnellen Schlag,
daß vor des Tisches Füße das Haupt ihm niederflog:
Es war ein jämmerlicher Lohn, den er dem Hofmeister wog.

So beginnt im Nibelungenlied der Kampf, ohne einen neuen Eingriff Kriemhilds, ohne eine Handlung des Knaben, nur auf Grund der Vorgänge, welche Kriemhild vorher heimlich eingeleitet hatte. Es sind Strophen ritterlicher Prägung, gedrängter Handlung, ganz nahe an der Thidrekssaga.

Was aber hat im Nibelungenlied der Erzieher des Knaben zu tun? Wofür bekam er den »jämmerlichen Lohn«, da keine Untat des Kindes zu bestrafen war? Die Tötung des Knabenerziehers ist nur aus der Thidrekssaga-Erzählung zu verstehen.

Jene Strophe des Nibelungenliedes mit dem Vorwurf gegen Kriemhild (A 1849, B 1912) steht vereinzelt und ohne Folge da, ein Entwurf, der verworfen wurde, aber erhalten blieb. Dieser Entwurf wollte den Streit so entstehen lassen, wie die Thidrekssaga es schildert; aber so konnte es nicht mehr beginnen. Denn nachdem das Nibelungenlied aus den 30 Knappen der Thidrekssaga-Erzählung 9000 Knappen, Knechte und Reisige gemacht hatte, konnte deren Beseitigung nicht mehr unbemerkt und ungerächt erfolgen. Die Erschlagung der Knechte mußte den allgemeinen Kampf notwendig nach sich ziehen. Er wäre auch ohne die Anwesenheit des Königsknaben und ohne seinen Tod erfolgt. Der Vorwurf gegen Kriemhild trifft im Nibelungenlied also nicht zu. Diese Strophe und die Erschlagung des Erziehers sind ein klarer Beweis dafür, daß *in der Thidrekssaga-Überlieferung die Vorlage für das Nibelungenlied zu suchen* ist.

An keiner Stelle sehen wir deutlicher die Abhängigkeit des Nibelungenliedes von seiner Quelle. Wie beim Duna-Übergang, wie beim Einzug in die Attalaburg, wie bei der Anprangerung der schrecklichen Tat Kriemhilds folgt das Nibelungenlied in den Partien, in denen seine Fantasie nicht mit ihm durchgeht, den »ALTEN MAEREN«, die es in der Thidrekssaga-Überlieferung vorfand. Und die Reste dieses Zusammenhangs bleiben selbst dort noch erhalten, wo die ganze Anordnung umgestoßen ist. *Die Thidrekssaga-Überlieferung erweist sich als die Quelle des Nibelungenliedes.*

Die wenigen Personen der Thidrekssaga füllt das Nibelungenlied mit hinzuerfundenen oder aus anderen Überlieferungen entnommenen auf;

aus den 30 Knechten der Ths macht es 9000, aus den sieben Rittern, die den Markgrafen Rodinger nach Soest begleiten, macht es 500; und so macht es aus dem sparsamen Text der Ths durch Aufschwellung und oft ausschweifende Fantasie ein Epos von 39 Aventuren, das mit seinen Längen unerträglich ist, dessen hervorragendste Teile aber die aus der Ths entnommenen Verse sind.

In der Thidrekssaga *will* Grimhild den Tod des Knaben, um endlich den Kampf beginnen und die Rache an Sigfrids Mörder vollziehen zu können. Sie weiß, was geschehen wird, sie wünscht es und opfert den Knaben bewußt. Man könnte es eine schicksalhafte Verstrickung nennen; sie bedeutet für alle den Tod.

Wenn aber Hagen auf die Kunde hin, daß die Knappen erschlagen sind, daß der Kampf bereits im Gange ist, anstatt sich an den König, die Fürsten oder an Grimhild zu halten, ein wehrloses Kind umbringt, dann ist das unentschuldbarer Mord. Dies kann nicht der Entwurf des ritterlichen Nibelungenlieddichters gewesen sein.

Die ursprüngliche Fassung dieses Streitbeginns muß daher, auch im Nibelungenlied, die der Ths gewesen sein, welche der Knabentötung den gezielten Angriff des Knaben vorausgehen läßt. Hagen vollzieht hier nur das unabwendbare Schicksal.

So wird Hagen in der Thidrekssaga gesehen, und so ist er dem Hagen des Nibelungenliedes an dieser Stelle – trotz schöner Liedverse – weit überlegen.

Die stolzen Worte Hagens:

> »Nun trinken wir die Minne und zahlen Etzels Wein,
> der junge Vogt der Heunen muß hier der allererste sein!«

gehören zu den gelungensten des Nibelungenliedes und stammen nach Klang und Rhythmus von dem ritterlichen Erstdichter. Zu seiner Ehre müssen wir annehmen, daß ihnen der durch Kriemhild angereizte Angriff des Knaben auf Hagen vorausging, worauf dann die Erschlagung des Kindes die – wenn nicht unabwendbare, so doch von Kriemhild vorausgesehene und erwünschte – Antwort war.

Denn welche Bosheit mutet das Nibelungenlied selbst einem Hagen zu – obwohl wir einiges von ihm gewohnt sind – daß er ein unschuldiges und ahnungsloses Kind umbringen sollte nur, um der Mutter schmerzhaft Böses anzutun? Man müßte dann über Hagen die Worte sprechen, die im

Nibelungenlied über Kriemhild gesagt sind: »Wie konnte ein Mann um Rache so etwas Freventliches tun?« – Seltsam, daß man diesem Gedanken bei den Lobpreisungen des Nibelungenliedes nicht begegnet!

Der Kampf im Garten

Aus dem Fest im Garten ist ein Kampf geworden auf Tod und Leben. Die Niflungen erschlagen alle Hünen, die im Garten geblieben sind, viele hundert. Hinausgekommen sind König Attala und Grimhild, König Didrik und Hildebrand, Herzog Osid und Markgraf Rodinger. Sie müssen den Garten über die Rindshäute verlassen haben; denn hier war das einzige Tor. Mit ihnen entkamen viele andere. Wer aber von den Niflungen versuchte, aus dem Garten auszubrechen, der glitt auf den blutigen Rindshäuten aus und wurde erschlagen.
Im Nibelungenlied findet das ganze Drama in einem Saal statt. Aus ihm werden nach dieser ersten Schlacht allein an toten Hünen 7000 hinausgeworfen. Welch ein Saal, in solcher Frühzeit!
Die im Garten eingeschlossenen Niflungen sind zunächst zur Tatenlosigkeit verdammt. Sie erleiden Verluste durch Speerwürfe und Pfeile der Hünen, ohne diesen mit ihren Hiebwaffen beikommen zu können.

> König Attala stand auf einem Turm und trieb alle seine Mannen an, zuzudringen und die Niflungen zu erschlagen. Didrik-König ging heim in seine Herberge mit allen seinen Mannen; und es schien ihm übel, daß so viele seiner Freunde einer den andern auf beiden Seiten erschlugen. Doch die Königin ging den ganzen Tag und gab Attalas Leuten Helme, Brünnen, Schilde und Schwerter, versprach ihnen viel Gold und trieb sie voran, die Niflungen zu erschlagen. Da entstand ein harter Kampf. Die Hünen griffen tapfer den Garten an, und die Niflungen verteidigten ihn. Der Garten heißt HORNGARTEN, und jetzt heißt er NIFLUNGENGARTEN. Da fielen viele Hünen und Niflungen, doch halbmal mehr Hünen als Niflungen.[89]
> Die Thidrekssaga (Sv 325) fährt fort: Nun drängten alle Hünen vom Land und von den Orten herein, so daß sie halbmal mehr wurden als anfangs, da sie zu kämpfen begannen. Da sagte Hagen zu seinen Brüdern: »Wir haben viele der Hünen erschlagen, doch es ist, als täten wir

> nichts, so sehr vermehrt sich das Volk vom Land her und von den Orten; und die, mit denen wir uns schlagen, das sind nur ihre kleinen Leute. Die Anführer stehen drüben abseits und sehen dort zu. Das ist mein größter Kummer, daß wir nicht hinaus ins Gelände kommen. Wären wir dort, dann könnten wir selbst wählen, mit wem zu kämpfen uns lüstete. So können wir deutlich sehn, daß die Niflungen fallen werden; denn jene tun uns den größten Schaden mit ihren Spießen. Könnten wir unser Schwert mit Mannheit gebrauchen, dann sollten die uns nicht überwinden! Versuchen wir darum tatkräftig, wie wir hinauskommen!« –
> Der Garten war rings ummauert wie eine Feste.

Die Membrane schreibt hier (381): »Eine Steinwand war rings um den Garten gezogen, festgefugt wie eine Burgmauer«; und sie fügt hinzu: »Und diese Steinwand ist um ihn noch heute.« –
Die Thidrekssaga berichtet weiter:

> Da sah Hagen, ganz im Westen des Gartens, daß die Mauer da etwas brüchig war. Dorthin liefen sie alle voller Eifer und brachen sich dort hinaus. Hagen sprang nach draußen, seine Brüder ebenso, und andere Niflungen mit ihnen.
> Als sie nun hinauskamen zwischen Häuser in eine enge Gasse, da trat ihnen Osid mit seinem Banner entgegen, und es entstand zwischen ihnen ein harter Kampf. Jetzt bliesen die Hünen in ihre Hörner und ließen kundtun, die Niflungen wären aus dem Garten herausgekommen. Da drängten sie alle dorthin und mit so vielem Volk, daß die (meisten) Niflungen wieder zurück in den Garten wichen.
> Draußen stand ein gemauerter Saal. Dorthin kam Hagen zur Tür – sie war verschlossen. Er wandte den Rücken zur Tür und hieb einen über den andern ... Und sie drängten so dicht auf ihn, und er schlug sich so mannhaft: man mußte auf toten Männern gehn gut einen Armtief über der Erde. Da hatte Hagen noch keine Wunde.
> Herr Didrik stand nahe dabei oben auf einem Vorbau mit all seinen Mannen, wohlgewappnet. Dorthin kam Gernholt, wandte den Rükken an eine Wand, wehrte sich tapfer und erschlug manchen Mann. Die Hünen drangen dort hart auf ihn ein. Gernholt sagte zu König Didrik: »Du könntest wohl hergehn mit deinen Mannen und könntest uns helfen! Laß nicht so wenige Männer sich schlagen mit so vielen!« – Herr Didrik antwortete: »Mein guter Freund Gernholt, all dies ist

mir ein großer Schmerz. Ich verliere hier manchen guten Freund und kann nichts dabei tun! Ich will mich nicht schlagen mit König Attalas Volk. Und wissentlich will ich auch euch nichts Übles antun!« –

König Gunters Ende

König Gunter war im Garten. Er hörte, daß seine Brüder Beistand brauchten. Darum kam er mit seinen Mannen hinaus durch die Bresche, die sie in die Mauer gebrochen hatten. Dort draußen standen Herzog Osid, Attalas Neffe, und viele Hünen mit ihm. König Gunter ging mannhaft gegen sie vor, so daß keiner der Seinen stark genug war, ihm zu folgen.
Er wehrte sich tapfer den ganzen Tag, doch hatte er keine Hilfe, sondern stand einsam mitten im Hünenheer und wurde endlich so müde, daß er sich gefangen geben mußte. Sie griffen ihn und banden ihn und führten ihn zu Attala-König. (Mb: Osid führte ihn vor die Knie Attala-Königs). Da ließ der König den König Gunter in seinen Schlangenturm werfen, und dort ließ König Gunter sein Leben. Dieser selbe Turm steht noch, mitten in Soest.

Im Gegensatz zum Nibelungenlied findet König Gunter in der Thidrekssaga einen frühen Tod. Es ist kein so edles Ende, wie man es für den tapferen Kämpfer wünschen würde; und das Nibelungenlied läßt ihn denn auch bis zum letzten Schluß, allein mit Hagen, überleben, wie man es von einer Dichtung erwartet. Aber eben dieser undichterische Untergang König Gunters in der Thidrekssaga ist wieder ein Zeichen dafür, daß hier eben nicht Erdichtetes überliefert wird, sondern Geschehenes. Wieder stehen sich hier Legende und Wirklichkeit gegenüber.
Den Bericht von König Gunters Tod im Schlangenturm hat der Norden übernommen und auf seine Weise dichterisch ausgeschmückt, in den Edda-Liedern und in der Völsungensaga. Dort heißt es:

Gunnar ward in einen Schlangenzwinger geworfen, darin waren viele Schlangen. Seine Hände waren gefesselt. Gudrun (= Grimhild) sandte ihm eine Harfe. Da zeigte er seine Kunst und spielte die Harfe mit großem Geschick, indem er die Saiten mit den Zehen schlug; und spielte so schön und trefflich, daß wenige meinten, sie hätten die Harfe so mit Händen schlagen gehört. Und solange übte er diese Kunst, bis alle Schlangen einschliefen – nur *eine* Natter nicht, groß und scheußlich anzusehen; die kroch zu ihm heran und grub sich mit ihrem Maule ein, bis sie sein Herz traf. So ließ er sein Leben mit großem Heldenmut.

Das ist kühne Dichtung! Und hiervon wieder wurden Bildwerke geschnitzt, wie sie an den Portalen der norwegischen Stabkirchen (noch) zu sehen waren, die König Gunter darstellen im Schlangengehege, wie er die Leier mit den Füßen schlägt (Abb. 27).

Sv 328: Das hörten Hagen und Gernholt, daß ihr Bruder, König Gunter, gefangen worden war. Da sprang Hagen fort von der Tür hinaus auf die Gasse und hieb über den Haufen jeden, auf den er traf. Und da traute sich keiner, ihn zu erwarten. Gernholt tat desgleichen und hieb mit beiden Händen. Sein Schwert, auf welchen Helm er auch hieb, stand immer erst in der Erde still. Und ihm folgt mutig Herr Gislher und erschlägt manchen Mann mit seinem Schwert Gram.
Nun drangen die Niflungen so ungestüm aus dem Garten, daß die Hünen vor ihre Füße stürzten. Und in hellen Haufen begannen die Hünen zu fliehen, jeder in seine Halle. König Attala ging auf den Turm, ließ die Türen nochmals verwahren und sorgte, daß die Niflungen nicht zu ihm kämen. Da erhoben die Niflungen lauten Heerruf, daß die Hünen flöhen, und riefen, sie wollten ihren Schaden rächen. Die Hünen flohen trotzdem. Und nun wurde es sehr dunkel von der Nacht. Doch die Niflungen suchten unten die ganze Burg ab und schlugen zur Hel alle, die sie trafen.
Markgraf Rodinger ging in Didriks Herberge und blieb dort die Nacht über; und Herzog Osid und Irung-Jarl gingen jeder in seine Herberge. Nun wurde die Nacht so dunkel, daß keiner sehen konnte. Da sammelten sich drinnen auch viele Hünen zu Hauf.
Jetzt ließ Hagen die Hörner blasen und rief sein ganzes Volk zusammen. Er stand auf einer Mauer, wo alle Niflungen ihm nahe waren. Nun fragte er Gernholt: »Zähle, wieviele wir verloren haben mit Gunter-König! Oder wieviele haben wir noch?« – Sie ordneten ihre Mannschaft neu, schlugen ihre Banner aus und zählten ab. Sie hatten 700 behalten und 300 verloren. Da sagte Hagen: »Wir haben noch wieder Mannschaft genug, und sollen die Hünen noch manchen Mann lassen, ehe wir alle zur Erde fallen!« – Das bejahten die Niflungen alle.

Als sie eine kurze Weile sich ausgeruht hatten und ihre Wunden verbunden, sagte Hagen: »Wir können nicht von hier fortkommen; und warten wir diese Nacht ab, dann sammelt sich hier soviel Mannschaft vom Land, daß wir noch größere Schwierigkeit haben. Drum wollen wir uns Feuer verschaffen, damit wir sehen können, und die zur Hel schlagen, die zuerst hier sind! Dann ist unsre Freiheit um soviel größer!« –

Damit lief Hagen und suchte nach Feuer. Er zündete ein hölzernes Kochhaus an, welches dort in der Burg stand, so daß das Feuer leuchtete über die ganze Burg. Da ließen die Niflungen (in) ihre Luren blasen, verhöhnten die Hünen und forderten sie heraus, sich mit ihnen zu schlagen. Doch die Hünen standen oben in den Kampfscharten, und die einen schossen auf die andern, die Hünen warfen auf die Niflungen, und die Niflungen wieder auf sie. Aber nicht wollten die Hünen herunterkommen, mit den Niflungen zu kämpfen; dennoch schlugen die Niflungen manchen zur Hel diese Nacht.

»Herzog Blodlin«

Crimilla antwortete nicht
und ging ihres Weges weinend hinaus.
Sie ging zu Herzog . . . und sagte:
»Willst du helfen, Harm zu rächen?«

Hier ist etwas nachzuholen. Ich habe etwas verändert. An der obigen Stelle und noch an einigen anderen, wo ich »Herzog Osid« geschrieben habe, steht im Text »Herzog Blodlin«. Herzog Blodlin? Wer ist das? – »Aha!« werden die Kundigen rufen, »das ist der Herzog Blodelin aus dem Nibelungenlied, der dem historischen Bruder des Hunnenkönigs Etzel, Bleda, entspricht! Wenn der in der Thidrekssaga auftaucht, dann stammt deren Text eben *doch* aus dem Nibelungenlied, dann ist mit dem König Attala-Attila-Atilius trotz Soest und trotz allem bisher Erklärten der Hunnenkönig Etzel in Ungarn gemeint und kein anderer! Und den wollte uns der Schaumburger Ritter verheimlichen?!« – Auch wer die Thidrekssaga für ursprünglicher hält als das Nibelungenlied, wird hier stutzen und fragen: »Wie kommt dieser Blodlin-Bleda aus dem Umkreis des historischen Etzel in die Thidrekssaga hinein?« –

Aber bald kommen die Gegengedanken: »Wo kommt ein Herzog Blodlin plötzlich her?« Die Thidrekssaga ist ja nicht auf die Niflungen-Erzählung beschränkt. Sie begleitet, sieben Jahrzehnte lang, das Leben des Königs Didrik von Bern; und etwa fünf Jahrzehnte lang begleitet sie auch das Leben des Königs Attala. Sie berichtet von seinem Vater, dem Friesenkönig Osid, berichtet von Attalas Aufstieg, wie er sich das Hünenland Westfalen erobert und Soest zu seiner Hauptburg ausbaut; schildert seine Kämpfe mit Wilzen, Polen und Russen im Osten, erzählt eingehend die Geschichte von der Entführung der Prinzessin Ercha und berichtet, Jahrzehnte später, die Werbung um Grimhild im Niflungenland. Aber niemals kommt dabei ein Herzog Blodlin vor.

Immer ist vielmehr eine Hauptgestalt dieser Erzählungen der Neffe König Attalas, HERZOG OSID, der Sohn seines Bruders. Osid ist König Attalas besonderer Vertrauter, Osid entführt, zusammen mit seinem Freund, dem Markgrafen Rodinger-Rod'ger von Bakalar, die Königstochter Ercha als Braut für seinen Oheim, Osid bringt König Attalas Werbung um Grimhild im Niflungenland vor und erhält dafür als Geschenk von König Gunter Helm und Schild Jung-Sigfrids. Osid ist der einzige Verwandte Attalas in der Königsburg von Soest. – Ein Herzog »Blodlin« dagegen ist der gesamten Thidrekssaga sonst unbekannt.

Plötzlich, als das Niflungendrama in Soest beginnt, taucht – woher? – dieser »Herzog Blodlin« auf, und zur gleichen Zeit verschwindet Herzog Osid. »Herzog Blodlin« wird von Grimhild um Rachehilfe gebeten, »Herzog Blodlin« sitzt neben Grimhild beim Festmahl im Garten, »Herzog Blodlin« tritt bei den Kämpfen dem König Gunter entgegen, Herzog Blodlin geht am Abend in seine Herberge, und »Herzog Blodlin« wird am nächsten Tag von Gernholt erschlagen. Das sind seine ganzen Auftritte. Darnach verschwindet er wieder.

Das kann nichts anderes bedeuten, als daß hier einfach der Name »Herzog Blodlin« für »Herzog Osid« eingesetzt worden ist, der Name des Verwandten des Königs Etzel für den Namen des Verwandten des Königs Attala. Ist der Name eine späte Anleihe aus dem Nibelungenlied, das bald nach 1200 »modern« wurde, wie seine vielen Abschriften dartun? Oder hat ein »geschichtskundiger« Schreiber in üblicher Verwechselung den Namen an diesen Stellen anstelle von »Osid« in die Thidrekssaga eingefügt, und das Nibelungenlied hat ihn aus diesen, seinen »Alten Maeren«, wie alles Übrige, entnommen?

Daß der Name »Herzog Blodlin« für »Herzog Osid« steht, läßt sich an *einer* Stelle noch besonders deutlich erkennen. Bei der Gefangennahme

König Gunters – und nur an dieser Stelle – sind nämlich beide Fassungen erhalten geblieben, jene mit Herzog Blodlin und diese mit Herzog (hier »Jarl«) Osid. Sie stehen hintereinander. Dort heißt es (Sv 327):

> König Gunter war im Garten. Er hörte, daß seine Brüder seine Hilfe brauchten. Deshalb kam er mit seinen Mannen heraus durch die Bresche, die sie in die Mauer gebrochen hatten.
> 1) Außen davor stand Herzog Blodlin, und viele Hünen mit ihm. König Gunter ging mannhaft gegen sie an, so daß keiner seiner Mannen so stark war, daß er ihm folgen konnte.
> 2) Da trat ihm Osid-Jarl, Attalas Neffe, mit vielem Volk entgegen. König Gunter wehrte sich mannhaft den ganzen Tag über. Er hatte keine Hilfe, sondern stand einsam mitten im Hünenheer.

Zweimal wird hier dasselbe erzählt: König Gunter, der durch die Bresche vorgedrungen ist, trifft draußen auf eine Menge von Hünen unter einem fürstlichen Anführer. Er geht mannhaft gegen sie vor, bleibt aber ganz alleine. Läßt man eine der beiden Stellen aus, so bleibt es eine klare Darstellung; nur ist es das eine Mal Osid, der hier »Jarl« genannt wird, das andre Mal Herzog Blodlin. In anderen Handschriften ist die Peinlichkeit dieser Doppelung empfunden worden und Herzog Blodlin an dieser Stelle beseitigt. Dort ist es nur der Herzog Osid, der König Gunter besiegt und »vor König Attalas Knie« führt.
Von da an ist Herzog Osid wieder verschwunden. Nun ist es wieder Herzog Blodlin, der am Abend in seine Herberge geht, und »Jarl Blodlin«, der am Morgen im neuentfachten Kampf von Gernholt erschlagen wird, »und nun ist ein Häuptling der Hünen gefallen!« – Damit ist die kurze Gastrolle Blodlins zu Ende. Von Herzog Osids Rückkehr in die Herberge am Abend und von seinem Tod wird nichts berichtet; und doch ist er am Ende der Kämpfe nicht mehr unter den Überlebenden.
Wenn wir nun aber an allen Stellen für »Herzog Blodlin« den »Herzog Osid« einsetzen, dann kommt die Handlung wieder in Ordnung. Dem Herzog Osid konnte Grimhild ihr Anliegen sehr wohl vortragen. Er war es ja gewesen, der für König Attala um sie geworben hatte, der ihr zuerst von allen Fürsten der Hünen bekannt geworden war. Er hatte auch Macht und Einfluß, Entscheidendes für sie zu tun. Er weist ihre Bitte um Hilfe ab: »Tue ich das, dann habe ich König Attalas Feindschaft.« Aber als die Kämpfe ausbrechen, ist er wie immer der Hauptanführer der Hünen: *Er* tritt den Niflungen entgegen, als sie durch die Mauer gebrochen

sind, *er* besiegt König Gunter und führt ihn vor Attalas Knie, *er* geht am Abend in seine Herberge, und *er* wird am nächsten Tag durch Gernholt erschlagen. Damit ist Osids Lebenslauf beendet, nichts fehlt.
Und wenn es anschließend heißt: »Als Markgraf Rodinger das zu wissen bekam, daß Herzog ... erschlagen war, wurde er ganz wütig und ließ sein Banner mitten ins Niflungenheer tragen«, so ist das bei Osids Tod ganz folgerichtig und notwendig; denn Herzog Osid und Markgraf Rodinger waren die festesten Freunde von Jugend auf. Der Überlebende mußte den Erschlagenen rächen. Zu einem »Herzog Blodlin« aber hatte der Markgraf keine Beziehungen.
Jetzt kommt auch noch ein Letztes in Ordnung. Osid hatte von König Gunter Helm und Schild Jung-Sigfrids bekommen. Nach den Kämpfen in Soest besitzt den Sigfridhelm aber Meister Hildebrand (Sv 344). Den konnte er nur bekommen, wenn Osid an den Kämpfen teilnahm und in ihnen besiegt oder erschlagen wurde. Hatte Osid den König Gunter überwunden und hatte Osid am nächsten Tag durch Gernholt den Tod gefunden (Sv 335), so wurde nun Gernholt der Besitzer des Sigfridhelms. Gernholt aber wurde später von Hildebrand erschlagen. So kam Hildebrand in den Besitz des Sigfridhelms.
Wir dürfen daher und wir *müssen* an allen Stellen für »Blodlin« Osid einsetzen.
Diese Überlegungen machen deutlich, daß in der Thidrekssaga an der ursprünglichen Überlieferung einzelnes verändert worden ist, und daß gelegentlich unter den Abschreibern auch solche waren, die unter dem Soester König den Hunnenkönig Etzel verstanden, wie es dann im Nibelungenlied die Regel ist. Die Überlegungen zeigen aber zugleich, wie oberflächlich diese Änderungen sind, und wie leicht sie sich wieder bereinigen lassen.

Der zweite Kampftag

Am Morgen früh gingen die Hünen hinunter, und viele waren des Nachts hereingekommen. Sie ordneten ihre »Spitzen« (= Abteilungen) neu, und ein Gleiches taten die Niflungen. Sie traten gegen einander an und kämpften. Grimhild bat die Hünen, hart vorzugehn und versprach ihnen Gold und Silber dafür. König Attala war dort nicht in der Nähe.

Nun kamen zusammen Herzog Osid und Gernholt und kämpften lange miteinander. Gernholt ging höchst mannhaft gegen jenen vor und hieb an seinen Hals, daß das Haupt wegflog. Als der Herzog tot war, freuten sich die Niflungen sehr und gingen hart vorwärts. Gernholt hieb zu beiden Handen. Da litten die Hünen schweren Schaden.

Als Markgraf Rodinger zu hören bekam, daß Herzog Osid erschlagen war, wurde er ganz wütig und ließ sein Banner mitten ins Niflungenheer tragen. Er folgte selbst mit Tapferkeit und tat den Niflungen schweren Schaden.

Da ging Hagen vor mitten im Heer und hieb nach beiden Seiten. Er machte einen Weg quer und längs durch ihr Heer, und keiner wagte, ihm so nahe zu kommen, daß sein Schwert ihn erreichte. Seine Hände und all seine Rüstung waren voll Blut. Er kam so weit voraus in ihr Heer hinein, daß keiner seiner Mannen es wagte, ihm zu folgen. Darum wandte er sich zu einem gemauerten Saal, schlug die Tür ein, ging nach drinnen und ruhte sich eine Weile aus.

Markgraf Rodinger geht mutig vor und tut den Niflungen großen Schaden. Auf ihn traf der junge Gislher. Die beiden kämpften lange und tapfer. Gislhers Schwert biß so gut auf Stahl wie auf Kleider, auf Helme und Schilde, so daß nichts vor ihm standhielt. Deshalb bekam der Markgraf viele Wunden, bis er stürzte und gleich starb durch dasselbe Schwert, das er Gislher gab.

Gislher und Gernholt gingen tapfer vor. Sie kamen zu dem Saal, in dem Hagen war, und gingen zu ihm hinein. Das sah Folkwart Spelemann. Er drang tapfer ihnen nach und hieb einen Mann über den andern. Er ging so zu dem Saal, daß er nicht auf bloße Erde trat, sondern auf tote Leiber. Hagen fragte: »Wer bist du, der so mannhaft vorangeht hierher zu mir?« – Folkwart antwortete: »Ich bin Folkwart Spelemann, dein guter Freund! Sieh, welchen Weg ich bahnte hierher zu dir!« – Hagen antwortete: »Hab Gottes Dank dafür (Mb: wie du dein Schwert singen ließest auf den Helmen der Hünen)! Darüber wird rechte Trauer sein im Hünenland!« –

An diesem zweiten Kampftag, zugleich dem letzten, folgen die Ereignisse zwingend aufeinander: Herzog Osid wird von Gernholt erschlagen; und nun tritt Markgraf Rodinger, mit Osid von Jugend auf befreundet, in den Kampf ein. Er wird von Gislher getötet durch Sigfrids Schwert Gram, das er Gislher geschenkt hatte; und jetzt wendet sich auch König Didrik von

Bern, der mit dem Markgrafen eng verbunden war, gegen die Niflungen.
Zwischen diese Kämpfe der Fürsten und ihrer Gefolgschaften schiebt sich, nach Herzog Osids Fall, ein Zwischenspiel ein. Grimhild, die Hagen im Saal erblickt, reizt ihren Ritter Jarl Irung auf, ihn anzugreifen; und es gelingt Irung auch, Hagen eine schwere Wunde beizubringen. Grimhild läßt Feuer an den Saal legen; doch dieses Feuer, wenn es in Gang kam, tut keine Wirkung.
Im Nibelungenlied wird aber eben dieser Saalbrand zum großen Ereignis gemacht. Die Nibelungen geraten in schwere Bedrängnis und leiden solchen Durst, daß sie auf Hagens Rat das Blut der Erschlagenen trinken. Die Ereignisse werden gewaltig emporgesteigert, die Zahlen der Kämpfenden werden vergrößert, die Namen vermehrt. Auch der Kampf Irungs ist dargestellt, aber auf eine merkwürdige Weise. Hören wir zunächst die Thidrekssaga!

> (Sv 332) Nun stürmten die Hünen stark auf die Tür, bei der Hagen war. Er verteidigte die Tür vor ihnen und erschlug manchen Mann. Das sah Grimhild, daß Hagen dort stand. Da ließ sie Feuer am Saal anlegen, denn das Dach war von Holz.
> Es stand einer dabei, der *Irung* hieß; er war der Königin guter Freund. Darum sagte sie zu ihm: »Geh hinein zu ihm in den Saal und bring mir sein Haupt wieder heraus, dann will ich deinen Schild mit Gold vollfüllen!« – Da sprang Irung durch die Tür und hieb Hagen auf den Schenkel, daß die Brünne entzweiging, und ein Stück aus dem Schenkel. Dann sprang Irung zum Saale hinaus.
> Da sagte Grimhild zu ihm: »Du bist ein tadelloser Mann! Ich sehe, daß Hagen blutet! Geh nun zu ihm, dann wirst du rasch sein Tod!« – Sie nahm zwei Goldspangen, spannte sie um seinen Helm und sagte: »Hau nun Hagens Haupt ab! Dann will ich dir Gold und Silber geben, soviel du willst!« –
> Alsbald sprang Irung in den Saal. Da nahm Hagen eine Spießstange und stach sie ihm unter dem Schild her durch Brünne und Brust, daß sie zu den Schultern herausstand, und Irung stürzte tot auf den Steinweg. Der heißt noch am heutigen Tage »Irungs Weg«.[90] Hagen sagte: »Hätte ich so Grimhild ihre Bosheit vergolten, wie ich Irung meine Wunde vergalt, dann hätte mein Schwert wacker gestritten im Hünenland!« –

Das ist der Tod Irungs. Ihm wird in der Thidrekssaga große Beachtung gegeben. Sein Kampf ist kurz und tragisch. Auch im Nibelungenlied springt Irung hinein in jenen großen Saal, in dem dort alle Kämpfe stattfinden und wo alle Nibelungen versammelt sind. Er springt hier in wunderlicher Weise ziellos vom einen zum andern gegen alle Regeln ritterlichen Zweikampfs, jeden angreifend, doch keinen bezwingend. Auch hier bringt er Hagen eine Wunde bei, aber keine so schwere, bis er dann selbst erschlagen wird.

Der Kampf mit Didrik von Bern

Didrik von Bern sah, daß der Markgraf tot war. Er sagte zu seinen Mannen: »Wir können nicht beiseite stehen, wir müssen Markgraf Rodingers Tod rächen und uns mit den Niflungen schlagen!« –

Dann sprang er mitten auf die blutige Gasse. Da war nicht gut stehen zwischen den Niflungen und ihm. Und das sagen deutsche Männer, daß man da hören konnte, wie Ekkisax sang auf den Helmen der Niflungen; denn Herr Didrik war voller Grimm. Die Niflungen wehrten sich wacker. Es stürzten dort viele von Herrn Didriks Mannen, und Niflungen mit.

Nun ging Herr Didrik ganz hart vor, so daß Hagen und Gernholt, Gislher und Folkward Spelemann in den Saal hinein zurückweichen mußten. Didrik drang ihnen nach und Meister Hildebrand. Herr Didrik kam zur Tür; dort stand Folkward und wahrte die Tür vor ihm. Herr Didrik hieb auf Folkwards Hals, daß Folkwards Haupt dem Schwert folgte.

Da sprang Hagen gegen Herrn Didrik und Gernholt gegen Hildebrand. Und Hildebrand hieb so auf Gernholt mit seinem starken Schwert Lagulf, daß Gernholt die Todeswunde empfing und ihm gleich tot vor die Füße fiel. Nun waren nur wenige Kämpen noch übrig: Didrik und Hildebrand, Hagen und Gislher.

Jetzt kam Attala-König dahin, wo sie sich schlugen. Da sagte Hagen zu Attala-König: »Handle als ein Edelmann und gib diesem Jungherrn das Leben! Das ist Gislher, der kann noch ein guter Held werden; denn er ist unschuldig an Jungherr Sigfrids Tod! Den erschlug ich al-

lein. Laß das Gislher nicht entgelten! Bleibt er am Leben, dann wird er gewiß ein wackerer Mann!« –
Da sagte Gislher: »Ich war nicht älter als ein Jahr (A: 5),[91] als sie Sigfrid erschlugen, und ich bin schuldlos an seinem Tod. Das weiß meine Schwester Grimhild. Das sage ich nicht aus Furchtsamkeit. Ich will mich wehren, solang ich vermag, und will mir nicht wünschen, meine Brüder zu überleben!« – Damit ging er auf Hildebrand los, und einer schlug auf den andern. Und es ging aus, wie zu erahnen war, daß Hildebrand solchen Hieb auf ihn tat, daß Gislher gleich stürzte und starb.
Da sagte Hagen zu König Didrik: »Nun sehe ich, daß unsre Freundschaft, die wir bis hierher hatten, sich scheiden wird, und ich will nun auf dein Ärgstes aus sein, so daß entweder du stirbst oder ich. Führen wir den Kampf auf ritterliche Weise, und keiner erbitte sich Hilfe dabei!« – Didrik antwortete: »Ich bitte keinen, in diesem Kampf mir zu helfen, ich will dich schon noch mit Kunst und mit Kühnheit bezwingen!« –
Sie schlugen sich lange und hart, und keiner konnte erkennen, wer von ihnen gewinnen würde, bis sie beide müde waren und übel wund. Da wurde Didrik ganz grimmig und grobgelaunt und grollte, daß ein einzelner Mann so lange ihm standhielt. Er sagte: »Das ist mir doch eine große Schande, daß ein Elbensohn so lange vor meinen Händen besteht!« – Hagen antwortete: »Nicht übler ein Elbensohn sein als ein Sohn des Teufels!« –
Da wurde Didrik so wütig, daß ihn Feuer durchfuhr; und Hagens Brünne, Schild und Helm wurden so heiß, daß sie ihn beinah verbrannten.[92] Hagen sagte: »Nun bin ich voll Blut und verbrannt in meinen Brünnenringen. Wäre ich Fisch, so wie ich Mensch bin, ich wäre längst gar, und es ist schon ein Großteil meines Körpers gebraten – man könnte mich essen! Deshalb ergebe ich mich nun!« – Da nahm ihm Didrik sein Schwert, seinen Helm und die Brünne ab.

Grimhilds und Hagens Ende

Jetzt griff sich Grimhild einen brennenden Brand und stieß ihn in Gernholts, ihres Bruders, Mund – doch der war schon tot. Darauf stieß sie den Brand in Gislhers Mund – der lebte noch, doch von der Flamme und dem Rauch starb er. Da sagte Herr Didrik zu Attala-König: »Nun kannst du sehn, welch ein Teufel deine Ehefrau ist, wie sie ihre Brüder, die wackeren Helden, zu Tode quält! Wie mancher Mann hat sein Leben gelassen um ihretwillen von Niflungen und Hünen, und sie sähe wohl gerne, wenn auch wir beiden, du und ich, noch zu Tode kämen!« –

Da sagte Attala-König: »Lieber Didrik, erschlage du sie! Sie ist wahrhaftig ein Teufel! Hättest du das vor zwei Tagen getan, so wäre manch tüchtiger Mann noch am Leben, der jetzt tot ist!« – Da sprang Didrik-König zu Grimhild und hieb sie in der Mitte entzwei.

Dies sind die Erzählungen der Thidrekssaga vom Untergang der Niflungen und Hünen in Soest, Kämpfe, die von Grimhild mit jedem Mittel, das ihr möglich schien, angefacht worden waren. An dieser Stelle endet das Nibelungenlied. Nicht aber die Thidrekssaga. Ihre Erzählung von den Niflungen hat noch einen besonderen Weitergang, der so unwahrscheinlich ist, daß man ihn für frei erfunden halten möchte; und man versteht wohl, daß das Nibelungenlied diesen Schluß nicht übernehmen mochte. Trotzdem enthält, wie wir sehen werden, auch dieser Schluß greifbare Wirklichkeit.

Die Thidrekssaga berichtet nämlich, daß Hagen, obgleich zu Tode wund, danach verlangt, einen Rächer zu zeugen und ihm Geheimnisse zu vermitteln. Einen Rächer wofür, und Rache an wem?

Grimhild, die all dies Unheil verschuldet hatte – wenn man von Hagens Anteil absieht – war tot. König Attala hatte immerhin den gefangenen König Gunter im Schlangenturm sterben lassen; und das Ehrengesetz jener Zeit gebot solche Rache. So will Hagen, obwohl selbst kein echter Sproß König Aldrians, das Niflungengeschlecht fortführen und erhebt den Königsanspruch für den erwarteten Sohn, indem er für ihn den Namen ALDRIAN bestimmt. Mutter dieses Knaben wird die Tochter des Ritters Irung (Hs. A).

Die Thidrekssaga (339) erzählt das so: Didrik-König ging zu Hagen und fragte, ob er glaube, leben zu können, wenn er einen guten Arzt bekäme. Hagen antwortete: »Noch lebe ich einige Tage; doch das dauert nicht lange, meiner großen Wunden wegen.« – Daraufhin ließ Herr Didrik Hagen hinüber in seine Herberge tragen und ließ seine Wunden verbinden. Herr Didrik hatte eine Verwandte, die hieß Jungfrau Märeth; die verband Hagens Wunden.

Hagen sagte insgeheim zu Herrn Didrik: »Verschaffe mir eine Frau für die Nacht, mich verlangt sehr darnach!« – Herr Didrik tat, wie er bat. Sie lag bei Hagen die Nacht. Am Morgen früh sagte Hagen zu ihr: »Du wirst einen Sohn gebären, laß ihn Aldrian nennen! Und hier hast du die Schlüssel, die zum Sigfridskeller gehn. Dort liegt das Gold, das man Niflungenschatz nennt. Die Schlüssel sollst du meinem Sohn geben, wenn er mannbar geworden ist.« – Darauf starb Hagen.

Man hat immer wieder gefragt: »Was hat es mit dem Nibelungenschatz auf sich? Liegt er wirklich im Rhein? Ist er anderswo zu suchen? Hat es ihn überhaupt gegeben? Was die Thidrekssaga von ihm sagt, ist wenig. Er wird nur dreimal erwähnt: 1. Im Nachtgespräch zwischen König Attala und Grimhild, als sie die Einladung der Niflungen beschließen; 2. hier an dieser Stelle und 3. bei Aldrians Rache. Wir werden uns noch genau mit ihm beschäftigen.

Sehr merkwürdig ist der Name »Sigfridskeller«. Der Name »Sigfrid« kommt in der Thidrekssaga nur in den ersten fünf Nennungen der Membrane vor, sonst heißt er immer »Sigurd«, obwohl »Sigfrid« (Seyfrid) sein eigentlicher Name ist. Merkwürdig ist auch, daß dieser Sigfridskeller so weit östlich vom Niflungenland liegt, und daß Hagen trotzdem die Schlüssel dazu hat. Die Thidrekssaga löst diese Rätsel nicht, aber sie gibt Hinweise dafür, wie wir sehen werden.

Sigfrid stammt, nach den Vorstellungen der Thidrekssaga, nicht aus den Rheinlanden, und mit Xanten hat er nichts zu tun. Seine Heimat liegt unweit der Werkstatt Mimes, des berühmten Schmiedes, und von diesem wird ausdrücklich gesagt, daß er im »Hunaland« wohnte, im Hünenland Westfalen-Niedersachsen. So wird Sigfrid denn auch in der nordischen Dichtung »der hunische Held« genannt, d.h. der aus dem nördlichen Deutschland, aus dem Hünenland.

Wenn Sigfrid einen Schatz besaß, dann verbarg er ihn, gut möglich, in einer Höhle. Daß diese Höhle nun aber so weit von seiner Heimat entfernt liegt und so nahe bei Soest, das müßte ein merkwürdiger Zufall sein. Warten wir's ab!

Das Nachwort der Thidrekssaga

Der Erzählung von Grimhilds Rache ist ein Nachwort beigefügt, das schon viele Fragende beschäftigt hat. Da heißt es:

> Das kann einer sehen von denen, die nach Soest kommen, die ungeheuerlichen Dinge, die da geschahen, den Garten, der Niflungengarten genannt wird, und den Schlangenturm, und den Weg, der noch »Irungs Weg« heißt; und manche anderen merkwürdigen Dinge, die da geschahen. Hierüber sind mehrere Bücher geschrieben und bewahren dies alles.

So sagt es die altschwedische Handschrift. Sie betrachtet das Geschehen vom deutschen Raum aus, vielleicht von Soest selbst her. Die Membrane ist weit ausführlicher, sie spricht vom Ausland her, aus den nordischen Ländern:

> Hier kann man nun hören die Erzählung deutscher Männer, wie diese Begebenheiten vor sich gegangen sind, und zwar von einigen, die in Soest geboren sind, wo diese Ereignisse sich zugetragen haben, und die manchen Tag die Stätten noch unzerstört gesehen haben, wo diese Begebnisse sich ereigneten: wo Hagen fiel oder Irung erschlagen ward, oder den Schlangenturm, in dem König Gunter den Tod erlitt, und den Garten, der noch »Niflungengarten« genannt wird. Und es steht alles noch auf dieselbe Weise, wie es damals war, als die Niflungen erschlagen wurden, auch die Tore: das östliche Tor, wo zuerst der Kampf sich erhob, und das westliche Tor, das »Hagens Tor« genannt wird, das die Niflungen in den Garten brachen; das wird noch auf dieselbe Weise benannt, wie es damals geschah. Auch solche Männer haben uns davon gesagt, die in Bremen und Münsterburg geboren sind. Keiner wußte mit Gewißheit um den andern, doch sagten alle auf dieselbe Weise davon. Auch entspricht das meist dem, was alte Lieder in deutscher Zunge sagen, welche weise Männer gedichtet haben über die großen Begebenheiten, die sich in diesem Lande zutrugen.

Die Nachworte sind verschieden: Das eine knapp, das andre ausführlich; das eine von Deutschland her gesehen, das andre vom Ausland her. Aber darin stimmen sie überein, daß drei Stätten zur Zeit der jeweiligen Niederschrift noch gesehen werden konnten: 1. der Garten, welcher »Niflungengarten« genannt wird; 2. der Schlangenturm, in den König Gunter geworfen wurde; 3. der Steinweg, auf dem Irung starb. Besonders das Nachwort der Membrane sagt deutlich, daß seine Gewährsmänner »manchen Tag die Stätten noch unzerstört gesehen haben«; und es sagt sogar: »es steht alles noch auf dieselbe Weise, wie es damals war«. Nun ist aber zwischen 1170 und 1180 das alte Soest völlig verwandelt worden. Ein riesiger Festungsgürtel wurde um die Stadt gelegt mit mächtiger Mauer und tiefem Graben, mit vielen Toren und einer großen Anzahl von Türmen; und darnach stand nichts mehr »auf dieselbe Weise, wie es damals war«. Von dieser Umgestaltung hat das altschwedische Nachwort noch keine Ahnung; das altnordisch-isländische aber weiß davon durch

> »Männer, die in Soest geboren sind, wo diese Ereignisse sich zugetragen haben, und die manchen Tag die Stätten noch unzerstört gesehen haben, wo diese Begebnisse sich ereigneten.«

Hieraus ergibt sich zunächst, daß »die Stätten« zur Lebzeit dieser Männer »zerstört« worden sind, mindestens teilweise. Diese »Zerstörung« kann nur die große Umgestaltung von Soest zwischen 1170 und 1180 gewesen sein. Diese Männer mußten, um die Zeit vor der Zerstörung bewußt zu erleben, wenigstens 10–15 Jahre alt sein, also (spätestens) um 1160 geboren. Sie wären um 1260 hundert Jahre alt gewesen. Da man aber nicht annehmen kann, daß die Norweger in Bergen hundertjährige »deutsche Kaufleute« befragt hätten, muß die Sache wohl etwas anders liegen.
Eine Befragung deutscher Gewährsmänner – ob Kaufleute oder nicht sei dahingestellt – war wohl eher wahrscheinlich, wenn diese um 1160 Geborenen in ihren besten Jahren waren, also 25–40, und das wäre um 1185–1200 gewesen. Der »Sagamann« der Membrane kann die deutschen Gewährsmänner also gar nicht befragt haben, das kann nur ein früherer Schreiber getan haben. Es muß also notwendigerweise eine »Vor-Membrane« gegeben haben, die der nordische »Sagamann« ausgeschrieben und mit anderen Mitteilungen verbunden haben kann.
Diese »Vor-Membrane« muß aber nicht in Bergen in Norwegen entstanden sein. Ihre Schreiber und Befrager können ebensogut nach Soest gekommen sein, oder es kann die Befragung auch in Dänemark gewesen sein. Das bleibt zunächst offen. Immerhin sind wir mit dieser »Vor-

Membrane«, deren Annahme notwendig ist, nicht später als das Nibelungenlied, sondern wahrscheinlich früher.
Die Hypothese von dem »Sagamann« und seinen Helfern, die um 1260 in Bergen in Norwegen deutsche Kaufleute über die alten deutschen Sagen und Lieder befragt hätten, erweist sich bei näherem Zusehen als falsch und irreführend. Dieser »Sagamann« und seine Membraneschreiber haben die Thidrekssaga nicht geschaffen, sie haben sie nur abgeschrieben aus wenigstens zwei Quellen, sie ein wenig abgewandelt und einiges Füllmaterial hinzugetan.
Die altschwedische Handschrift beruft sich nicht auf deutsche Berichter, sondern sie spricht offenbar von Deutschland aus:

»Das kann einer sehen von denen, die nach Soest kommen ...«

Diese Handschrift weiß überhaupt noch nichts von einer Umgestaltung in Soest, sie kennt nur das alte, unzerstörte Soest aus der Zeit vor 1170/1180, als alles noch erhalten war. Ihr Text – die Handschrift selbst ist ja später – könnte irgendwo in Niederdeutschland oder sogar in Soest selbst etwa um 1160 niedergeschrieben worden sein, deutsch, nach noch älterer Vorlage. Aus solcher deutschen Handschrift muß sie dann, vielleicht noch mit Zwischenstufen, irgendwann ins Schwedische übertragen worden sein, wahrscheinlich wörtlich, und das könnte der Sinn ihres Schlußverses sein:

Herrn Didriks Buch hat nun sein Enden.
Gott möge seine Gnade senden
dem, der es tat auf Schwedisch wenden.

Bisher hält man die altschwedische Handschrift für eine Abschrift aus der Membrane. Das ist aber – bei vollkommen anderem Text und anderer Einteilung – unmöglich.
Mit der Zeit 1160 sind wir nun aber bereits lange vor der Entstehung des Nibelungenliedes und etwa in der Zeit, in der man die Entstehung eines »Vor-Nibelungenliedes« annimmt, der sogenannten »Älteren Not«. Es fragt sich, ob diese je existiert hat, und ob es sich nicht einfach um eine Frühform der Thidrekssaga handelt.
Dem Nachwort zum Niflungenuntergang geht es aber vor allem darum, zu beteuern, daß diese Erzählungen nicht der Phantasie entsprungen sind, sondern aus nachprüfbaren Geschehnissen entstanden, daß sie nicht Legende, sondern Wirklichkeit berichten.

V
Spuren in Soest

Soest im Bilde der Thidrekssaga

Das Bild von Soest ergibt sich nicht nur aus der Niflungen-Erzählung, sondern aus den gesamten Darstellungen der Thidrekssaga über die Ereignisse um König Attala durch ein halbes Jahrhundert und aus dem 30jährigen Aufenthalt König Didriks von Bern in Soest. Dabei werden zahlreiche Einzelheiten genannt, die das Bild des frühen Soest abrunden.

DIE KÖNIGSBURG liegt erhöht. Sie ist durch Burgmauern und mehrere hintereinander liegende Burgtore geschützt. »Komm zu dem äußersten Burgtor!« sagt Walter zu Hildegund (Mb 242). Sie hat einen Turm, auch als »Wehrbau« oder »Kastell« bezeichnet, und sie hat mehrere Gebäude.

Da ist *König Attalas Halle* mit dem Hochsitz an der einen Seite und den Bänken der Gäste daneben, und mit dem Sitz der Königin dem König gegenüber. Der Hallenbau hat ein Obergeschoß mit einem Laubengang, auf den man hinaustreten kann. Er liegt vor dem Raum, in dem der König Attala schläft (375). Dort stehen Wachen, die keinen Bewaffneten einlassen (397).

Da ist auch *die Halle der Königin,* in der sie mit ihren Gefolgsfrauen sitzt. Sie hat auch mehrere Schatz-, Schmuck- und Vorratskammern.

An die Königsburg schließt sich nach Süden und Westen DER BAUMGARTEN an, auch »Apfel-« oder »Grasgarten« genannt: Nach Sv 324 hieß er ursprünglich »Horngarten«, die andern Handschriften nennen ihn »Der Niflunge Homgarten«, und die Nordleute wandeln das Wort gerne in »Holmgarten (Kampfgarten)« um. Dieser Garten gehört zur Königsburg und ist von ihr aus zugänglich. Er wird auch zu Festen und Reigen benutzt (242, auch 319).

Der Garten ist rings von einer hohen und sehr starken Mauer umschlossen. Sie ist so hoch, daß die eingeschlossenen Niflungen keinen Versuch machen, sie zu überklettern; doch wird sie mit Speeren überschossen. Sie mag gut 3 Meter hoch sein. Nach außen hin hat sie nur *ein* Tor auf der Ostseite. An der Westseite des Gartens brechen dann die Niflungen einen

neuen Ausgang, eine Bresche, doch wohl kaum bis zum Boden herunter. Der Garten ist größer als die größte Halle in Soest. In ihm finden 1000 Niflungen und etwa ebenso viele Hünen Platz. In der Mitte wird ein großes Feuer gemacht, und es werden Tische darum gestellt und Sitze (377). Bei gedrängtem Sitzen müßte der Garten eine Größe von etwa 40×40 m gehabt haben, bei mehr Bewegungsfreiheit 50×50 bis 50×60 m.
Beim Ausbruch aus dem Garten treffen die Niflungen zunächst auf eine enge Gasse – »kamen heraus zwischen Häusern in eine enge Gasse« (Sv 325), »und außen davor war eine breite Straße und Hallen zu beiden Seiten« (Mb 381). Das klingt zunächst sehr widersprüchlich; aber »die enge Gasse« war wahrscheinlich der kurze Zuweg zu der breiten Straße, in der auf beiden Seiten die Häuser der Vornehmen standen. Im alten Soest müßte dies die Marktstraße gewesen sein. Da stürmen die Niflungen vor, und die Hünen strömen ihnen entgegen, »so daß jede Straße da in der Nähe voll ist von Hünen«. Diese Straßen und Gassen wären bei Petristraße und Kungelmarkt zu denken. Von *Straßen* wird sonst nur allgemein gesprochen. Es scheinen nur wenige zu sein, ungepflastert und nahe beieinander liegend. *Eine* wird besonders hervorgehoben, weil sie mit Steinen gepflastert ist. Das ist »der Steinweg, auf dem Irung fiel«. Die Stelle ist ganz in der Nähe der Königsburg zu suchen.
Die HÄUSER in Soest sind unterschiedlicher Art und werden auch unterschiedlich benannt. Außer den einfachen Häusern, die nur nebenbei erwähnt werden, gibt es die *Hallen* oder *Säle,* die im Innern einen großen Raum enthalten. Sie sind meist aus Stein gebaut (»en murat sal« Sv 326) und stehen mit ihrer Breitseite unmittelbar an der Straße oder Gasse. Ihr »Saal« liegt erhöht, man steigt auf einer Vortreppe zu ihm hinauf. (Anders wäre z.B. der Lanzenstich, den Irung von Hagen bekommt, nicht zu verstehen.) Daß das Dach von Holz ist, wird in einem Fall besonders angegeben. Es muß also auch Häuser gegeben haben, die mit Steinplatten gedeckt waren.
Außer diesen »Hallen« oder »Sälen« werden noch die »Höfe« (gard) genannt. Das sind umhegte oder mit hohen Ringmauern umgebene Adelshöfe, wie es sie später noch und bis heute in Soest gab und gibt. Diese »Wehrhöfe« können jeder für sich verteidigt werden; doch kommt ein Angriff auf Soest in der ganzen Geschichte der Ths nicht vor. Bei besonderen Ereignissen stehen hier die Schaulustigen, und bei Gefahr die Bewaffneten, in ziemlicher Anzahl »oben an den Kampfscharten« (vigskards 382). Es wären also zweistöckige Bauten, eine Art *Wehrtürme* – falls es sich nicht um die Zinnen der Mauerumwehrung handelt.

Innerhalb dieser von Ringmauern umschlossenen Höfe wohnen die Fürsten mit ihren Mannen (382, 384), und sie haben auch ihre Pferde dort, von denen beim Einzug der Niflungen die Stadt ganz voll ist. Es sind also Scheunen und Ställe vorauszusetzen, falls nicht alles in sehr großen Häusern Platz findet.

Von einzelnen Hallen und Höfen wird folgendes berichtet:

1. Die Empfangshallen, in denen die Niflungen sich an Feuern trocknen und den Besuch ihrer Schwester Grimhild empfangen. Sie liegen ein gutes Stück von König Attalas Halle entfernt, und der Weg dahin führt an vornehmen Höfen und Hallen vorbei; denn »auf jedem Turm und auf jeder Halle und auf jedem Hof (gard) und auf jeder Mauer stehen adlige Frauen, und alle wollen sie Hagen sehen ...« (373). Am nächsten Morgen nach dem Aufstehen gehen dann die Niflungen in ihren »gard« und wandeln später durch die kleine Stadt und um die Königsburg herum.
2. *Eine verschlossene steinerne Halle* (en murat sal), zu deren Tür Hagen hinaufspringt, um von dort aus mit Rückenschutz zu kämpfen, gleich nachdem die Niflungen aus dem Garten ausgebrochen sind. Diese Halle liegt unmittelbar an der Straße vor der Westbresche, voraus oder zur Rechten (382).
3. *König Didriks Halle* dicht an der Straße zur Linken gegenüber der Bresche, geräumig und zweigeschossig: »Und zur linken Seite der Niflungen steht die Halle Didrik-Königs, und da steht er selbst oben auf dem Ausbau mit all seinen ganz gewappneten Mannen (382 = Sv 326). In dieser »Halle« verbringt Hagen die letzte Nacht vor seinem Tod und zeugt einen Rächer.
4. und 5. *Herzog Osids und Jarl Irungs »Hallen«* oder »Herbergen«. Diese werden nur kurz erwähnt, als bei Anbruch der Nacht die Hünenfürsten sich in ihre Wehrhöfe zurückziehen.
6. Die *»Hallen der Hünen«*, an denen die Niflungen in der letzten Nacht vorüberziehen, um ihre Gegner zum Kampf herauszureizen. »Doch die Hünen stehen auf den Zinnen oben und schießen auf sie, und sie auf diese.« (386)
7. Die *Halle am Steinweg* mit vorgebauter Treppe. Am zweiten Kampftag wird dies die eigentliche Kampfhalle. Sie ist aus Stein, hat aber ein hölzernes Dach. Hier wird Hagen von Irung angegriffen und verwundet, hier läßt Grimhild Feuer ans Dach legen, hier findet Irung den Tod auf der Treppe und stürzt auf den Steinweg. Hier sammeln sich die letzten Niflungen und finden den Tod, mit ihnen Markgraf

Rodinger, hier findet Hagens und Didriks Endkampf statt. Diese Halle mit dem hölzernen Dach liegt zwischen König Didriks Halle und König Attalas Burg nördlich des Niflungengartens und nahe bei der Königsburg. Sowohl Grimhild wie König Attala sind hier zugegen.

Auch viele TÜRME erwähnt die Thidrekssaga in der Stadt Soest. Sie sind vor allem in den Herrenhöfen zu denken, da es beim Gang der Niflungen von der Ankunftshalle zur Königsburg heißt: »Und auf jedem Turm und auf jeder Halle ... stehen adlige Frauen ...« (373). Das mögen Wohn- und Wehrtürme gewesen sein, und nicht wenige.

Zwei Türme werden besonders hervorgehoben; der schon erwähnte Turm in der Königsburg und der *»Schlangenturm«*, in den König Gunter geworfen wird. Hier hat die Membrane eine Lücke, und die Handschriften A und B drücken sich verschieden aus:

A: Da rief König Attila und die Königin, daß man Gunnar-König zu ihnen führen und nicht erschlagen sollte. Osid führte König Gunnar dem König Attila vor die Knie. Auf den Rat der Königin wurde er in den Wurmgarten (ormagard) geworfen, und hier ließ er sein Leben.

B: Und da riefen König Attala und die Seinigen, daß sie Gunnar-König zu ihm führen und ihn nicht erschlagen sollten. Nun stand Gunnar-König vor dem Knie König Attalas. Aber Attala-König stand auf und zog hin mit König Gunnar und mit ihm eine große Menschenmenge. Er warf König Gunnar in einen Turm, aber darin waren Giftwürmer, und diese gaben Gunnar-König den Tod, und also ließ er sein Leben. Dieser Turm steht noch mitten in Soest.

Dieser Turm liegt nicht im Bereich der eigentlichen Königsburg, natürlich auch nicht im Niflungengarten, aber auch nicht sehr weit von der Burg entfernt, noch mitten in der Burgstadt.

Außer diesen Gebäuden wird noch ein *»Kochhaus«* (stekahus) genannt. Dort holt Hagen Feuer, um die dunkle Nacht zu erhellen:

Und dicht dabei war ein Kochhaus, und da nehmen sie sich Feuer und werfen dann das Feuer in das Haus und brennen es auf, und nun wird es hell durch die ganze Burgstadt hin (385).

Ein Kochhaus aus Holz, das da in der Burgstadt stand (Sv 329).

Dieses Kochhaus ist keine Erfindung der Niflungen-Erzählung. Ein solches »stekarahusit« kommt auch am Hof des Königs Nidung in Dänemark vor, in ihm verdingt sich Wieland der Schmied, als Kochhelfer verkleidet. Hier wird das Essen für die Tafel des Königs zubereitet. Entsprechend wird es auch in Soest sein. Das Brat- und Kochhaus in Soest wird auch erwähnt, als Didrik von Bern von seinem Kriegszug gegen König Ermenrik zurückkommt, tief bekümmert um den Tod der ihm anvertrauten Königssöhne, und sich nicht vor die Augen des Königs Attala und der Königin Ercha traut; einer der Mannen meldet nun dem König:

> »In einem Kochhaus, da sitzt nun Didrik-König und Meister Hildebrand, und da haben sie ihre Waffen abgelegt und wollen dir nicht vor Augen kommen, Herr« (339).

»ein kleines Haus« heißt es vorher. Es ist gewiß dasselbe kleine Kochhaus gemeint, aus dem Hagen das Feuer holt und das er verbrennt. Es liegt dicht bei des Königs Saal, und das muß es ja auch, wenn darin für die Tafel des Königs gekocht wird. Die Erwähnung des Kochhauses bei Didriks Rückkehr nach Soest, wo es für den Fortgang der Erzählung ganz unwichtig ist, zeigt, daß es beim Feuerholen Hagens nicht eine Verlegenheitserfindung ist, sondern daß dies hölzerne Brathaus zum Bild der Burgstadt Soest gehört.

Die Grösse Soests in der Erzählung ergibt sich aus manchen Hinweisen. Wie das Feuer durch die ganze Burgstadt leuchtet, so übersieht König Didrik von seinem Söller aus das ganze Kampfgeschehen bis zu Attalas Burg. Alle Wege werden, selbst von den Vornehmsten, zu Fuß und nie zu Pferd gemacht. Als die tausend Niflungen mit ihren 20–30 Knappen und die durch Attala und Grimhild geladenen, zunächst wohl 1000–2000 Hünen in die Burgstadt gekommen sind, im ganzen also 2000–3000 Ortsfremde, ist diese Stadt so überfüllt, daß es heißt:

> Nun ist diese Burgstadt nahezu voll mit Menschen und Pferden, und da sind drinnen in Soest viele hundert Menschen, so daß man sie kaum zählen kann (372).

Und nochmals später:

> Und nun ist eine so große Menge von Menschen in die Burgstadt gekommen, daß jedes Haus beinahe voll ist in der Burgstadt.

Eine kleine Stadt wie Rinteln, die vor dem Kriege (1939) etwa 5000 Einwohner in ihrem Wallgürtel umschloß, faßt zur Jahrmarktzeit einen Zufluß von 3000 Besuchern auf ihren inneren Straßen und Plätzen durchaus. Soest stellt sich die Thidrekssaga etwa halb so groß vor. Man wird dafür einen Raum von etwa 200–300 m im Quadrat annehmen müssen, der vielleicht durch die am Rand liegenden Herrenhöfe noch ausgeweitet war.

Eine wehrhafte Umgrenzung scheint die Burgstadt nicht gehabt zu haben. Die Königsburg ist durch Mauern und Tore gesichert; die adligen Wehrhöfe sind für die Niflungen nicht angreifbar, die Stadt aber als Ganzes ist nicht geschützt. Es gibt keine Stadtmauer, es gibt kein Stadttor.[93] Während der Nacht beherrschen die Niflungen die Stadt; aber sie können das Einsickern einer Vielzahl von Hünen nicht verhindern. Das Soest der Thidrekssaga ist organisatorisch wie baulich in Gefolgschaften gegliedert, so daß jeder Fürst und Edelmann »mit seinen Mannen« eine Einheit bildet, mit ihnen zusammen wohnt und kämpft.

Die Vorstellung der Thidrekssaga von Burg und Stadt Soest ist einheitlich, nicht zwiespältig. Es überschneiden sich nicht eine einfache Vorstellung mit einer differenzierten, ein früher Stadtplan mit einem späteren, eine heidnische Sicht mit einer christlichen. Alles bleibt ursprünglich und begrenzt, Bild eines frühen Zustandes nicht-christlicher Zeit. Der Umfang der Burgstadt ist klein, die Zahl der Kämpfer gering, das Ausmaß der Bauten bescheiden. Vor allem fehlt ein großer Platz im Mittelpunkt, an dem sich alles zusammenfände, ein Markt- oder Turnierplatz, wie er im späteren Rittertum unentbehrlich wäre und etwa seit der Jahrtausendwende in Übung kam.

Daß die Bauten so vielfach aus Stein sein sollen, läßt uns bei dem sonstigen frühen Zustand der Burgstadt verwundert aufhorchen. Aber vielleicht ist unsere Vorstellung vom hölzernen Germanien ein Vorurteil und läßt sich auf diese älteste Stadt Westfalens, die in Geschichte wie »Sage« immer sehr enge Beziehungen zum linksrheinischen Kölner Gebiet mit seiner Steinkultur hatte, nicht anwenden? Zudem besitzt Soest den leicht zugänglichen, lagerhaften Grünstein, der zum Aufsetzen von Mauern gradezu herausfordert und nur der Verleimung bedurfte.

Aber es gibt auch die andere Möglichkeit, daß Abschreiber der Thidrekssaga zwischen 890 und 1160, sagen wir etwa um 900, Zustände vom *Soest ihrer Zeit* in die Thidrekssaga hereingebracht hätten, daß sie uns also in *diesem* Teil nicht mehr das Bild des ganz frühen Soest vermittelten.

Abb. 29
Goldene Schmuckanhänger aus den Kammergräbern bei Soest. Hier etwa doppelte Größe. Burghofmuseum Soest.

Abb. 30
Zwei Gürtelspangen aus den Kammergräbern bei Soest. Originalgröße. Burghofmuseum Soest.

Abb. 32
Links: Haus »zum Herten« (Jägerhaus). Mit überstarken Grundmauern.

Abb. 33
Rechts: Haus Kungelmarkt 5. Doppelkeller mit überstarken Mauern.

Abb. 31
◁ *Soest, Altstadt.*

Was ist nun wahr an diesen Berichten? Welche Spuren haben sie hinterlassen? – Drei Örtlichkeiten sind es, von denen die Thidrekssaga angibt, daß sie – zu irgend einer Zeit – noch in Soest zu sehen waren: 1. Der Garten, der auch NIFLUNGENGARTEN genannt wird, der ummauert war »wie eine Feste«; 2. der SCHLANGENTURM, in den König Gunter geworfen wurde; 3. Der STEINWEG, »der noch Irungsweg heißt«. Diese Örtlichkeiten waren in langen Zeiten und noch bis in unsere Zeit herein im Soester Bewußtsein.

Der Kampfgarten und die große Mauer

Der Platz, welcher immer als *Niflungengarten* angesehen wurde, lag westlich vom Petri-Kirchturm und war umschlossen von Hospitalgasse im Süden, Puppengasse im Westen, Petrigasse im Norden und Petrikirchplatz im Osten (Abb. 28). Mitten in ihn hinein war dann im

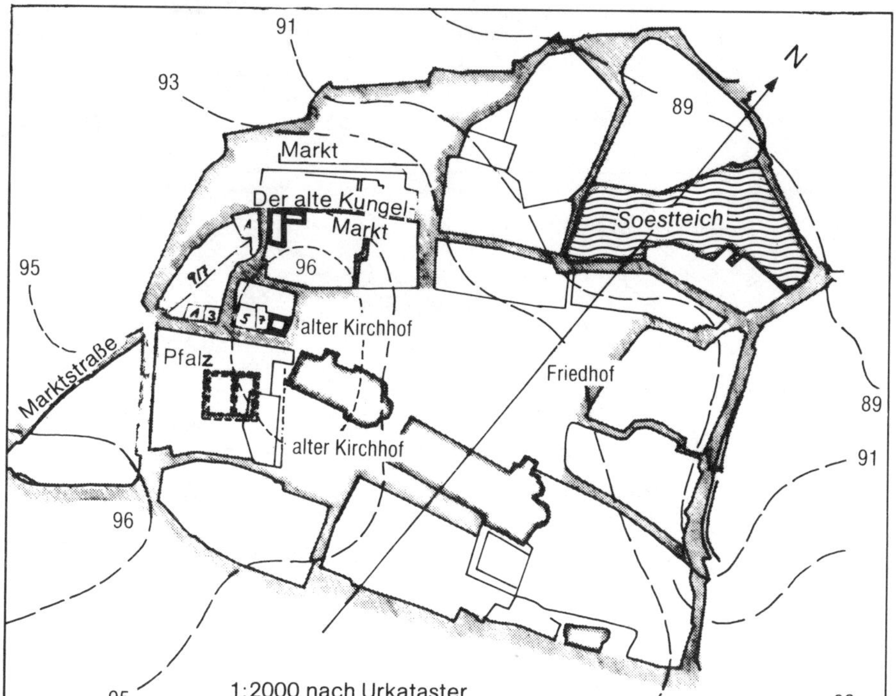

16 Der Stadtkern von Soest. Nach dem Urkataster von 1830.

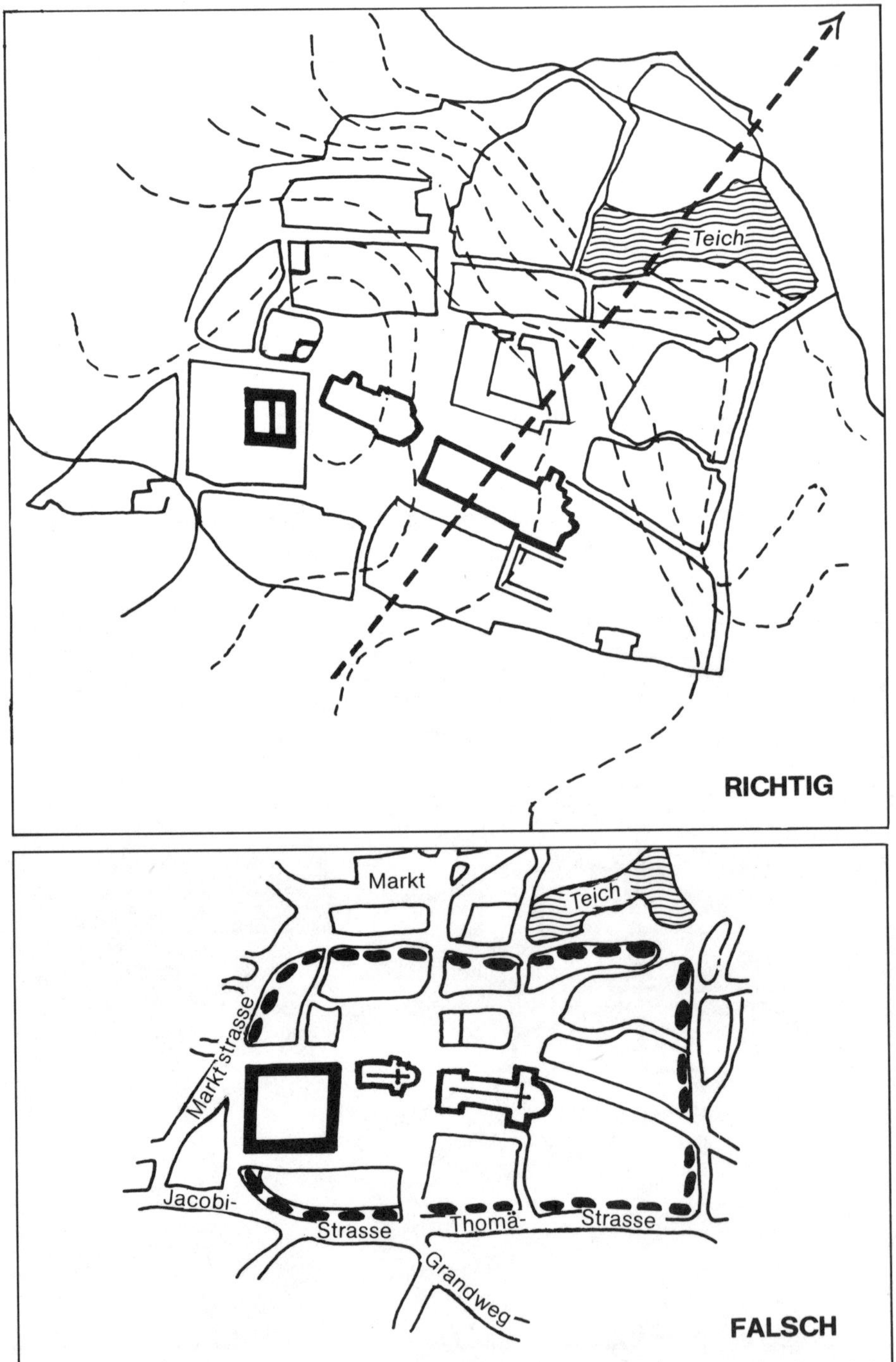

17 *Die Lage der Kirchen im Stadtkern von Soest. a) richtig; b) falsch.*

10. Jahrhundert die Ottonische »Veste« gebaut worden, auch »Pfalz« genannt und später »Hohes Hospital«, ein mächtiger quadratischer Turmblock, der Jahrhunderte lang das Bild der Stadt mit prägte.
Dieser Bezirk war sehr alt. Hier lag der vergangenheitsträchtige Kern von Alt-Soest. Der Platz, auf dem der Petrikirchturm steht, war die ursprüngliche Geländekuppe (Höhe 96) oberhalb des *Soestteiches*, welcher mit seiner Salzquelle die andere Ursprungszelle von Soest bildete. Hier oben war das vorchristliche Zentrum von Soest vermutet worden, zu dem nach der Vorstellung der Thidrekssaga die Königsburg Attalas gehörte. Es war die Frage, ob etwa in dem starken Westturm von Sankt Peter noch ein Stück von Attalas Burg steckte.
Daß die Stadtanlage vorchristlich war, ist deutlich an der Lage der Kirchen zu sehen. Sie stehen schief im ursprünglichen Rechteck. Sie stünden noch schiefer, wenn sie regelrecht nach Osten ausgerichtet wären; sie haben sich aber angepaßt. Dies bedeutet: Die Stadt ist nicht um die Kirche herumgebaut, sondern die Kirche wurde, so gut es ging, in den schon vorhandenen Stadtgrundriß eingefügt und auf seinen bevorzugten Freiplatz gesetzt.
Eine ältere Zeichnung versuchte, den Stadtkern als ein etwas abgerundetes Rechteck darzustellen und setzte dabei die beiden Kirchen fast genau in die Querrichtung. In Wirklichkeit ist das Bild ungleichmäßig. Der Markt liegt, wie oft, außerhalb an die Kernstadt angelehnt vor dem einen Tor. Um diesen Kernbezirk schließen sich dann die sechs großen Adels-»Hoven« herum. Das Ganze wird später von dem großen Mauerring von 1170/80 umschlossen.
Als ich im Mai 1953 zum ersten Mal nach Soest kam, war es vom Krieg noch schwer angeschlagen, vieles zerstört, selbst Kirchen geborsten. Aber die schön-geschlossene Stadt machte mir einen sehr starken Eindruck. Ich ging oben auf dem Mauerwall hin, an dem die Kirschen blühten, mit dem Blick nach außen über den breiten Graben hinweg in die Landschaft, nach innen in die enggewundenen Gassen mit den hohen Grünsteinmauern um Höfe und Bezirke. Ich wanderte um den Soestteich herum, aus dessen Salz der Ort seinen ersten Reichtum geschöpft hatte. Ich kam in die innerste Stadt um Markt, Kirche und Rathaus und dem noch kaum bebauten Bereich des »Nibelungengartens« mit dem gewaltigen Mauerrest der alten Pfalz darin, der unverdient den Namen »Wittekindsmauer« führte. An der Puppengasse Patrizierhäuser mit Freitreppen, an der Petristraße sehr alte Häuser mit schiefen Grundrissen. Und überall hatte man das Gefühl gedrungener Vergangenheit, das Bewußt-

sein, daß unter der Oberfläche der Nachlaß von $1^1/_2$ Jahrtausenden ruhte (Abb. 31).
Damals herrschte hier noch Stille, gab es noch keinen Autoverkehr. Heute ist es ein rastloses Hasten und Drängen, es gibt keinen Mittelpunkt der Ruhe mehr. Denn inzwischen ist, 1972, jener Platz hinter der Petrikirche, der immer als der »Niflungengarten« angesehen worden war, mit einer ländlichen Sparkasse und einem kirchlichen Betongebäude besetzt worden.
Diese bedauernswerte Tatsache bot immerhin die Möglichkeit, der Vergangenheit nachzuforschen. Für Ausgrabungen blieben zwei Jahre Zeit. Sie wurden gründlich genutzt. Dabei kam eine Mauer zutage, mächtig »wie eine Burgmauer«, mit einer Dicke von 2,10 m und einer vom Ausgräber geschätzten ursprünglichen Höhe von 4,50 m. Sie war älter als die Ottonische Pfalz und von dieser teilweise überbaut.
Der Vorschlag, diese Mauer als ein Zeugnis der frühen Vergangenheit von Soest sichtbar und zugänglich zu erhalten, wurde nicht befolgt. Zwar blieben die Grundmauern der alten Pfalz erhalten und können im Untergeschoß der Sparkasse und der anschließenden Großgarage noch besichtigt werden. Aber die viel wichtigere ältere Mauer wurde bei den Ausgrabungen bis auf den letzten Stein abgetragen. Warum?
Daß dieser zentrale und traditionsreiche Platz überhaupt zur Bebauung zugelassen wurde, ist sehr bedauerlich. Hier verhandelte (und verschandelte) die älteste Stadt Westfalens ein Erbe der Vergangenheit, um das jeder andere Ort sie glühend beneidet hätte. Hier hätte man mit einer Grünanlage den ruhenden Mittelpunkt der Altstadt schaffen können. Die Nachgiebigkeit in dieser Sache kam dadurch zustande, daß eben vorher ein anderer historischer Platz dank heftigen Protesten dem Bauzugriff entzogen worden war. Jetzt, als es galt, an dieser noch viel wichtigeren Stelle dem Einbruch von Unrast und Zementierung zu wehren, war die Kraft des Widerstandes verbraucht.
Ich selbst hatte eben damals meinen Vortrag über »Soest als Nibelungenstadt« dort gehalten, konnte aber in dieser Sache meinen an sich geringen Einfluß zu dieser Zeit nicht geltend machen, weil ich durch eine Operation schwer angeschlagen war. So wurden hier, wie überall im Nachkriegs-Deutschland, traditionsreiche Stätten gnadenlos überbaut.
Hier ging ein Zeugnis früher Vergangenheit beinahe verloren. Beinahe! Denn die Fortsetzung der mächtigen Mauer ruht noch unter den angrenzenden Straßen. Möge die schöne Stadt die Kraft finden, sich ihrer Vergangenheit rechtzeitig wieder zu bemächtigen!

Die große Mauer war gefunden. Denn diese 2,10 m dicke und ursprünglich 4,50 m hohe Mauer mußte es wohl sein, welche die Thidrekssaga meinte mit jener, die einst um den Kampfgarten gezogen war, »festgefügt wie eine Burgmauer«. Noch ruht sie wohl größtenteils unter der Erde, und ihre beiden Tore wären noch zu finden; »das östliche Tor, wo zuerst der Kampf sich erhob, und das westliche Tor, das ›Hagens Tor‹ genannt wird, das die Niflungen in den Garten brachen«.

Dies ist nicht die einzige Spur. Es heißt in der Thidrekssaga, daß fast eine ganze Generation von Männern in Soest und Umgebung ausgelöscht wurde, daß sich die Kämpfe an der Westseite der großen Mauer unweit der Bresche verdichtet hätten; und zweimal heißt es, »daß man hier über tote Männer gehen mußte, einen Armtief über der Erde«.

Der Soester Bürger Ludwig von Schmitz hat in seinen »Denkwürdigkeiten aus Soests Vorzeit« (1873) etwas berichtet, das er mit diesen Vorgängen in Zusammenhang bringt; und der frühere Bürgermeister von Soest, ten Doornkaat-Koolman, hat diese Angaben in einer kleinen, aber wichtigen Schrift: »Soest die Stätte des Nibelungenunterganges?« (Soest 1935) wiederholt.[94] Dort heißt es (etwas verkürzt):

> »Im Jahre 1825 hat der Kaufmann Gerson die zwischen der alten Burg (Veste) und der Hospitalgasse liegende Hoffläche nebst einem ›Jungfernhaus‹ genannten Gebäude gekauft, und bei Anlegung eines Gartens sind *Wagenladungen von Menschenknochen* gefunden und zum Schindanger am Grandwegertor gebracht worden.« Schmitz knüpft hieran den Ausruf: »Ritterlicher Hagen von Tronje, du hast gewiß nicht geahnt, daß deine riesigen Knochen einst der ewigen Ruhe des Holmgartens entzogen würden, um unter den Resten Soestischer Ochsen, Esel oder Schweine zu verbleichen!« –

ten Doornkaat-Koolman fügt hinzu:

> »Die Fundstelle ist, wie bei den Ausschachtungsarbeiten für ein neues Pfarrhaus im Jahre 1884 auf Grund sorgfältiger Untersuchungen festgestellt worden ist, von dem nebenan liegenden Petrikirchhofe durch eine starke feste Mauer geschieden.«

Das meint: sie lagen außerhalb der großen (Garten-)Mauer und stammten nicht etwa aus dem Petrikirchhof. Der Platz dieses Fundes von Menschenknochenhaufen wäre – im Sinne der Thidrekssaga – die Stelle vor der Bresche gewesen, wo die Massenkämpfe stattfanden. Leider war kein Archäologe dabei. Wenn man der Thidrekssaga aber halbwegs glaubt, daß im Garten Hunderte und draußen Tausende erschlagen wurden, dann mußten diese Massen durch die wenigen Überlebenden schon in Massengräbern bestattet werden.

Von Hagen sagt die Thidrekssaga: »Er war groß von Gestalt, hoch und kräftig im ganzen Wuchse.« Seine »riesigen Knochen« lagen aber sicher nicht in einem Massengrab, sondern wurden von seinem Freund Didrik von Bern mit allen Ehren bestattet, ebenso wie die von Jarl Irung, Markgraf Rodinger und Herzog Osid. Ihre Gräber könnten noch gefunden werden.

Oder wurden sie schon gefunden? – In den Jahren 1951/2 stieß man bei neuen Grabungen des Historischen Vereins, noch unter den Fundamenten der alten Pfalz, auf eine Mauer von 8 Fuß Dicke (rund 2,50 m). Dicht dabei fanden sich unter einer gleichmäßig waagerechten, tiefschwarzen Holzkohlenschicht von 2 cm Dicke in 1,30–2,20 m Tiefe (der Tiefe der Ausschachtung für das Neubaufundament) und noch tiefer

> »in ihrer ganzen Stärke, besonders aber nach unten hin, wahllos zerstreut, menschliche Knochenreste, die zumeist, auch die Schädel, zertrümmert und zum Teil auch angebrannt waren. In 2,20 m Tiefe konnte noch eine 1–2 cm starke, scharf abgesetzte Holzkohlenschicht festgestellt werden, unter welcher unmittelbar wieder menschliche Schädel- und Knochenfragmente lagen. Da diese Schichten nur an der Südseite der sogenannten ›Wittekindsmauer‹ auftreten und noch weiter in die Tiefe gehen, liegen sie im Innern im Keller eines alten Bauwerks, das als Vorläufer des ›Hohen Hospitals‹ (= Veste) angesehen werden muß.«

Was hier wegen seiner sehr tiefen Lage als »Keller eines alten Bauwerks« angesehen wird, dürfte nichts anderes sein als die große Mauer des Gartens, die dann von der Pfalz-Veste überbaut worden war. Die heutige »Wittekindsmauer« ist die ursprüngliche Nordwand der »Veste«. Südlich davon lagen die Knochenfunde. Der Grabungsbericht fährt fort (S. 134):

> »Das ganze Auftreten dieser Schichten mit ihrem auffallenden Inhalt in den Kellern eines Bauwerkes, dessen Mauern 8 Fuß = rund 2,50 m breit waren, läßt an dieser hervorragenden Stelle des alten Burgbezirkes schwere Kampfhandlungen im frühen Mittelalter vermuten.«

An einer anderen Stelle dieses Bereichs entdeckte man, wohlbestattet,

> »Menschen von außerordentlicher Körpergröße. Ein Skelett ..., bei dem allerdings der Kopf und die Schulter durch die darübergesetzte Mauer (der alten Veste) zerstört waren, konnte als das eines Mannes von etwa 2,20–2,30 m Größe festgestellt werden. Die Toten sind in Bretter- oder Baumsärgen bestattet gewesen« (S. 136).

Diesmal waren Archäologen dabei! – Man ist versucht, ähnlich wie damals von Schmitz, auszurufen: »Ritterlicher Hagen von Troia, so haben

deine riesigen Knochen doch im Horngarten ihre wohlverdiente (?) Ruhe gefunden!« – Eines dieser Riesenskelette möchte man dann dem Friesenherzog Osid zurechnen, der sicher sehr groß war.
Die große Mauer ist vorhanden, Haufen von Erschlagenen drinnen und draußen, Skelette hünenhafter Menschen. Leider wurde nirgends das Alter durch den Carbontest einwandfrei festgestellt.

Schlangenturm und Steinweg

Von dem SCHLANGENTURM, in den König Gunter geworfen wurde, heißt es in der Thidrekssaga: »Und dieser Turm steht noch, mitten in Soest.« – Vielleicht ist diese Behauptung auch heute noch wahr, wenigstens in dem Sinn, daß die Grundmauern des gemeinten Turmes noch stehen.
Man kann davon absehen, daß es gewisse mündliche Überlieferungen gegeben haben soll. Sie sind zu unsicher. So erinnerte sich (nach Tappe[95]) der Inspektor Sybel, seit 1763 Prediger an der Petrikirche in Soest, daran, daß in seiner Jugend ein Turm der Stadtumwallung gleich nördlich vom Osthofentor den Namen »Schlangenturm« getragen habe. Woher kam der Name? Hatte er eine Beziehung zur Niflungen-Überlieferung? Hatte dieser, ja erst um 1180 erbaute Turm seinen Namen von einem früheren, verschwundenen Turm übernommen? Oder wurde er einfach deshalb so benannt, weil Gewürm in ihm hauste? Ähnliches hatte man auch vom Pfalzturm behauptet.
Solche Überlieferungen können zu keinem Ergebnis führen. Man müßte handgreiflichere Unterlagen haben.
Soest ist, trotz aller Sorgfalt und allem Fleiß, die man für ihre Erforschung eingesetzt hat, noch immer eine weitgehend unentdeckte Stadt. In den alten Teilen von Soest, vom Salzteich bis zu den Straßen, die den »Niflungengarten« umgeben, gibt es Häuser, die auch dem Katasteramt unbekannt sind. Man war dort sehr entgegenkommend, ich konnte den Urkataster einsehen und bekam ihn abgelichtet. Aber über die einzelnen Häuser gab es Pläne nur dann, wenn Veränderungen am Grundriß vorgenommen worden waren – und das war selten.
Ich machte mich selbst auf die Suche und ging in dem Gelände zwischen

Petrikirche und Kungelmarkt von Haus zu Haus. Ich bat, die Keller einsehen und ausmessen zu dürfen. Wo die Inhaber zu Hause waren, wurde das auch freundlich erlaubt. Leider traf ich in manchen Häusern niemanden an, und zur Wiederholung fehlte die Zeit. So blieb das Ergebnis unvollständig. Aber die Anhaltspunkte, die ich suchte, fand ich. Eine umfassende, planmäßige Untersuchung würde hier noch manches zutage fördern.

Da war vor allem das »Haus zum Herten« (Hirschen) (Abb. 32) an der Ecke von Petrikirchplatz und Petristraße. Es hat einen ganz schiefen Grundriß, romanische Einbauten noch im 1. Stock und fast 1,50 m dicke Kellermauern. Unter seinem Keller soll sich noch ein weiterer Raum befinden, und von diesem ginge ein Gang zum Niflungengarten hinüber. Dieses Eckhaus könnte ein Turm der alten Burg gewesen sein – und er steht »noch heute«.

18 Die Grundrisse der zwei »Turm«-Keller. a) Haus Herten; b) Kungelmarkt 5.

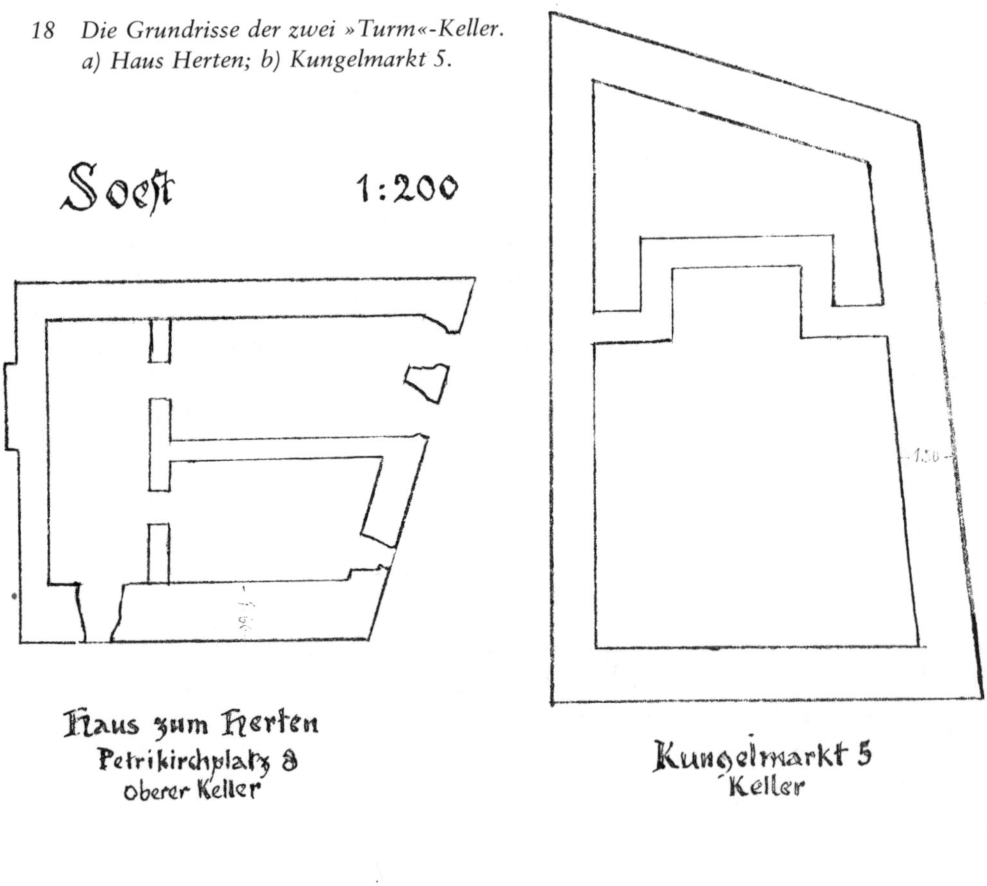

Hubertus Schwartz[96] sagt von diesem »Stadtjägerhaus« Petrikirchhof 8 und dem angrenzenden Haus Petristraße 7, daß sie

> »heute noch unter ihren Kellern weitere Hohlräume enthalten, die an spätmittelalterlichen Häusern in Soest ungewöhnlich sind und vielleicht in Zeiten hinaufreichen, in denen das ganze Gelände um die Petrikirche noch nicht die Aufhöhung erfahren hatte, die es heute besitzt. Diese Aufhöhung aber muß stellenweise schon im 12. Jahrhundert bestanden haben, wie sie heute ist.«

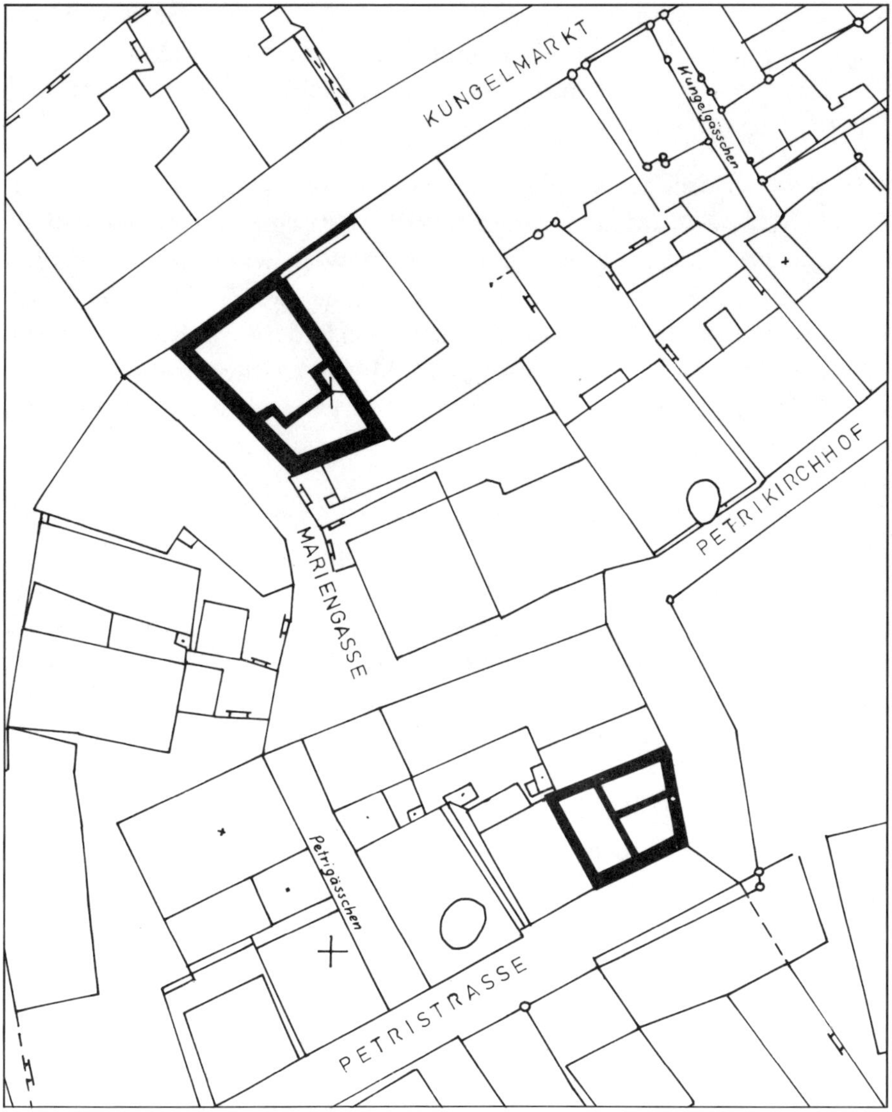

19 Die beiden »Turm«-Keller im Plan von Alt-Soest.

Auch Carl Ludwig Meyer[97] SZ 44/45 meint:

> »Da der durch die Grabenaufschüttung von 2,5 m verdeckte Unterbau – jetzt Keller – . . . auch für ein Wohnhaus ungewöhnlich starke Mauern hat, so mag der Bau ein Torturm der Veste gewesen sein.« (Meyer datiert auf das Frühmittelalter um 1000.)

Das »Haus zum Herten« ist nicht die einzige Möglichkeit eines alten Turms in Soest. Im Haus Kungelmarkt 5 (Abb. 33) ist ebenfalls ein Haus mit schiefem Grundriß und ungewöhnlichen Mauern mit einer Dicke von 1,50 m. Der Keller ist ein Doppelraum. Auch dieses Haus kann ein Turm gewesen sein, und durchaus auch der »Schlangenturm«. Und auch »dieser Turm steht noch, mitten in Soest«.

Das letzte der drei Merkmale, welche die Thidrekssaga für Soest nennt, ist »der STEINWEG, auf dem Irung fiel«. Er müßte einer der ganz wichtigen Wege im alten Soest gewesen sein; denn die Wege waren sonst ungepflastert, und ein »Steinweg« war eine Ausnahme. Wir finden den Namen »Steinweg« in vielen alten Stadtkernen, so in Paderborn, Rheine, Braunschweig, und als »alter Steinweg« in Münster. Auch in Soest ist ein solcher Weg im Kern der alten Stadt vermerkt, »dy steinwech vor dem raithuse« (Rathaus), der 1467 »mit der holten stepele gemaket« wurde.

Als der eigentliche alte Steinweg verdächtig ist vor allem die Petristraße, wohl die älteste Grade dieser alten Stadt, vom Helweg her ins Zentrum. Später lief hier der nördliche Abschlußgraben der alten Veste, in jüngeren Zeiten auch »Corduanergraben« genannt nach den dort zünftig angesessenen Lederarbeitern aus Cordoba, den »Corduanern«. Hier möchte man den ursprünglichen »Steinweg, an dem Irung fiel« vermuten, und vielleicht gibt es ihn »noch heute« unter der 2,50 m hohen Aufschüttung.[98]

Damit sind die Möglichkeiten dafür aufgezeigt, daß die von der Thidrekssaga beschriebenen Ereignisse im frühen Soest stattgefunden haben können, daß es die mächtige Gartenmauer, den Schlangenturm und Irungs Steinweg gegeben haben kann. Auch die in Soest vorhandenen frühen Adelshöfe mit ihren erhöhten Hallen und ihren Ringmauern passen nur zu gut in das Bild.

Was aber noch im Ungewissen bleibt, ist *die Festlegung der Zeit.* Hat die Thidrekssaga dies alles etwa berichtet mit dem Bild eines *späteren* Soest vor Augen, eines Soest um 900 oder eines Soest um 800? Denn auch die große Mauer hat bisher nicht sicher in eine frühere Zeit als das 8. Jahrhundert zurückdatiert werden können, und Teste mit der Carbon-Methode sind bisher niemals gemacht worden. Die Thidrekssaga berichtet aber über Ereignisse des sechsten Jahrhunderts. Gab es also im Soest des 6. Jahrhunderts ein Fürstentum oder Königtum? War Soest damals ein Zentrum von Reichtum und Macht, wie es in der Thidrekssaga erscheint?

Die Frauenkammergräber des 6. Jahrhunderts

Im Frühjahr 1930 sollte am Südrand von Soest, 1,1 km vom alten Stadtkern entfernt, eine Provinzialpflegeanstalt erbaut werden. Bei Ausschachtung eines Grabens kam hier ein eisernes Schwert zum Vorschein und wurden Gräber früher Zeit angeschnitten. Sehr sorgfältig wurde daraufhin durch das herbeigerufene Landesmuseum für Vor- und Frühgeschichte in Münster unter Leitung von Professor Dr. A. Stieren die ganze große betroffene Fläche schichtweise abgetragen. Dabei wurde ein Friedhof des 6.–8. Jahrhunderts aufgedeckt mit Holzkammergräbern, Baumsarg- und Brettergräbern.[99]

Die Holzkammergräber, insgesamt elf, waren die ältesten des Friedhofs und hatten zunächst für sich allein bestanden. Sie wurden ins 6. Jahrhundert datiert. Sie bargen die meisten Funde. Je größer die Grabkammern waren, desto reicher waren die Beigaben. Jedes der Gräber lag vom andern 8–12 Meter entfernt; denn sie waren ursprünglich von großen Grabhügeln überdeckt gewesen, welche die Zwischenräume zwischen ihnen ganz ausgefüllt hatten. Die Hügel selbst waren verschwunden, es ließ sich aber sicher nachweisen, daß sie früher vorhanden gewesen waren.

Der Boden bestand aus zähem Lehm. Alles Holz war völlig vergangen, doch ließen sich aus den Verfärbungen die Konstruktionen der Holzkammern einwandfrei ermitteln. Zunächst war eine Grube von 2 m Tiefe in der Größe der Kammer ausgehoben worden, dann wurden in deren Ecken vierkantige, unten flache Pfosten gesetzt, die an zwei Seiten durchgehende breite Nuten hatten. In diese wurden die Verschalbohlen von oben eingeschoben. Die einstige Innenhöhe wird mit ca. 1,75 m an-

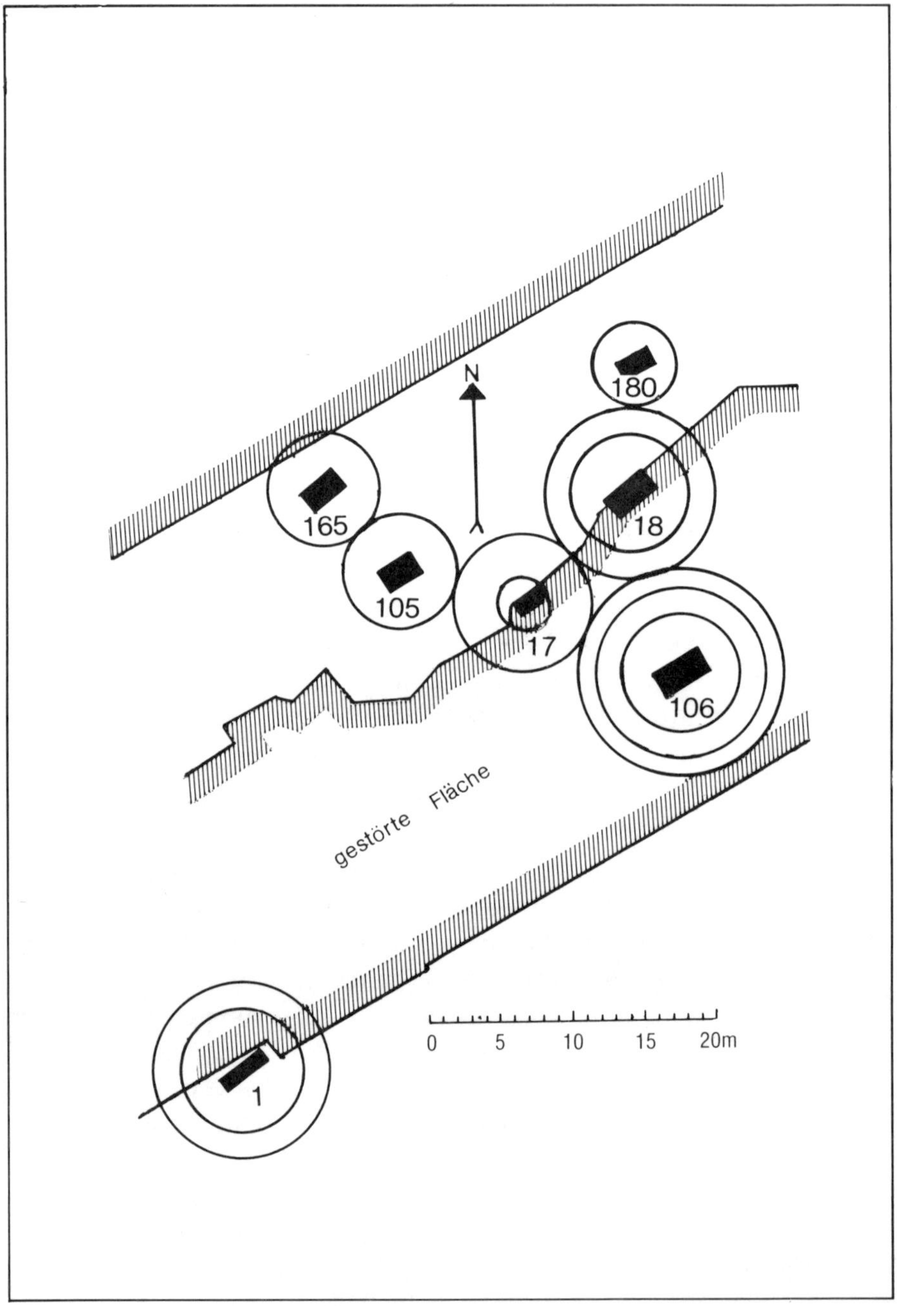

20 *Plan der Soester Kammergräber (ohne die späteren Gräber).*

genommen. In diese Grabkammer wurde dann der Holzkasten, in dem die Bestattung lag, hinabgesenkt.
Der Paderborner Vor- und Frühgeschichtsforscher Bernhard Ortmann,[100] der an den Ausgrabungen teilnahm, schrieb darüber ganz begeistert:

> »Die Kammern waren gedielt, hatten holzverschalte Wände und waren mehrfach mit Holzmöbeln, Gefäßen und Wandbehängen ausgestattet.« (Die Wandbehänge wurden später bezweifelt.) »An den Ecken waren die Wände mehrfach sorgfältig verfugt.« Diese Gräber enthielten eine Fülle von Beigaben, »welche unbestritten die herrlichsten Funde dieser Art in Westfalen und weit darüber hinaus sind. Der materielle Reichtum dieser zahlreichen Goldfunde, ihre künstlerisch und technisch gleich hochstehende Ausführung, die urtümliche, märchenhafte Schönheit der Originale, die sie zu den besten künstlerischen Erzeugnissen des fränkischen Stils gehören läßt, die großzügige Anlage der Kammergräber und einige einzigartige Funde, wie die durchbrochene Bronzeschmuckscheibe mit dem Menschenpaar und den Raben, oder die goldene Runenfibel (ein voralthochdeutsches, wichtiges Literaturdenkmal!) reden eine eindeutige Sprache« (Abb. 1).

Ortmann spricht von einem »anormalen Goldreichtum«. Auch Stieren sagt:

> »Der Goldreichtum in den älteren Gräbern von Soest fällt auf, insbesondere gegenüber der Goldarmut in den bisher bekannten Friedhöfen dieser Zeit in Westfalen« (S. 174).

Diese Gräber des 6. Jahrhunderts mit ihren großen Kammern, voll von kostbaren Beigaben, jedes für sich unter einem aufgeschütteten großen Hügel gelegen, waren vornehme Einzelgräber, Bestattungen fürstlicher Frauen. Der Goldreichtum dieser Gräber deutet auf eine zentrale Macht, die gewohnt war, aufwendig zu leben, prächtig zu schenken und zu empfangen; eine Macht, die edelstes Material auch aus fernen Ländern (Almandine) durch erste Künstler verarbeiten ließ, oder kostbaren Schmuck erwarb, trug und schenkte. Diese fürstliche Macht im frühen Soest, von der wir geschichtlich keine Kunde haben, wird durch die Funde bezeugt.
Dieser Begräbnisplatz vornehmer Geschlechter, 1,1 km außerhalb der Burgstadt an einer Fernstraße gelegen, wie es Brauch war, wurde dann in späterer Zeit, als die Hügel eingesunken und jene Geschlechter vergessen waren, von einer anderen Bevölkerungsgruppe weiter benutzt. In die Zwischenzeit setzt man den Einbruch der Sachsen.[101]
Zwischen den Frauengräbern liegt ein einzelnes »Männergrab«. Es ist sehr klein, und wir werden es noch genau betrachten.
Die Kammergräber sind offenbar in einer gewissen Ordnung angelegt;

allerdings wissen wir zunächst nicht, welches Grab das früheste war, welche Gräber etwa gleichzeitig angelegt wurden, und in welchem Zeitabstand die anderen folgten. Auch war das Gelände schon vor den Ausgrabungen durch Erdarbeiten gestört. Da aber die Kammergräber sehr tief angelegt waren, und der Sarginhalt naturgemäß auf dem Boden der Kammer lag, dürften sie doch leidlich vollständig erfaßt sein.

Das größte und reichste ist das Kammergrab Nr. 106. Die Grube maß 3,85 × 1,85 m, die darin eingebaute Kammer 3,65 × 1,75 m, der Sarg an der Seite der Kammer 2,70 × 0,70 m. Selbst eine große Frau von 1,80 m Länge hätte in diesem Sarg oben und unten noch je 0,40 m Spielraum gehabt. Das Grab war WSW zu ONO ausgerichtet, Abweichung von der West-Ost-Lage ca. 30°. In dieser Richtung, teils mit geringer Abweichung, lagen auch die anderen Kammergräber. Der Kopf lag im WSW mit dem Blick nach ONO. Es ist die gleiche Richtung, welche auch die Petristraße zeigt und damit der vorchristliche Grundriß des alten Soest.

In diesem Kammergrab Nr. 106 von fast 2 × 4 m und einer Tiefe von 1,60 m befanden sich folgende Beigaben:

Eine runde Scheibenfibel aus Gold mit Almandinen, ∅ 5 cm (Abb. 1).

Eine Halsperlkette mit Goldanhängern, und zwar:

- drei filigranverzierte Goldscheibchen (Abb. 29);
- zwei medaillonartige Anhänger in Zellenarbeit;
- eine abgegriffene Goldmünze Valentinian I. (364/5);
- eine als Schmuck gefaßte frische Goldmünze Justinian I. (527–565) (Abb. 34);

zwei schwere silberne Spangenfibeln mit doppelter Nadelrolle in Niello verziert, Fuß, Bügel, Kopfplatte vergoldet, die Knöpfe aus vergoldeter Bronze;
eine ornamental verzierte Bronze-Zierscheibe;
ein geschlossener Bronzering;
ein Eisenmesser in Lederscheide;
eine Schere;
zwei Silberschnallen (Abb. 30);
vier silberne Riemenzungen;
ein Glasbecher mit Rundboden;
ein unbestimmtes eisernes Gerät.

Dies alles lag innerhalb des Kastensargs. Daneben stand:

ein Bronzebecken und ein Holzeimer mit verziertem Bronzehenkel,

Bronzeattachen und Bronzeband, Bronzeplättchen mit stilisierten Männerköpfen und drei Eisenreifen.

Dieses Grab enthielt also viel Schmuck aus reinem Gold und schwerem Silber (Abb. 35). Die Frau, die darin so fürstlich bestattet war, trug auf der rechten Schulter *die goldene Scheibenfibel,* das kostbarste Stück des frühen Friedhofs.

»Auf der Vorderseite der Fibel sind zunächst dünne Goldstege auf einer kräftigen Goldplatte in regelmäßiger konzentrischer Musterung aufgelötet. Zwischen die einzelnen Stege sind dann plangeschliffene Almandine eingesetzt und durch die Stege gefaßt worden, so daß die ganze Oberfläche des Stückes eine glatte blitzende Fläche bildet, die aus (über) 200 einzelnen Steinen besteht. Der Reiz des Stückes liegt in der leider nicht wiederzugebenden Farbe. Es wechselt jedesmal ein heller gefärbter Almandin mit einem dunkler gefärbten. Jeder Stein ist mit einem gemusterten matten Goldplättchen noch besonders unterlegt« (Stieren S. 87) (Abb. 1).

Dieses Schmuckstück trägt auf seiner Rückseite in Runenschrift die Worte: »RADA:DAþA«; darüber links ein Runensiegel, dessen Zeichen nicht nebeneinander stehen, sondern an zwei schräggekreuzten Stäben und mit einem wie ein Krone darübergesetzten Runen-O die Buchstaben zeigen (von rechts oben im Uhrzeigersinn gelesen): A–T–A–$\genfrac{}{}{0pt}{}{N}{L}$–O. (Die Reihenfolge entspricht der Reihenfolge der Ritzungen. Eine andere Folge ist nicht möglich.) Ein weiteres schwierigeres Runensiegel bzw. miteinander verbundene Ritzungen oben rechts über RADA:DAþA, sowie zu-

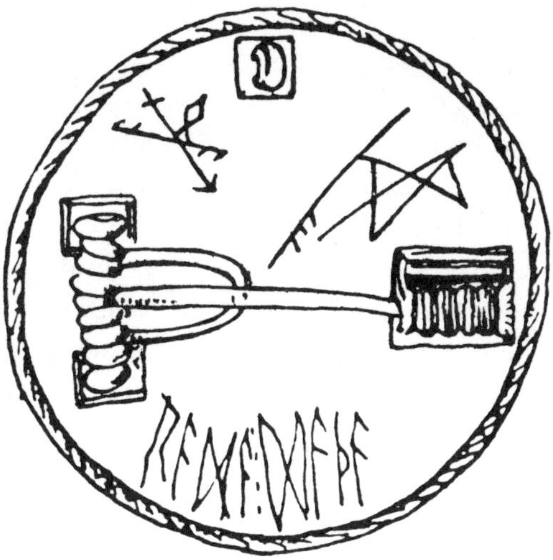

21 *Die Rückseite der Runenfibel.*

sätzliche kleinere Ritzungen an verschiedenen Stellen sind bisher noch nicht entziffert.

Runen sind Sinnzeichen, auch Heils- und Unheilszeichen. Sie sind zugleich Lautzeichen und wurden als Schrift gebraucht. ATANO versteht einer der Deuter, Wolfgang Krause, als einen Männernamen und vermutet darin den Namen des »Runenmeisters«.[102] Die durch senkrechte Punkte abgeteilten Worte versteht er als zwei altdeutsche Frauennamen. »Es wird sich dabei um die Schenkerinnen der Spange handeln.« Etwas verlegen fügt er hinzu: »Einzigartig, aber doch kaum irgendwie zu beanstanden ist innerhalb der deutschen Runeninschriften der Umstand, daß zwei Schenkerinnen genannt werden.

Die Verlegenheit ist berechtigt; denn da die kostbare Scheibenfibel einer Frau gehörte, würde dies besagen, daß eine Frau von zwei anderen Frauen ein so überkostbares Kleinod als Geschenk bekommen hätte. Man kann sich kaum eine Gelegenheit denken, bei der ein solches Geschenk sollte gegeben worden sein, und kaum eine Leistung, für die es als Ausgleich hätte dienen sollen. Dagegen war es zu allen Zeiten üblich, daß ein *Mann* einer Frau Geschenke machte, auch solche von höchstem Wert.

So wird es auch hier sein. Man wird an einen *Mann* als Schenker denken, der mit der hier begrabenen Frau verbunden war. Es muß ein sehr reicher und vornehmer Mann gewesen sein, der wahrscheinlich seine Gattin beschenkte; und es wird *sein* Name sein, der in dem Namenssiegel bewahrt ist. Er kann, er braucht aber nicht auch der Ritzer der Runen gewesen zu sein.

Auch Helmut Arntz, der über »Die einheimischen Runendenkmäler des Festlands« geschrieben hat,[103] sieht in ATANO den Schenker und deutet RADA als Form von rât, altsächsisch râd (Schutz, Hilfe, Vorsorge, Förderung) mit dem Sinn eines Heilwunsches an eine Frau: »Rat, Daþa, wünscht Atano«, »Schutz, Daþa!« (S. 135). Als weitere Möglichkeit erinnert er aber auch an die Formel »Rat und Tat«, an welche RADA:DAþA anklinge. Das dürfte die wahrscheinlichste Deutung sein: »Ich, Atano, bin bei dir mit Rat und Tat.« Arndt zweifelt nur, ob die Formel nicht jüngeren Ursprungs und »als Reimformel entstanden« sei (S. 348).

Ein Königs-Monogramm

Die besondere Anordnung der Runenzeichen zu einem Namen läßt uns fragen, ob es sich hier nicht um ein Monogramm handelt, das heißt, um ein Namenssiegel? Um das Monogramm eines Fürsten, der mit dieser Kostbarkeit seine Fürstin beschenkte, vielleicht zur Hochzeit?
War ein Monogramm im 6. Jahrhundert bei Fürsten üblich? Percy Ernst Schramm, der sich in einem dreibändigen Werk mit der Geschichte der Herrschaftszeichen beschäftigt hat,[104] schreibt über die Entstehung und Anwendung des Monogramms:
»Das aus dem römischen Bereich entwickelte und seit der ersten Hälfte des 5. Jahrhunderts auch auf Münzen gesetzte Monogramm hat als erster Germane König Odovocar sich zu eigen gemacht« (König 476–493). »Seinem Beispiel folgte Theoderich der Große« (König 493–526), »und an ihn schlossen sich wieder sein Neffe, der Westgotenkönig Amalarich« (geb. 502, † 531) »und der Burgunderkönig Gundobald an« (König 501–516). »Vom 6. Jahrhundert an setzt sich das Monogramm dann bei den Germanen allgemein durch« (I 226).
Das Monogramm kam also bei den Herrschern kurz vor 500 auf und wurde nach 500 üblich. Das Soester Zeichen war demnach zu seiner Zeit

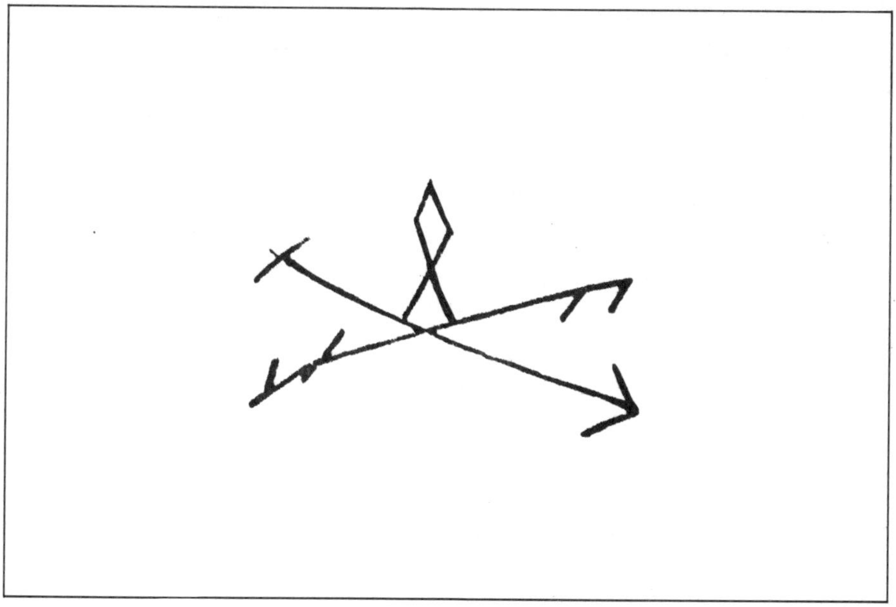

22 Das »Königs«-Monogramm.

ganz modern. Schramm fügt hinzu: »Das Monogramm stellt – auch allein genommen – den König dar.« Das heißt: Ein Monogramm zu haben war das Vorrecht des Königs. Wenn also das Soester Zeichen ein Monogramm ist – und zweifellos ist es das –, dann war der damit Bezeichnete ein König.

Die einzelnen Runen dieses Monogramms dürften dabei zugleich die Herrschaftszeichen darstellen: ᛏ die Königslanze (= Königsstab, Szepter); ᚨ die Fähnchenlanze; † das Schwert; ᛟ die spitze Königshaube.

Die Verwendung des, ursprünglich mannslangen, Stabes als Königszeichen ist uralt. Noch Karl der Große und seine Nachfolger bedienten sich des baculus, des vergoldeten Langstabes als Herrschaftszeichen (I 16). »Die ersten literarischen Zeugnisse für die Königslanze stammen aus dem 6. Jahrhundert« (I 216). – Auch in der Verwendung dieses Zeichens wäre die Runenfibel wieder ganz modern!

Von der Fahnenlanze macht Schramm wahrscheinlich, »daß die bei den Völkern germanischer Abstammung verbreitete hasta signifera des Mittelalters, die bewimpelte Lanze, durch die Berührung mit den Steppenvölkern Einlaß ins Abendland fand« (S. 217). Hierzu würde der Schrägstab mit den A-Runen passen und könnte eine Herrschaft über Ostvölker anzeigen, wie sie nach der Ths der Soester König ausübte.

Die vierte Rune dürfte das Schwert meinen, etwa als Sinnbild der Gerichtshoheit. Die fünfte Rune endlich, das oben darübergesetzte Runen-O, entspricht der spitzen Königshaube. Schramm schreibt dazu, daß Kronen bei den Germanen auf Münzen bei den Vandalen seit dem Ende des 5. Jahrhunderts erscheinen, bei den Franken seit der ersten Hälfte des 6. Jhs., bei den andern noch später. »Setzen Goten und Langobarden im 6. Jahrhundert etwas auf ihr Haupt, dann ist es ein Helm oder eine Kappe; und daß das bei den Angelsachsen noch im 7. Jahrhundert so war, zeigt der Fund von Sutton Hoo« (S. 137). Schramm nennt es »eindeutig, daß zur gotischen Königstracht keine Krone gehörte, sondern ein pylos, eine spitze Haube« (ebd.).

So gesehen vereinigt das Soester Monogramm in genialer Einfachheit vier Königszeichen zu einem Namen: die Königslanze, die Fähnchenlanze, das Schwert und die Königshaube. Es ist damit ein Königsmonogramm in jedem Sinn, angebracht auf der rein goldenen Scheibenfibel mit dem Runenspruch. Reines Gold als Schmuck ist dabei wahrscheinlich nochmals ein königliches Vorrecht, da in keinem anderen Grab eine rein goldene Fibel vorkommt. Dort gibt es nur Gold mit Silber verbunden oder Gold mit Bronze.

Die vierte Rune wird bisher als ein N gelesen. Eine richtige N-Rune würde den Querstrich aber nicht am Ende haben, sondern in der Mitte. Die Lesung ist also nicht eindeutig; die Rune könnte auch ein L meinen. Das L hat den Schrägstrich am Ende des Stabes oder etwas darunter nur nach der rechten Seite hin. Im Monogramm ist der Schrägstrich fast am Ende des Stabes, geht aber auch nach der linken Seite hinüber. Wäre das nicht der Fall, so *müßte* die Rune als L gelesen werden. So ist es halb eine N-Rune, halb eine L-Rune.

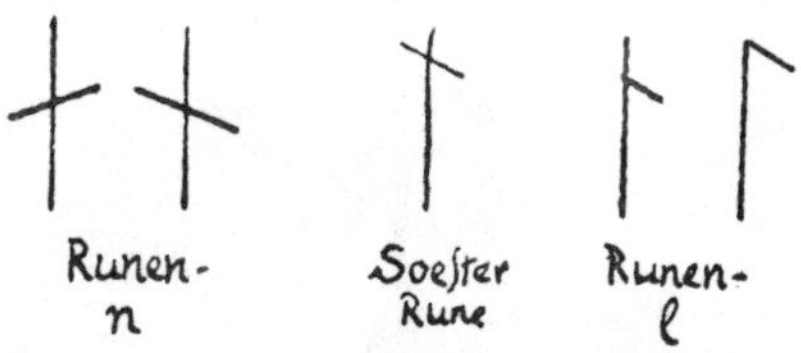

23 *Die n-Rune, die l-Rune und die Soester Rune.*

Wenn dieser Stab nun aber zugleich das Schwert darstellen soll, so muß der Schrägstrich notwendig nach beiden Seiten gehen und etwas unter der Stabspitze bleiben. Hätte die Rune ein N bedeuten sollen, so wäre nicht einzusehen, warum der Querstrich nicht ein gut Stück tiefer oder richtig in die Mitte gesetzt wurde. Was sollte der Runenschreiber also tun, wenn er ein L schreiben mußte, das zugleich ein Schwert darstellen sollte? Er mußte die Rune so schreiben, wie sie im Monogramm steht, und den Querstrich so hoch wie möglich setzen.

Ich halte für möglich, daß die Rune ein L meint. Dann war der Name des Königs: ATALO. König Atalo von Soest, von dem wir geschichtlich nichts wissen, beweist sein Dasein durch das Runen-Monogramm auf der Goldscheibenfibel seiner Königin?

Dieser Name »Atalo« ist nun sehr ähnlich den in der Thidrekssaga genannten Namen: Atila, Atilius, Atilia, Attila, Attala, Aktilius. Den Namen Attala, der dem Runennamen so ähnlich ist, hat nur eine Handschrift, B. Man würde das zunächst für eine Absonderlichkeit eben dieser Handschrift halten. Es könnte aber auch umgekehrt sein: daß eben diese Handschrift den ursprünglichen Namen überliefert hat und nicht der Versuchung erlegen ist, ihn dem bekannten Attila-Namen des Hunnenkönigs Etzel in Ungarn anzugleichen.

Mit dem Schrägkreuz ähnelt das Runensiegel dem Christus-Monogramm. Auch dieses ist eine Art Königszeichen. Das Schrägkreuz von Soest kann aber sehr wohl eine selbständige Erfindung sein. Die Schrägkreuzung ist den Runen überhaupt eigen. Und das Schrägkreuz selbst ist nochmals eine Rune, und zwar die Glücks-Rune G. Wahrscheinlich ist diese beliebte Rune im Monogramm mitgemeint. – Auffallend ist auch die Ähnlichkeit des Soester Zeichens mit dem Totenkopf über gekreuzten Knochen, dem Herrschaftssymbol des Todes, dessen Herkunft ich aber bisher nicht ergründen konnte. –[105]

Auch die Königsmonogramme der späteren Kaiser, der Karolinger und Ottonen, verbinden die Buchstaben ihres Namens auf einfache Weise zu einem einheitlichen Zeichen, ohne aber Symbole einzufügen.

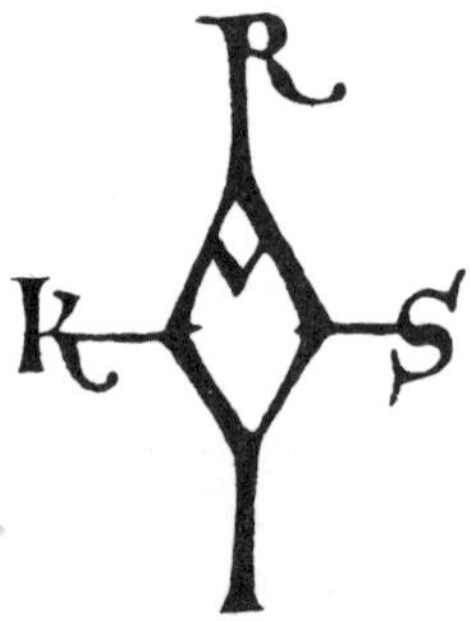

24 *Signum Karls des Großen.*

Die dritte Runenschrift

Die Runenfibel enthält auf ihrer Rückseite noch viele Ritzungen. Fast möchte man sie für eine kleine Notiztafel halten. Es ist nicht leicht, Gewolltes und Zufälliges zu unterscheiden. *Eine* Gruppe hebt sich noch besonders heraus, welche gleichfalls ein zusammengesetztes Zeichen bildet und einen Namen enthalten könnte. Stieren hat sie abgezeichnet, und ich folge zunächst seiner Zeichnung. Sie ist bisher unentziffert; ich versuche, sie zu lesen.

Ich beginne mit dem kleinen  = G. Ihm ist ein  = U angeschlossen: 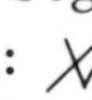 = GU. Dieses ist durch zwei Zusatzstriche, welche ein 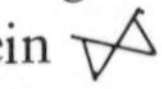 = D vollenden, zu  = GUD erweitert. Der zweite Strich stößt etwas weiter vor als nötig. An diese freie Spitze ist nun ein langer Strich angelegt, den ich als I lese:  GUDI, und an ihm sind drei schräge Seitenstriche

angebracht:  Ich sehe darin eine Verbindung von  = L und  = A; mit dem I zusammen also ILA. Der ganze Name würde also GUDILA heißen, oder, bei Verdoppelung des L: GUDILLA.
Um dies nachzuprüfen, habe ich dann einen ganzen Tag lang in Soest die dorthin zurückgekehrte Runenfibel mit Hilfe guter Linsen studiert. (Ich hätte es gerne 14 Tage lang getan.) Ich wollte vor allem feststellen, in welcher Reihenfolge die Striche gezogen worden waren. Das gelang. Ich konnte sie jetzt numerieren. Meine Lesung stimmte mit der Ritzfolge überein. Die Reihenfolge der Striche war: 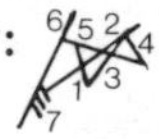
[106]

Was bedeutet der Name GUDILLA? Ich kann die Frage nicht klar beantworten. Ich erinnere nur daran, daß in der altschwedischen Handschrift Grimhild »CRIMILLA« genannt wird, (so wie Brünhild »Brynilla«); und in der Handschrift A ist Grimhilds Name »GUDRUN«, so also, wie sie auch in der nordischen Dichtung genannt wird. Hat also der Name etwas mit dem Thidrekssaga-Bericht zu tun? Ich muß die Frage offenlassen.

In dem Grab mit der Runenfibel fand sich auch eine Zierscheibe in Form eines sehr archaisch anmutenden Rades mit Punktkreisen darauf. Die Punktkreise sind so ungleichmäßig verteilt, daß man in dieser Verteilung einen Sinn vermuten möchte. Doch will ich eine Ausdeutung hier nicht vornehmen.[107]

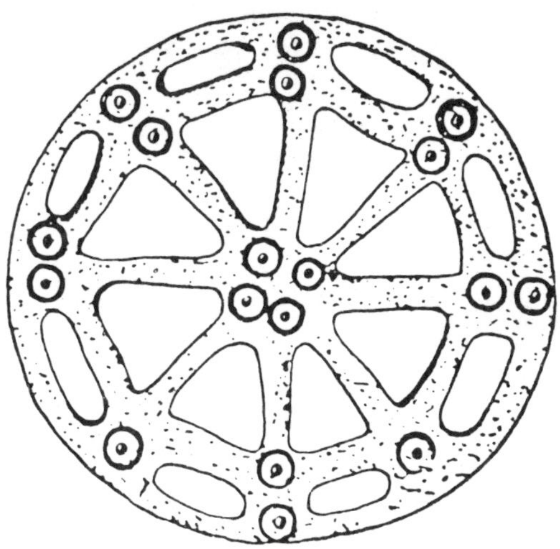

25 Die Rad-Zierscheibe mit den Punktkreisen im Grab der Soester »Königin«.

Das Grab des Knaben

Das Grab mit der goldenen Scheibenfibel (Nr. 106) hatte verhältnismäßig für sich unter dem größten Hügel gelegen. Das nächste Kammergrab war ca. 10 m entfernt. Dieses Grab (Nr. 17), von Stieren als »Männergrab« bezeichnet, hatte folgende Ausmaße: Grube und Kammer 1,65 × 1,10 m, Sarg 1,55 × 0,60 m. Im Vergleich zu der Größe der anderen Kammergräber war es ungewöhnlich klein. Nimmt man an Kopf- wie Fußende einen Spielraum von je 10–20 cm an, so war der Tote (bei Abzug der Sargwanddicken) nur 1,10–1,30 m groß. Dies ist in Norddeutschland die Größe von Kindern im Alter zwischen sechs und sieben Jahren.

Trotzdem war das Grab reich ausgestattet: Doppelschneidiges Schwert (Spatha), Messer, Bronze-Gürtelschnalle und -Gürtelbeschlag, drei Pfeilspitzen (Bogen und Pfeilschäfte wahrscheinlich vergangen), Schild mit Eisenbuckel und Schildhalter, Bronzebecken, rädchenverziertes irdenes Gefäß, ein Kamm aus Bein. Der kleine Mann kann also kein Zwerg gewesen sein, sondern war ein adliger Knabe mit den für sein Alter gültigen Waffen.

Das Grab einer reichen Königin, die mit dem König Atalo verbunden war; daneben das Grab eines etwa sechsjährigen Königsknaben: Das erinnert stark an die Erzählungen der Thidrekssaga. Haben also die hier bestatteten Personen solche Schicksale verursacht und erlitten, wie sie dann im Bericht der Thidrekssaga in aller Ausführlichkeit dargestellt wurden und dadurch erhalten blieben? Bezeugen die Soester Grabfunde den Untergang der Niflungen in Soest als eine Wirklichkeit?

Das Grab mit dem Schlüssel

Aber hiermit sind die Funde der alten Begräbnisstätte noch nicht ausgeschöpft. Das nächste Grab hinter dem Knabengrab (vom Grab der Königin aus gesehen), Nr. 105, enthält gleichfalls sehr merkwürdige Dinge. Es ist kleiner als das Hauptgrab, aber mit einer Kammer von 2,90 × 1,80 m und einem Kastensarg von 2,55 × ca. 1,00 m immer noch sehr stattlich. Auch dieses Grab enthält eine Scheibenfibel, aber diese besteht nur aus vergoldeter Bronze mit Purpurglas. Ferner befanden sich darin eine Halskette mit zahlreichen Bernstein- und Amethystperlen, daran drei pfenniggroße filigranverzierte Goldscheiben und zwei Kupfermünzen; eine Zierscheibe aus Bronze, drei eiserne Schnallen, Riemenzungen mit Bronzebelag, ein Messer, ein eiserner Schlüssel, ein doppelkonisches Tongefäß mit Rädchenverzierung, ein Glasbecher, eine Bronzeschüssel mit Holzdeckel. Auf dem Holzdeckel hatten gelegen: eine Schere, ein bronzener Armring mit Kolbenenden, eine Anzahl Perlen, ein geschlossener Bronzering und eine Anzahl unbestimmbarer Eisenstücke. Auch dies war ein vornehmes Frauengrab, wenn auch geringer im Rang als das Hauptgrab.

»In dem freien Raum neben dem Kastensarg konnten die Standspuren einer Holzbank von 1,30 m Länge ermittelt werden sowie die eines runden Holzgefäßes von $^1/_2$ Meter Durchmesser.« (Stieren S. 87)

Die ungewöhnlichsten Stücke dieses Grabes sind der Schlüssel, die Zierscheibe und die Bank. Der Schlüssel erinnert an die Erzählung der Thidrekssaga, als der sterbende Hagen der jungen Frau, die mit ihm die Nacht verbracht hatte, sagte: »Hier hast du die Schlüssel, welche zum Sigfridskeller gehn; dort liegt das Gold, das man Niflungenschatz nennt. Die Schlüssel sollst du meinem Sohn geben, wenn er mündig wird.« – Man könnte also fragen, ob dies das Grab jener Frau sein könnte, die dann Aldrians Mutter wurde. Es heißt, daß diese Frau die Tochter des Jarl Irung war, eine Fürstentochter. Man müßte weiter fragen: »Was waren die Schicksale dieser Schlüssel?« Wenn Aldrian sie bekam und benutzte, wie kamen sie später in dieses Grab? War es eine Nachbildung? Oder war es überhaupt üblich, Frauen Schlüssel mit ins Grab zu geben?
Vom 8. Jahrhundert an sind Schlüssel als Beigaben in adligen Frauengräbern keine Seltenheit; aber vorher sind sie Ausnahmen. Die Schlüsselbeigabe als Sitte beginnt erst in christlicher Zeit. Wenn in früherer Zeit sich Schlüssel in Gräbern fanden, gehörten sie zu Behältnissen, die den Toten mitgegeben wurden. Ein einzelner Schlüssel in einem einzigen Grab dieser frühen Zeit war ungewöhnlich und könnte etwas bedeuten.
Und *die Holzbank,* die, wie die Ausgräber schreiben, sich sicher nachweisen ließ? Sie hielten sie für eine Ruhebank. Wurde die Grabstube also noch späterhin besucht, wurde die Grabkammer offen gehalten?

> »Das eigenartigste Stück unter den Beigaben dieses Grabes und wohl des ganzen Friedhofes ist *die Zierscheibe* (Abb. 36), aus kräftigem Bronzeblech ausgesägt. Die Scheibe war von einem leider fast zerstörten Ring aus Bein umgeben und lag unterhalb der linken Gürtelseite.« Sie muß entweder vom Gürtel freihängend getragen worden sein oder als Schmuck einer Tasche gedient haben »Wir erkennen zwei rechtwinklig übereinanderliegende Menschenkörper, und zwar die eines Mannes und einer Frau mit komplizierter Verschlingung von Armen und Beinen.« »Die beiden Tiere im unteren Teil sind stark stilisierte Adler.« (Stieren 1930 und 1931)

Über die Bedeutung dieses auffallenden Schmuckes schreibt Stieren:

> »Ob das Stück eine symbolische Darstellung ist und eine symbolische Bedeutung hat, oder ob es lediglich der Freude des Künstlers an der ornamentalen Aufteilung der Fläche entspringt, entscheide, wer mag.« (1931) »Über die Deutung des Stückes wage ich hier Vermutungen nicht vorzutragen.« (1930)

Stieren hat demnach Vermutungen gehegt, fürchtete aber ablehnende Kritik.
Bei dem Schlüssel im Grab hat Stieren vermutlich an die Schlüssel zum Sigfridskeller gedacht. Und da der Übergabe der Schlüssel an die junge Frau das Beilager des wunden Hagen mit ihr vorausging, so wird sich Stieren gefragt haben, ob auf der Zierscheibe etwa die Ereignisse dieser Nacht dargestellt sein sollten, die für die Frau so folgenreich waren. Ließ sie also ein Nachbild anfertigen und trug dieses nun immer bei sich?
Hinzu kommt das Sinnbild der beiden Adler. Hagens Ziehbruder Gunter hatte als Zeichen »einen gekrönten Adler, denn er stammte aus Königsgeschlecht, wie der Adler König ist über alle Vögel ... Hagen führte auch einen Adler, doch ohne Krone.« – Von Aldrian, Hagens Sohn, wird ein Zeichen nicht erwähnt, auch nicht später. Aber wie König Didrik sein Zeichen, den Löwen von seinem Vater und Großvater übernahm, so mochte Aldrian das Zeichen seines verstorbenen Vaters weiterführen.
Die Adler der Zierscheibe sind ungekrönt. Sollten sie Hagen und Aldrian vertreten? So würde die bronzene Zierscheibe des Grabes Nr. 105 eine Begebenheit widerspiegeln, welche die Schicksale der hier begrabenen Frau betraf, und die sich andrerseits in der Thidrekssaga-Überlieferung bewahrte.

Das Grab der Königin Ercha

Gab es außer diesen Kammergräbern auch innerhalb des alten Soest noch einen Friedhof? Von der Königin Ercha heißt es, sie sei an der Burgmauer innen dicht an der Mauer in einem kostbaren Begräbnis beigesetzt worden. Dies wird in der Thidrekssaga als etwas Besonderes und Ungewöhnliches berichtet und bleibt eine Einzelerscheinung. Allerdings werden sonst Begräbnisse nicht erwähnt. In Soest wird in der ganzen langen Erzählung vor dem Untergang der Niflungen kein besonderer Sterbefall erwähnt, also auch kein Begräbnis.
Man hat das Grab der Königin Ercha nicht besonders gesucht und auch nicht zufällig gefunden. Aber im Herbst des Jahres 1896 wurden auf dem Petrikirchplatz Kanalisationsarbeiten vorgenommen und zwar an der Nordwest-Front des Petrikirchhofes in einem Abstand von 3–8 Metern von den Häusern. Es wurde 2,50 m tief ausgeschachtet. Dabei wurden Scheiben auf den Grabenrand geworfen, die man für Messingscheiben mit Buntglas hielt. Sie wurden von Gymnasiasten aufgelesen und zum Spielen benutzt. Sie gingen unerkannt verloren. Man hätte nie von ihnen erfahren, wenn nicht der eine der Schüler, Alexander Klein, der 1943 in den Bombenangriffen auf Münster umkam, sich ihrer erinnert hätte, als er die Goldfibelfunde aus den Kammergräbern sah. Er war Architekt und Mitglied der Altertumskommission, wußte also, was er sagte, als er beim Anblick der damals neuen Funde erklärte: »Mit solchen gelben Scheiben mit bunten Steinen haben wir als Gymnasiasten gespielt.« Auch die bunten Perlen, die damals gleichzeitig auf den Grabenrand geworfen worden waren, erkannte er wieder ... (Stieren 89)
Diese »gelben Scheiben« könnten noch irgendwo erhalten geblieben sein. Aber ein Aufruf in einer Soester Zeitung hatte kein Echo. Die Unterlagen über die damals angelegten Gräben sind beim Tiefbauamt Soest noch mit genauen maßgerechten Zeichnungen vorhanden.

Aldrians Rache

Nun wird in der altschwedischen Handschrift über die späteren Ereignisse folgendes gesagt:

> König Attala im Hünenlande war zu dieser Zeit ein alter Mann. Er zog Aldrian auf, Hagens Sohn von Tröuia, den dieser zeugte mit der Frau, die ihm beilag eine Nacht, ehe er starb. König Attala hatte auch einen Sohn, der war zwölf Jahre alt. So alt war auch Aldrian Hagens-Sohn. Seiner Mutter Mutter zog sie beide auf.

Es ist fast 13 Jahre nach dem Untergang der Niflungen; denn Aldrian war etwa neun Monate nach jener Nacht geboren und ist nun zwölf Jahre alt. König Attala hat nun auch einen Sohn, der ist fast ebenso alt, aber nicht ganz. Die andern Handschriften sagen: »Er war elf Winter alt.«
Das bedeutet: König Attala hatte wieder eine Frau genommen, nicht später als ein Jahr nach jenen Ereignissen, und er hat aus dieser Ehe einen Sohn, der nur wenig jünger als Aldrian ist. Die beiden Knaben werden an Attalas Hof gemeinsam erzogen, als Königssöhne, »und sie werden geschult in den höfischen Sitten und ritterlichen Fertigkeiten, und der König machte alles unter ihnen gleich« (Hs. B, D). An Mutterstelle aber betreute sie Aldrians Großmutter, die Witwe des Jarl Irung. Diese lebte demnach an König Attalas Hof und in seinem Haus.
Es gab in Soest (nach der Thidrekssaga) nur sehr wenige fürstliche Familien: Herzog Osid, König Attalas Brudersohn, hatte seinen festen Wohnsitz in Friesland, und niemals wird von ihm gesagt, daß er eine Frau hatte. Markgraf Rodingers Ehefrau lebte in Burg Bakalar und blieb auch dort. Allein übrig an fürstlichen Frauen waren in Soest nur Frau und Tochter des Jarl Irung. Dieser war wahrscheinlich selbst königlichen Geblüts und hatte eine ebenbürtige Gattin. Diese war dann auch König Attala ebenbürtig. Hat König Attala also Jarl Irungs Witwe als dritte Frau genommen? Die Angabe, daß sie die beiden Knaben am Königshof aufzog, macht es wahrscheinlich.
Warum zog aber nicht Jarl Irungs Tochter selbst ihren Sohn auf, an den sie doch einen so wichtigen Auftrag hatte? Sie wird nirgends mehr erwähnt; also muß sie schon früher gestorben sein.
Dies sind Überlegungen, die sich aus den Angaben der Ths ergeben; und man könnte die Thidrekssaga daher auf folgende Weise aus sich selbst heraus ergänzen:

Bald nach dem großen Sterben nahm König Attala eine dritte Frau. Es war die Witwe Jarl Irungs, der von Hagens Hand gefallen war. Sie stammte aus fürstlichem Geschlecht. Nach der gewohnten Zeit bekam sie einen Sohn, der fast ein Jahr jünger war als der Sohn ihrer Tochter, Aldrian. Diese starb früh. Die Fürstin Irung, jetzt Königin des Hünenlandes, zog die beiden Knaben wie Königssöhne gemeinsam auf.
Die Tochter übergab ihrer Mutter auf dem Totenbett die Schlüssel zum Sigfridskeller und Hagens Auftrag. Dieser lautete auf Rache an König Attala für den Untergang der Niflungen. Als Aldrian zwölf Jahre alt war und als mündig galt, erfüllte seine Großmutter Hagens Auftrag, weihte Aldrian in seine Rechte und Pflichten ein und übergab ihm die Schlüssel zum Sigfridskeller.
Daß Fürstenknaben mit zwölf Jahren als erwachsen galten und zum Ritter geschlagen wurden, wird in der Ths vielmals erzählt. Didrik von Bern wurde es schon mit elf Jahren. Auch bei den Wikingern führten Häuptlingssöhne mit 12 Jahren schon selbständig Schiffe auf Fernfahrt, von einem erfahrenen Waffenmeister begleitet. Auch Aldrian und sein Ziehbruder werden gemeinsam zum Ritter geschlagen worden sein, der eine mit 12, der andre mit 11 Jahren. Aldrian dient nun dem König bei Tisch und hält ihm am Abend die Fackel beim Mahl.

> Dieser Knabe war oft nachdenklich und erwog, ob er im Stande sein werde, seinen Vater und seine Schmach an König Attala zu rächen. (B 423)

Er ritt zum Sigfridskeller, betrachtete und prüfte alles genau und machte seinen Plan. Am Abend diente er dem König wie sonst. Dies ist der Abend, mit dem die Thidrekssaga die Erzählung von Aldrians Rache beginnt. (Sv 365–368)

> Es war eines Abends. König Attala saß bei Tisch. Vor ihm stand Aldrian Hagenssohn und hielt Fackel vor ihm. Da fiel ein Brand von der Fackel und auf Aldrians Fuß und brannte durch den Schuh und nieder in den Fuß. Davon merkte Aldrian nichts. Da sprach (der) König zu ihm: »Was denkst du, Aldrian? Merkst du nicht, daß das Feuer dich brennt?« –
> Aldrian antwortete: »Ich sah, daß vor dir liegt gut Weizenbrot und köstliche Speise, und du trinkst guten Wein. Da dachte ich, daß der Tag kommen könnte, wo du Schwarzbrot äßest und tränkst Wasser

dazu, wenn du's bekommen kannst.« – König Attala antwortete: »Warum denkst du, ich sollte Schwarzbrot essen oder Wasser trinken? Das geschah mir oft auf Heerfahrt in meiner Jugend, als ich beides tat, hungerte und dürstete. Doch jetzt bin ich so alt, daß ich nicht mehr leicht in solche Not komme.« –

Darüber sprachen sie nicht weiter; und Aldrian dachte beständig darauf, wie er seinen Vater rächen könnte und seine übrigen Verwandten.

Es war ein Tag, da König Attala in den Wald ritt, sich zu vergnügen und Tiere zu jagen. Alle seine Leute verirrten sich von ihm außer Aldrian Hagenssohn. Aldrian sagte zu Attala: »Wieviel Gold und Silber besaß Jung-Sigfrid?« – (König:) »Was man Niflungenschatz nennt, ist das meiste Gold, das ich auf einer Stelle weiß.« – Aldrian fragte: »Wer verwahrt das Gold?« – Attala antwortete: »Ich weiß nicht, wer das verwahrt. Ich meine, das verwahrt niemand, denn das ist in der Erde vergraben.« –

Aldrian antwortete: »Was willst du dem Manne geben, der dir den Niflungenschatz weist?« – König antwortete: »Ich mache ihn reicher als irgendeinen in meinem Reich.« – Da sagte Aldrian: »Willst du dein Wort halten, dann weise ich dir den Niflungenschatz.« – König bat, ihm den zu zeigen. (Aldrian:) »Dann wollen wir reiten, wir zwei alleine, so daß keiner uns folgt!« – König antwortete: »Das kann wohl werden!« – Aldrian sagte: »Reiten wir heim im Dämmern, wenn Ihr wollt! Dann will auch ich Euch folgen!« – So taten sie.

Wenige Tage darauf reiten sie fort in den Wald, König Attala und Aldrian. Ihnen begegnete keiner, und keiner vermochte ihnen zu folgen. Sie kamen an einen Berg. Da nahm Aldrian Schlüssel und schloß drei Türen auf. Er ging hinein mit Attala-König und sagte: »Sieh nun hier den Niflungenschatz! Hier ist das Gold, das Jung-Sigfrid besaß, und Gunter-König und Hagen von Troja!« –

Attala-König stand lange und sah auf das Niflungengold und war ganz glücklich und meinte, er wäre jetzt der reichste König, den es je gab. Da sprang Aldrian zu den Türen hinaus und schloß alle drei Türen wieder zu.

König Attala sagte: »Mein guter Freund Aldrian, komm herein zu mir! Das Gold und das Silber ist alles dein!« – Aldrian antwortete: »Du magst nun Gold und Silber haben zum Todestag! Doch ich habe lange mit Entbehrung gelebt; nun will ich zu Wald reiten und will mich vergnügen!« – Darauf schloß er alle drei Türen noch einmal ab und wälzte

groß Erde und Steine darauf. Da kam es Attala in den Sinn, daß der Knabe seinen Vater rächen wollte und die übrigen Niflungen.
Drei Tage darnach kam Aldrian wieder. Da hatte der König *eine* Tür zerschlagen und rief Aldrian zu: »Laß mich hinaus! Ich will dir Gold und Silber geben und dich zum König über Hünenland machen! Damit will ich dir deines Vaters Tod büßen. Darum sollst du auch alles haben, was an Gold hier im Berge ist, und noch mehr dazu; und niemals will ich das rächen an dir, was du jetzt an mir tatest!« – Aldrian antwortete: »Du begehrtest allzeit den Niflungenschatz, als mein Vater lebte. Jetzt hast du die Gnade von Gott, daß du nun das Gold und Silber besitzest, das viele Könige und Herren zusammenbrachten. Ich meine, der Tag ist nun gekommen, daß du gern Schwarzbrot äßest und Wasser tränkst!« – Attala antwortete: »Weiß Gott, das wäre nun eine süße Speise, Schwarzbrot essen und Wasser trinken!« – Aldrian erwiderte: »Du warst allzeit begieriger, Gold und Silber zu trinken und zu essen. Hiernach hat dich lange gehungert!« – Dann trug er Steine und Soden vor die Türen, damit der König dort niemals lebend herauskäme.
Hierauf stieg er zu Pferd und ritt ins Niflungenland zu Königin Brünhild, König Gunters Witwe, und sagte ihr von seiner Fahrt, wie er Hagen, seinen Vater, gerächt hatte und die übrigen Niflungen. Sie dankte ihm sehr, rief ihr Volk zusammen und sagte diesem die Kunde, wie es zugegangen war. Dann gab sie Aldrian viele Ritter und Dienstmannen. So ritt er aus mit vielem Volk und Heer, gewann ein groß Teil von Niflungenland und wurde König darüber, solange er lebte. – König Attala starb in dem Berge. Seitdem wurde der Niflungenschatz niemals gefunden; denn Aldrian kam darnach nie mehr in den Berg zu König Attala.

Von Aldrians Rache weiß das Nibelungenlied nichts. Aber »Die Klage«, jenes fatale Langgedicht, das dem Nibelungenlied in allen vollständigen Handschriften angehängt ist, fragt an ihrem Schluß nach dem Verbleib König Etzels, den sie mit diesem König gleichsetzt, und sagt: Vieles könne sie berichten, nichts aber wisse sie über Etzels Ende.

weder er sich vergienge	ob er sich verirrte
oder in der Luft enpfienge	oder in der Luft zerflirrte,
oder lebende würde begraben	*oder lebendig wurde begraben*
oder zu himele ûf erhaben	oder zum Himmel emporgetragen

Der Schreiber der »Klage« hat also offenbar Kunde von der in der Thidrekssaga berichteten Überlieferung. Da er aber mit dem einen Auge nach dem historischen König Etzel schielt, von dessen Tod er offenbar Genaueres zu wissen glaubt, kann er beides nicht zusammenbringen und läßt es als Frage offen.
Die ganze Erzählung von Aldrians Zeugung bis zu seiner Rache an König Attala möchte man für phantasievolle Erfindung halten, für Legende. Aber auch hier begegnen wir wieder Wirklichkeiten.

Der Tote im hohlen Stein

25 km Luftlinie von Soest entfernt nach SSO liegt im Sauerland bei Rüthen am Lörmeckebach ein kleiner Felsberg mit einer großen, offenen Höhle: »Der Hohle Stein von Kallenhardt« (Abb. 38). In ihm erforschte

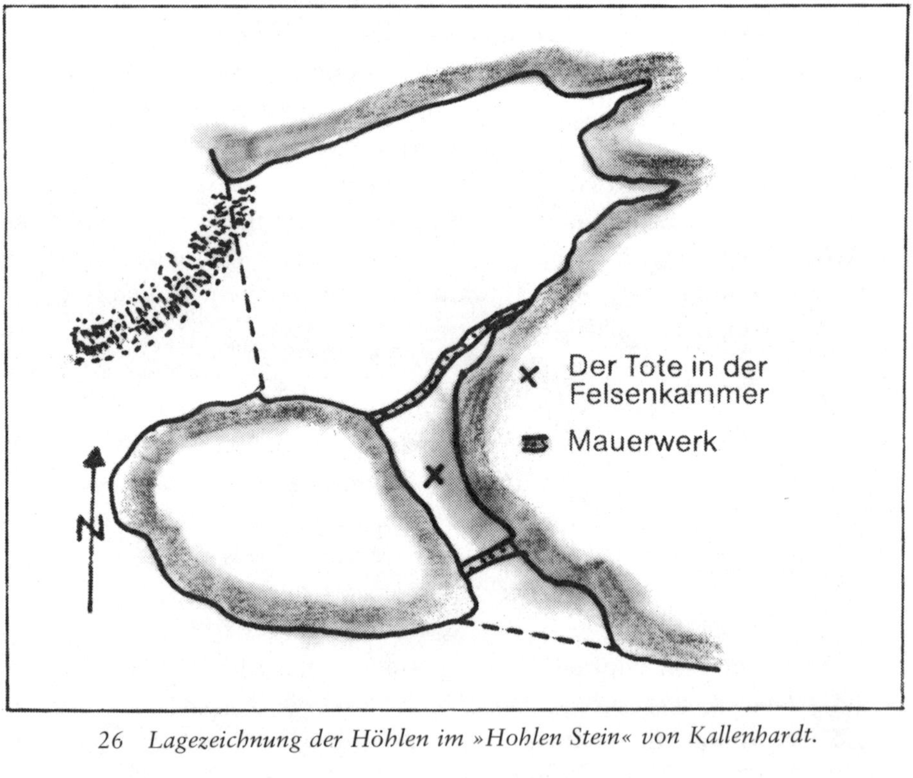

26 Lagezeichnung der Höhlen im »Hohlen Stein« von Kallenhardt.

man im Jahre 1926 eine bis dahin unbekannte Seitenhöhle mit mehrfachen starken Abmauerungen. Es waren Trockenmauern aus großen Felsblöcken, die fest in die Fugen des Berges verkeilt und außen ursprünglich noch mit Geröll abgedeckt waren. Die Wand, welche diesen Raum gegen die große Höhle abschloß, war 12 m lang und bis zu 3 m hoch.
In der Felsenkammer, die so durch den Fels und die beiden Mauern gebildet war, lag ein unbestatteter Toter. Er war ein vornehmer Mann gewesen, hatte einen aus zwei Bronzedrähten schmal gewundenen Armreif getragen, einen bronzenen Fingerring mit Ritzungen und halbkugelige Knöpfe aus hartgebranntem Ton, die – so meinte der Ausgräber – wohl mit Fell überzogen zum Schließen der Kleidung gedient haben mochten.
Der Tote war nach Ausweis der erhaltenen Skelettknochen und Zähne ein Mann von etwa 50 Jahren gewesen. Er lag in ungestörter Schicht, aber so, daß eine Bestattung an dieser Stelle nicht in Frage kam. Er war hier offenbar gewaltsam eingeschlossen worden und war in der Höhle verhungert. An Knochen sind noch im Lippstädter Museum vorhanden: ein Schädelstück, zwei Armknochen, ein Mittelhandknochen, ein Unterkiefer und drei Zähne (Abb. 39).
Die Ausgrabung wurde von Professor Stierens Mitarbeiter Dr. Julius Andree durchgeführt unter Mithilfe des damaligen Konrektors, späteren Rektors Eberhard Henneböle. Henneböle war in seiner Gegend ein ganz kundiger Mann und hat auch viel veröffentlicht.[108] Mit ihm bin ich 1963 in den Höhlen des Hohlen Steins herumgeklettert und erfuhr von ihm manche Einzelheiten über die damaligen Ausgrabungen. Diese standen unter keinem glücklichen Stern. Henneböle meinte, Dr. Andree habe mit vielem zurückgehalten, weil er »in ständigem Krach mit Stieren« lebte. Von den Funden sind etliche Rippen, Wirbelknochen, Hand- und Fußgliedstücke verloren gegangen, teils auch infolge der Umlagerungen in der von Bomben verwüsteten Stadt Münster.
Über die zu dem Toten gehörenden Schmuckstücke bestand keine volle Klarheit, da solche an verschiedenen Stellen in beiden Höhlen gefunden worden waren. Sicher ihm zugerechnet wurden: ein aus zwei Bronzedrähten eng gewundener Armring, eine Bronze-Fibel und ein bronzener Fingerring und die Tonknöpfe.
Verloren ist vor allem der bronzene Fingerring des Toten. Henneböle hatte ihn lange in Verwahrung und gab ihn am 31.5.1956 an Professor Stieren zurück, weil dessen Sammlung die meisten dieser Funde verloren hatte. Der Ring ist nicht wieder aufgetaucht. Glücklicherweise gibt es

eine Abbildung von ihm (Mannus 25. Bd. 1933), und wenn diese auch schlecht ist, so zeigt sie doch das Wesentliche.
Stieren hatte geschrieben: »ein bronzener Ring mit Kreuzverzierung«. Das war sehr zweideutig ausgedrückt; man konnte nach dieser Notiz vermuten, daß der Ring christliche Merkmale gehabt hätte. Daß das nicht der Fall ist, läßt sich auf der Abbildung deutlich erkennen. Es ist ein einfacher, ganz schlichter, etwas breiter Ring, und in ihn sind *Schrägkreuze* eingeritzt. Zwei von ihnen sind sichtbar und der Ansatz eines dritten; im ganzen müßten es sechs sein (mindestens fünf). Die einzelnen Schrägkreuze berühren sich nicht.

27 *Der bronzene Fingerring des Toten in der Höhle von Kallenhardt.*

Ich würde diese Zeichen nicht »Kreuze« nennen. Ich möchte meinen, daß es *Runen* sind, sechsmal die glückbringende G-Rune X. Auf der Zeichnung haben die Runen ihre Breitseiten oben und unten; aber an der Hand getragen und vor Augen gehalten wären die Schmalseiten unten und oben. Die Vermutung, daß es Runen sind, wird genährt durch die Nähe Soests mit den auf der Rundfibel eingeritzten Runen. Besteht eine Beziehung zwischen beiden? Hat, wie der Bericht der Thidrekssaga es nahelegt, der Soester Fürst Attalo-Attano, der seinen Namen auf der Grundlage der G-Rune in die Fibel eingrub, seinen Tod im Hohlen Stein von Kallenhardt gefunden und dabei den Ring mit der gleichen sechsfachen G-Rune getragen? Die Carbon-Methode könnte uns Auskunft geben.

Der Bach bei der Höhle heißt die »Lörmecke« (-mecke = Bach). Namen mit Lör-, Lur-, Lür- kommen im Sauerland vielfach vor. »Lurwald-Lyrwald« heißt in der Thidrekssaga das Sauerland im ganzen, im besonderen aber der Wald südlich von Soest, in dem König Attala zu jagen pflegte. Bei Arnsberg heißt der Wald noch jetzt »Lürwald«. Bei Grabungen im Jahre 1933 fanden sich im Lörmecketal ganz nahe beim Hohlen Stein un-

Abb. 34 *Goldmünzen aus den Kammergräbern bei Soest mit dem Bildnis Kaiser Justinians I. (527–565) und Kaiser Valentinians I. (364/65). Hier doppelte Größe. Burghofmuseum Soest.*

Abb. 35 *Goldbecher aus den Kammergräbern bei Soest. Originalgröße. Burghofmuseum Soest.*

Abb. 36 *Zierscheibe mit Menschenpaar und ungekrönten Adlern, aus den Kammergräbern bei Soest. Hier doppelte Größe. Burghofmuseum Soest.*

Abb. 37 *Vier Zierscheiben aus der ▷ gleichen Zeit, um 600, verschiedene Fundstellen.*

Abb. 38 *Der Hohle Stein von Kallenhardt. Im Lörmecketal. Blick von Südwesten.*

Abb. 39 *Knochenfunde aus der Höhle bei Kallenhardt.*

ter einer 40–50 cm dicken Humusschicht viele Schlacken und die Reste von vier 2 m hohen, kreisrunden Eisenschmelzöfen mit einem Durchmesser von zwei Metern. Sie waren lange benutzt worden. Nach Meinung der Ausgräber wohnten diese Eisenhüttenleute in der großen Höhle im Hohlen Stein. Hier hatten sie in unmittelbarer Nachbarschaft alles, was sie zur Eisengewinnung brauchten: Eisenerz (in der Grube Südbruch noch vor hundert Jahren gefördert), Kalk, Wasser, günstige Windverhältnisse und genügend Holz.
Von Schätzen hat sich in den Höhlen außer etwas Bronzeschmuck nichts mehr angefunden. Aber bei der Grabung im Jahre 1933 machte man noch eine weitere Entdeckung: Am Westeingang der großen Höhle kamen die Reste einer *Falschmünzerwerkstatt* aus der Zeit des 30jährigen Krieges zum Vorschein. Auf einem Stein lagen unter Geröll eine Reihe von Kupfermünzen, 6 Pfennigstücke der Stadt Werl um 1620, teils rund, teils eckig. Daneben fanden sich noch Reste des Kupferblechs und Abfallecken vom Rundschneiden der Münzen. Dies Kupfergeld war aber kaum das einzige, was diese Künstler zustande gebracht hatten. Gold- und Silbermünzen, die sie wahrscheinlich bevorzugt prägten, werden sie vollständig mitgenommen haben.
Falschmünzer Wand an Wand mit einem angeblich großen Goldschatz. Kaum zu denken, daß ihr Gespür sie nicht zu diesem Schlupfwinkel geführt hätte. Oder fanden sie zuerst den Schatz und gründeten dann darauf ihr ertragreiches Gewerbe? (Aber dann hätten sie kein Kupfergeld mehr gemacht!) Es gab eine alte Verbindung zwischen beiden Höhlen; sie war aber eng und steil. Um von der einen Höhle in die andere zu gelangen, mußte man durch einen schmalen Schacht buchstäblich auf allen Vieren kriechen und konnte sich nur mit Fackeln oder Stallaternen drinnen bewegen. Diesen Gang hatte es zur Zeit des dort eingeschlossenen Mannes noch nicht gegeben.
Prägten also die Falschmünzer hier die für sie nicht verwendbaren Ringe, Spangen, Ketten, Becher, Schalen, Schmuckstücke und Waffen aller Art in gängige Münzen um? Fand so der Niflungenschatz, »das Gold und Silber, das viele Könige und Herren zusammengebracht«, wieder den Weg in die Welt hinaus?

Heute sind die Höhlen im Hohlen Stein bei Kallenhardt ein Trümmerfeld. Die in den Fels verkeilten Wände sind bis auf den letzten Steinblock herausgerissen, nichts ist mehr erkennbar. Seit man den Eingang zur kleinen Höhle freigegeben hat, wurde, was eineinhalb tausend Jahre be-

wahrten, völlig zerstört. Jetzt beginnt man, wieder zu ordnen. Die Stadt Rüthen hat die Decke der großen Höhle, aus der im Laufe der Zeiten immer wieder Felsblöcke herabgestürzt waren, mit erheblichem Kostenaufwand verankert und will die Höhle wieder in einen würdigen Zustand bringen.
Die Überlieferung vom Niflungenschatz gibt noch mancherlei Rätsel auf. Die Fragen, woher der Sigfridhort stammte, wie er in diese Höhle geriet, wie Hagen an die Schlüssel gelangte und wie er die Lage der Höhle erfuhr, lassen sich zunächst nur mit Vermutungen beantworten. Sie müßten zusammen mit den Fragen nach Sigfrids Heimat, Mimes Schmiede, Brünhilds Burg und Studders Gestüt noch einmal im Zusammenhang behandelt werden. Auch hier ist noch Wirklichkeit von Legende zu scheiden.

Rückblick

Wir sind den Spuren der Niflungen gefolgt, wie sie uns die Thidrekssaga, der wir uns anvertrauten, wies. Wir haben den angeblich nicht vorhandenen, vermeintlich geographisch unsinnigen Punkt gefunden, »wo Duna und Rhein zusammenfallen«; wir haben von hier aus den Weg zur Heimat der Niflungen erschlossen, haben ihre dortigen Schicksale verfolgt und sind zuletzt mit ihnen nach Soest gezogen, wo sich ihr Schicksal erfüllte, das Grimhilds und das des Königs Attala.
Wohin wir uns durch die Thidrekssaga geleiten ließen, überall fanden wir auffällige Spuren, ungewöhnliche Erinnerungen an die Zeit des 6. Jahrhunderts. Diese Spuren bestätigten uns wieder und wieder, daß wir es hier nicht mit Erdichtungen zu tun haben, sondern mit wirklichen Geschehnissen früher Zeit. Wir dürfen daraus entnehmen, daß die Thidrekssaga nicht ein Erzeugnis des späten Mittelalters ist, sondern in ihren wesentlichen Mitteilungen eine Überlieferung aus der Völkerwanderungszeit, und zwar gerade aus jenen Räumen Niederdeutschlands, aus denen wir aus anderen Quellen kaum etwas wissen.
Die Thidrekssaga berichtet uns von den Taten und Kriegen der frühen Könige im niederdeutschen Raum, und sie beruft sich auf ganz alte Lieder in deutscher Zunge, von denen wir Proben fanden. Sie weiß nichts von einem Hunnenkönig Etzel und nichts von Burgunden, sie kennt nur

den friesischen Königssohn Attala-Attila-Atilius, der sich das Hünenland Westfalen-Niedersachsen erobert und in Soest seine Königsburg erbaut; und sie kennt nicht die Burgunden, sondern nur die Niflungen, die ihre Heimat in der Voreifel haben und die zuletzt in schweren Kämpfen in Soest untergehen. Sie kennt keinen Gotenkönig Theoderich den Großen in Ravenna, sondern nur einen König Didrik-Thidrek-Dietrich von »Bern« = Bonn, der im politischen Leben seiner Zeit keine bedeutende Rolle spielen konnte, weil er, schon in der Jugend vertrieben, mehr als dreißig seiner besten Jahre im Exil am Hofe des Königs von Soest zubrachte. Seine Lebensgeschichte und die seiner königlichen Gegner ist der Inhalt der Thidrekssaga.

Verbannen wir die angebliche »Weisheit« einstiger und späterer Überlieferer, welche glaubten, den Untergang der Niflungen gleichsetzen zu dürfen mit der vernichtenden Niederlage, welche ein Hunnenheer auf Wink des Römerfeldherrn Aetius im Jahre 436 irgendwo *links* des Rheins den Burgunden beibrachte! Lassen wir uns nicht irreführen! Wenn es auch in jedem Lexikon, in jedem Geschichtsbuch, in jeder Literaturgeschichte steht, daß die Nibelungen die Burgunden seien, daß der Didrik von Bern der Sage der große Gotenkönig Theoderich sei, daß der Hunnenkönig Etzel die Nibelungen vernichtet habe, so ist das trotzdem falsch. Die Nibelungen kamen nicht aus Worms, sie zogen nicht den weiten Weg nach Ungarn. Das alles ist Legende! Die berühmte »Nibelungenstraße« hat nie einen Nibelungen gesehen. Sie ist eine Straße nicht der Geschichte, sondern der Gedichte, eine *»Nibelungenliedstraße«*.

Mit den wirklichen Nibelungen-Niflungen hat weder der Oberrhein noch der Main noch die Donau zu tun, nicht Lorsch noch Passau, nicht Pöchlarn noch Wien. Die wirklichen Niflungen, die Rînfranken, die »Franci nebulones« waren »DIE VON DER NEFFEL«; sie setzten, wo einst die Dhün mündete, beim alten Wiesdorf und neuen Leverkusen über den Rhein, zogen über das bergische Altenberg an Dortmund vorbei zu Westfalens ältester Stadt, SOEST, und gingen hier zugrunde.

Ist der Weg, den wir verfolgt haben, glaubhaft? Ist es gelungen, eine Schneise in den Urwald des Irrtums zu schlagen? Schließen wir, indem wir den Schluß der altschwedischen Thidrekssaga leicht abwandeln:

> Buch der Niflungen will hier enden.
> Daß wir das Wort nur recht verständen
> und wieder hin zum Ursprung fänden!

Anhang: Die Königsburgen der Thidrekssaga Bern – Rom – Salerna

Von den Burgnamen der Thidrekssaga hat nur einer nie einem Zweifel unterlegen. Das ist SUSA(T) = Soest, Hauptort und Mittelpunktsburg des Hünenlandes Westfalen. Der Friesenprinz ATTALA eroberte sie, machte sie zu seinem Hauptsitz und ließ sie »kosteliga mura« (prächtig ausbauen). Ihre Bestimmung ergibt sich aus ihrer Lage zwischen dem Rheingebiet einerseits und den Ländern der Wilzen und Russen andererseits, aus dem gleichlautenden Altnamen Soests und aus der Soester Überlieferung. SUSA(T) = SOEST ist der erste Fixpunkt der Thidrekssaga.

Der zweite Fixpunkt ist BERN = BONN. Es ist bekannt, wenn auch nicht allbekannt, daß Bonn in früheren Zeiten den Namen VERONA oder BERN neben seinem Alltagsnamen führte, urkundlich vom 10. bis 16. Jahrhundert. Daß dieses »Bern« der Ths am Rhein liege, wird mehrfach gesagt:

> »Und hiermit will ich dir Hilfe leisten,
> wenn du über den Rhein reiten
> und dich rächen willst.«
> – sagt Grimhild zu Didrik.

Hierher gehört auch das am Rhein liegende BABILON(IA), das mit Köln gleichzusetzen ist. Es wird erwähnt, als Didrik und Hillebrand auf ihrer Heimfahrt kurz vor Bern-Bonn von Jarl Elsung und seinen Mannen angegriffen werden, die »ifer Rín« gefahren sind. Dies ist ein dritter Festpunkt.

Durch die inzwischen erfolgte Klärung vieler weiterer, früher unverständlicher Ortsangaben der Ths, wie sie in meinen Aufsätzen dargelegt sind, beginnt allmählich ein sinnvolles, geographisches Vorstellungsbild der Ths aufzuscheinen. Es umfaßt im wesentlichen den niederdeutschen Raum mit Einschluß belgischen und dänischen Gebietes, an den im Osten Wilzen, Polen und Russen angrenzen.

Aber trotz dieser Vision einer niederdeutschen Topographie scheint das Vorstellungsbild der Ths immer noch ein gespaltenes zu sein. Denn neben die deutbaren Namen des norddeutschen Raumes treten immer wieder sprunghaft die Namen einer anderen, anscheinend italienischen, Geographie: SALERNA, PUL/APOLJI, VENEDI, vereinzelt RAVENNA[1] und vor allem ROM.

Dadurch wird der Verdacht wachgehalten, es möchten hier eben doch Einflüsse geschichtlicher Überlieferungen aus dem Kreis um Theoderich den Großen wirksam sein.

Damit bliebe trotz aller gegenteiligen Erklärungen der Zweifel bestehen, ob nicht letztlich doch mit dem Attala von Hunaland der Hunnenkönig Etzel, mit Didrik von Bern Theoderich von Ravenna-Verona, mit den Niflungen die Burgunden gemeint wären. Solange nicht die anscheinend italienischen Namen im niederdeutschen Raum angesiedelt werden können, läßt sich dieser Zweifel nicht ausräumen. Wie ist dieser Fragenkreis anzugehen und zu erschließen?

Vor allem ist es ROM, das beunruhigt. Dieses »Rom« soll von Didriks Oheim Ermenrik den Römern abgewonnen worden sein, hier soll er regiert haben, hier soll in seinen späten Tagen Didrik von Bern als König eingezogen sein. Andererseits aber ist dieses »Rom« nur wenige Tagesritte von Bern-Bonn und vom Rhein entfernt gedacht.

Die Frage unmittelbar zu beantworten, gelang mir zunächst nicht. Aber es mochte auf einem Umweg glücken. Es mußte noch einmal überprüft werden, ob die Ths wirklich an allen Fällen mit der Burg »Bern« den Ort Bonn meinte. Wie war es doch mit VENEDI?

1 RAVENNA kommt in Sv nicht vor. Die andern Hss. haben den Namen nur an *einer* Stelle: Mb 317f. (= AE, BD) sagt Thidrek zu Königin Erka: »ek let mitt riki oc mina godo borg baern. oc hina riku *Rauennam* oc marga adra dyrlega stade ...«, u. im folgenden Kap. wiederholt Erka vor König Attala Didriks Worte und sagt: »han let sina godo borg baern oc *rauennam* oc allt sit riki hefir hann latid« (er ließ seine gute Burg Bern und Ravenna, und all sein Reich hat er gelassen ...). – Dies ist aber auch das einzige, was sich in der gesamten Ths über die Residenz des großen Gotenkönigs findet, mit dem Didrik von Bern so oft verwechselt wird, dessen Hauptstadt ja Ravenna war und nicht Verona-Bern. Schon dies Nicht-Vorkommen von Ravenna zeigt, daß mit dem Didrik der Ths jener nicht gemeint sein kann.

Venedi

Die altschwedische Handschrift der Ths sagt Kap. 12:[2]

En stadh lag østan for Bern	Ein Ort lag östlich von Bern,
som kallas venedi/	der ruft sich Venedi.
ther war en hertoge	Dort war ein Herzog,
som ragball het	der Ragball hieß.

Der Enkel dieses Herzogs Ragball ist Hillebrand. Dieser reitet im Alter von 30 Jahren nach »Bern« zu König Thetmar und wird Begleiter und »Ziehmeister« des 6jährigen Didrik.

Nun ist es allgemeine Ansicht, daß mit diesem »Venedi« natürlich Venedig gemeint sei, das östlich von Verona (Bern) liegt. Wenn nun »Bern« aber am Rhein lag und mit Bonn gleichzusetzen war: gab es dann etwa östlich von Bonn einen Ort, der solchen Namen trug und mit diesem »Venedi« gemeint sein konnte? Ich suchte auf der Karte und fand: WENDEN bei Olpe, 65 km östlich von Bonn. Meinte das »Venedi« der Ths dieses Wenden? Es stellten sich die Fragen: 1. War Wenden ein alter Ort? Mittelpunkt eines größeren Bereichs? 2. War sein Gebiet natürlich begrenzt? 3. Führten frühgeschichtliche Wege daran entlang? 4. Wie lauteten seine ersten Namen? 5. Gab es dort eine Burg?

Wenden, 1151 »wendene«, auch »wenede«, ist Mittelpunktsort eines natürlich begrenzten Gebietes, das im Osten und Süden steil zum Flußgebiet der Sieg abfällt, während seine eigenen Bäche: Elbe, Albe, Wende und Bigge nach Norden zur Lenne und damit zur Ruhr abfließen. Dieses Gebiet von 10 km Durchmesser, eine hügelige Fläche, liegt ca. 400 m hoch. Seine Grenzen sind die Wasserscheiden, an denen uralte Wege entlangführen: Der »Römerweg« nach Trier, der »sagenumwobene Kriegerweg«, die Eisenstraße.

Wenden, der einzige größere Ort dieses Gebietes, war ein Freistuhl, wohl aus germanischer Zeit. Wendens alte Mitte ist ein ovaler, einst umbauter Schräghügel, auf dem die Kirche steht. Ihre Achse weicht um 20° von der West-Ost-Lage nach Norden ab. Wenden war kirchlicher Mittelpunkt von 12 Kleinorten, die es im Kreis umgeben (1594). Reste einer Burg sind in der kreisrunden »Insel« erhalten (Durchmesser 30–35 m),

2 In Mb wird die Lage Venedi's erst Kap. 225 angegeben: »Nu faer Sintram austri i fenidi oc geriz þar hertugi« (Nun fährt Sintram ostwärts nach Wenden und wird dort Herzog). »Venedi«, »Fenidi« etc. wechseln in den Hss. Statt »stadt« steht meist »borg«.

die von einem 6–14 m breiten Wassergraben (»Teich«) umgeben ist. Auf ihr soll man überall auf Mauerreste stoßen. Sie liegt innerhalb des Pfarrgeländes, also an zentraler Stelle, und hat eine Fläche von 1000 qm. Auf der anderen Seite der heutigen Straße hat sich die Bezeichnung »Auf der Steckebahne« (Turnierplatz) erhalten.
Wenden liegt von Bern-Bonn weit genug, um eine Begegnung zwischen Hillebrand und Didrik nicht selbstverständlich zu machen, nah genug, um es noch von hier aus zu lokalisieren.
Mit diesen Daten gewann nun die Angabe der Ths: »En stadh lag østan for Bern som kallas venedi ...« ein anderes Gesicht. Mit diesem »Venedi« waren nicht die sumpfigen Inseln an der Po-Mündung gemeint, zu denen sich die Anwohner vor den hereinbrechenden Hunnen flüchteten; gemeint war ein Herzogtum im norddeutschen Raum, im Sauerland, Bern-Bonn benachbart. Das mochte zunächst nur als eine Möglichkeit erscheinen. Daß aber die Ths mit »Venedi« wirklich Wenden meinte und nicht Venedig, ergab sich aus den weiteren Zusammenhängen.

Der Hof Her

Als Wideke, W(i)elands Sohn, aus seiner Heimat Seeland in Dänemark zu Didrik nach Bern-Bonn reitet, übernachtet er mit den Fahrtgesellen Hillebrand, Heime und Hornboge, die er unterwegs traf, zuletzt auf dem »*Hof Her*«. Da heißt es

Rida þeir nv leid sina	Reiten sie nun ihren Weg (Pfad)
oc como at qveldi þar	und kommen am Abend dahin,
er *her* heitir	wo es Her (Här) heißt.
þat bv atti þettmaRr kgr	Den Hof besaß Thetmar-König,
fadir þidriks	Vater Didriks,
þar er cona hildibranz firir	dem steht Hildebrands Frau vor.
þar ero þeir vm þa nott.	Dort sind sie diese Nacht über.
en amorni rida þadan	Doch am Morgen reiten sie fort
oc como þann dag	und kommen diesen Tag
eigi sid til bernar.	nicht spät nach Bern.

Der Herhof liegt bei (heute: in) Meinerzhagen auf der nordsüdlichen

Wasserscheide des Gebirges, am Treffpunkt der ältesten Fernwege, eine Quellteichsiedlung. Aber er liegt an zentraler Stelle, ein Rasthof an der Kreuzung der Heerwege (1502 Heyrhof). Wenn es heißt, daß Hillebrands Frau ihn bewirtschaftete, so klingt das bei der ziemlich großen Entfernung zu Bonn zunächst sehr zufällig. Da der Herhof aber von Hillebrands Heimat Wenden nur 22 km entfernt liegt, auf Sichtweite sozusagen, bekommt diese Bemerkung einen ganz realen Sinn, und beide Angaben stützen sich wechselseitig.

Sintram von Venedi

Eine andere Beziehung kommt hinzu: Als Didrik, 12 Jahre alt, von dem gleichalten Wideke Welandssohn mit Hilfe des berühmten Schwertes Mimung besiegt worden ist, reitet er nach notdürftiger Heilung seiner Wunden ganz allein von Bern fort, neuen Ruhm zu gewinnen, »und keiner wußte, wohin er fuhr, außer Wideke; dem sagte er sein Vorhaben«. Didrik reitet zum Osning (Teutoburger Wald) und weiter zum Rimslowald (zwischen Osning und Wiehengebirge, noch heute ein großes Waldgebiet). Dort trifft er nach mannigfachen Kämpfen mit Menschen und Riesentieren unter abenteuerlichen Umständen zusammen mit Sintram von Venedi, dem Sohn von Hillebrands Bruder. Für die Erklärer der Ths war es immer sehr schwierig, verständlich zu machen, wie dieser junge Mann von Venedig aus, wie sei meinten, in den Rimslowald gekommen sein sollte. Wenn Venedi aber Wenden im Sauerland war, dann schmolz die Entfernung (in Luftlinie) auf kaum 150 km zusammen. (Man mag denken, daß Hillebrand von Wideke Didriks Reiseziel erfuhr und ihm seinen Neffen als Beistand nachschickte.)
Von den Herzögen von Venedi heißt es außerdem, daß sie zugleich Herzöge in SUAVA waren. Dieses Suava, mehrfach in der Ths genannt, meint weder das südliche Schwaben noch das alte östliche und überhaupt wohl keinen Herrschaftsbereich, sondern eine Landschaft und ist ein Großbegriff wie etwa »Rheinland«. Durch Suawen reitet Didrik, nachdem er in seinen letzten Tagen Wideke auf der Insel Fehmarn erschlagen hat.

ok gik saa gynom holsthen	und ging so durch Holstein
ok gynom sassen	und durch Sassen;

hans saar the sulnade	seine Wunden schwollen
ok rotnadhe fasth/	und eiterten sehr/
tho han kom j suawen	Als er nach Swawen kam,
tho kende han ath han ey	da erkannte er, daß er nicht
kwnne längher liffua/ ...	länger leben könne/ ...
Sydhon gik han j en stadh	Darauf ging er in einen Ort,
som hether hofferdh	der Hofferd heißt

Dort stirbt Didrik. Dieses Hofferd ist gleichgesetzt worden mit dem alten Stadtteil von Warburg i. W. »Auf der Hüffert«. Warburg liegt südlich von Paderborn auf dem Wege von Norden nach Bern-Bonn.
In dieser Gegend findet sich auch sonst noch der Name Swawen, (»Schwaber Mark«). Dies wäre also die Gegend, wo die Herzöge von Wenden zugleich Herzöge in Swawen waren; und sie stimmt mit dem Weg Sintrams von Venedi-Wenden zum Rimslowald zusammen.
Diese Übereinstimmungen bestätigen, daß mit »Venedi« auch an anderen Stellen der Ths Wenden östlich von Bern-Bonn gemeint ist und keinesfalls Venedig.

Die Burg der Wölflinge

Eine weitere Beziehung kommt hinzu: Als am Spätnachmittag ihres Lebens Didrik und Hillebrand von Soest nach Bern-Bonn zurückkehren, um ihr Land wiederzugewinnen, und den Kampf gegen den von Babilon-Köln über den Rhein gekommenen Jarl Elsung d. J. schon bestanden haben, trifft Hillebrand nicht mehr weit von Bern-Bonn in der Burg des Jarl Lodwig seine Verwandten vom Wölflinge-Geschlecht. Diese Burg am Rande der Wälder des Bergischen Landes dürfte Siegburg meinen, wo die Basaltkuppe des Michaelsberges die älteste Burg trägt, wo der Ort am Fuße des Michaelsberges, seit 1898 ein Ortsteil Siegburgs, Wolsdorf heißt, 1386 Woilstorp, also auch der Wolfsname an Ort und Stelle vorzukommen scheint. In jedem Fall sitzen hier, zwischen Wenden und Bonn, die nahen Verwandten Hillebrands, und sie begrüßen sich mit verwandtschaftlichem Kuß. Auch dies fügt sich zu der Gleichsetzung Venedi-Wenden und schließt Venedig aus.
Alle diese Gründe: 1. der von Hillebrands Frau bewirtschaftete Herhof;

2. Sintrams Zug von Venedi zum Rimslowald; 3. die Herzogsgewalt über das benachbarte Swawen; 4. die Verwandten Hillebrands zwischen Bern-Bonn und Wenden – verdeutlichen, daß die Ths mit »Venedi östlich Bern« in allen Fällen dieses hochgelegene, bevorzugte Gebiet über der Sieglandschaft mit dem Mittelpunktsort Wenden meint und nicht Venedig.
Wenden setzt so einen weiteren Festpunkt im geographischen Vorstellungsbild der Thidrekssaga.

»Rom«

Wenn nun Venedi nicht Venedig ist, also nicht ein Ort aus dem italienischen, sondern aus dem norddeutschen Bereich; wenn »Bern« nicht Verona ist, sondern Bonn; wenn »Babilonia« in der Ths der Name für Köln ist: Was ist dann ROM?
Nach »Rom« reitet Didrik mit seinen Kämpen von Bern-Bonn aus in wenigen Tagen zu den Festen und Hoftagen seines Oheims König Ermenrik und wieder zurück. Von »Rom« aus stürmt Fritila, um Ermenriks Neffen zu warnen, und erreicht sie in wenigen Tagesritten am Rhein. Und als 20 Jahre später Didrik, der, aus seiner rheinischen Heimat vertrieben, in Soest lebt, mit einem Heer gegen Ermenrik auszieht, setzt er diesem als Schlachtort Gränsport an der Moselmündung, das also zwischen »Susa« und »Rom« liegen und leidlich gleichweit von beiden Orten entfernt sein muß. Auch hier dauern die Ritte nur wenige Tage; und so bei allen Benennungen dieses »Rom«. Hier ist allerdings eine Ausnahme zu machen.

Es gibt in der Thidrekssaga eine Anzahl von Stellen, in der sich der nördlichen Geographie eine südliche überlagert. Vor allem *eine* Erzählung widerspricht allem bisher Dargelegten. Als nämlich Detzleff, der junge Sohn Biterulfs, zu Didrik nach Bern ziehen will, trifft er unterwegs einen Mann, der ihm sagt, Didrik sei auf dem Wege nach Rom. Er fährt fort: »Schwerlich fährt Didrik den gradesten Weg südlich nach Romburg. Mir ist also gesagt, daß er einen Abstecher ans Meer nach Fenedi machen und dort so einige Tage verweilen wolle, bevor er nach Süden ritte. Und wenn du gen Süden nach Trentudal kommst, halbwegs nach Trent selbst, so lenke du ab von dem Wege, welcher nach Bern selbst führt, und reite ostwärts durch die Schlucht, welche du vor dir geöffnet sehen wirst, und frage zuvor fleißig nach dem Wege nach Trent; und wenn du nach Osten an die See kommst, so wird jedes Kind dir sicher davon sagen können, wo Didrik ist«. (Mb 122).

Hier ist »Rom« in Italien gedacht, Fenedi als Venedig an der Adria gedeutet, Bern als Verona, und der Schreiber zeigt seine gute Kenntnis des Weges nach Italien.

Auch die isländischen Handschriften sprechen von Trentudal, allerdings nicht von Venedig am Ostmeer. Befragen wir aber die altschwedische Handschrift, so sagt sie nur: »Didrik ist nicht daheim, er ritt nach Rom, wohin sein Oheim ihn eingeladen hatte, König Ermenrik«. Deztleff fragt nach dem Weg dorthin. Der Mann antwortet: »Didrik ritt nach Venedi (Wenden) und dann nach Rom«. (Sv 122).

Das Beispiel zeigt den erstaunlichen Unterschied der verschiedenen Texte. Hier in Sv steht nichts von Trentudal, nichts von Venedig am Ostmeer, und es fehlt die ganze Ausführlichkeit des Gesprächs. Aber auch hier verwundert der Weg von Bern (Bonn) zuerst nach dem ostwärts gelegenen Venedi, von dort nach dem südlich gelegenen »Rom«. Immerhin war Didrik eben vorher von dem Zug zum Rimslowald zusammen mit dem aus Venedi stammenden Sintram von Osten her nach Bern zurückgekommen.

Die ganze Geschichte von Deztleff weicht aber deutlich vom üblichen Stil der Ths ab, ist voller Übertreibungen, voll derber und prahlerischer Szenen nach Spielmannsart. So gibt es noch einige andere Geschichten, welche in die Ths offenbar später eingefügt sind. Diese Teile muß man beiseite stellen, wenn man zum Sinn der Ths vorstoßen will.

Auch die Lage der FRITILABORG wird hier ganz falsch lokalisiert. Sie hat nichts mit Fritzlar zu tun, sondern ist bei Bad Godesberg zu suchen und vielleicht mit Friesdorf gleichzusetzen: 8. Jh. »Friti(gisovil)la«, an altem Rheinarm.

Das »Rom« der Ths muß also im norddeutschen Raum liegen oder angrenzend an ihn südlich von Bern-Bonn. Welche Stadt aber kann die Ths mit diesem Namen belegen? Welche Stadt kann mit einigem Recht den Namen »Rom« für sich in Anspruch genommen haben, und zwar schon in früher Zeit?

Köln hat in der Ths schon seinen besonderen Namen »Babilon(ia)«. *Aachen*, obwohl zu Karls des Großen Zeit gelegentlich als »Roma secunda« gepriesen und als »aurea Roma renovata« entsprechende Anerkennung fordernd, kommt in der Ths weder der Richtung noch der Lage nach vor. Die alte Bischofsstadt *Fulda* einerseits, Tours, Metz, St. Denis, Soissons, Arles andererseits liegen zu weit von den Schauplätzen dieser Erzählungen ab.

Mainz hat auf seinem ältesten Stadtsiegel in der Mitte des 12. Jahrhunderts die Umschrift: AUREA MAGUNCIA ROMANE ECCLESIE SPECIALIS FILIA; und es wird im 11. und 12. Jh. in überschwenglichen Ausdrücken als »Metropole Germaniens«, »Diadem des Reiches«, »das goldene Haupt« und »das andere Rom« gefeiert. Aber das alles ist zunächst *kirchlich* gemeint, Mainz als »die bevorzugte Tochter der Kirche Roms«, und paßt somit gar nicht zu den Vorstellungen der Thidrekssaga.

Und wenn ganz zu Beginn der Ths-Erzählungen, nach der Erst-Eroberung von Bern-Bonn, Ermenrik nun gegen *»Rom«* zieht, hier *mit den Römern kämpft,* erst Teile »Roms« dann »Rom« selbst erobert, zum König gekrönt wird und hier immer »im Bad« ist, so wird damit der Kampf gegen die Reste der römischen Herrschaft in Germanien und Gallien geschildert, und diese Stadt »Rom« kann nur TRIER sein mit seinen Kaiserthermen.

»Rom« = Trier

Trier war im 4. Jahrhundert n. Chr. die mächtigste römische Metropole nördlich der Alpen. Es war damals das Verwaltungszentrum für die germanischen, gallischen, britannischen Provinzen und selbst für Spanien. Trier wird in mittelalterlichen Quellen in der Regel ROMA SECUNDA genannt, daneben auch »altera, nova, minor Roma« und gelegentlich »Belgica Roma«. Die Bezeichnung geht auf eine besondere Weise auf die Römer selbst zurück, da sich in einer Gedenkstein-Inschrift, an deren richtiger Überlieferung nicht gezweifelt wird, die Stellen finden: BELGICA ROMA ... EI PAR NISI ROMA NIHIL (ihr gleich ist nichts außer Rom).

Für Trier paßt auch die Angabe der Ths über die Kämpfe mit den »Römern«. Es heißt da in der altschwedischen Fassung, nachdem Didriks Großvater, König Samson, Bern-Bonn erobert hat:

> Da vermählte Samson seinen Sohn Thetmar und gab ihm die Jarlstochter und das ganze Reich, das ihr Vater gehabt hatte, und machte

ihn zum König darüber. Samson ritt fort und auf »Rom«; sein Sohn Ermenrik zog vor »Rom« und kämpfte mit den Römern und gewinnt viel Ruhm und gewann den größten Teil von »Rom«.

Dies wäre die Schilderung der Kämpfe um Trier zwischen Franken und Römern.
Die Gleichsetzung von »Rom« mit Trier ist der Schlüssel zur Ths. Jetzt erst wird das geographische Bild der Ths klar. Trier ist von Bonn in Luftlinie 115 km entfernt. Diese Entfernung bewältigt angeblich Wideke mit seinem sehr guten Roß Schemming, als es um Tod und Leben geht, an einem Tag: »Wideke lief gleich zu seinem Roß und stürmte nach Bern, so schnell er nur konnte. Um Mitternacht trommelte er ans Tor.«
Auch sonst gehen Besuche, Botschaften, Forderungen zwischen »Bern« und »Rom« immer hin und her. Ermenrik holt sich Didrik zu Hilfe bei einem Zug gegen Jarl Rimstein in »Gerimsheim«. (Ist hiermit Gernsheim südlich Darmstadt gemeint, was aber nicht sicher ist, so wäre dies der erste Vorstoß der Franken gegen das alemannische Gebiet, zugleich der südlichste Punkt der Thidrekssaga). Später setzt Didrik den Schlachtort zwischen seinem und Ermenriks Heer an der Moselmündung fest, etwa in der Mitte zwischen Susa-Soest und Rom-Trier, etwas mehr nach Trier hin, wie es sich gebührte. Hier, wo nach dem Text die Heere sich nordsüdlich gegenüberstehen, ermöglichte die bis 1946 noch vorhandene, breite und ganz flache Steinfurt, das GÄNSFÜRTCHEN (»Gränsport«), den Übergang.
Ins Moseltal zieht Didrik auch nach der Rückgewinnung von »Bern«, um den Endkampf gegen Ermenrik und Siweke zu bestehen. Er führt sein Heer aus Bern-Bonn heraus auf die Eifel-Vorhöhen an einen Platz, den die Handschriften RAAM, RAAN, ROOM nennen, und hält dort Thing und Heerschau. Dies dürfte Ramershoven bei Peppinghoven sein, altes, pippinidisches Reichsgut und Dingstätte, dessen ursprüngliche Namensform RAMES-OWA (1095) den Thidrekssaga-Namen noch enthält. Hier ist eine weite, freie, ganz ebene Fläche am kaum einschneidenden Swistbach, ideal für eine Heerschau, unmittelbar neben der Römerstraße Bonn-Trier.
Auf den Höhenstraßen zieht Didrik über die Eifel ins Moseltal, zuerst nach GRÄCHENBORG (Sv), das die Membran-Handschrift mit anderer Schreibweise (bei gleicher Aussprache?) »Gregenborg« nennt. Das ist GRAACH an der Mosel im dort üblichen Dialekt (»Grächer Höhen«), einer der ältesten Orte dieser Gegend. Während Didrik hier gegen Siweke

kämpft, wohl auf der Ebene von Platten zwischen Wittlich und Graach, wird er von einem aus »Rom« kommenden Heer im Rücken angegriffen, wie es der Lage nach nicht anders sein kann. Didrik besiegt beide Heere, zieht in »Rom« ein und läßt sich krönen, wie die Kaiser dort gekrönt wurden:

han redh in j rom	Er ritt ein in Rom
ok stegh aff sin hesth	und stieg von seinem Roß
ok gik ok satte sik	und ging und setzte sich
j then sama stoll	in denselben Stuhl,
som konungha pläga	wie die Könige pflegen
sitia ok krönas.	zu sitzen u. gekrönt zu werden
her hillebrand ok alabrandh	Herr Hillebrand u. Alabrand
satte krono oppa hans hwudh	setzen Krone auf sein Haupt
ok gaffua honum konunga nampm	und gaben ihm Königsnamen
öffuer alth thz rike	über das ganze Reich,
konungh Ärmentrik hade för hafth	das König Ermenrik vorher gehabt hatte.
Sydhan gingo riddara	Dann gingen Ritter
ok swäna fram	und Knappen vor
ok al menoghethen	und die ganze Gemeinde
ok sworo honum edher	und schwuren ihm Eide,
som bordhe.	wie es Brauch war.

Immer wieder wird auch davon gesprochen, daß Herr Didrik »im Bad« war. Damit müßten die Kaiserthermen von Trier gemeint sein, die als Palast dienten, wenn auch die Texte selbst dies oft nicht mehr verstehen. Den Rest seines Lebens bleibt König Didrik nun in »Rom« = Trier, auch, als ihm zusätzlich noch die erledigte Herrschaft über Soest und das Hünenland Westfalen übertragen wird. Über seinen Tod gibt Sv dann noch eine gesonderte Überlieferung.

Didrik von Bern hatte also außer mit Bern-Bonn und mit Susa-Soest auch nicht wenig mit der Mosel zu tun. Es kann daher nicht ganz Wunder nehmen, wenn auch in späterer Zeit noch Beziehungen zu ihm wie Erinnerungen aus der Vorzeit im Moselgebiet auftauchen.

Die Kölner Annalen, welche aus jedem Jahr einige wenige Ereignisse aufgezeichnet haben, berichten für das Jahr 1197 zunächst vom Kaiser (Heinrich VI.), der mit der Kaiserin in Apulien weile, und über Gerüchte, daß er durch Gefahren bedroht sei († 28.9.1197); dann von großem

Mangel an Lebensmitteln, Feldfrüchten und Getreide, wodurch Teurung und Hungersnot entstehe, und von einer Wolfsplage in den Gegenden um die Mosel, der etliche Menschen zum Opfer gefallen seien; und darauf von der folgenden, merkwürdigen Begebenheit:

> Eodem etiam anno quibusdam iuxta Mosellam ambulantibus apparuit fantasma mire magnitudinis in humana forma equo nigro insedens. Quibus timore perculsis id, quod videbatur ad eosdem audacter accedens, ne pertimescant hortatur. Theodoricum, quondam regem Veronae, se nominat et diversas calamitates et miserias superventuras universo Romano imperio denuntiat. Haec et alia plura cum eisdem contulit et ab eis recedens equo, quo sedebat Mosellam transivit et ab oculis eorum evanuit.
>
> (Im gleichen Jahr auch erschien einigen an der Mosel Entlangwandernden ein Trugbild von erstaunlicher Größe in menschlicher Gestalt, auf schwarzem Rosse sitzend. Diese Erscheinung kommt kühn auf sie zu und ermahnt sie, die von Furcht erschüttert sind, nicht zu erschrecken. »Didrik, einst König von Bern« nennt er sich, und vielfältiges Unglück und Elend, das über das ganze Römische Reich [deutscher Nation] hereinbrechen werde, verkündet er. Dies und vieles mehr besprach er mit ihnen und, von ihnen sich absetzend, überquerte er mit dem Rosse auf dem er saß, die Mosel und entschwand ihren Augen.)

Diese Erscheinung, ausgerechnet an der Mosel, war früher nicht zu erklären, da man Theoderich den Großen im Auge hatte, der zu der Mosel in keiner Beziehung stand. Wenn aber Trier an der Mosel das »Rom« der Ths war und der Alterssitz König Didriks von Bern – und das etwa nicht nur in erdichteter Sage, sondern in berichteter Überlieferung – und einen rheinfränkischen König des 6. Jhs. meinte, dann wäre das Fortleben Didriks von Bern im Bewußtsein des Volkes *grade an der Mosel* wohl verständlich.

Salerna

Wo kamen nun diese rheinischen Könige her, diese Franken, die doch in der Thidrekssaga nie Franken genannt werden? – Ihre Herkunft erzählen die ersten Kapitel der Ths in der Geschichte von Didriks Großvater SAMSON und seinen Söhnen.

Von Samson wird berichtet, daß er ursprünglich kein Fürst war, sondern ein Ritter. Er raubte die Tochter des Herzogs von Salerna und sicherte sich dadurch eine Art Anrecht auf Herrschaft. Er zog mit ihr in einen riesigen Wald; »dort baute er ein Haus, und darin lebten sie lange Zeit.« Der Wald war dunkel und unbewohnt und so groß, daß man von dem Haus aus »einen halben (B: fast einen ganzen) Tag« brauchte, bevor man aus diesem Walde herauskam. Von hier aus zieht Samson zu Unternehmungen aus. Er erschlägt den Herzog, der ihn friedlos gemacht hat, und bald auch dessen Bruder, König Brunstein.

Dem Ritter Samson reiten seine Verwandten zu. Mit ihnen zusammen erobert er die Burgen des Landes, zuletzt die Mittelpunktsburg SALERNA. Hier wird Samson König. Von Salerna aus vergrößert König Samson sein Reich. »Er unterwarf sich viele Königreiche, YSPANIA und anderwärts.« Dreizehn der stärksten Burgen in Yspania gibt er seinem Sohn Ermenrik mit dem Königsnamen.

Wir haben zunächst die Wahl, ob unter dem »Yspania« der altschwedischen Handschrift und dem »Spania« der anderen Handschriften das Land Spanien verstehen wollen oder die Landschaft HESBANIEN, den belgischen Haspengau, die Hesbaye, die zwischen Namur und Maastricht liegt. Aber die weitere Erzählung klärt uns darüber auf.

Denn nun fordert Samson Schatzung von Jarl Elsung in »Bern«, jenem Bern, das wir als stets mit Bonn gleichzusetzen erkannt haben. Als die Schatzung verweigert wird, zieht Samson zu Felde und führt sein Heer in das Land Jarl Elsungs. Als er aber zwei Tage (B: drei Tage) durch das Land geritten war, kam ihm Jarl Elsung entgegen mit seinem Heer. Die altschwedische Handschrift sagt: »Als er zuerst in das Land des Jarls kam, da traf der Jarl ihn mit 1000 Rittern«. – Nach der siegreichen Schlacht »ritt König Samson mit seinem ganzen Heer nach Bern«.

Dies ist rheinischer Bereich. Das Land Spanien kann nicht gemeint sein. Die Märsche betragen nur wenige Tage. Versteht man aber unter »Yspania« den Haspengau, so ergibt sich, daß Samson, nachdem er durch Hesbanien gezogen ist, bald auf den Jarl stößt und nach der Schlacht nach Bern-Bonn zieht. Das ist ein folgerichtiger Weg. Wo kam Samson demnach her?

Verfolgen wir den Weg rückwärts, so fährt er auf der alten, römischen Fernstraße Köln-Bavai über Maas-tricht (Maas-Trajekt) durch Hesbanien auf die berühmte SILVA CARBONARIA zu, jenen riesigen KOHLENWALD, der lange Zeit hindurch eine fast unüberwindbare Grenze zwischen den westlichen und östlichen Frankenstämmen gebildet haben soll. Diesen Kohlenwald muß die Samson-Erzählung meinen mit dem großen Wald, in dem der verbannte Samson sein Haus baute, von dem aus er einen halben oder fast ganzen Tag brauchte, um herauszukommen. Vor diesem Walde, aber nicht mehr zur Hesbaye gehörend, muß SALERNA liegen.

Und dort liegt nun, heute wie schon vor der Völkerwanderungszeit, an der brückenlosen Wasserscheidenstraße, jener »Rue de Brunehaut«, die noch heute dort durch die Felder läuft, in ihrem Unterbau studiert werden kann und mit römischen Ziegelresten übersät ist, vor dem heute nur noch in Resten vorhandenen Kohlenwald, und nicht mehr zu Hesbaye gehörend (wie es gefordert war): SALVENERIAS. Es ist der einzige Ort weit und breit, der einen ähnlichen Namen trägt wie Salerna.

»Salvenerias villa« – so in nachkopierter Urkunde Ottos I. vom 20. 9. 946, heute Sauvenière im Arrondissement Namur, Canton *Gembloux* – hat als ältesten Punkt eine römische Villa aus dem 2. Jahrhundert, einen heute burgähnlich geschlossenen Gutshof, der unmittelbar auf der Wasserscheide liegt an der höchsten Quelle des Flusses Orneau. Es ist eine Quellmuldensiedlung ganz ähnlich wie der Herhof. Etwas weiter nach Westen liegen an der Römerstraße einige Tumuli. Das Dorf Sauvenière liegt wenig tiefer etwas abseits um seine Kirche; wesentlich tiefer, an dem schon kräftigeren, kleinen Orneau, 3 bis 4 km entfernt das befestigte, ummauerte *Gembloux* mit dem Kloster, das von Wigbert aus der Familie der Pippiniden begründet wurde, also erst nach den in der Ths berichteten Ereignissen.

Wieder finden wir hier die Beziehungen zu den Pippiniden wie an anderen Stellen und Stätten dieser Überlieferung, wie in Juntersdorf (Gunthersdorp) bei Zülpich mit ihrer, der Hl. Gertrud von Nivelles geweihten Kirche; wie in Ramershofen = Ramesaue neben Peppenhofen (= Pippinshof). Man würde die Punkte vermehren können. Sicher lebten diese Überlieferungen von den Taten und Kämpfen der früheren Könige im Bewußtsein der Pippiniden.

Sauvenière, älter als Gembloux, hatte auch später besondere, interessante Vorrecht, z.B. hinsichtlich der Jagd.

Die Entfernung von Salvenerias bis Maastricht, d.i. der Zug durch die Hesbaye, beträgt in Luftlinie – und hier ist Luftlinie ziemlich genau gleich Entfernung – 70 km; das sind zwei Tagesritte, wie es die Handschrift A sagt; mit Hinzurechnung des Aufbruchs und des Übersetzens über die Maas vielleicht drei Tagesritte, wie es die Handschrift B sagt. Die Entfernung von Salvenerias bis Bern-Bonn sind etwa 170 km, so daß es im ganzen für das Heer etwa fünf Tagesritte gewesen wären. Das stimmt alles sehr gut zusammen mit den Angaben der Thidrekssaga.

Kaum braucht gesagt zu werden, daß es sich bei dem Salerna-Salerni der

Thidrekssaga nicht um das italienische Salerno handeln kann, wenn dieser Nachweis auch sehr eindringlich versucht worden ist. Salerno liegt zwischen dem Meer und dem Vesuv. Weder das eine noch das andere wird erwähnt. Der Ritter Samson hätte seine Braut dort sicher mit einem Schiff entführt. Denn einen riesengroßen Wald wird man in jener Wein- und Gartenlandschaft zu allen Zeiten vergebens suchen.

Puli

Noch ist PULI zu erklären, wenn es auch nur wenige Male erwähnt wird. Es gehört gleichfalls zu den Namen, die man in Italien gesucht hat. Wie Venedi mit Venedig, so wurde Puli durchweg mit Apulien gleichgesetzt und in Beziehung zu »Rom« und »Salerna« gesetzt, obwohl Apulien nicht Rom benachbart ist, und Salerno in Kampanien liegt.
Wenn man von dem zusammenfassenden und in seiner Entstehung sehr ungewissen Prologus der Thidrekssaga absieht, wird PULI in der Thidrekssaga nur zweimal genannt: Einmal in Mb. Kap. 241 am Beginn der Erzählung von Waltari und Hildigund, das zweite Mal in der Samson-Erzählung in den isländ. Handschriften A + E und (B +)D, während die Membrane (Mb) dort ihre Lücke hat (Kap. 13). Am klarsten setzt Mb 241 den Namen ein:

Attila konungr af susa	Attila, König von Soest, war
war baedi rikr oc feolmennr,	beides, mächtig u. volkreich
oc vann morg riki	und gewann manche Reiche.
han leggr vingan	Er schließt Freundschaft
vid erminrik konung	mit Ermenrik-König,
er þa red puli.	der damals Puli beherrschte.

Raszmann, wie schon von der Hagen, übersetzt: »der damals über Pulien herrschte« – aber das steht nicht da. Fine Erichsen übersetzt: »der damals Apulien beherrschte« – das steht erst recht nicht da.
Die Stelle hört sich an, als wäre mit »Puli« gar nicht ein Land gemeint, sondern ein Ort; *der* Ort, welcher der Herrschersitz König Ermenriks war, ehe er »Rom«-Trier vollständig eroberte. Puli wäre dann sein erster, vorläufiger Herrschersitz gewesen, »Rom« der endgültige.

Eine Landschaft »Puli« hat sich in dieser Gegend nicht gefunden. Orte mit entsprechendem Namen aber gab es hier mehrere: Der eine ist POLCH (Kr. Mayen), 895 Poliche, 1059 PULICHA an der Römerstraße von Andernach nach Trier; der andere PÖLICH, 802 Polih, 1155 Pulcha, 10 km von Trier entfernt an einer Moselschleife. Beide sind sehr alte Orte, besonders der erste mit mancherlei Besonderheiten und Vorrechten.
PÖLICH, abseits im engen, steilen Moseltal, ohne Raum noch Übersicht, ist für einen Herrschersitz ungeeignet. POLCH dagegen, in offenem Hochtal mit freiem Weitblick, an altem Höhenweg (Römerstraße), ist bestens geeignet.

Zusammenfassung

Keiner der in der Thidrekssaga genannten Orte und keine ihrer Königsburgen ist wirklich im italienischen Raum gedacht und gemeint. Nur sehr gelegentlich, besonders am Anfang und am Schluß größerer Abschnitte werden mißverständliche Deutungen oder irrtümliche Auslegungen eingebracht, ebenso in einzelnen Randgeschichten (Detzleff). Im übrigen aber beziehen sich die Ortsangaben der Ths ganz auf den norddeutsch-belgischen Raum. Süddeutschland, Italien, das westliche und südliche Frankreich sind der Thidrekssaga unbekannt. Auch Norwegen und Island kommen als Länder im Text der Ths nicht vor.
Ihre nördlichste Vorstellung ist Dänemark und – unbestimmt – Schweden, ihre südlichste das Moselgebiet um Trier, ihre westlichste Hesbanien und der große (Kohlen-)Wald, vor dem Salerna-Salvenerias liegt. Ihre Vorstellungen vom östlichen Bereich (Wilzenland, Rußland und vielleicht von daher Griechenland) sind hier noch nicht behandelt. Hieraus ergeben sich mehrere Folgerungen:

1. Es wird jetzt sichtbar, daß die Thidrekssaga ein einheitliches geographisch-topographisches Vorstellungsbild hat, das verhältnismäßig begrenzt ist. Ihre Namensbezeichnungen sind uns aber so ungewohnt und fremd, daß wir sie in unseren geschichtlich bekannten Epochen nicht wiederfinden. Sie müssen deshalb einer früheren, uns weitgehend unbekannten Zeit angehören, und das dürfte die Völkerwanderungszeit sein, etwa im 5./6. Jahrhundert.
2. Die Lebensgeschichte Didriks von Bern kreist um die Zentren Bern-

Bonn am Rhein/ Susa(t)-Soest im Hünenland Westfalen/ und Rom-Trier an der Mosel. In diesem Raum, viel Osten und etwas Norden eingeschlossen, vollziehen sich alle seine Taten.

3. Didrik von Bern ist also (in der Ths) ein niederrheinischer König. Er hat gar nichts gemein mit Theoderich dem Großen von Ravenna, mit dem er doch fast allgemein gleichgesetzt wird.
4. Der Text der Ths ist nicht in Norwegen geprägt worden. Die Herstellung der »Membrane« in Norwegen ist nur ein verhältnismäßig spätes Zwischenspiel der Überlieferungsgeschichte der Ths. Wie Norwegen ihrem Text unbekannt, Seefahrt ihr fremd ist, so konnten ihre Ortsangaben und geographischen Vorstellungen von den Norwegern gar nicht verstanden, erst recht nicht erfunden werden, letzteres auch nicht von Männern aus Soest, Münster und Bremen, von denen jene, laut ihren in den Text nachträglich eingefügten Vor-, Nach- und Zwischenworten, Inhalte der Ths übernommen hatten. Diese konnten ihnen nur Altüberliefertes getreulich weitergeben: Namen und Namensformen, die zu ihrer Zeit nicht mehr üblich waren. Was beide Gruppen beitragen konnten, waren höchstens Umstellungen, Ausmalungen, Zufügungen und Auslassungen, Ausdeutungen und historisierende Irrtümer, zumal an den Verbindungsstellen der Text-Abschnitte.

Die altschwedische Fassung zeigt solche Beiträge am wenigsten. Sie muß eine gesonderte niederdeutsche Überlieferungsgeschichte haben.

So zeigt die Thidrekssaga allmählich ein neues Gesicht. Einst verworfen als ein konfuses Machwerk des 13. Jahrhunderts, weist sie sich durch ihre alten Namensformen, durch den bis auf den Schluß noch ganz heidnischen Duktus, durch das Fehlen aller geschichtlichen Anknüpfungen seit der Merowingerepoche immer mehr als eine Überlieferungsquelle ganz früher Zeit, etwa des 5./6. Jahrhunderts, aus. Als solche müßte sie in vielen Hinsichten ausgewertet werden.

Anmerkungen

1 Peter Sager: Den Nibelungen auf der Spur. Zeitmagazin Nr. 53/1, Dezember 1978.
2 Johannes Crueger: Der Entdecker der Nibelungen. Frankfurt 1883. – Joh. Christoph Gottsched und die Schweizer J. J. Bodmer und J. J. Breitinger. Hrsg. v. Johannes Crueger. Dt. Nat. Lit. Bd. 42, 1882, S. 27ff.
3 Das Nibelungenlied. Nach der Ausgabe von Karl Bartsch hrsg. v. Helmut de Boor. 19. Aufl. Wiesbaden 1967.
Der Nibelunge Not mit der Klage. In der ältesten Gestalt mit den Abweichungen der gemeinen Lesart hrsg. v. Karl Lachmann. Berlin 1826. 5. Ausgabe 1878. (Hs. A)
Das Nibelungenlied. Hrsg. v. Karl Bartsch. Leipzig 1866 (Hs. B)
Das Nibelungenlied. Hrsg. v. Friedrich Zarncke. Leipzig 1887. 6. Aufl. (Hs. C)
Das Nibelungenlied. Übersetzt von Karl Simrock. Berlin 1826.
Das Nibelungenlied. Paralleldruck der Handschriften A, B und C nebst Lesarten der übrigen Handschriften. Hrsg. v. Michael S. Batts. Tübingen 1971.
Roswitha Wisniewski: Die Darstellung des Niflungenunterganges in der Thidrekssaga. Eine quellenkritische Untersuchung. Tübingen 1961.
4 Um die Jahrhundertwende trat eine gewisse Ruhepause ein. Man glaubte, in der Handschrift B den ursprungsnächsten Text gefunden zu haben. Aber bei neuerlicher Überprüfung ergab sich, daß die Grundlagen, auf denen diese Ansicht aufbaute, nicht frei von Vorurteilen waren. Wieder trennten sich die Fronten. s. hierzu:
Helmut Brackert: Beiträge zur Handschriftenkritik des Nibelungenliedes. Berlin 1963.
Andreas Heusler: Nibelungensage und Nibelungenlied. 6. Aufl. Dortmund 1965.
Thule. Altnordische Dichtung und Prosa. Hrsg. v. Prof. Felix Niedner. Edda. 1. Bd. Heldendichtung, 2. Bd. Götterdichtung und Spruchdichtung. Übertragen von Felix Genzmer. Mit Einleitungen und Anmerkungen von Andreas Heusler. Jena 1920. u.a. I S. 41.
5 Der isländische Gelehrte Arna-Magnússen kannte beide Codices noch genau und nannte sie nach ihrer Herkunft »Brædratungu-bókin« und »Austfiardabókin«. Glücklicherweise waren von beiden rechtzeitig Kopien genommen worden, und zwar offenbar mehrere von jeder. Von diesen Kopien werden zwei in Kopenhagen verwahrt und mit A und B bezeichnet, aber so, daß A vom Brædratungubók und B vom Austfiardabók abstammt, eben umgekehrt als man es erwarten sollte. Diese beiden Handschriften waren um 1700 (und vielleicht schon länger) vorhanden. Außer ihnen kommen noch die Handschriften E und D als Abstämmlinge der beiden Membranen in Betracht, und zwar gehören A und E zusammen und B und D.
6 August Raszmann hat dies (S. XXIV u. XXIXff.) deutlich dargelegt. (August Raszmann, Die deutsche Heldensage und ihre Heimat. 2 Bde. Hannover 1858. Band 2 enthält und behandelt die Thidrekssaga.) Die Membrane ist blockweise von fünf Schreibern angefertigt.
Mit ihrer Vorlage ist sie verhältnismäßig frei umgegangen und hat offenbar recht unbekümmert ausgemalt, dies aber später plötzlich eingeschränkt, so daß man annehmen möchte, daß ihr damals eine weitere Vorlage zugekommen ist, die knapper war und der sie sich nun leidlich anpaßte. Ganze Abschnitte schrieb sie nun nochmals in verkürzter Form und fügte sie irgendwo ein, ohne die früheren zu tilgen.
Raszmann ist für unsere Fragen fast unentbehrlich. Er bringt einmal eine sehr gute wörtliche

Übersetzung der gesamten Thidrekssaga nach der Membrane, dazu die Varianten von A und B und gelegentlich auch von Sv (wobei nur einzuschränken ist, daß Raszmann wie alle anderen statt der Gegenwartsform des Textes die Vergangenheitsform wählt). Er bringt ferner die parallelen Dichtungen, soweit er sie nicht im 1. Band übersetzt hat, in guter Übertragung, auch z.B. die dänischen Kämpeviser (Heldenlieder). Er führt eine Fülle von wichtigen Quellen an, und er teilt seine Überlegungen zu allen Fragen sehr genau mit. In seinen geographischen Angaben irrt er zwar wie alle anderen, bleibt aber aufgeschlossen und zeigt jeweils viele Möglichkeiten auf. Es fehlt ein Register. Das Inhaltsverzeichnis folgt erst nach 38 Seiten »Vorrede«. Dieses Inhaltsverzeichnis genügt aber nicht, weil es nicht dem Gang der Thidrekssaga folgt, sondern mit der Sigfrid-Brünhild-Niflungen-Erzählung beginnt und dann erst das Übrige themenkreisweise zusammenfaßt.

7 Die Svava gibt sich als eine Übersetzung zu erkennen, indem sie am Schluß schreibt:

Herrn Didriks Buch hat nun ein Enden.
Gott möge seine Gnade senden
dem, der es tat auf Schwedisch wenden.

Dies ist so aufgefaßt worden, als wäre die Svava aus dem Isländisch-Altnordischen, ja unmittelbar aus der Membrane übersetzt. Das sagt der Schlußspruch aber nicht aus. Er kann ebenso gut eine Übersetzung aus dem Deutschen oder Niederdeutschen meinen, oder auch aus dem Dänischen. Dazu stimmt, daß die Svava zum Teil die ursprünglichen deutschen Namensformen verwendet, wo die anderen Handschriften nordische Formen haben: Sv: Hagen, Wideke, Seveke, A(k)tilius, Didrik; dagegen Mb: Högni, Widga, Sifka, At(t)ila-Attala, Thidrek, zugleich die besonderen Formen Crimilla, Brynilla anstelle von Grimhild, Brünhild.

8 Die Thidrekssaga ist dreimal ins Deutsche übersetzt worden. Zuerst durch Friedrich Heinrich von der Hagen, Breslau 1814, 1854, 1872; dann durch August Raszmann, Hannover 1858, endlich durch Fine Erichsen in der Sammlung »Thule«, Jena 1924, 1942, Düsseldorf 1967, letztere in schöner, schwungvoller Sprache, aber mit nicht so großer Genauigkeit und einer Fülle von irreführenden geographischen Angaben. Wichtig ist hier das Nachwort von Helmut Voigt 1967. Die altschwedische Fassung ist bisher nicht ins Deutsche übersetzt (außer in diesem Buch), sie ist aber zur Herausgabe vorbereitet.
Abgedruckt sind die Handschriften in den folgenden Ausgaben: ÞIÐRIKS SAGA AF BERN. Udgivet for Samfund til udgivelse af gammal nordisk litteratur ved Henrik Bertelsen. Kopenhagen 1905–11, II. Teil 1908–11. Bertelsen gibt nach einer Einleitung von 95 Seiten den Text der Membrane sowie im I. Teil den Text der Handschrift A nebst den Varianten von B. Im II. Teil gibt er unter dem Text der Membrane nur noch die Varianten von A und B.
SAGAN OM DIDRIK AF BERN. Efter svenska handscrifter utgiven af Gunnar Olof Hyltén-Cavallius. Stockholm 1850. Darin 303 Seiten Text, 33 Seiten Varianten der Zweithandschrift, 105 Seiten Namen-Verzeichnis, 45 Seiten Wortsammlung altschwedischer Wörter und 45 Seiten Einleitung.

9 Friedrich Panzer: Studien zum Nibelungenlied. Frankfurt 1945. Panzer hielt die Niflungensaga der Thidrekssaga für eine freie Bearbeitung des Nibelungenliedes.

10 M. Erich Christian Werlauff: Symbolae ad Geographiam medii aevi ex monumentis Islandicis. 1821. Darin das »Itinerar des isländischen Abtes Nikolaus von Thverá 1150 über seine Reise von Island über Mainz nach Rom.

11 Heinz Ritter-Schaumburg: War die Lippe die norddeutsche Duna? Soester Zschr. Heft 77. Soest 1963.

12 Otto Prein: Geschichtliche Flurnamen im Lichte der westfälischen Sage. In: Aus der Vorzeit in Westfalen, Lippe und am Niederrhein. Bd. 1 1933/4 S. 20–26, 33–36.

13 Die Lippe. Arbeiten der Geographischen Kommission. Heft 2. Münster 1939.

14 864 Ballova, 890 Ballava, 1010 Ballevan, 1196 Baleve, 1214 Balleve, 1348 Balve.

15 Wilhelm Grimm: Die deutsche Heldensage, 2. Aufl., Berlin 1867.

16 In jüngster Zeit scheint auch die bisher im Sauerland bestehende Schranke der Zeit um 800 durchbrochen zu sein, hinter welche man mit den Funden nicht zurückkam. Grade in der Nähe von Balve wurden Spuren der Eisenverarbeitung des 6. Jhs. nachgewiesen.

17 Alfred Lück: Vom Eisen. Siegen 1959.
Alfred Lück: Wieland der Schmied. Siegen 1970. Außer den beiden schmalen Bänden war mir auch Archivrat Lücks persönlicher Rat hilfreich.

18 Heinz Ritter-Schaumburg: Der Zug der Niflungen nach Soest. Soester Zschr. 1966 Heft 79. S. 41–72.

19 Julius Leithäuser: Bergische Ortsnamen. Elberfeld 1901.
Heinrich Dittmaier: Siedlungsnamen und Siedlungsgeschichte des Bergischen Landes. Neustadt/Aisch 1956. S. 151.

20 Bernhardus Mollerus: Descriptio Rheni et fluminum illi influentium. Libr. V. Köln 1570 (2. Aufl. 1596).

21 Erwin Menz: Leverkusen – Junge Stadt am großen Strom. Leverkusen 1961. S. 19, 28, 40, 51, 70.

22 Die Erzählung von den Wasserfrauen enthält noch etwas Besonderes: Sie hat keinen Zeugen außer Hagen. Nur er kann sie berichtet haben. Wem? Seinen Fahrtgenossen teilt er seine Begegnung nicht mit, ihnen macht er nur eine Andeutung über den gemeinsamen Untergang, der bevorsteht. Aber als sie später nach Soest kommen, ist Hagen, vor dem großen Streit, mit Didrik von Bern ein Herz und eine Seele, geht er mit ihm »einer den Arm um des andern Schulter geschlungen«. Hier wird Hagen seinem Freund Didrik alles Erlebte bis aufs Kleinste erzählt haben, und Didrik war der Mann, solche Geschichten zu bewahren.

23 Robert Jasmund: Die Arbeiten der Rheinstrom-Bauverwaltung 1851–1900. Berlin 1901.

24 J. Leithäuser (s. o.): »mnd. mare, ofries. mar, mare = Fluß, Abzugsgraben, nl. mare, maer, meer = Gewässer, Landsee, kesselförmige Vertiefung.«
Dittmaier (s. o.) S. 13: »1147 Merehem, Lac. I, 244. Wahrscheinlich zu ahd. mari, meri, seichtes Gewässer, Sumpflache; auch die ehemaligen Seitenarme des (Nieder-)Rheins heißen so.«
Die Anführung des besonderen Namens »Möre«, der in diese Gegend gehört, verbietet die Annahme, daß die Begegnung mit den Frauen einfach erfunden wäre. Und warum sollte »der Sagamann« oder warum sollte Hagen diese für ihn wenig rühmliche Tat erfunden haben? Und welche Bedeutung hätte dabei die Erwähnung der Tochter neben der Mutter?

25 Das Nibelungenlied in seinem süddeutschen Raum hat es schwer, den Namen »Mœre«, den es in seiner Quelle, den »Alten Maeren«, vorfand, unterzubringen. Es möchte ihn in »Möune« umwandeln und meint damit den Main. Dazu muß es aber seine Nibelungen-Burgonden einen großen Umweg machen lassen. Diese Unterbringung des Namens »Mœre« ist ihm aber noch nicht genug. Es verwendet ihn noch einmal, um den Übersetzort über den breiten Fluß (hier die Donau) zu kennzeichnen. Das tut es allerdings erst nachträglich, als die Überfahrt schon geschehen ist. Da heißt es rückblickend: »Das war bei Möringen«, und so nahm man zu Groß-Mehring seine Zuflucht.

26 Der Name »Babilonia« ist in diesen Gegenden urkundlich nicht zu finden. Eine Beziehung zu Widukinds Burg Babilonie im Wiehengebirge suchen zu wollen, ist sinnlos. Auch mit Trojaburgen, sogenannten »Babilonien«, hat er nichts zu tun. Daß der Name einen Vergleich der für frühe Verhältnisse recht großen Stadt Köln darstellen sollte, ist nicht ausgeschlossen. Es könnte sich aber auch um die Folgen einer Verschreibung handeln, da beide Worte mit -lonia enden, daß »Colonia« als »Balonia« gelesen und dann zu »Babilonia« ergänzt worden wäre. Köln fehlt jedenfalls nicht im geographischen Bild der Thidrekssaga.

27 Zu Bonna-Verona:
J. Nießen: Geschichte der Stadt Bonn. I. 1955 S. 69–74.
F. Hauptmann: Bonns Siegel, Wappen und Wahrzeichen. Bonner Archiv Jg. 1, 1889, Jg. 5, 1893.
Wilhelm Levison: Bonn-Verona. Rhein. Vierteljahrsblatt 1, 19. 1931 f.
Josef Niessen: Bonna-Verona. In: Bonn und sein Münster. Bonner Geschichtsblätter 3, 1947.
Karl Simrock: Bonna-Verona. Bonn, Beiträge zu seiner Geschichte und zu seinen Denkmälern. Festschrift 1868. – Simrock sieht in Didrik von Bern »einen fränkischen Dietrich, der einst in der Sage unseres Landes hochberühmt war und von dem auch noch anderes in den Sagenkreis des ostgotischen Dietrich hinübergezogen worden ist. . . . Diese Sagengestalt geht zurück auf Theoderich, den Sohn Chlodewechs, der bei den Angelsachsen als der berühmteste König der Franken galt.« – Diese letzte Gleichsetzung Simrocks halte ich für falsch.

28 »Penninge« ist ein sehr altes Wort, schon althochdeutsch, altsächsisch, altnordisch, altslavisch. (Zusammenhang mit »Pfännchen«.) Der »Pfenni(n)g« hatte früher einen weit höheren Wert und ist als Silbermünze zu denken. (Trübners Deutsches Wörterbuch IV. Berlin 1939–1957)

29 Klaus M. Ris: Leverkusen. Großgemeinde – Agglomeration – Stadt. Remagen 1957. S. 25:

»Schon um 1411 war Rheindorf Sitz einer Zollnebenstelle der Zollstätte Mülheim für den Rheinverkehr, die in Verbindung zur hiesigen Rheinfähre stand. Diese Fähre war noch um 1830 die einzige im Umkreis, die zum Übersetzen von Fahrzeugen geeignet erschien.

30 Le Coq: Topographische Karte von Westfalen. Münster 1805, Blatt 18. – Die Le Coqschen Karten von Westfalen sind ebenso wie die Karten des rechtsrheinischen Gebietes von Tranchot und von Müffling (1803–1820) sehr schöne, farbige, genaue Karten im Maßstab 1:25000 und zeigen gut die Zustände dieser noch verhältnismäßig ungestörten Zeit.

31 Heinrich Dittmaier: Siedlungsnamen und Siedlungsgeschichte des Bergischen Landes. Neustadt/Aisch 1956. Dittmaier nennt alle diese Namen und Wege. Er läßt den Reuterweg allerdings von Köln her laufen, hat aber für diesen ersten Wegteil keine Fund- oder Namenbelege. Eine andere alte Höhenstraße geht von Köln-Mühlheim aus und kreuzt den Reuterweg südlich Schlebusch, 5 km vom Rhein entfernt. Sie umgeht das Dhün-Gebiet nördlich auf der Wasserscheide zwischen Dhün und Wupper. Auf dieser Straße finden sich bis Wermelskirchen die Namen »Straßerhof, Langstraß, Kaltenherberg, Straße, Unter- und Oberweg«, weiter zwischen Wermelskirchen und Schwelm nochmals »Oberstraße, zer Straissen, Lungstraße, Henterweg, Wintgaten«. Beide Straßen sind alt, doch nicht gleichalt. Das zeigt schon der Unterschied der Bezeichnungen »Heerweg« und »Straße«. Die »Straße« nach Schwelm mag die Straße Karls des Großen gewesen sein; der »Heerweg« entspricht den einfacheren Verhältnissen der Ths besser. Mir ist im Laufe der Zeit dieser wahrscheinlicher geworden. Die Ths kennt nur *einen* Fernweg und läßt auch nur an *einem* Weg den Wächter warten. Wenn es zu ihrer Zeit nur *einen* Fernweg hier gab, kann es nur der südliche gewesen sein. Das würde auch wieder besagen, daß der Ths-Bericht zeitlich vor Karl dem Großen liegt.
Über die Wege in Westfalen unterrichtet besonders gut Albert K. Hömberg: Zwischen Rhein und Weser. Aufsätze und Vorträge zur Geschichte Westfalens. Münster 1967.

32 Die »Mundia« und das »Mundia-Gebirge« wird in der Ths mehrfach genannt, und immer in der Nähe des Rheins und der Mosel. Man hat dies Wort früher von »mons« (Berg) abgeleitet und verstand, da man die Ereignisse zwischen Süddeutschland und Italien ansiedelte, unter dem »Mundia-Gebirge« die Alpen. Aber die Ths hat ganz andere geographische Vorstellungen. Für sie ist der »Lür-Wald« der Name für das ganze Sauerland, und um dieses große Gebirge reiten später Didrik und Hillebrand nebst Frau Herrat bei ihrer Rückkehr nach Bern-Bonn von Soest aus in neun Tagen herum. Und da heißt es bei ihrem Fortritt von Soest: »Sie wenden sich auf den westlichen Weg zur Mundia.« Diese »Mundia« kann nichts anderes sein als *die niederrheinische Tieflandsbucht,* welche den durch ein Land ohne Städte in reiner Natur Reitenden als eine eindrucksvolle Landschaftsgestaltung erscheinen mußte. Entsprechend ist das »Mundia-Gebirge« das Rheinische Schiefergebirge, das von der Mosel bis zum Rhein und weit darüber hinaus reicht. »Mundia« kann also nicht von »mons« abgeleitet werden, sondern muß mit »Mund« und »Mündung« zusammenhängen (wie »Minden« und Hann.»Münden« und meint die mächtige Rheintal-Öffnung, die bei Godesberg beginnt und sich nach Norden hin immer mehr erweitert. Mit diesem Verständnis stimmen alle Erwähnungen von »Mundia« und »Mundia-Gebirge« in der Ths überein. Am Rande der Mundia und am Lürwald lag Burg Bakalar.

33 Julius Leithäuser (s. o.).
»Beim echten lâr hat man sich über die Bedeutung »Weideplatz« im allgemeinen geeinigt. ... Ein großer Teil der Larorte liegt auffallenderweise in ebenem Gelände, bzw. an den Rändern größerer Gebirgsblöcke.« (Dittmaier S. 107f.). So liegt Bakalar-Altenberg.
Hermann Osterley: Histor.-Geograph. Wörterbuch des deutschen Mittelalters. Gotha 1833.

34 Montanus (Vincens von Zuccalmaglio): Die Vorzeit der Länder Cleve, Mark, Jülich, Berg und Westphalen. 1837. Bd. II: »Wir stehen hier auf den Ruinen des ältesten Residenzschlosses der Grafen von Berg, welches unserer Heimat den Namen gegeben hat.... Wann das Schloß zuerst aufgeführt worden, ist unbekannt. Im Jahre 1133 schenkte Graf Adolph das Schloß seinem Bruder Eberhard von Altena, der dort ein (Cisterzienser-)Kloster errichtete. Doch wegen der unbequemen Lage auf steiler Höhe und wegen der Hinfälligkeit des alten Gebäudes baute sich der Convent in der Mitte des 12. Jhs. im freundlichen Tale an und ließ die Mauersteine des alten Schlosses zum Baumaterial für die neue Niederlassung ausbrechen. Von dem alten Stammschlosse ließ man nur einen gewaltigen Turm und ein hohes Torgewölbe, das über dem Burgberg schwebte und die Hauptburg mit einem Vorwerk auf dem höher steigenden Grate des Bü-

chelsberges verband, wahrscheinlich zum Andenken, stehen. Noch im 16. Jh. schreibt ein Mönch von diesen Überresten. Abt Leo ließ die Trümmer dieses zusammengestürzten Bauwerkes zur Herstellung der Klosterringmauer verwenden. Jetzt zeigt ein gewaltig hoher Schutthaufen, wo es gestanden.«
Fritz Hinrichs: Bauernburgen und Rittersitze an der Niederwupper. Leverkusen-Wiesdorf 1938, schreibt dazu:
»Montanus gibt keine Urkunden an, worauf er seine Behauptungen stützt. Vergeblich suchen wir auch in dem Altenberger Urkundenbuche, das Studienrat Mosler zusammengetragen hat, nach Berichten über den Ort. Zwar nennt uns ein Schreiben von 1157 den Wirtschaftshof, der in der ältesten Form ›Bullengesberg‹ genannt wird. Über die Grafenburg aber schweigt es sich aus.«
Mit dem Rektor Fritz Hinrichs, der außer dem oben erwähnten Buch auch über »Altenberger Höfe zwischen Wupper und Dhün« (Leverkusen o. J.) geschrieben hatte und sich hier auskannte wie kein anderer, kletterte ich durch die frühzeitlichen Wallanlagen der Eifgenburg, an deren Ausgrabung er mitgewirkt hatte. Sie liegt hoch über der Dhün im Wald, rückwärts an die Felder des Bergrückens gelehnt. Hinrichs meinte, ob dies nicht die gesuchte Burg Bakalar sein könne? Ich verneinte. Sie war nie Mittelpunktsburg dieses Landes gewesen, und ihr fehlten die feuchten Wiesen und Weiden.

35 Noch einmal, zur Überprüfung, fuhr ich im Februar dieses Jahres (1981) mit Martin Jeremias alle betreffenden Stellen des Altenberger Geländes ab. Wir durchwanderten den ganzen Wiesenbereich und stiegen auch zum Bülsberg auf, dessen Hof an einer Quellmulde liegt. Der Bereich, der hier zum Wohnen und Bebauen einlud, erstreckt sich vom Schölerhof im Norden bis zum Burgberg im Süden. Hier sind breite, offene Wiesen, hier ist Windschutz, Geborgenheit, auch Sonne genug, Holz in Masse, fließendes klares Wasser und wahrscheinlich auch eine Quelle. Vom Schölerhof bis zum Burgberg sind es nicht ganz 2 km, in der Breite des Tales etwa 150–200 m, und der etwas höher gelegene Bülsberg mit seinen Feldern gab noch zusätzlichen Spielraum. Ein Knick des Dhüntales in Höhe der Burg schloß die Wieseninsel von Altenberg durch übergreifenden Wald wahrscheinlich von der südlicheren Flußaue ziemlich ab, doch war dorthin mühelose Erweiterung möglich.
Jetzt wurde auch klar, woher der rätselhafte Name »Berg« kommt, der innerhalb dieser Berglandschaft gar keinen Sinn zu haben schien. Der Name ist von diesem Talgelände aus gegeben und meint: Die Felskuppe da am Südrand unseres Geländes, unmittelbar an der Dhün, das ist »unser Berg«. »Berg« ist kein eigentlicher Name. Der alte Name dieses Fürstensitzes ist Bakalar-Bäkulär-Päkler, der sich später auf den nebenan entstehenden Ort ausweitete und als »Blecher« erhalten blieb, während er im Tale verging. Die alten Namen lauten:

1264 de Bleggerin
1301 de Bleghere
1357 v. Blechgeren
1363 ze Blecheren.

In den ganzen 50–70 Jahren, von denen die Ths berichtet, kommt es kaum vor, daß eine Burg angegriffen wird; und wenn es geschieht, läßt sie sich kaum verteidigen. Dagegen kennt die Ths »Kastelle«, in denen man sich lange behaupten kann; aber diese sind für gewöhnlich verlassen und stammen aus älterer Zeit. In der altschwed. Hs. werden die »Burgen« meist »Schloß« (slot) genannt, und es wird kein Unterschied in der Bezeichnung gemacht.

36 Peter Wackwitz: Gab es ein Burgunderreich in Worms? 2 Teile. Worms 1964. – Wackwitz sucht auf den verschiedensten Ebenen und mit den verschiedensten Methoden nebst ausgiebigem Kommentar und Literaturangaben nach den Spuren der Burgunden, der Nibelungen, Siegfrieds, Brünhilds usw. in Worms. Er findet sie aber auf keiner Ebene. Sein Schlußsatz lautet: »Gab es ein Burgunderreich in Worms? Vielleicht! Wahrscheinlich!« Aber bei diesem »Wahrscheinlich!« lebt bei ihm im Hintergrund noch die Vorstellung des Nibelungenliedes als ein halber Beweis.

37 Henri Grégoire: La patrie des Nibelungen. In: Byzantion (Revue internationale des études byzantines) Tome IX. Brüssel 1934.
Schon hundert Jahre vor Grégoire hat Emil Rückert: Oberon von Mons und die Pippine von Nivelles. Untersuchungen über den Ursprung der Nibelungensage. Leipzig 1836, dieselbe These verfochten, aber mit ganz anderen Argumenten.

38 Im Waltharilied um 900 werden die Nibelungen zum ersten Mal erwähnt. Hier heißen sie »Franci nebulones« oder »Rînfranken«. Wir werden dem Sinn dieser Namen noch begegnen.

39 Das Nibelungenlied gibt für das Fest in Etzelnburg ein Datum an. Es sagt (2086): »z'einen sunewenden der grôze mort geschach«. Das wäre um den 21. Juni herum. Aber das Nibelungenlied ist eine Dichtung. Die Ths hat solche feste Angabe nicht. Hier muß die Jahreszeit erschlossen werden.

40 »Die Athener . . . schicken daher einen Schnelläufer, Philippides, mit der Bitte um Zuzug an die Spartaner ab . . . Die Spartaner waren geneigt, die ihnen vorgetragene Bitte zu gewähren; aber es war gerade der neunte des Monats, an dem sie als einem Unglückstage, wie sie sagten, keinen Kriegszug beginnen durften, wenn nicht schon Vollmond gewesen wäre. Sie müßten, sagten sie, durchaus noch den Vollmond abwarten, ehe sie den Zug nach Athen antreten könnten.« (Griech. Geschichte, nach den Quellen erzählt von Dr. K. L. Koth, 3. neubearb. Aufl. hersg. v. Prof. Dr. A. Westermeyer. Nördlingen 1882 S. 107). Die Spartaner verpaßten auf diese Weise die Schlacht bei Marathon.
Eine Stütze für die Angabe der Ths, daß bei ihrem Rheinübergang »hellster Vollmond« geherrscht habe, ergibt sich aus der späteren Angabe (Mb 384–386 = Sv 328/9), daß bei den nächtlichen Kämpfen in Soest Dunkelheit geherrscht habe. Es ist die siebente Nacht nach dem Übergang über den Rhein, mithin die neunte nach Vollmond. Da heißt es: »Und nun wurde es sehr dunkel von der Nacht.« Es schien also kein Mond. Hagen zündet ein Kochhaus an, damit sie recht sehen können. Der Halbmond war zwei Tage vorbei, der Drittelmond geht in dieser Phase erst gegen zwei Uhr Nachts auf und gibt auch dann noch wenig Licht. Die beiden Stellen über die Helligkeit in der Nacht stimmen also sehr gut zusammen.

41 Emile Bouvier: Les Nibelungen et la Hesbaye. In: Visages de la Hesbaye. Tournai 1975 S. 67–74.

42 Einhard: Leben Karls des Großen. Kap. 29. Thegan: Kaiser Ludwig des Frommen Leben. Kap. 19.

43 August Raszmann (s. o.) II 107 bespricht die »altdänischen Heldenlieder«, die sogenannten »kämpeviser« und druckt sie in deutscher Übersetzung, ebenso S. 130 ff. »Das faröische Lied von Högni«.

44 Handbuch der historischen Stätten Deutschlands. Bd. 23 Nordrhein-Westfalen. Stuttgart 1970. (alphabetisch)
M. Gysseling: Toponymisch woordenboek van Belgie, Nederland, Luxemburg, Noord-Frankrijk en West-Duitsland vor 1226. 2 Bde. (alphabetisch). Brüssel 1960.
Gerhard Mürkens: Die Ortsnamen des Kreises Euskirchen. Euskirchen 1958.
Wilhelm Kaspers: Die Ortsnamen der Dürener Gegend. Düren 1949.
K. Böhner: Siedlungen des frühen Mittelalters am Nordostrand der Eifel. In: Führer zu vor- und frühgeschichtlichen Denkmälern Bd. 25. S. 113. Mainz 1974, 1976.

45 Hb. d. hist. Stätten . . . NRW (s. o.) S. 680 Schwerfen.
Virnich ist leicht zu verwechseln mit Vernich (heute Teil von Weilerswist) im Erfttal, wo gleichfalls frühe Frankengräber gefunden worden sind (S. 732 f.); doch kommt Vernich aus sprachlichen und geographischen Gründen nicht in Betracht. Virmenich, in neuerer Zeit Firmenich, ist im Hb. nicht aufgeführt; es ist heute mit Obergartzem zu einem Ort verbunden. Erste Nennung im »Weisthum zu Veihe« 1395: »Johan-schulthiss van Virmenich« (J. Grimm Bd. 2, Weisthümer).
Mürkens (s. o.) S. 31.
Joh. Fr. Schannat und Georg Bärsch: Eiflia illustrata. Neudruck der Ausgabe von 1824. Osnabrück 1966. Nr. 82 Firmenich; Nr. 97 Entzen mit Schwerfen, Virnich und Irnich. Ausführlich über Virnich und Irnich in: Beiträge zur Geschichte der Stadt Euskirchen und Umgebung 1900. S. 19–58.
Führer zu vor- und frühgeschichtl. Denkmälern. Bd. 25 und 26. Mainz 1974. 1976. Hier besonders Bd. 25 S. 91 H. W. Böhne.

46 von Veith: Die Römerstraße von Trier nach Köln. In: Jb. d. Vereins von Altertumsfreunden im Rheinland LXXVIII. Karte.

47 Heinz Ritter-Schaumburg: Das Königsgrab zu Enzen. Eine Analyse seiner Überlieferungen. In: Jahrbuch des Kreises Euskirchen 1978. S. 144–59. Hier ist alles, was über das Königsgrab zu Enzen geschrieben worden ist, aufgeführt und analysiert.

47[a] Der Erbe des letzten Herrn von Enzen »war Ritter Lepart von Heimbach, welcher 1444 auf dem Ritterzettel steht und auch das Haus Virnich besaß«. Paul Clemen: Die Kunstdenkmäler der Rheinprovinz. Düsseldorf 1900. IV S. 576.

48 Heribert van der Broeck: 2000 Jahre Zülpich. Zülpich 1968. S. 113. (Raubkriege Ludwig XIV.): »1673 mußte Zülpich 2000 Reichsthaler – eine für damalige Zeit fast unerschwingliche Summe – aufbringen, wenn es nicht Gefahr laufen wollte, eingeäschert zu werden. ... Als man im Jahre 1678 nochmals von der Stadt eine Geldsumme verlangte, die so hoch war, daß der Magistrat vorgab, sie nicht zahlen zu können, mußte dieser so lange im Schloßgefängnis bleiben, bis die Forderung sichergestellt war. Nicht viel besser erging es Zülpich in dem nächsten Raubkrieg (1688).«

49 Nach Landesgesetz gehörte der Schatzfund wahrscheinlich zur Hälfte dem Finder, zur Hälfte dem Bodeneigentümer, die hier *eine* Person waren. In diesem Fall erfolgte die Beschlagnahme offenbar nicht nach Landes-, sondern nach Besatzungs- und Kriegsrecht.

50 Dieser dritte Ring muß irgendwo noch vorhanden sein; denn er wurde abgebildet. Der eine Ring hat ein Sicherheitskettchen und eine Verdickung zur Verhinderung des Abrutschens, der andere nicht.

51 Studiendirektor Peter Tüttenberg in Euskirchen hat diese Geschichte in seiner Kindheit von seiner Großmutter gehört, die in Enzen lebte. Sie erzählte sie als eine wahre Begebenheit. Das war um 1925.

52 26 Ringe à 55 g = 1430 g, hinzu zwei goldene Teller, so wird der Restfund etwa 1600 g = $3^1/_5$ Pfund betragen haben.

53 Andreas Steinhausen ist 1755 geboren, 1838 gestorben; sein Vater Peter Steinhausen starb am 10. 4. 1793, »77 Jahre alt«, ist also 1716 geboren. Die genauen Angaben über die Finderfamilien in: Ritter: Das Königsgrab in Enzen (s. o.)

54 Peter Simons: Kleine Geschichte von Uelpenich bei Zülpich. Köln 1921. Diese älteste Quelle über den Königsgrabfund wird sonst nirgends erwähnt. Auch ich fand sie nur »ganz zufällig«, als ich die Bibliothek des Euskirchener Historischen Vereins durchsah und hie und da ein Buch herauszog. Dies war ein unscheinbares Heft. Aber seine Aussage ergänzte die späteren sowohl durch das, was es berichtete, wie durch das, was es verschwieg.

55 Ein Beispiel dafür bietet Enzen selbst, wo man 1874 in einer Sandgrube ein fränkisches Grab fand, zu dem ein römischer Matronenstein Verwendung gefunden hatte. (Clemen s. o. S. 101, Lit.angaben S. 579.)

56 FELIX VTERE. Obwohl die Abbildung mit der Schrift stets vor Augen lag, hat von allen, die über den Fund geschrieben haben, nur ein einziger (Heinrich Neu) die Inschrift richtig wiedergegeben. Und bei dem Armring hat bisher keiner die richtige Anzahl (4) von Drähten genannt, aus denen er gewunden ist.

57 E. Freudenberg: Der alte Goldfund in dem sogenannten Königsgrabe zu Enzen unweit Zülpich. Bonner Jahrbuch 25/1857 S. 122–139. Fr. hat am eingehendsten berichtet. Er sagt: »Der Armring ... ist aus drei starken Golddrähten kunstreich gewunden ...; und Paul Clemen (s. o.) IV. Bd. S. 202 (Zievel) sagt: »Der Armring zeigt die gewöhnliche Form eines aus einem starken Golddraht und einem Perlenstab gewundenen Reifens ...« Beides ist falsch. Auf jeder Abbildung läßt sich erkennen, daß immer ein glatter und ein geperlter Draht wechseln, daß aber keiner gleich in seine nächste Windung übergeht, sondern erst in seine übernächste. Der Besitzer, Herr Krewel auf Burg Zievel, bestätigt das. Es ist seltsam, wie selbst in vor Augen liegenden Dingen Genauigkeit selten ist und Irrtümer sich über Jahrhunderte fortschreiben.

58 Theudebert II., geboren 586, † 612, war Christ. In diesen Gräbern aber hat sich nichts Christliches angefunden, wenn man nicht den gläsernen Fisch im Kindersarg als christliches Symbol ansehen will. Aber das wäre zu wenig für einen christlichen Herrscher.

59 Manche sehen in dem »Nemmenicher Reiter« den Frankenkönig Chlodwig, wie er in der Alemannenschlacht 511, die hier stattgefunden haben soll, den Christengott anruft und Übertritt gelobt, wenn er ihm Sieg verleihe. Die Kappe könnte die Königsmütze sein, auf dem Rücken hängend der einfache Helm, durch das Wams gesteckt das Schwert. Im Museum für Vor- und Frühgeschichte in Bonn konnte man die Entstehungszeit nicht bestimmen, da Vergleichsstücke fehlen.

60 Wilhelm Kaspers: Die Ortsnamen der Dürener Gegend (s. o.) S. 20 f.: »... Daß der Name nichts mit Nebel zu tun hat, ist gewiß ... Die Grundform zum heutigen Namen muß *Nevélla

gelautet haben, was durch germanische Akzentuierung Névela, Synkope des unbetonten e (vgl. tabula über tavle zu Tafel) und Verschärfung des v vor l, die für unsere Gegend durch »Gaffel« = »Gabel« gestützt wird, zu Nefle, Neffel wurde . . .« Die Zwischenform »Nefle« würde dem Namen der Niflungen entsprechen.

61 Heinz Firmenich: Stadt Zülpich. In: Rheinische Kunststätten Heft 192. Köln 1976. S. 20: »Das Bonner Landesmuseum besitzt vier Weihesteine vom *Heidenfeld* in Elvenich. »Ortsteil JUNTERSDORF (Cuntersdorp, Guntirsdorp). Wenn auch der Ortsname auf eine Siedlung zur Zeit der ersten fränkischen Landnahme hinweist, so nimmt man trotzdem an, daß sich auf einer Anhöhe hier ein römischer Wachtturm befand, der die Gründung verursachte. Für die Entstehungszeit ist das Patrozinium der Gertrud von Nivelles, der Tochter Pippin I., wohl ausschlaggebend. Sie blieb auch Patronin der heutigen Kirche, die auf dem Platz einer grundherrlichen Eigenkirche des königlichen Gutshofs in ›Cuntersdorp‹ steht. Sie wird mit dem Ort und acht weiteren Honschaften genannt.«
Auch die Namen der Gunter-Brüder scheinen in Ortsnamen vorhanden gewesen zu sein. »Nach der Flur ›Am Geislingerweg‹ gab es früher in der Gemeinde Zülpich einen Ort Geislingen: Grundform Gisilingin, ›bei den Leuten des Gisilo‹ « (Mürkens S. 46). Der Name »Gernholt« scheint zu fehlen, dagegen der in anderen Hss. genannte Name »Godomar« in einem ausgegangenen Ort Gotendorf (893 Gotesdorph) = ›Dorf des Goto‹ (ndd. Godo) vorhanden zu sein.

62 Roswitha Wisniewski ist die erste unter den Germanisten, die ten Doornkaat-Koolman mit angeführt hat (S. 64).

63 Andreas Heusler (s. o.).

64 Als im Nibelungenlied die »Burgonden« zu ihrer großen Fahrt antreten, setzen sie zunächst einmal (bei Worms) über den Rhein. Schiffe und Kähne haben sie hier genug zur Verfügung. Dann schlagen sie drüben ihr Lager auf, Zelte und Hütten (1515). Erst am nächsten Morgen reiten sie dann los. Die Nacht aber verbringen sie nochmals mit ihren Frauen, also in ihren Häusern links des Rheins. Dieses Zeltaufschlagen am rechten Rheinufer ist in jeder Hinsicht sinnlos. Es ist nur zu verstehen als Übernahme aus dem Bericht der Ths, wo die Niflungen sich aber in fremdem Bereich befanden an dem sehr breiten Rhein. Hier war das Zeltaufschlagen sinnvoll und notwendig. Die Stelle ist eines der deutlichen Zeichen für die Abhängigkeit des Nibelungenliedes von der Ths-Überlieferung.

65 Es ist eine verbreitete Vorstellung, daß die Sigfrid-Brünhild-Erzählung einerseits und die Nibelungen-Erzählung andrerseits ursprünglich ganz getrennte Überlieferungen gewesen seien, die erst durch die Kunst der Dichtung zusammengefügt worden wären. Andreas Heusler hat ein ganzes System und Abstammungsschema für diese Überlieferungen aufgestellt. Ich teile diese Auffassungen nicht.

66 Sv: Nöfflungeland. So an dieser Stelle und auch sonst. In der Zweit-Handschrift auch »Nöfflingeland«. An anderen Stellen »Nyfflingeland«, gelegentlich »Nafflingeland«. In den altnordisch-isländischen Hss. heißt der Name »Niflungaland«. – I und Y werden gleichwertig verwandt.

67 Heribert van der Broeck (s. o.) S. 24 ff.: »Tolbiacum (Zülpich) mit seiner Umgebung wies eine besonders starke Mütterverehrung auf. In und direkt bei Zülpich hat man eine ganze Reihe Matronensteine gefunden . . . An der Nordseite des Marktes . . . wurden Steinsärge zutage gefördert, die aus gespaltenen Matronensteinen verfertigt waren . . . Zahlreich sind die Beinamen, die die Matronen führen. Ein großer Teil rührt her von Stämmen oder Völkerschaften, bei denen sie verehrt wurden. Nur einige hängen auch mit heutigen Ortsnamen zusammen, wie z. B. Albihenae (Elvenich). . . . Sprachliche Erscheinungen zeigen uns, daß dieser Kult trotz des lateinischen Namens latronae oder Matres als allgemein keltisch angesehen werden kann.« – Van der Broeck meint dann, der Matronenkult sei durch das Christentum verdrängt oder umgewandelt worden. Er schränkt das allerdings dadurch ein, daß er sagt: »Noch jahrhundertelang hat sich, zumal auf dem flachen Lande, das Heidentum behauptet.«

68 Gerhard Mürkens: Die Ortsnamen des Kreises Euskirchen. Euskirchen 1958. S. 34: »*Oberelvenich* = Albiniacum ›Gut des Römers Albinius . . .‹ Zu Elvenich gehören die vier im Orte gefundenen Steine mit den Matronae Albiahenae. Der ursprüngliche Name Albiacinae steht, wie mir scheint, für Albiniacae. In der Urkunde vom Jahre 855, in der Kaiser Lothar I. der zu seiner Grabstätte erwählten Abtei Prüm unseren Ort schenkt, heißt dieser

Albiniacum, villa in pago Ribuariensi, und Albiniaca in pago Tulpiacensi (Beyer I, Nr. 91 und Nr. 105).«

Im Handbuch der Historischen Stätten s. unter: Oberelvenich.

69 In der zweiten altschwed. Hs. heißt er Örian. Die altnordisch.-isländ. Hss. nennen entweder keinen Namen oder die Form Irung. Y und I wechseln in der Schreibweise beliebig, so im Prümer Güterverzeichnis von 893 »Ivernesheym« und »Yverneshein« (Mürkens S. 40).

70 Mürkens S. 29 (Irnich) und S. 40 (Irresheim).

71 Mürkens S. 30f. Der große Wald OSNING wird hier in seinen Grenzen umschrieben. Die nördliche Grenze verlief darnach von Gehn (bei Schwerfen) ostwärts bis Roitzheim an der Erft. Der Wald begann also unmittelbar südlich von Virnich.

72 Als Didrik von Bern in jungen Jahren den Osning von West nach Ost durchreitet und dem Rekken Ecke begegnet, verleugnet er vor ihm zunächst seinen Namen und sagt: »Hier reitet der Mann, der Heim heißt, Studders Sohn; und ich reite in meinen eigenen Geschäften heim nach Bertangenland zu meinem Vater.« Darnach liegt Heimes Heimat östlich vom Teutoburger Wald. Heimes Heimat ist aber zugleich die Brünhilds, ihr benachbart die Mimes und nicht weit die Sigfrids. Das stimmt auch zu dem Krieg, den König Sigmund und sein Schwager Drasolf gegen Pullialand führen, worunter östliche Gebiete zu verstehen sind.

Das TARLUNGALAND wird von der Ths deutlich in den Raum zwischen Nordharz und Elbe gelegt. Es entspricht dem karolingischen Derlin- oder Darlingau, vergrößert um den Harzgau (mit Darlingerode) zwischen Braunschweig und Halberstadt nördlich des Harzes. Im Norden grenzt es an den Bardengau (Bertan-ga-land), im Süden an »Svava«, das unmittelbar vor dem Nordharz liegt, der hier »Svavawald« heißt. Damit scheint das Gebirgsvorland gemeint zu sein, das sich vom Harz bis zum Sauerland hinzieht. Zu Karls des Großen Zeit war südlich von Quedlinburg der Gau »Suevon« noch der Rest des früher weit größeren Gebietes der Elbschwaben und wurde erst 573 durch die aus Italien rückkehrenden Sachsen verengt.

Man hat versucht, »Tarlungaland« als eine Verschreibung von »Karlungaland« zu sehen und dieses als »Karolingien« = Frankenreich zu deuten. Aber die Ths kennt nichts Karolingisches, und diese Gleichsetzung wiese in eine völlig falsche Richtung.

73 Mb 168 sagt allerdings, ebenso wie A und B:

> Darauf reitet Sigurd hinweg und dankt Brünhild sehr für ihre Bewirtung. Er bleibt nun dort nirgends die andere Nacht, wo er eine war, bis daß er nach Bertangaland kommt. Darüber herrscht der König, der Isung heißt.

Diese Mitteilung ist aber nicht glaubhaft. Das ergibt sich aus den folgenden Überlegungen. Richtig berichtet vielmehr Svava, welche obige Stelle *nicht* hat. Ich vermute, daß ein Abschreiber hier (mit Recht) eine Lücke empfunden und (zu Unrecht) geglaubt hat, sie aus dem allgemeinen Zusammenhang ergänzen zu dürfen.

74 August Raszmann II S. 38 Anm.: »Statt der frühern Übersetzung von ›svein‹ durch Geselle gebe ich jetzt der durch ›jung‹ den Vorzug, obwohl auch hiermit der Ausdruck nicht genau wiedergegeben ist. Er wird eigentlich nur zur Bezeichnung eines Jünglings vornehmen Standes gebraucht, während der der niederen Stände (Bauern und Knechte) jodr genannt wird.«

Während seines Aufenthaltes bei Mime und bei seinem ersten Besuch bei Brünhild wird Sigfrid noch nicht »Jungherr« genannt, sondern erst, als er uns an König Isungs Hof neu begegnet.

75 Die Schilderung Sigfrids ist eigentlich noch ausführlicher. In die hier gegebene Schilderung ist ein Abschnitt mit großen Übertreibungen eingefügt, der sich dadurch abhebt, daß er die Vergangenheitsform gebraucht, während der andere Bericht die Gegenwartsform hat. In dieser Zwischenfügung heißt es:

> Er hatte so breite Schultern wie sonst drei Männer. Sigfrid war so hochgewachsen, daß, wenn er im reifen Roggenfeld ging und hatte sein Schwert an der Seite, der Schwertschuh ganz oben an die Roggenähren reichte.

Und nochmals in Vergangenheitsform eingefügt:

> Es war seine Sitte, zum Kampf zu reiten und Gold und Silber zu gewinnen.

Diese Stelle mag man noch dem Echten zurechnen.

76 Der erste von Didriks Gesellen, der nach fünf Niederlagen der Berner im Zweikampf siegt, ist der junge Amlung, dem Sigfrid als seinem jungen Verwandten den schwächsten der Königssöhne gegenübergestellt hatte. Dieser Sieg wirkt daher noch glaubhaft. Dann aber, nach wieder zwei Niederlagen der Berner, gewinnt Detzleff danske den Sieg. Dieser Detzleff danske ist eine

spät eingefügte Gestalt, die in übertriebenem Spielmannsstil überall herausgehoben wird, und schon seine umgelautete Namensform zeigt eine spätere Entstehung an (s. hierzu Ritter: Königsburgen, S. 222).

77 Daß das Erbe geteilt wird (das halbe Königreich) findet sich in der Ths nur im Westen bei Sigfrids Vater und bei Sigfrid, im Hespengau und im Neffelgau. Bei den Friesen dagegen erbt in der Ths nur der älteste Sohn, und deshalb muß Attala als zweiter Sohn sich ein eigenes Königreich erobern. Diese Unterschiedlichkeit spricht sehr für die Echtheit der Ths; denn wir wissen von den Franken, daß bei ihnen die Sitte der Reichsteilung tatsächlich herrschte.

78 Sigfrid hat im Niflungenland keinen Vergessenstrank bekommen. Brünhild blieb in seinem Bewußtsein so lebendig wie je.
Sigfrid erscheint nach seiner Niederlage gegen Didrik nicht mehr so unbekümmert und scherzfreudig wie früher. In den wenigen Szenen, die noch von ihm berichtet werden, erleben wir ihn ernst und sachlich. Brünhild behauptet später, er sei herrschsüchtig gewesen und habe über sie alle sein wollen, und Grimhild habe darnach gestrebt, Brünhilds Herrin zu sein. Das läßt sich aus den Erzählungen nicht erweisen. Sigfrid hält stets an Schwägerschaft und Blutsbrüderschaft fest.

79 Von den vielen Namen des einstigen Friesenprinzen und späteren Hünenkönigs (Atilius, Atilia, Aktilius, Aktilia, Artilia, Attala, Atila, Attila) wird hier, um alle Verwechselungen zu vermeiden, die Form ATTALA gewählt. Es kann sein, daß dies auch die ursprüngliche ist, da bei der Form Attila der Verdacht besteht, daß sie dem Namen des historischen Hunnenkönigs angepaßt ist.

80 An der Mosel, deren letzter Abschnitt in reiner Ost-West-Richtung dem Rhein zufließt, wo sich nach dem Ths-Text die Heere nord-südlich gegenüberstehen, gab es bis 1947 eine breite und nur einen halben Meter tiefe natürliche Steinfurt, das GÄNSFÜRTCHEN. S. hierzu: Ritter: Die Königsburgen der Thidrekssaga. S. 222.

81 Gunter war mit dem jungen Didrik etwa zwei Jahre vor dessen Vertreibung ins Bertangaland geritten. Von der Vertreibung bis zur Schlacht bei Gränsport vergingen 20 Jahre, zwei Jahre darnach starb Königin Ercha: 2 + 20 + 2 = 24.

82 Diese Namen werden beibehalten. In der Sv-Handschrift Kap. 291 steht hier: Gunnar, Haghen, Goroholth und Gyntar. In der Membrane heißen sie: Gunnar, Högni, Gernoz und Gislher (Kap. 342 und später).

83 A. Beneke: Siegfried ist Armin. Dortmund 1911.
Th. Reismann-Grone: Siegfried. Dortmund 1938.
Ernst Bickel: Arminiusbiographie und Sagensigfrid. Bonn 1949.
Ulrich von Motz: Siegfried-Armin. Dichtung und geschichtliche Wirklichkeit. Pähl (Obb.) 1953. (2. Aufl. 1956).
Alexander Leyden: Der geschichtliche Hintergrund des Sagenkreises um Sigfrid. Mannus 37. Jg. Heft 2. Bonn 1971.

84 Waldemar Haberey: Der Goldschatz von Enzen. Ein Fund aus der Völkerwanderungszeit. Heimatkalender f. d. Landkreis Euskirchen 10. Jg.

85 Das VORWORT zur Ths fehlt in der Membrane, die im Anfang eine große Lücke hat. Ob sie es gehabt hat, ist umstritten. Das Vorwort ist nur in den isländischen Handschriften A B D E vorhanden. Man ist daher nicht sicher, daß es zum alten Bestand gehört. Die beiden altschwedischen Handschriften haben dieses Vorwort nicht. Deshalb wird man annehmen dürfen, daß es irgendwann zugefügt worden ist, mit der Tendenz, das Ungewöhnliche dieser Erzählungen und das oft Unglaubliche glaubhaft erscheinen zu lassen. Was es über die Entstehung dieser Saga aus alten Liedern aussagt, kann es auch aus dem Text entnommen haben, der mehrfach auf alte deutsche Lieder hinweist; und was es über die Zeugnisse »deutscher Männer« schreibt, die aus den verschiedenen deutschen Städten kommend Gleiches aussagten, kann es dem Nachwort zum Niflungenuntergang entnommen haben, den wir noch kennen lernen.
Das Vorwort faßt dies alles ganz gut zusammen. Daß seinem Schreiber aber im Grunde ganz anderes in der Vorstellung lebt, ergibt sich daraus, daß er Sigurd den »Fafnirtöter« nennt. So heißt Sigfrid in der nordischen Überlieferung, wo der Drache »Fafnir« heißt. Daß der Schreiber aber trotz dieser anderen Vorstellung im Sagatext den dort stehenden Namen »Regin« nicht in »Fafnir« umändert, zeigt zugleich, daß er sehr getreulich abschrieb, was er vorfand.

86 König Attalas angeblicher Geiz wird später noch einmal durch Hagens Sohn Aldrian anscheinend bestätigt. Aber wir dürfen uns das Urteil dieses zwölfjährigen Knaben nicht zu eigen machen. Für diesen ist König Attala der Feind, an dem der Untergang der Niflungen gerächt werden muß, und Negatives ist ihm daher willkommen. Aber der Zwölfjährige kann nicht Leben und Charakter Attalas beurteilen.
In dem ganzen Leben des Soester Königs finden wir nichts, was den Vorwurf der Habgier rechtfertigt. Attala strebt nicht nach dem Niflungengold, er spart nicht bei der Bewirtung seiner Gäste, er hat den verbannten König Didrik selbstverständlich bei sich aufgenommen, hat ihm später ein ganzes Heer ausgerüstet, und er hält sich edel und ohne Vorwurf, als Didrik ihm den Tod der Königssöhne und mancher Fürsten melden muß.
Es kann aber sein, daß der Einfädler des Satzes über die Habgier an den historischen Hunnenkönig Etzel dachte, dessen Goldgier bekannt war. Das wäre die Umkehr dessen, was häufig geschah, daß dem geschichtlichen Etzel die humanen Züge des westfälischen Sagenkönigs zugeschrieben wurden.
Es mag sein, daß auch hier wieder ein »kluger« Abschreiber seine Kenntnis über den historischen Etzel hereingebracht hat.

87 Die Begründung der Einladung mit König Attalas Alter und Aldrians zu großer Jugend und mit der Lockung, die Niflungen könnten etwa die Lenkung des Landes übernehmen, hat das Nibelungenlied nicht. Aber eine kürzlich aufgefundene Handschrift des 14. Jhs. scheint hier eine Ausnahme zu machen. Die nordische Wölsungensaga (Raszmann Bd. I) hat diese Begründung ebenfalls.

88 Es heißt ausdrücklich: Königin Oda war die Mutter Gunters und Gislhers, also nicht die Mutter Gernholts. Gernholt genießt auch nicht die gleichen Rechte wie Gunter und wie Gislher. Diese werden stets bevorzugt, obwohl Gislher weit jünger ist als Gernholt. So nimmt König Attala zum Festmahl Gunter bei der einen Hand und Gislher bei der andern – aber nicht Gernholt. Wenn wir es nicht schon aus anderem hätten erschließen können, daß König Aldrian seine erste Frau aus ihren Rechten gesetzt und Oda als zweite Frau genommen hatte, so müßten wir es aus der Tatsache erschließen, daß der ältere Gernholt vor den jüngeren Brüdern zurücksteht; denn auch Gunter muß jünger sein als er. So ergibt sich eine verhältnismäßig klare Folge:

	Hagen
Erste Ehe:	Grimhild
	Gernholt
Zweite Ehe:	Gunter
	Gislher

Die Festordnung:
Hillebr. – *Rodger* – *Didrik* – *Attala* – Gunter – Gislher – Gernh. – Hagen – Folkw.
Erzieher
Osid – Grimhild – Knabe

89 »Horngarten« könnte einen Garten meinen, der wie ein Horn nach außen vorstößt. Das Wort »horn« ist im Altnordischen und Deutschen gleich. Die Membrane nennt ihn »Homgarten«, setzt aber in der Überschrift »Holmgarten« (= Kampfgarten), was der Druck bei Bertelsen merkwürdigerweise nicht wiedergibt, auch nicht in den Berichtigungen. Die Hss. A und E nennen den Namen nicht, B und D schreiben »Hognagardur« (= Hagengarten).
Im Nibelungenlied findet das ganze Drama in *einem* Saale statt. Aus ihm werden nach den ersten Kämpfen allein an toten Hunnen 7000 hinausgeworfen.

90 Die altnordischen Worte veggr = Wand und vegr = Weg sind in den Handschriften nicht zu unterscheiden, da die Schreibung wechselt. Es ist daher strittig, ob die Ths hier Irungs Weg oder Irungs Wand meint. Ich habe hier, wie andere, für »Weg« entschieden.
Im Altschwedischen heißt es: »ok han störthe dödh op til muren ok kallas thz än j dagh jrons vägh«.

91 In Sv sagt Gislher, er sei, als Sigfrid erschlagen wurde, ein Jahr alt gewesen. In den übrigen Handschriften steht fünf Jahre. Der Unterschied könnte aus der Verwechselung eines Abschreibers entstanden sein, der statt V eine I las. Der Satz dieser Hss: »und ich lag im Bett mei-

ner Mutter (mit ihr)« fehlt der Sv. Wenn wir rechnen, daß Grimhild zwei Jahre nach Sigfrids Tod zum zweitenmal heiratete, dann wäre Gislher zur Zeit dieser Heirat 3 Jahre alt gewesen und in Soest 10. Das ist sicher zu wenig. War Gislher bei der Hochzeit 7 Jahre alt, dann wäre er in Soest 14 gewesen. Das wäre wohl das Alter, das zu allen Angaben am besten passen würde.

92 Der Gegensatz der Texte von Svava und Mb + AB ist an dieser Stelle besonders interessant:

Sv:	Mb:
Da wurde Didrik so wütig	Und nun ward König Thidrek so zornig,
daß ihn Feuer durchfuhr	daß Feuer aus seinem Munde flog.
und Hagens Brünne, Schild	und davon ward Högnis Brünne
und Helm wurden so heiß,	so heiß,
daß sie ihn beinah verbrannten.	daß er aufbrannte.

Derselbe Vorgang wird in Sv als ein natürlicher, in Mb + AB als ein übernatürlicher geschildert. Sv meint Erhitzung durch die prasselnden Schläge.

93 Fine Erichsen übersetzt »Stadtmauer« und weckt dadurch abwegige Vorstellungen. Von der Hagen und Raszmann übersetzen richtig: »Burgmauer«.

94 Ten Doornkaat-Koolmans kleine Schrift »Soest die Stätte des Nibelungen-Unterganges?« war zu ihrer Zeit deshalb wichtig, weil sie auf 12 Seiten einmal alles zusammentrug, was zum Thema »Die Nibelungen in Soest« in der damaligen Sicht wichtig zu sein schien.

95 W. Tappe: Die Altertümer der deutschen Baukunst in der Stadt Soest. Essen 1823.

96 Hubertus Schwartz: Soest in seinen Denkmälern. I. Bd.: Profane Denkmäler. Soest 1955. In: Soester wiss. Beiträge, hrsg. v. D. Dr. Hubertus Schwartz und Dr. Wolf-Herbert Deus, Bd. 14. S. 137.

97 Carl Ludwig Meyer: Soester Häuserbuch. Soest 1929. In: Soester Zschr. 44/45. Heft. S. 182.

98 Widukind von Corvey sagt in seinen Sächsischen Geschichten I, 13 im Hinblick auf den Tod des thüringischen Königs Iring: »doch können wir nicht umhin, uns zu verwundern, daß die Sage solche Bedeutung gewonnen hat, daß mit dem Namen Irings die sogenannte Milchstraße am Himmel noch heutigen Tages bezeichnet wird.«
Widukind bezieht diese Sagenüberlieferung fälschlicherweise auf den König der Thüringer. Dieser lebte aber rund hundert Jahre später als die Ereignisse, von denen die Ths spricht. Aber Widukind weiß, daß die Milchstraße »Irings Weg« genannt wurde. Das ist eine heidnische Vorstellung. Irungs Weg = Todesweg = Milchstraße (Weg der Toten).

99 August Stieren: Ein neuer Friedhof fränkischer Zeit in Soest. Nachrichtenblatt für die deutsche Vorzeit, 6. Jg. (1930) Heft 12. S. 244–249.
August Stieren: Die Ausgrabungen in Soest Frühjahr 1930. Soester Heimatkalender 1931. Soest 1930. S. 83–89.
August Stieren: Ein neuer Friedhof fränkischer Zeit in Soest. Germania XIV Heft 3 (1930). S. 166–175.
Die drei Veröffentlichungen Stierens werden mit den Seitenzahlen zitiert, da diese sich nicht überschneiden.

100 Bernhard Ortmann: Vororte Westfalens seit germanischer Zeit. Paderborn 1949. S. 155–175. Hier S. 160.
J. Werner: Münzdatierte austrasische Grabfunde. Germanische Denkmäler der Völkerwanderungszeit 3. 1935, Tafel 18, 12.

101 Stieren schreibt (175:) »Unter Einschluß des Soester Friedhofes können wir nunmehr für Westfalen über 20 sogenannte fränkische Friedhöfe nachweisen, während bislang nur mit einem, dem von Beckum, gerechnet worden ist. Wir werden damit gezwungen, die bisher herrschenden Auffassungen über die Besiedelung Westfalens während des 5.–8. Jhs. zu revidieren. ... ohne das näher begründen zu können, wollen wir schon aussprechen, daß es sich u. E. bei allen diesen Friedhöfen um Bestattungen der alteingesessenen Bevölkerung handelt.«
Zur Frage christlicher Kultur in diesen Gräbern schreibt Stieren (89): »Da in Soest jedoch alle Anzeichen christlicher Kultur in den Beigaben selbst fehlen, ... nehmen wir an, daß mindestens die älteren Bestattungen in Soest den heutigen Begriffen nach nicht christlich gewesen sind.«

102 Wolfgang Krause: Beiträge zur Runenforschung. In: Schriften der Königsberger gelehrten Gesellschaft 9 (1932) S. 77–81. – Ergänzend dazu: Wolfgang Krause/Herbert Jankuhn: Die Ru-

nenschriften des älteren Futhark. Göttingen 1966 (Abh. d. Akad. d. Wissenschaften, Phil.-Histor. Kl. 3, F. 65, S. 278 ff.

103 Helmut Arntz/Hans Zeiss: Die einheimischen Runendenkmäler des Festlandes. Leipzig 1939. S. 344–350 und Taf. XXVIII.

Ist RADA DAþA überhaupt ein Reim? Jedenfalls kein reiner. Und welch ein Zufall wäre es, daß die Namen der zwei Schenkerinnen (nach Krause) auf einander reimten!

Warum sollte der Fürst, der die goldene Runenfibel schenkte, nicht selbst der Ritzer gewesen sein? Er mochte kühn und klug genug sein, solch ein Zeichen zu entwerfen. Und wenn er es durch einen anderen ausführen ließ: Welches Recht sollte dieser Ritzer gehabt haben, seinen eigenen Namen in das Kleinod seines Herrn oder Auftraggebers zu setzen?

104 Percy Ernst Schramm: Herrschaftszeichen und Staatssymbolik. Beiträge zu ihrer Geschichte vom dritten bis sechzehnten Jahrhundert. Bd. I–III. Stuttgart 1954.

105 Heinz Klingenberg/Freiburg i. Br. und Ursula Koch/Heilbronn: Ein Ringschwert von Schretzheim Kr. Dillingen a. d. Donau. In: Germania, Anz. d. Röm. Germ. Komm. des dt. Archäolog. Instituts. Jg. 52/1974, 1. Halbband. Berlin. S. 120–130.

Seit kurzem steht das Soester Runen-Schrägkreuz nicht mehr völlig vereinzelt da. Auf einer Schwertklinge, unmittelbar unter dem Heft, hat sich, mit Silber eingelegt, ein Schrägkreuz gefunden, das gleichfalls seine gekreuzten Stäbe mit Runenzeichen besetzt. Gelesen wie das Soester Zeichen würde es BARA heißen, doch ist die Reihenfolge fraglich, und das R könnte notfalls als U gelesen werden.

Hier stehen die Schrägstäbe allerdings völlig senkrecht aufeinander, während sie – auf der Soester Fibel sehr schräggeneigt sind. Wenn das Ringschwert von Schretzheim, wie Klingenberg vermutet, aus der Werkstatt des Ringschwertes von Beckum stammt, wäre es ganz in der Nähe von Soest entstanden und könnte eine Nachahmung des Soester Schrägkreuzes sein. Es kann aber auch völlig anderen Ursprung haben. Meine Vermutung, daß das Schrägkreuz selber zugleich als die glückbringende Rune X(G) gemeint sei, teilt auch Klingenberg, will sie sogar als Lautzeichen mitlesen. Meinen Aufsatz »Soester Kammergräber ...« (1972), in dem ich mich eingehend mit der Bedeutung des Soester Zeichens beschäftigt hatte, hat Klingenberg nicht berücksichtigt.

In dem Buch von Victor Gardthausen: Das alte Monogramm. Wiesbaden 1966, findet sich das Soester Zeichen nicht. Es finden sich darin aber eine ganze Anzahl von Zeichen mit senkrecht gekreuzten Schrägstäben und mit schräggekreuzten Stäben, meist aus griechischer, aber auch aus gotischer Zeit. Dem Klingenbergschen Schrägkreuz sehr ähnlich ist das von Orchomenos (Nr. 46):

106 So befriedigend mir die Entzifferung erschien, so wurde sie doch dadurch eingeschränkt, daß außer der von Stieren abgezeichneten Runengruppe noch weitere Runenzeichen vorhanden sind, die ich *nicht* entziffern konnte. Allerdings ist fraglich, ob sie mit dem entzifferten Namen zusammenhängen.

107 Vgl. Dorothee Renner: Die durchbrochenen Zierscheiben der Merowingerzeit. (Diss.). Mainz 1970.

Die »Zierscheibe« im Grab der Soester »Königin« (Kammergrab 106) hat unter allen bis 1961 bekannten und hier abgebildeten 900 Zierscheiben die am meisten archaische Form: Ein achtspeichiges Rad mit ganz breitem, achtmal durchbrochenem Radkranz, wie es die Scheibenräder der Rinderwagen hatten, vielleicht auch der Wagen, auf dem der letzte Merowingerkönig sich fahren ließ. Die Nabe ist undurchbohrt, was sehr selten ist. Die acht Speichen sind grade und unverziert, was unter all diesen Scheiben nur bei 24 unter den ersten 30 vorkommt und bei achtspeichigen Rädern nur neunmal. Alle übrigen Zierscheiben sind gekünstelter. Die Soester Scheibe hat kein Vorbild.

Wenn dies richtig ist, dann wäre es nicht so, daß die Zierscheibe der Soester Königin ein Glied innerhalb einer verbreiteten Mode gewesen wäre; sondern diese Mode, die dann vor allem vom Mittelrheingebiet aufgegriffen wurde, aber auch nach Osten ausstrahlte, hätte an diesem reichen Fürstensitz in Soest ihren eigentlichen Ausgang genommen. Zur Verbreitung und Chronologie der Zierscheiben sagt D. Renner S. 62: Man müsse »von der Beobachtung ausgehen, daß uns die frühesten Stücke aus Thüringen und den östlichen Sitzen der Langobarden bekannt sind; auffallenderweise liegen diese Fundorte also nicht, wie zu erwarten, innerhalb des späteren Hauptverbreitungsgebietes der Zierscheiben, sondern östlich und südöstlich davon.« Soest

mit seinen starken Beziehungen zum rheinischen Bereich könnte also sehr wohl diese noch vereinzelte Sitte aus dem Osten aufgegriffen und sie dem Rheingebiet vermittelt haben.
Daß die Zierscheibe zugleich Sinnträger ist, bleibt – abgesehen von Scheiben mit figürlichen Formen – eine Ausnahme. Unter den 900 abgebildeten Scheiben gibt es nur ganz wenige, bei denen man verlockt sein könnte, nach einer Sinnbedeutung zu suchen.

108 Eberhard Henneböle: Die Vor- und Frühgeschichte des Warsteiner Raumes, 1963. In: Beiträge zur Warsteiner Geschichte Heft 2.
S. 15 berichtet Henneböle eine Ortssage, die sich an einen altarähnlichen Felsblock in der Mitte der großen Höhle heftet: »es habe diese Höhle den in den Nebenhöhlen (umliegender Felsberge) wohnenden *Hünen* zum Tempel, das Felsstück zum Opferaltar und die umliegenden Felsstücke zu Sitzen gedient. (Westlich schließen sich im Lörmecketal noch weitere Felsen mit Höhlen an, so die Hünenlöcher, der Hohe Stein, der Schiefe Berg usw.)

Vergleichende Übersetzung

Bemerkungen zur Übersetzung

Die Niflungen-Saga der Thidrekssaga, die Parallel-Erzählung zum Nibelungenlied, ist uns nur in altnordischer und altschwedischer Sprache erhalten. Von den Handschriften der Ths sind sechs beachtenswert: 1. die altschwedischen (Sv), eine fast vollständige und eine 3/5 Hs. Diese Fassung hat z. T. abweichende niederdeutsche Namensformen und einen sehr eigenen Text. Die allgemeine Auffassung, sie sei aus der »Membrane« verkürzt ausgezogen, halte ich für unrichtig; ich halte im Gegenteil diese Fassung für sehr wichtig, und es scheint unumgänglich, sie mit heranzuziehen. – 2. Die sogenannte »Membrane« (Mb), eine altnordisch-isländische Pergamenthandschrift, deren Entstehung um die Mitte des 13. Jhs. in Norwegen angenommen wird. Die Kapitelangaben beziehen sich auf diese Handschrift. Sie hat mehrere große Lücken. – 3. und 4. Die isländischen Handschriften A und B, die auf verbrannte ältere Hss. zurückgehen und einem gemeinsamen Strang angehören. – 5. und 6. Die jüngeren isländ. Hss. D und E, von denen E nahe verwandt ist mit A, D mit B. – Jede dieser sechs Hss. kann echte Überlieferung enthalten, jede auch spätere Zusätze und Änderungen.

Da altschwedische und altnordische Texte nur von Wenigen gelesen werden können, die Inhalte dieser Texte aber von allgemeinem Interesse sind, ist es notwendig, sie zu übersetzen. Wir besitzen drei solcher Übersetzungen. Die bekannteste ist die in der Sammlung »Thule« erschienene »Geschichte Thidreks von Bern«, übersetzt von Fine Erichson (Neudruck Düsseldorf-Köln 1967). Diese im ganzen gute Übersetzung ist aber nicht genau genug und ist besonders in ihren Anmerkungen ganz irreführend, ist daher in dieser Form nicht mehr verwendbar. – Eine zweite sehr gute wörtliche Übersetzung findet sich bei August Raszmann in »Die deutsche Heldensage und ihre Heimat« (Hannover 1858). Das wichtige zweibändige Werk ist aber nicht mehr leicht zu beschaffen. Eine dritte Übersetzung stammt von 1814 von Friedrich von der Hagen.

Diese Übersetzungen berücksichtigen aber nicht (oder nur ausnahmsweise) den altschwedischen Text. Das ist deswegen bedauerlich, weil grade dieser Text von dem der anderen Handschriften stark abweicht. Ich selbst habe diesen altschwedischen Text (Sv) in meinem Buch »Sagen der Völker« (Stuttgart 1976) in wörtlicher Übersetzung zum ersten Mal gebracht. Ich halte die Kenntnis dieses Textes neben dem Text der Membrane (die zugleich die ihr ungefähr parallelen Handschriften A + E und B + D vertritt) für eine eingehendere Beschäftigung mit dem Nibelungenstoff für notwendig.

Erwünscht ist also eine Zusammenstellung beider Texte, die ihre Gleichheiten und Verschiedenheiten klar sichtbar macht. Die Aufgabe, die ich mir stellte, war daher, die Membrane (Mb) und den altschwedischen Text (Sv) zusammen zu bringen, und zwar so, daß jede der beiden Handschriften für sich lesbar blieb, und man doch ihre Unterschiede deutlich erkennen konnte. Hierfür boten sich mehrere Möglichkeiten an.

Die eine Möglichkeit war, beide Handschriften in Kolumnen nebeneinander abzudrucken. Sie hat den Vorteil, daß beide Handschriften unabhängig neben einander stehen, und keine auf die andere Rücksicht zu nehmen braucht, sie also auch in den Einzelheiten, besonderen Ausdrükken und Satzbildungen verschieden bleiben können. Sie hat den Nachteil, daß der ganze Text doppelt gedruckt werden muß. Dieser Nachteil ist aber nicht der entscheidende. Diese Form der Nebeneinandersetzung bürdet vielmehr dem Leser zugleich die ganze Last der Analyse auf. Dieser vermag nicht ohne großen Arbeitsaufwand die Gleichheiten und Ungleichheiten der beiden Texte festzustellen. Eben diese Arbeit aber sollte der Textdruck ihm abnehmen.

So strebte ich danach, eine klare und schnelle Übersicht bei deutlicher Trennung der Texte zu ermöglichen. Auch durfte die Lesbarkeit des Textes nicht leiden; zum Kennenlernen der Thidrekssaga mußte ein klarer Text geboten werden.

Hierbei kommt zu Hilfe, daß die Texte beider gebotenen Handschriften nicht Originaltexte sind, sondern, wie sie beteuern, dem Ursprung nach deutsche oder niederdeutsche Texte, die einerseits eine altschwedische, andrerseits eine altnordisch-isländische Endform gefunden haben. Auf verhältnismäßig einheitliche niederdeutsche Texte weisen die Abschreiber selbst hin (Mb 394). Unterschiedliche nordische Wortwahl kann also in der (Rück-)Übersetzung ins Deutsche wieder zusammenfinden.

Die besondere Beschaffenheit der beiden Texte gibt die besondere Möglichkeit ihrer Zusammenstellung an die Hand. Es zeigt sich nämlich, daß der Text von Sv im Text von Mb beinahe lückenlos enthalten ist, daß Mb aber zusätzliche Textteile hat, die oft als ganzer Block zwischen den Sätzen von Sv stehen. Das macht es möglich, auf folgende Weise zu verfahren:

Zugrunde gelegt wird der kürzere Text von Sv in größeren Typen; zwischengefügt wird der Mehrtext von Mb in kleineren Typen, er wird zugleich enger gesetzt und etwas eingerückt. Einzelne Worte oder Wortgruppen werden mit der kleineren Type in den laufenden Satz aufgenommen. Der (seltene) Mehrtext von Sv wird in Klammern gesetzt. Echte Abweichungen des Mb-Textes vom Sv-Text werden nebengesetzt.
Die Vorteile dieser Zusammenstellung sind:
1. Man hat den vollständigen Sv-Text, indem man alles Großgedruckte liest;
2. man übersieht den gemeinsamen Text beider Handschriften, indem man das Großgedruckte ohne das Eingeklammerte liest;
3. man überschaut den Überhang von Mb und liest ihn im Wortlaut;
4. man hat den Text von Mb, indem man alles Groß- und Kleingedruckte mit Ausnahme des Eingeklammerten und mit Ausnahme der Sv-Parallelen liest;
5. man kann die Kapitel-Einteilung der beiden Handschriften vergleichen, die nicht immer übereinstimmt;
6. man überblickt die fast vollständige Übereinstimmung der Textanordnungen.

Hierbei gibt das Großgedruckte den genauen Sv-Text, der – bis auf das Eingeklammerte – zugleich der teils genaue, teils ungefähre Mb-Text ist; das Kleingedruckte den genauen Mb-Zusatztext. Man könnte auch kleinere Abweichungen noch sichtbar machen; aber das würde dann den Vergleich unübersichtlich werden lassen. Es kann hier nicht so sehr interessieren, ob Sv sagt »Herr Didrik« und Mb »Thidrek-König«, ob gelegentlich die genannte Person in der einen Fassung mit dem Namen wiederholt wird, in der andern durch »er« oder »sie«. Solche Abweichungen liegen im Spiel-Raum der Übersetzung. Wenn dagegen Sv den jüngsten Bruder »Schwester« sagen läßt, Mb aber statt dessen »Frau«, so muß dies vermerkt werden.

So hat diese Form der Zusammenstellung Vorteile für alle Leser, für geschulte wie für ungeschulte. Die andere Möglichkeit des Vergleichs, die reine Nebeneinanderstellung von Sv und Mb, muß zu anderer Zeit noch ihre Verwirklichung finden; ebenso eine Zusammenstellung von altschwedischem und deutschem Text.

Das Verhältnis der Handschriften

Der Text der altschwedischen Handschrift ist einfacher als der der Membrane, und ist kürzer. Die natürlichste Erklärung hierfür wäre, Mb als eine Ausweitung und gelegentlich als eine Auswalzung des Sv-Textes anzusehen; denn ihre Mehr-Stellen bringen keine zusätzlichen Mitteilungen, sondern malen nur aus. Wenn Sv König Gunters Mannen ausziehen läßt »mit guter Rüstung und reisigem Pferd«, so muß Mb hinzufügen: »mit blanken Brünnen und blitzenden Helmen und schneidenden Schwertern und scharfen Spießen«; und zugefügt werden Ergänzungen, die man sich ausmalen kann, ohne die Handlung zu verändern oder vorwärts zu bringen: »und da sitzt daheim manch schöne Frau, verlangend nach ihrem Gatten, ihrem Sohn und Bruder«. Oder Mb erzählt zusätzlich von dem Fährmann, daß er kürzlich eine junge Frau genommen hat und ihr Gold verschaffen will, wo immer ers kriegt – Zusätze, kaum zu überprüfen und zum Teil aus der Gefühlswelt des eigentlichen Textes herausfallend. Kennzeichnend ist auch für Mb, daß sie Handlungen, die Sv einfach berichtet, verdoppelt, wenn sie statt Sv »Da ging Grimhild« sagt: »Da steht die Königin Grimhild auf und geht ...«; oder von Hagen statt Sv »band seinen Helm fest« sagt: »und setzt seinen Helm auf und bindet ihn fest«. Diese Stellen werden gelegentlich mit einem D am Rande gekennzeichnet (D = Doppelung).

Trotz all dieser Merkmale der Mb, die eigentlich eine spätere Stufe anzeigen würden als die der Sv, herrscht die Meinung vor, Sv sei »eine verkürzende Übersetzung von Mb« und also erst nach 1260 entstanden. Diese Meinung beruht zu einem Teil darauf, daß Sv in einigen Verszeilen am Schluß der Handschrift sagt, daß sie eine Übersetzung ins Schwedische sei:

här didriks bok haffuer nw ändha	Herrn Didriks Buch hat hier sein Enden,
gudh maa honum sina nade sändha	Gott möge seine Gnade senden
them som hona a swänska wendhe	dem, der es tät auf Schwedisch wenden.

Aus diesem Schlußvers ergibt sich aber nicht, daß die Übersetzung ins Schwedische aus dem Altnordischen erfolgte. Und da Sv zum Teil deutsche Namensformen hat, die sie aus Mb nicht entnommen haben kann (Hagen statt Hogni, Wideke statt Widga), so liegt es näher, anzunehmen, daß Sv eine Übersetzung aus dem Deutschen und wohl Niederdeutschen ist.

Bei einer Übersetzung aus Mb wäre auch gar nicht zu erklären, warum Sv so wichtige Namen ausgelassen haben sollte wie den der Niflungenburg Vernica. Eine Verkürzung setzt außerdem die Fähigkeit zu starker Formungskraft voraus, Konzentration, Stil. Dem widerspricht aber deutlich der sehr einfache Stil der Sv mit seinen immer wiederkehrenden »Da – da – da«, der viel eher auf eine ursprüngliche volkstümliche Erzählweise deutet.

Ich glaube nicht an eine Abhängigkeit der altschwedischen Handschrift (Sv) von der Membrane (Mb), sondern halte für möglich, daß der Text von Sv verhältnismäßig unverändert aus der alten Überlieferung stammt; ja ich halte nicht für unmöglich, daß der Vor-Text von Sv, deutsch oder altschwedisch, den Schreibern und Redaktoren von Mb begegnet ist, als sie bis zum Kapitel 169 gekommen waren, und daß diese Begegnung mit dem knapperen Sv-Text jene Mb-Redaktoren veranlaßte, mit der allzu üppigen Ausmalung ihres Vortextes inne zu halten und den Sv-Text stärker zu berücksichtigen, so daß dadurch jener merkwürdige Bruch in der Membran-Handschrift entstand, der zuerst August Raszmann 1858 auffiel, und der dazu führte, daß das bereits angefangene Kapitel 170 durchstrichen und ein neuer Anfang gemacht wurde, indem man nun in geändertem Stil fortfuhr und die früheren Kapitel z. T. gleichfalls in dem knapperen Stil an späterer Stelle nachholte, so daß wir innerhalb der Membrane von den Kapiteln 21–55 doppelte Fassungen haben, deren Vergleich sehr interessant ist. Ich habe mich mit dieser Frage noch nicht so eingehend beschäftigen können, daß ich dies als eine These aufstellen möchte; ich sage zunächst nur, daß ich dieses Verhältnis der Texte für möglich halte, obwohl die uns erhaltene Sv-Handschrift später entstanden ist als die Membrane.

In jedem Fall aber sind die Texte der beiden Handschriften Sv und Mb so verschieden, daß man eine Deutung der Thidrekssaga nicht auf nur einen von ihnen gründen kann. Sie müssen deshalb beide zur Kenntnis gebracht und beide zur Kenntnis genommen werden.

Die anderen Handschriftgruppen, die mit einander verwandt sind, und von denen A und E den einen, B und D den anderen Überlieferungsstrang bilden, haben zwar auch ihre Besonderheiten und sind vor allem für die Namensformen nicht zu übergehen; aber ihre Texte sind doch – zumal im Niflungen-Untergang – dem Text der Membrane so ähnlich, daß eine besondere Wiedergabe sich zunächst nicht rechtfertigt. Sie dienen vor allem zur Ausfüllung der Lücken von Mb.

Die Lücken

Beide Handschriften, Mb wie Sv, haben Lücken. Sv hat eine sehr große Lücke zwischen den Kapiteln 310 und 316, die uns die ganze Episode beim Markgrafen Rodinger von Bakalar vorenthält. Mb wieder hat Lükken im Kampf um die Burg von Soest mit dem Endkampf und Tod König Gunters und der nächtlichen Sammlung der Niflungen unter Hagens Führung; außerdem beim Anfang der Erzählung von Aldrians Rache. Hier, bei der letzteren Stelle, kann die Handschrift A als Ersatz dienen, doch wird sie nicht neben Sv gestellt, sondern unter den Strich gesetzt. Am Schluß der Aldrian-Geschichte wird eine Lücke in Mb, die nur die letzten Zeilen der Erzählung umfaßt, innerhalb des Handschrift-Vergleichs durch A ergänzt.
Eine gewisse Schwierigkeit solcher Ergänzung und des Vergleichs überhaupt liegt darin, daß Mb (wie auch A) in der Gegenwart erzählt, Sv in der Vergangenheit. Diese Unterschiede werden aber nach Möglichkeit belassen.

Alte Dichtung

Trotz der Übersetzung der ursprünglich deutschen Texte ins Altnordische und Altschwedische und ihrer Rückübersetzung ins Deutsche scheint durch den Text hindurch noch vielfach alte Dichtung. Das ist dadurch leichter möglich, weil diese germanischen Sprachen viele Worte und Formen gemeinsam haben, und auch der Satzbau sich vielfach entspricht: Kurze Hauptsätze und einfache Nebensätze meist von gleicher Länge und das Auftreten von häufigen Alliterationen. An manchen Stellen wird unmittelbar glaubhaft, was Mb Kap. 394 sagt: der Inhalt dieser Erzählungen sei »meist dem gemäß, was alte Lieder in deutscher Zunge aussagen, welche weise Männer gedichtet haben über die großen Begebenheiten, die sich in diesem Lande zugetragen«. Wenn Sv an derselben Stelle nur sagt: »Hierüber sind mehrere Bücher geschrieben worden und bewahren dies alles«, so meint sie wahrscheinlich nichts anderes. Diese Sätze sagen aber zugleich aus, daß es sich, nach Meinung der Thidrekssaga, nicht nur um Dichtung handelt, d.h. um erfundene Begebenheiten in gebundener Form, sondern um *wirkliche Begebenheiten,* um Berichte tatsächlicher Ereignisse in dichterischer Form. Ein Beispiel wird besonders angeführt Sv 335/Mb 389, wo es heißt: »Das sagen deutsche Männer« bzw.: »So ist gesagt in deutschen Liedern,

daß da zagem Mann nicht behaglich war,
als sich trafen im Kampf Thidrek und Niflungen,
und man hört weithin durch die Burg
wie Eckisax singt in Niflungenhelmen.«*

* Eckisax ist Didriks Schwert.

zweigeteilte Langverse, wie es scheint.

Die Namen

Die in der Thidrekssaga gebrauchten Namen haben unterschiedliche Formen. Diese sind auch in der einzelnen Handschrift nicht gleich. Dabei bevorzugt die Sv niederdeutsche Formen (Didrik, Wideke), die Mb anscheinend nordische (þidrek, Widga), falls nicht etwa auch althochdeutsche oder altniederdeutsche Formen darunter sind, die möglicherweise unverwandelt aus dem alten Bestand übernommen wurden (Aldinfils, Aldinsaela, Drekanfils, Ballova, Bakalar, Brictan, Hildibrand).
Der Name SIGURD scheint eine ganz nordische Form zu sein. Der deutsche Name ist nur an wenigen Stellen erhalten geblieben: Als der Schmied Mime dem zugelaufenen Knaben einen Namen gibt, nennt er ihn in Mb SIGFROED. In dieser Form erscheint der Name fünfmal, sonst heißt er Sigurd-Sigord-Sygord-Segord. Außerdem erscheint der ursprüngliche Name noch einmal bei der Erwähnung des Kellers, in dem der Niflungenschatz verborgen liegen soll. Dort heißt er Sigisfroed-(Sv) oder Sigisfrod-Keller(Mb). Die deutsche Form des Namens im Nibelungenlied und anderen deutschen Dichtungen lautet im allgemeinen Sîfrit-Sîfrid, später Seifrid-Seyfrid.
HAGEN hat seine deutsche Namensform in Sv regelmäßig behalten, in Mb (und in A und E) heißt er Hogni oder Hogne, Haugni oder Haugne, in B und D Högni. Da Hogni-Hogne-Hagen(e) aber nur gering von einander abweichen, belasse ich die Namensform Hagen durchgängig, auch in den Textstellen von Mb. Hagens Beiname »von TROJA (Troia-Tröia, Tröuia

– aber nicht Trönia, wie Hyltén-Cavallius einmal irrtümlich liest –) kommt in der ganzen Thidrekssaga nur viermal vor. Damit ist nicht Tronje gemeint und auch nicht Xanten mit seinem Zunamen Lützel-Troie. Die Bedeutung des Beinamens ist bisher nicht geklärt.

Der Sieger in beinahe allen Kämpfen der Thidrekssaga heißt in Sv DIDRIK VON BERN, in Mb þidrik. Diese Form wird hier, wie auch sonst üblich mit THIDREK wiedergegeben. Didrik von Bern ist nicht Theoderich der Große, wenn diese falsche Historisierung auch durch die ganze Literatur geistert. Er ist ein rheinischer Frankenkönig, dessen Namensstadt Bonn ist, das in frühen Zeiten den Beinamen VERONA oder BERN führte.

König ATILIUS von HYMALAND heißt der in Friesland geborene Herrscher von Susa (= Soest) in Sv, während ihn Mb (und AE) ATTILA nennen und BD Attala und damit zu unendlichen Verwechslungen Anlaß gegeben haben, die wir im Nibelungenlied wiederfinden. Mit dem Hunnenkönig Etzel hat er nichts zu tun. Sein Reich ist das Hunaland-Hünenland, das etwa dem heutigen Westfalen entspricht, doch im Osten bis nach Brandenburg reicht. Seine Krieger heißen Hynir = Hünen, in Sv auch Hyminge oder Hymlinge.

Die Kriemhild des Nibelungenliedes hat in Mb den richtigeren Namen GRIMHILD, der G-Alliteration ihrer Brüder entsprechend. Ihr Name erscheint in Sv in der Koseform Crimilla-Cremilla, nur 1mal Kremilla. Entsprechend heißt BRYNHILD (so Mb) in Sv BRYNILLA, HILDIBRAND (Mb) in Sv HILLEBRAND. Grimhild heißt in der Handschrift A GUDRUN.

Am schwierigsten ist es mit den Namen der Niflungen-Könige. Der Gunter des Nibelungenliedes heißt in allen Handschriften König GUNNAR oder GUNNAR-KÖNIG. Sein deutscher Name wäre Gunter, in der Abschleifung Gunner. Der zweite der Jungkönige heißt in Mb GERNOZ oder GERNORZ; in Sv aber GERNHOLT oder GEROHOLT, und dies könnte die ursprünglichere Form sein, da Gero-Zusammensetzungen auch in Ortsnamen um Zülpich vorkommen. Der dritte, in Mb GISLHER, ist in Sv GYNTAR. Nur im Anfang lasse ich diesen Namen, der zu Verwechslungen verführt, im Sv-Text stehen.

Die NIBELUNGEN, im N-Lied meist Burgunden genannt (nur 10mal kommt der Name Nib(e)lungen im NL vor) heißen in Mb NIFLUNGEN, in Sv NYFFLINGE (Nöfflinge, Nafflinge). Dieser Name dürfte ihrem Ursprung vom NEFFELBACH (Naffelbach) entsprechen, der bei Zülpich vorbeifließt. Mit den Burgunden haben sie so wenig zu tun wie Atilius mit Etzel.

Eine besondere Behandlung verlangt das Verhältnis der Namen Herzog

Osid und Herzog Blodlin. Osid ist der Brudersohn des Königs Atilius von Soest, als Sohn des nunmehrigen Königs in Friesland geboren, aber schon als Jüngling an den Hof in Soest gekommen und an allen wichtigen Unternehmungen des Königs Attala beteiligt. Er hat auch dessen Werbung um Grimhild ins Niflungenland überbracht und ist zuletzt an den Kämpfen in Soest beteiligt. Blodlin dagegen ist der Thidrekssaga vollkommen fremd. Keine einzige Tat wird von ihm berichtet, nur eine Unterredung mit Königin Grimhild und sein Tod; sonst wird er in Sv noch 3mal, in Mb 5mal nebenbei erwähnt, und nur in den Kapiteln Sv 319–330. Er entspricht dem Blodelin des Nibelungenliedes, das damit den historischen Bruder des Hunnenkönigs Etzel, Bleda, meint, und er muß auf später Stufe in die Thidrekssaga eingebracht worden sein. Wenn man an den betreffenden Stellen für Blodlin den Namen Osid einsetzt, erscheint der richtige Zusammenhang wieder. Auf seinen, Osids Tod hin tritt der, diesem seit Jugendzeiten verbundene, Markgraf Rodinger in den Kampf gegen die Niflungen ein, trotz der gestifteten Verschwägerung. Der Name Blodlin wird daher im Text an allen Stellen durch Osid ersetzt. Diese Stellen sind gekennzeichnet.

Markgraf Rodinger und die Episode in Burg Bakalar, die im Nibelungenlied mit Rüdiger von Bechlaren so liebevoll ausgemalt ist, zeigt in Mb noch eine ursprünglichere, herbere Seite, wie in der ganzen Thidrekssaga den Gefühlen nur sparsam Raum gelassen wird. Das entspricht der frühen Entstehung. Leider ist uns der Sv-Text dieser Kapitel nicht erhalten. Er muß noch kürzer gewesen sein als Mb.

I
Die Niflungen und Sigfrids Tod

(Hagens Geburt)

Sv 161 | **Mb 169**

Ein König hieß Aldrian und herrschte über 'Nöfflungeland°'; — '°Niflungenland

er war ein reicher Mann, und

seine Frau war 'Yrian Königs°' Tochter. — °eines reichen Königs

Einmal war sie wein-trunken, als der König nicht daheim war in seinem Reiche, und war eingeschlafen in ihrem° Grasgarten. — °einem

Da kam zu ihr ein Mann und hatte Liebschaft mit ihr; und als sie erwachte, dachte sie, das wäre Aldrian König gewesen. Indessen

als es ihr am wenigsten ahnt,

war der Mann verschwunden.

Bald darnach wurde die Königin schwanger;

und bevor sie das Kind gebar, da trägt es sich zu, als sie sich allein befindet,

(indem) kam ein° Mann zu ihr und sagte — °derselbe

ihr, was sich das vorige Mal zugetragen hat bei ihrer Zusammenkunft, und sie wäre nun schwanger; und

»mir gehört das Kind zu, mit dem du gehst, und ich bin ein Elff°. Wächst das Kind auf, dann sage ihm seinen Vater, doch keinem andern Mann![1] — °Alf

Ich meine, das wird ein Knabe,
und oftmals steht er in Not,
ein mächtiger Mann für sich.

Jedes Mal, gerät er in Not,
und weiß er sich keine Hilf'
da ruf er den Vater sein,
der hilft ihm, so oft er's bedarf.« –
Indem verschwand der Elf wie ein Schatten.

Darnach
,als einige Zeit verging,
gebar die Königin einen Knaben und nannte ihn Hagen°, — °Hǫgni
und der Knabe wird nun genannt
Sohn Aldrian-Königs.
Als er 4 Jahre° alt war, ging er zum Spiel mit Knaben. Er war hart und stark und übel im Umgang. Darum wurde ihm das vorgeworfen: denn er war von Antlitz eher ein Troll als ein Mensch, — °Winter
und nach seiner Gemütsart ist sein Antlitz.
Darüber erzürnte er sich sehr und ging zu einem Spiegel° und sieht sein Abbild. Da sah er sein Antlitz (garstig) und so bleich wie Bast und so fahl wie Asche, groß und fürchterlich und grimmig. Darauf ging er zu seiner Mutter und fragte sie, warum er so beschaffen wäre. Sie sagte ihm die (ganze) Wahrheit, wer sein Vater war. Da stand eine Frau nahbei (und hörte es), die später Didriks-Königs (von Bern) Freundin war. Die sagte ihm das im Vertrauen, und dadurch kam viel Streit. — °Wasser — dadurch kam endlich dies ganze Gespräch zutage.

König Aldrian hatte (darnach) mit seiner Gattin drei Söhne und eine Tochter; sein ältester Sohn hieß Gunnar, der zweite Gernholt°, der dritte Gynter°° — °Gerneroz °°Gilser
er ist da ein Kind, als diese Vorgänge sich ereignen;
deren Schwester hieß Krimilda°. — °Grimillde

Als Aldrian-König sein Reich verläßt und starb, bekam sein (ältester) Sohn Gunnar sein Reich und Königtum.[2]

(Didriks Gastmahl)

Sv 162

König Didrik ließ ein großes und köstliches Gastmahl zurichten sich zur Ehre und allen seinen Mannen zur Freude, und lud dazu alle, die Oberste in seinem Reiche waren, Fürsten und andere Edelinge.

Da ward ihm gesagt von einem mächtigen Kämpen,

(der hieß Gunter, König Aldrians Sohn.)

Mb 170

Er hat sagen hören von einem König, daß er ein so guter Held wäre und ein sehr tapferer Mann, der heißt IRUNG mit Namen. Er herrscht über NIFLUNGENLAND. Seine Frau hieß ODA. Sie war eines reichen Königs Tochter. Es trugen sich aber einmal diese Begebenheiten mit der Frau Irungs-Königs zu, als er selbst nicht daheim in seiner Burg war, daß zu der Königin ein Mann kommt, als sie sich dessen am wenigsten versieht, und schläft bei ihr; und davon bekommt sie einen Sohn, der heißt HOGNI. Und obwohl jener ein Mensch gewesen zu sein schien, so war er doch ein Alf.

Hagen war ein großer Mann und ein starker und nicht sehr schön. Der König selbst hat mit der Königin vier Söhne und eine Tochter, und die heißt GRIMHILD. Der älteste Königssohn heißt GUNNAR,[3] und der zweite GUTHZORM, der dritte GERNOZ,[4] der vierte GISLER.[5]

Doch als IRUNG König hinscheidet, da nimmt Gunnar, sein ältester Sohn, das Reich in Besitz;

und davon wurde er hochmütig. Didrik-König hat sichere Kunde von ihm.

Darauf bat er ihn zu Gast

und sendet Botschaft an Gunter-König, er solle zu seinem Gastmahl kommen und dort große Ehre und Würde annehmen,

und seine Brüder (Gernholt und Hagen)

Hagen und Guthorm lädt er auch ein. Und als die Sendboten Didriks-Königs zu Gunter-König kommen, da nimmt er mit Dank und Freundschaft die Botschaft Didriks-Königs an und sagte, daß er gewiß kommen werde, und auch Hagen, sein Bruder; doch Guthorm bleibt daheim, denn er ist siech. Nun fährt Gunter-König zum Gastmahl mit seinen Mannen, und

sie kommen dahin nach Bern und werden wohl empfangen.

Und nun ist das Gastmahl mit allen besten Dingen versehen, deren es dazu bedarf, und es sitzen beisammen alle die edelsten Männer und besten Freunde.

Diese alle, die so beisammen sitzen, »Dietrich und seine Gesellen«, wie sie genannt werden, ziehen nun im Bewußtsein ihrer Stärke und Tüchtigkeit aus, um sich mit König Isung und seinen 11 Söhnen sowie mit deren starkem Bannerträger Jung Sigfrid in Zweikämpfen zu messen. Sie ziehen ins Bertangaland, in den Bardengau, auf weiten Wegen, die sie noch niemals zuvor geritten sind; und dort finden nun die 13 Kämpfe statt, in denen mit wechselndem Erfolg gefochten wird. Der letzte Kampf zwischen Didrik und Jung Sigfrid wird an drei aufeinander folgenden Tagen ausgetragen. Didrik gewinnt ihn schließlich, aber nur durch Trug, indem er am dritten Tag, entgegen der Vereinbarung, Widekes Schwert Mimung führt und dies durch einen zweideutigen Eid tarnt. Sigfrid reitet nun mit Didrik zurück nach Bern, und viele der Gesellen ziehen von hier heim in ihre Reiche. Abschließend heißt es nun:

(Gunters Hochzeit)

(Sv 209)

Didrik-König und alle seine Kämpen, die noch übrig waren, ritten heim mit Gunter-König zum Nifflunge-Land –

und es wird nun die Heirat gestiftet, die in der Folge überaus berühmt geworden ist:

Mb 226

'sie gaben° Jung-Sigfrid die Schwester Gunter-Königs und Hagens, Grimhild, zur Frau und 'halb Nyfflingeland° mit ihr,

'°daß haben sollte

'°die Hälfte von Gunter-Königs Reich;

und nun wird dort ein ganz großes Fest gefeiert und dazu geladen alle die besten und die ausgezeichnetsten Männer, die in diesem Lande waren,

und tranken Brautlauf fünf Tage lang mit großem Preis.

und dieses Fest dauert fünf Tage und ist wunderbar prächtig in allen Dingen.

Sv 210

Mb 226

Und als sie nun alle beisammen sitzen, König Didrik und König Gunter und Jung-Sigfrid:

Da sprach Jung-Sigfrid zu Gunter-König, seinem Schwager:

»Ich weiß eine Jungfrau, die weiseste und die schönste, die jetzt auf der Welt ist;

»Ich weiß da eine Frau, die an Schönheit und aller Tugend allen Frauen in der Welt voraus ist;

und gleichwohl übertrifft sie dabei alle anderen Frauen an Verständigkeit und Höflichkeit und aller Weisheit und Tüchtigkeit und Geschicklichkeit in der Verwaltung des Hauses.

Sie heißt BRYNILLA.[6] Sie hat° eine Burg, die Segard[7] heißt.

°herrscht über

Willst du um sie werben, so will ich dir den Weg dahin weisen und dir helfen, was ich kann.«

Diese Frau solltest du dir zur Ehefrau nehmen, und ich mag dazu helfen, weil ich alle Wege dahin weiß.«

Gunter-König dankte ihm und sagte, das wäre guter Rat.

Nun antwortet Gunter-König und sagt, daß er zu diesem Rat der bereitwilligste sei.

Mb 227

Nun rüsteten sie sich in aller Eile und ritten sie (zu) vom Fest,

Didrik-König und Gunter-König und Hagen und Jung-Sigfrid

und alle ihre Gesellen und fahren so den weiten Weg;

und nicht eher ließen sie ab, als bis sie zu der° stolzen Brünhild kommen.

°Burg der

Und als sie dahin kommen,

da empfängt sie Didrik-König und Gun-

ter-König wohl, (wie es sich für sie schickte,)
alle außer Sigfrid, darum, weil

aber eher übel Jung-Sigfrid darum, weil

sie nun weiß, daß er eine Frau hat. Das vorige Mal, als sie sich getroffen, hatte
er ihr mit Eiden gelobt, er wollte keine Frau haben außer ihr,
und sie desgleichen, daß sie sich mit keinem anderen Manne vermählen würde.
Nun redete Sigfrid mit Brünhild
und sagt ihr ihrer aller Anliegen
und bittet sie,
König Gunter gute Antwort zu geben.

sie möchte mit Gunter-König gehen.

Mb 227

Sie antwortete in dieser Weise:
»Ich habe das fürwahr vernommen:
»Warum° hast du mir so übel dein Wort gehalten

°Wie

das wir einander zugesagt hatten?
Ich wollte auf der Welt keinen Mann haben als nur dich, wenn ich zu entscheiden hatte.«

wenn ich auch unter allen in der Welt zu wählen hatte, so erkor ich doch dich mir zum Manne.«

Jung-Sigfrid antwortete nun:
Das wird nun bleiben, wie es getan ist. Du bist beides, edel und weise;

»Das wird nun so werden, wie es vorher beschlossen ist. Doch du bist die edelste und tüchtigste Frau, welche ich kenne;

und weil das nun nicht sein kann zwischen uns, was beabsichtigt war,
deshalb kam ich hierher mit König Gunter, damit er dich haben kann;

so habe ich den König Gunter dazu angespornt; denn

er ist ein überaus guter Held und ein mächtiger König.
und dünkt mich, daß ihr euch wohl zusammenfügt, du und er.
Und deshalb nahm ich seine Schwester
lieber als dich,
weil sie so wackere Brüder hatte, und wir haben uns Bruderschaft geschworen.«

weil du keinen Bruder hast;
doch er und ich haben es beschworen, daß er mein Bruder sein will, und ich seiner.«

Brünhild antwortete nun: »Da
ich wohl sehe, daß
ich dich nicht haben° kann — °genießen
(den ich am liebsten habe von allen Menschen,) so will ich doch gern in dieser Sache deinem heilsamen Rat folgen.«
Darauf gingen Didrik-König und Gunter-König zu ihr° und — °dieser Unterredung
nicht eher scheiden sie sich von ihrem Gespräch, als so:
sie machten einen Vertrag darüber, so daß Gunter-König sich mit Brünhild verlobte (und machte gleich Brautlauf zu ihr).

Mb 228

Und nun wird ein großes Fest gerichtet, und als dieses ganz bereit ist und eine große Menge von Edelleuten zusammengekommen, soll nun Gunter-König die Ehe mit Brünhild eingehen.

Sv 211

Den ersten Abend
gingen sie zu Bett, Braut und Bräutigam, (und alle waren von ihnen gegangen), — soll Gunter-König bei Brünhild in ihrem Bett bleiben,
und es soll nicht ein dritter Mensch dort in diesem Hause schlafen, doch Wachtmänner sollen draußen die Wache halten. Und als nun die beiden beisammen sind,
da nahm Gunter-König sie in seine Arme und wollte tun, wie es alte Sitte ist und Brauch der Welt; — will der König seiner Frau beiliegen; doch
sie wollte das keineswegs.
Sie rangen diesmal so (lange darum)
miteinander
bis sie ihren Gürtel nahm und seinen und band seine Hände und Füße und hängte ihn 'über einen Balken° — '°an einen Nagel
mit Füßen und Händen.
Dort hing er die ganze Nacht. Als der Tag kam, löste sie ihn und
legte ihn ins Bett neben sich; — er ging in sein Bett;
und er liegt dort, bis

seine Leute kamen zu ihm,
'da stand er auf° (und ging davon).

'°und er soll aufstehn.

Und nun soll es zum Trinken gehn.

Er sagte keinem Menschen das, (was geschehen war),

und sie auch nicht.

Die zweite Nacht geschah ihm dasselbe, die dritte ebenso.

Den vierten Tag war Gunter-König vergnügt, damit niemand herausfinden sollte, was ihm geschah.

Und nun ist Gunter-König ganz unfroh und weiß nicht, wie er in dieser Sache verfahren soll.

Da fällt ihm ein, daß Sigfrid, sein Schwager, diesen Eid geleistet hat, daß er ihm wie ein Bruder sein soll in allen Lagen – und der war der verständigste von allen Menschen, so daß er ihm diese Sache anvertrauen und sie ihn wissen lassen kann und von ihm Rat annehmen, wie er es fügen solle.

Da sagte er Sigfrid, wie das mit ihm beschaffen war.

Und nun holt er Sigfrid zu einem Eingespräch und sagt ihm die Wahrheit.

(Er traute ihm wohl, denn sie hatten einander Eide geschworen.)

Sigfrid antwortete:

»Ich kann dir sagen, woher es kommt, daß es auf diese Weise geht:

»Sie hat diese Natur: Solange sie Jungfrau ist, ist sie stärker als jeder Mann. Hättet Ihr erst ihr Magdtum, dann wäre sie nicht stärker als andere Frauen.«

ihr Magdtum behält, findet sich nicht leicht der Mann, der Gewalt über sie hat. Sobald ihr das aber genommen ist, ist sie nicht stärker als andere Frauen.«

(Der König) Gunter antwortete:

»Ich traue keinem Manne besser als dir

wegen unsrer Freundschaft und Schwägerschaft, obwohl dies eine Sache ist, bei der viel daran liegt, daß sie verschwiegen sei.

Ich weiß auch, daß du so stark bist, daß du ihr Magdtum bekommst, wenn irgend ein Mann auf der Welt (das bekommt). Vor allem traue ich dir zu, daß du gegen jedermann schweigst darüber,

daß es auf diese Weise gemacht wurde.«

Sigfrid antwortete: »Ich will gern Euren Willen tun. (Doch tragt mir keine Feindschaft nach!« – Der König antwortete: »Das soll niemals geschehen!«) –

Und nun ist diese Sache beschlossen.

Darauf gingen sie zu Tisch und waren vergnügt und gingen dann zu Bett.

Es ist bei guter Zeit.

Da wird es so eingerichtet:

Mb 229

Und nun ist der Abend gekommen, und Gunter soll in sein Bett gehen.

Sv 212

(Als sie ins Brauthaus kamen, löschte der König alles Licht und wies seine Mannen zur Tür.)

Da kam Jung-Sigfrid im Dunkeln herein,

Und zuerst wird es so eingerichtet, daß Jung-Sigfrid ins Bett geht, aber

(der König) Gunter ging hinaus

in Sigfrids Kleidung, und denkt nun jedermann, daß da Jung-Sigfrid sei,

(und Sigfrid schloß die Tür. Dann legte er sich zur Braut.)

Sigfrid breitete nun Kleider über sein Haupt;

und tut, als wenn er ganz müde wäre, und liegt so, bis alle Mannen schlafen und weggegangen sind.

Dann nahm er Brünhild (in seine Arme) und tat, was ihm gut schien.

und nimmt ihr schnell das Magdtum.

(Nicht wehrte sie sich gegen ihn.) Am Morgen nahm er einen Goldring von ihrer Hand und steckte dort wieder einen anderen an. Da

kommen hundert Mannen heraus zu ihm, und als erster von ihnen

kam Gunter-König hereingegangen

zu dem Bett.

Sigfrid stand auf und kleidete sich an, und es wußte hiervon, außer den Zweien, kein Mensch, wie es zugegangen war. Sie gingen in die Stube und waren vergnügt

Sigfrid geht ihm nun entgegen, und so können sie es einrichten, daß wieder ihr ganzer Anzug ausgetauscht wird.

Mb 230

und tranken den Brautlauf acht Tage lang. Dann ritten sie fort.

Nun hat dieses Fest sieben Tage gedauert, und nun rüsten sie sich, heimzureiten.

Nun setzt Gunter-König einen Fürsten über diese Burg, darüber zu herrschen.

Herr° Didrik ritt heim nach Bern mit allen seinen Mannen

°König

und sie scheiden als die besten Freunde.

König Gunter ritt heim ins Niflungenland und seine Frau Brünhild mit ihm (auch Jung-Sigfrid und Hagen) –

Und als er heimkommt, sitzt er in seinem Reich, und

sie alle regierten das ganze Nifflingeland.

lenkt und leitet es nun in Frieden.

(Der Streit der Königinnen)

Sv 291

In diesen Zeiten war im Nyfflingeland

in der Burg, die Verniza heißt,

(ein) König, (der) Gunter (hieß), und mit ihm seine Brüder, die hießen Hagen, Gernholt und Gislher, und

ihr Schwager Jung-Sigfrid,

welcher der beste Kämpe war, von dem man zu sagen wußte in diesen Zeiten

beidseits in den Südlanden und Nordlanden; und dazu führte seine Stärke und Fertigkeit aller Art, sein Edelsinn und seine Weisheit und Vorausschau.

Er hatte Grimhild, die Schwester

Gunters, der da besaß Brünhild, die reiche und die schöne, und Hagens, Tochter Aldrian Königs.

(Sie hatten alle ein Reich, und waren mächtige Kämpen.)

Und von da an, seit Sigfrid Grimhild bekommen hatte, stand dieses Reich in großer Herrlichkeit auf alle Weise; zuerst dadurch, daß, ob auch sonst gleichviele Fürsten dort herrschten, doch

Mb 342

sein Bruder Hagen, und als dritter

welcher der berühmteste gewesen von allen Kämpen und Fürsten keine gleichstreitbaren und gleichmächtigen sich fanden,

und keiner wagte, gegen sie zu streiten — und vor ihnen in Furcht waren alle ihre Feinde;

und ferner deshalb, weil sie mehr fahrende Habe, Gold und Silber besaßen als alle anderen Könige. Sie waren überaus grimmig gegen ihre Feinde; doch jeder von ihnen war dem andern ein so guter Freund, als wenn sie alle Brüder wären. Jung-

Sigfrid war viel stärker als jeder von ihnen. Seine Haut war hart wie Drachenschuppen°, und keine Waffe biß auf ihn außer (an einer Stelle) zwischen den Schultern. — °Wildeberschwarte oder Horn

Dort war seine Haut wie die anderer Männer.

Sv 292 — **Mb 343**

Eines Tages ging Königin Brünhild (,König Gunters Gattin,) hinein in eine° Halle. — °ihre
Da saß vor ihr Grimhild

Schwester Gunter-Königs,

(und wollte nicht vor ihr aufstehn).
Brünhild

,als sie zu ihrem Sitz kommt,

antwortete: »Bist du so toll°, daß du nicht aufstehn magst vor mir, die ich die Königin über dich bin?« Grimhild antwortete: Ich will dir sagen, warum ich das tue. — °stolz

daß ich nicht vor dir aufstehe. Das Erste ist,

Du sitzest in meines Vaters° Hochsitz, wo mir gebührte zu sitzen — °meiner Mutter

nicht weniger als dir!« –

Die Königin antwortete: »Das ist wahr, daß dein Vater (und Mutter) diese Burg und 'dies Land° inne hatte. Das hört nun mir zu, nicht dir! Du kannst besser zum Wald laufen — '°deine Mutter diesen Sitz

zu suchen nach den Spuren der Hindin

hinter Jung-Sigfrid her, deinem Mann, (und ihm folgen,) als Königin zu sein im Niflungenland!« –

Grimhild antwortete: »Du wirfst mir nun als Schande vor, wovon ich meinte, Ehre zu haben, von meinem Gatten Jung-Sigfrid. Nun hebst du ein (schlimmes) Spiel an

wo du wünschen wirst, daß wir mehr miteinander reden, was dir zu Ehre oder Unehre gereiche.

Ich werde dich nun etwas anderes fragen: Sage mir zuerst, wer dein Magdtum nahm

oder wer ist dein Erstmann?«

Brünhild antwortete: »Das

hast du mich gefragt, das

will ich dir wohl sagen, (ich hoffe,) das ist mir keine Schande: Das war der reiche Gunter-König (, dein Bruder)! Er kam zu meiner Burg, ihm folgte (Didrik von Bern und) manch andrer teuerlicher Edler und Fürst,

und mit dem Rat meiner Freunde nahm ich ihn zum Mann,

und er machte Brautlauf mit mir mit großem Preis;

und dazu das kostbarste Gastmahl mit Mengen von Menschen, und mit ihm fuhr ich hierher ins Niflungenland. Und dieses will ich dir nicht verleugnen, und keinem andern, wenn er danach fragt:

Er nahm mein Magdtum und kein andrer!«

Er war mein Erstmann!«

Grimhild antwortete: »Das logst du,

was ich dich fragte, wie ich erwartete! Der Mann, der zum ersten Mal

dein Magdtum nahm

heißt

Jung-Sigfrid!«

Brünhild antwortete: »Niemals wurde ich Sigfrids Frau und niemals er mein Mann!« –

Grimhild antwortete: »Hier

bezeuge ich das: dies

ist der Goldring, den er von deiner Hand abzog, als er dein Magdtum nahm

und gab ihn mir!«

Sv 293

Und nun –

Als Brünhild (dies hörte und) den Ring sah, da

erkennt sie, daß sie ihn besessen hat, und nun

dachte sie wohl, wie es damit ergangen wäre, und bereute bitter,

daß ihr das vorgeworfen worden war.

wie sie miteinander über diese Sache gestritten hätten,

so daß recht viele es würden gehört haben; und diese Dinge sind nun ausgekommen vor allen Leuten, die vorher nur wenige Menschen gewußt haben. Und so groß dünkt Brünhild diese Sache:

Sie ward rot wie frisch vergossenes Blut

und nun schweigt sie

und sprach nicht ein Wort,

steht auf

und ging hinaus aus der Burg.

D

Mb 344

Da begegneten ihr Gunter-König, Hagen und Gernholt.

Sie sieht zur Burg drei Männer reiten; der erste Mann von ihnen Gunter König und seine Bruder Hagen und der dritte Gernholt.

Sie ging weinend ihnen entgegen

und jammert bitterlichst

und zerriß ihre Kleider. – König Gunter und seine Brüder° waren diesen Tag im Wald gewesen, Tiere zu jagen.

°sein Bruder Hagen

Und als sie Brünhild-Königin sehen, wie sie sich gebärdet, und sie wissen das nicht, was sie härmen mag, halten sie nun ihre Pferde an.

(Sie fragten, was der Königin geschehen sei, und warum sie so bitterlich weine.)

Die Königin sagte (zu Gunter-König):

»Reicher König Gunter, ich gab mich in deine Gewalt und

(dir ist wohl bewußt, wie) ich verließ 'mein eigen Land und Schloß° und

'°mein Reich.

meine Freunde und Verwandten.
Das alles tat ich um deinetwillen.
Darum ist es an dir, mich zu rächen, was mir an Kränkung geschieht! — Wirst du oder ein andrer Mann meine Schmach rächen?
Willst du 'meine Kränkung° nicht rächen, dann räche, was dir selber geschehen ist! — '°mich
Jung-Sigfrid hat dich getäuscht an Treu und Glauben; denn er hat seiner Frau Grimhild die heimlichen Dinge gesagt, die zwischen uns waren. Sie warf mir das vor heute, vor allen Mannen, daß du mein Magdtum nicht selber nahmst
und ließest Sigfrid mein Magdtum nehmen;
und nun habe ich so großen Kummer, daß ich ihn niemals verwinde.«
Hagen antwortete: »Weine nicht länger, du reiche Königin Brünhild! Tu als wenn nichts geschah und rede hier nicht mehr darüber!« –
Da antwortet Brünhild: »Wohl mag ich so tun!
Als Jung-Sigfrid zu uns° kam«, sagte sie, »da war er wie ein Heimloser, — °euch hierher
und so kam er zu mir beim ersten Mal
und wußte weder von Vater noch Mutter
und nicht sein Geschlecht.
Nun ist er so toll, daß er über uns alle sein will.« — doch nun ist er so stolz und so reich, daß es nicht lange dauern wird, bis ihr alle ihm dienen müßt.«

Da antwortete Gunter König: »Weine nicht, Königin° — °Frau
und schweig sogleich auf der Stelle!
Jung-Sigfrid soll nicht lange unser Herr sein, und nicht meine Schwester Grimhild deine Königin!«
Nun tat Brünhild so, wie der König es wünschte.

Sv 294

Gunter-König und seine Brüder° ritten hinein in die Burg — °sein Bruder Hagen

und zur Halle, und ihn empfangen seine Mannen

(und sprachen hierüber nicht)

und so tun nun Gunnar König und Hagen und Gernholt, als wenn sie nicht das Geringste erfahren hätten, und ganz ebenso Brünhild.

Jung-Sigfrid war da fort

in den Wald geritten,

um Tiere zu jagen,

um sich zu erlustigen mit seinen Mannen, und er ist nun nicht daheim zu dieser Zeit.

(Sigfrids Erschlagung)

Mb 345

Doch am andern Tag° am Abend, da kam Jung-Sigfrid heim

°Wenige Tage darauf

mit seinen Mannen, und als er in die Halle kommt, in der Gunter-König sitzt, steht der König auf und er

(König Gunter) und seine Brüder empfingen ihn wohl, ihren Schwager Jung-Sigfrid,

und alle, die drinnen sind.

Sie tranken tüchtig am Abend und waren vergnügt. Königin Brünhild war sehr bekümmert.

Eines Tages° sprach Hagen mit seinem Bruder Gunter-König (und sagte): »Herr, Willst du in den Wald reiten, Tiere zu jagen, und wir alle zusammen?« Der König sagte ja,

°Wenige Tage darnach

daß er nun ausreiten will, wenn eines Tages gutes Wetter ist. Und nun vergehen einige Tage.

Da ging Hagen zum

Kochhaus und spricht heimlich mit dem

Koch: »Morgen früh mach unsre Mahlzeit fertig und salze sie, so stark du kannst! Was am salzigsten ist, das setze Jung-Sigfrid vor!« – Darauf ging er

hinaus und ruft

zu dem° Schenken (und sagte): »Morgen,

°seinem

wenn wir essen, in der Frühe, laß uns wenig zu trinken bringen!« – (Darüber redeten sie nicht weiter.)

Und nun geht Hagen zurück.

Sv 295

Am nächsten Morgen, früh am Tage hieß Gunter-König sie zu Tische gehen, Hagen und seinen Bruder.

Mb 346

ruft Gunter-König und Hagen, daß sie sich rüsten wollen auszureiten, um Tiere zu jagen. Darauf gehen sie zu den Tischen und essen.

Da kam dort Jung-Sigfrid gegangen und fragte Gunter-König: »Herr, warum eßt ihr so früh? Wohin wollt ihr reiten?« Der König antwortete: »Wir wollen reiten und uns vergnügen und Tiere jagen. Willst du mit uns fahren?

Oder willst du daheim bleiben?«

Sigfrid antwortete:

»Herr, willst du ausreiten?

Ich will dich gern begleiten!« Der König sagte: »So geh zu Tisch und nimm dir Speise!« –

Und so tut er.

Und der Koch und der Schenk hatten alles so getan, wie es ihnen von Hagen angegeben worden war. Als sie satt waren,

sind ihre Rosse bereit und nun

ritten sie hinaus in den Wald

und jagen auf Tiere

und schlugen ihre Hunde los.

Als Sigfrid aus der Burg fortritt, da ging Grimhild und legte sich schlafen in ihr Bett,

denn sie wollte nicht mit Brünhild Umgang haben.

deshalb, weil sie so böse ist mit Brünhild, daß sie nicht mit ihr sitzen will und keine Kurzweil mit ihr haben.

Hagen ist etwas später aus der Burg geritten als die andern und hat mit Königin Brünhild lange Zeit geredet; und in ihrem Alleingespräch, ist dies:

Brünhild bat auch Hagen, (ehe er ausritt,) es so einzurichten, daß Sigfrid diesen Abend nicht mehr dahin zurückkäme, außer er würde erschlagen an diesem Tag. Dafür wollte sie ihm Gold geben und Silber

und andere Kleinode,

'soviel sie vermöchte°. Hagen antwortete: »Sigfrid ist ein so starker Kämpe; ich weiß nicht, ob ich ihn töten kann; doch ich will das versuchen.«

'°alles ganz wie er wünsche.

Doch die Königin hieß ihn wohl fahren und sein Wort ausführen.

Darauf ritten sie° in den Wald

°reitet Hagen hinaus

Mb 347

und trafen auf Tiere,

Nun laufen sie Tieren nach

und jagen ganz angestrengt, und zuweilen rennen sie,

und immer war Jung-Sigfrid der rascheste, wie er es allzeit vorher gewohnt war.

Und nun haben sie einen großen Wildeber erlegt, und hiernach haben sie vorher lange gejagt, und die Hunde haben das Schwein gestellt.

Hagen schoß einen Spieß durch einen° wilden Eber,

°den

und hierüber stehen sie nun alle.

Darauf zerlegten sie das Schwein und gaben den Hunden und gaben ihnen das Eingeweide.

nehmen alles Eingeweide heraus und geben es ihren Hunden.

Da waren sie so heiß und durstig, daß sie fast ohnmächtig waren.

Und nun ist ihnen allen so warm, und nun sind sie so müde, daß sie fast glauben zu zerspringen.

Da war da ein rinnendes Wasser°.

°ein Bach

König Gunter und Hagen legten sich nieder zum Trinken.

König Gunter wirft sich nieder und trinkt und auf der andern Seite sein Bruder Hagen.

Ebenso kam Jung-Sigfrid (und tat desgleichen)

und wirft sich sogleich nieder an den Bach wie die andern.

Da stand Hagen auf

als er getrunken hat

und nahm seinen Spieß in beide Hände

und schoß Sigfrid mitten zwischen die Schultern, so daß er durchs Herz und zur Brust hinausging. Als Sigfrid den Stich spürte, da sagte er: »Solches erwartete ich mir nicht von meinem Schwager, wie du mir nun tatest!

Wäre ich auf meinen Füßen gestanden

wenn ich das wußte, ehe du dies Werk vollbrachtest, mir die Todeswunde zu geben,

da wäre eher mein Schild (‚Brünne und Helm) zerkloben und meine Brünne° zerbrochen und mein Schwert zerschartet, und — °mein Helm

eher zu erwarten, bevor dies getan wäre,

ihr solltet alle vier 'vor meinen Füßen° liegen (ehe einer von euch mir die Todeswunde gegeben hätte)!« — '°tot

So starb nun Sigfrid.

Da sagte Hagen: Den ganzen Tag° haben wir einen wilden Eber gejagt und konnten ihn knapp alle Viere fangen. Doch jetzt in kurzer Frist habe ich alleine Bär und Deuwel (= Wisent) erjagt, — °Morgen

und schlechter war es für uns Viere, Jung-Sigfrid anzugreifen, wenn er darauf gerüstet war, als einen Bären zu töten oder einen Wisent,

welche die schlimmsten° von allen Tieren sind!« – — °wildesten

Da antwortete König Gunter: »Ganz gewiß hast du wohl gejagt, und wollen wir unsrer° Schwester Grimhild diesen Bären° heimbringen, — °meiner °Wisent

wo sie auch ist!«

Sv 296

So führten° sie die Leiche Jung-Sigfrids mit sich zur Burg. — °nehmen sie und fahren

Mb 348

Da stand Brünhild dort oben auf der Burg und sah, ihr Gatte und seine Brüder kamen° und führten Sigfrid tot mit sich. — °reiten

Da ging sie hinaus aus der Burg ihnen entgegen und bat sie – sie alle hätten von allen Männern auf das Männlichste° gejagt,

°Glücklichste

und sie sollten ihn in Grimhilds Arme legen.

und heißt sie da nun zu Grimhild fahren.

»Sie (liegt und) schläft in ihrem Bett.
Umfange sie ihn nun, den Toten!
Das haben sie nun, wie sie es verdient haben!«

Als sie vor Grimhilds Tür kamen, war die Tür verschlossen.

Sie tragen nun die Leiche hinauf ins Obergemach, und das ist verschlossen.

Da schlugen sie die Tür entzwei und warfen° die Leiche aufs Bett hinauf 'in ihre Arme°. Damit erwachte sie und sah Sigfrid nun dort im Bett neben sich tot. Da sagte Grimhild zu Jung-Sigfrid: »Übel dünken mich deine Wunden! Wie bekamst du die? Während dein goldgeschmückter Schild unzerbrochen hier steht, dein Helm unzerkloben?
Wodurch wurdest du so wund?
Darum mußt du ermordet sein! Wüßte ich, wer das getan hat, ich würde es einmal rächen!« – Da antwortete Hagen: »Nicht ist er ermordet! Wir jagten einen wilden Eber, der schlug ihm die Todeswunde!« – Grimhild antwortete: »Hagen, du warst dieser wilde Eber selbst und kein anderer!« Und sie brach bitterlich in Weinen aus.

°tragen hinein und werfen sie '°in ihren Schoß.

Sie gingen fort von ihr hinaus aus dem Obergemach und in den Saal und machten sich fröhlich (und vergnügt), und Brünhild war auch sehr froh.

Darauf rief Grimhild ihre Mannen und ließ seine Leiche begraben, so gut sie es nur irgend konnte.

läßt die Leiche Jung-Sigfrids nehmen und ganz herrlich bestatten.

Alle, die davon erfuhren, daß Jung Sigfrid erschlagen war, sagten, daß niemals einer geboren wurde, der Jung-Sigfrid gleich war, solange die Welt steht,

nicht mehr wird in der Welt leben und niemals fortan wird geboren werden ein Mann ihm gleich

an Stärke, Mannhaftigkeit, Ritterlichkeit und aller höfischen Tugend und Freigebigkeit, wie er sie besaß vor allen Menschen. Sein Name wird niemals untergehen,
solange die Welt steht.

in deutscher Zunge und desgleichen bei den Nordmännern.

(König Attalas Werbung)

Sv 302

(Als) Attala, König von Hünenland° (lange einsam gesessen und) erfuhr, daß Jung-Sigfrid tot sei und daß seine Frau Grimhild überlebte, von allen Frauen die weiseste und schönste,

doch er ist nun weiblos,

sandte er (Botschaft) an seinen Neffen Osid (Herzog) in Herraland (u. bat ihn), er möge zu ihm kommen. Als der Herzog das erfuhr,

daß sein Oheim Attala-König sich mit ihm treffen wolle,

fuhr er stracks (zu ihm) nach Susa mit 20 Rittern. Attala-König empfing ihn wohl und

sagt, daß er ihm Nachricht gesendet habe; und will, daß er fahre seine Sendefahrt ins Niflungenland. Attala-König

hieß ihn seine Botschaft (zu) bringen an Grimhild, König Gunters Schwester, die Jung-Sigfrid gehabt hatte, sie sich zur Ehefrau zu erbitten. Der Herzog Osid sagte, er werde gerne fahren, wohin der König ihn senden wolle.

Mb 356

°Susa

Nun rüstet er sich zu dieser Fahrt mit großem Anstand

und fuhr dahin mit 30 Rittern und Knappen –

und hat mit sich 40 höfischste Ritter und viele wohlgeschmückte Knappen;

er fährt all seines Weges, bis sie ins Niflungenland kommen,

und fand Gunter-König in Vernica. Sie wurden dort wohl empfangen. Sie blieben dort mehrere Tage.

Mb 357

Eines Tages

redete er mit Gunter König und seinen Brüdern,

fordert er Gunter König zu einem Gespräch und mit ihm Hagen und Gernholt,

und Osid Herzog sagte ihnen,

als sie dazu versammelt sind: »Attala König von Susa sendet guten Gruß an Gunter König und Hagen, seinen Bruder,

und sagte ihnen, wie Attala-König (von Hünenland) bitten ließe um ihre Schwester Grimhild,

und was sie mit ihr geben wollten.

mit so viel Gut, wie euch geziemt, ihm zu senden,

und er will euer Freund sein.

und daß sie ihm gleich darauf Antwort gäben, was sie hierin tun wollten. Sie erwiderten, daß sie das gerne tun wollten, weil Attala-König da der reichste und mächtigste König sei, von dem man irgend zu sagen wüßte.

Doch bevor ich von hier fort fahre, muß ich hören, wie es mit meiner Werbung werden soll. Da antwortet Gunter-König: »Attala-König ist ein reicher Mann und ein großer Fürst. Wollen Hagen und Gernholt, meine Brüder, wie ich, so mögen wir ihm dieses nicht abschlagen.

Da sagte Hagen: »Das wäre uns große Ehre,

so scheint es mir,

daß der reiche Attala-König unsere Schwester bekäme.

Er ist aller Könige reichster und größter, daher mögen wir dadurch mächtigere Männer werden, als wir jetzt sind. Aber diese Werbung muß man ihr doch vortragen.

Sie ist aber so groß gesinnt, daß
uns nicht ziemt, sie zu geben
außer mit ihrer Einwilligung.« Gernholt
antwortete: »Ich stimme dem zu.

weder Attala-König noch ein andrer in der Welt sie bekommt

bittet den König und dann Hagen, zu beschließen, und ihm däucht dies wohl entschieden, wenn es ihnen recht scheine.

Darauf ging Gunter-König
und mit ihm Osid
zu Grimhild
und es sagt ihr Gunter-König all diese Nachrichten
und fragte sie
ob sie Attala-König haben wollte.

wie ihr dieser Vorschlag eingehen würde.

Sie antwortete: »Ich getraue mich nicht, Attala-König als Mann für mich abzuweisen; denn er ist ein reicher König (und ein mannhafter).

Und so geschickt ist dieser Mann, seine Botschaft auszurichten, daß sie lieber diesem zustimmen will –

Wollt ihr, meine Brüder, so ist es mein guter Wille.« Sie antworteten: »Ist es dein Wille, so ist es unser Wille.«

wenn das der Rat Gunter-Königs, ihres Bruders, ist. Doch der König sagt, daß er diesen Plan nicht ablehnen will, weil er nicht gegen ihren Willen sei.

Da machten sie einen Beschluß darüber, daß es sein sollte (,wie König Attala wollte).

Gunter-König und sein Bruder besprechen nun diese Sache gänzlich mit Herzog Osid, so daß sie beschlossen sein soll.

Und hierauf rüstet sich Herzog Osid, heim zu reiten; und er ist nun ganz reisefertig.

Gunter-König hatte° Helm und den goldgeschmückten Schild, die Jung-Sigfrid besaß,

°nimmt

die von allen Waffen die besten sind,
die gab er 'dem Sendboten°,

'°Osid

und sie trennen sich als gute Freunde.
Darauf ritten sie° wieder heim ins Hünenland und sagten dem König Attala,
welche Antwort sie bekommen hatten.

°reitet der Herzog

seine ganze Fahrt

Sv 303

Der König dankte ihnen° °ihm

sehr und sagt, daß seine Fahrt aufs Beste durchgeführt sei,

Mb 358

und Attala-König machte sich bald darauf bereit für seine Fahrt (so gut er nur konnte) und fuhr ins Nyfflingeland

zu seiner Verlobten Frau Grimhild. Diese Fahrt wird überaus ehrenvoll ausgerichtet. Attala-König (fuhr)

mit 400° Rittern und vielen Knappen. (Didrik-König begleitete ihn). °500

Als König Gunter das erfuhr,

daß Attala-König und Thidrek in sein Land gekommen sind,

da ritt er hinaus ihnen entgegen

mit allen seinen besten Mannen, und als sie sich treffen, reitet Gunter-König vor Attala-König

und empfing sie wohl. Didrik-König und Hagen küßten sich, als sie sich trafen, denn sie waren gute Freunde. Darauf reiten sie alle zusammen zurück zur Burg Vernica.

Da gaben Gunter-König und seine Brüder ihre Schwester dem Attala-König. Und sie tranken darauf einen köstlichen Brautlauf (= Hochzeit). Darauf trennten sie sich.

Und es ist nun zugerichtet ein ganz köstliches Fest, und auf diesem Fest vermählt Gunter-König dem Attala-König seine Schwester Grimhild. Und als dies Fest zu Ende gegangen ist, reiten Attala-König und Thidrek-König fort, und

Gunter-König gab Didrik-König beim Abschied Grane, Jung-Sigfrids Roß, und das Schwert Gram gab er dem Markgrafen (Rödger); doch dem König Attala gab Grimhild so viel Silber, wie es sich für sie geziemte. So schieden sie als gute Freunde. Attala-König und Didrik-König ritten heim in ihr Reich,

und er waltet eine Weile seines Reiches.

Doch seine Frau Grimhild weinte allezeit um ihres Gatten Jung-Sigfrids Tod.

II
Grimhilds Rache

(Die Einladung

Sv 304 **Mb 359**

Als Grimhild den König Attala sieben Jahre zum Gatten gehabt, sagte sie eines Nachts zu ihm: »Herr°, das ist großer Harm, daß ich sieben Jahre meine Brüder nicht sah. Wann willst du° sie hierher laden? Ich will dir sagen, was du sonst wohl nicht° hörtest, daß Sigfrid, mein Gatte, der reichste Herr war an Gold und Gut, wie kein König es jetzt ist. Das haben meine Brüder nun alles zusammen und gebens mir nicht heraus –

°König Attala

°,Herr,

°schon

nicht einen Pfennig. Mir däuchte es richtiger, Herr, *ich* schaltete über dieses Gut! Und das sollst du gewiß wissen:

Bekäme ich das, du könntest davon haben, was du willst!«

Als Attala-König das hörte,

bedachte er ernstlich, was sie sagte, und da

wußte er, daß es wahr war, – und er war aller Menschen begehrlichster; ihm schien es schlecht, daß er den Niflungenschatz nicht bekommen sollte – und sagte: »Ich weiß, Frau, daß Jung-Sigfrid viel Gold besaß: Zuerst, was er nahm von dem großen Drachen, den er erschlug; ferner, was er durch Kampf gewann, und dazu, was sein Vater, Sigmund-König besaß.

All das entbehren wir, und doch ist uns König Gunter ein liebster Freund.

'Und nun ist zu raten°, daß du sie einlädst, deine Brüder, wenn du das willst. Was ich habe an Gut, sei für sie ungespart,

'°Nun will ich, Frau,

dies Hochfest aufs herrlichste herzurichten.« So schieden sie für diesmal ihr Gespräch.

Sv 305

Bald darnach sandte Grimhild zwei ihrer Mannen

und sagt ihnen ihren Auftrag, daß sie sie ins Niflungenland senden wolle, meine Botschaft auszurichten; und »zu dieser Fahrt will ich euch schmuck rüsten mit Gold und Silber und guten Kleidern und guten Pferden.« Und diese Spielleute sagen, sie wollen all das, was sie gebietet, gerne tun. Nun rüstet sie ihre Fahrt aus, so ehrenvoll sie nur kann, und gibt ihnen

mit Attala-Königs Brief

mit seinem Siegel und ihrem.

Mb 360

Diese Männer fahren immer ihren Weg, bis sie hinkommen ins Niflungenland, und treffen Gunter-König in VERNIZA-Burg. Gunter-König nimmt die Sendboten Attala-Königs, seines Schwagers, wohl auf, und sie werden da gut bewirtet.

Als nun die Sendboten kurze Zeit da verweilt haben, steht der auf, der die Botschaft trägt, tritt vor Gunter-König und sagt seinen Auftrag,

der so lautete:

»Attala, König von Susa, und seine Königin Grimhild senden Gunter, König in VERNIZA und seinen Brüdern Hagen und Gernholt und Gislher und allen ihren Freunden Gottes und der Seinen Gruß. Wir wollen euch laden zu Fest und Freundschaft in unser Land.

Attala-König ist schon recht alt,

und langsam, sein Land zu lenken

und sein Sohn Aldrian ist noch zu jung; darum ist keiner näher dazu, das Land zu lenken, als die, welche Aldrians Mutterbrüder sind, die Zeit über, da er selbst nicht das Alter dazu hat, seines Reiches zu walten.

Darum lüden sie sie ein, dorthin zu ihnen zu kommen und raten zu helfen zu des Landes Bestem

mit uns, was auch uns gut scheint zu tun; »und nehmt mit euch so viel Gefolge, wie euer Ansehn es erheischt! Und Heil sei mit euch!«

Mb 361

Als König Gunter
(und sein Bruder Hagen und die übrigen)
den Brief vernommen,

ruft er zur Unterredung seine Brüder Hagen und Gernholt und Gislher; und da trägt er diese Sache vor und hält Rat mit ihnen, wie er verfahren soll.

Da sprach Hagen:
»(Bruder),

»Herr, es kann sein, daß ihr ins Hünenland fahren wollt auf die Einladung deines Schwagers Attala-König; aber

wenn du ins Hünenland fährst, dann kommst du nie mehr nach Hause zurück und auch keiner von denen, die dir folgen; denn Grimhild ist klug und falsch, und ich fürchte, daß sie uns täuschen will.«

Gunter-König antwortete: »Mein Schwager Attala-König hat mich zu sich eingeladen in Freundschaft –

daß ich ins Hünenland kommen soll, und diese Männer gehen mit Wahrheit um.

Aber das ist dein Rat, Hagen, daß ich nicht dahin kommen soll. Das rätst du mir nun, wie deine Mutter meinem Vater riet, und jedesmal war der folgende Rat schlimmer als der vorige. Darum beachte ich deinen Rat nicht, sondern ich werde ins Hünenland fahren und hoffe, ich komme heil wieder heim nach meinem Willen. Und ehe ich fortziehe von Hünenland, kommt das ganz in meine Gewalt.

Doch du, Hagen, folge mir, wenn du willst! Wagst du mir nicht zu folgen, dann sitze daheim!«
Hagen antwortete: »Nicht sagte ich das deshalb! Ich fürchte nicht mehr um mein Leben als du um deins,

und mir scheint kämpfen nicht schlimmer als dir;

aber als Wahrheit sag ich dir dies: (Du kommst niemals heraus aus Hünenland; und) fährst du dahin mit wenigen oder vielen, von allen kommt keiner lebendig zurück ins Niflungenland. Willst du nun fahren ins Hünenland, dann will ich daheim sein! Denkst du nicht mehr daran, wie wir uns von Jung-Sigfrid trennten?

Doch wenn *du* nicht mehr daran denkst:

Ich weiß da jemand im Hünenland, der denkt noch daran. Das ist Grimhild, unsere Schwester. Sie erinnert dich ganz gewiß daran, wenn du hinkommst nach Susa.«
König Gunter antwortete: »Wenn du so bange bist vor deiner Schwester Grimhild, daß du deshalb nicht wagst, zu fahren, so will ich fahren nichts desto weniger!«
Da war Hagen gekränkt, daß man seiner Mutter Rat so oft ihm vorwarf, er stand auf und ging in den Saal zu seinem Blutsfreund Folkward (Spelemann) und sagte zu ihm: »Willst du mit uns fahren ins Hünenland, wie König Gunter beschlossen hat auf Grimhilds Botschaft hin? Mit uns sollen fahren all unsre Mannen

und sich nun wappnen und schleunigst rüsten!
Und die allein dürfen fahren,

die kühn sind zu kämpfen!«

(Königin Odas Traum)

Sv 306

Da
stand auf und
ging die Königin Oda, König Gunters und Gislhers Mutter, zum König und sagte: »Mir träumte,
Herr, ein Traum, den sollst du hören; und das geschah in diesem Traum:
ich sah im Hünenland so viele tote Vögel, daß all unser Land leer war von Vögeln. Nun willst du
ins Hünenland fahren, und ich weiß, aus eurer Fahrt entsteht viel Unheil, beiden, Niflungen und Hünen, und
es dünkt mich sehr zu erwarten, wenn ihr fahrt, so
kostet das manches Mannes Leben. (Darum) fahr nicht (dahin),
Herr, sei so gut,
daraus kommt viel –
lauter Unheil, fahrt ihr trotzdem!«
Da sagte Hagen: »Gunter-König hat diese Fahrt endgültig beschlossen.
So wie er will, bleibt es bestehen.
Was fragen wir nach deinen Altweiberträumen?
Wenig Gutes wissen die!
Nicht mögen eure Worte unserer Fahrt entgegenstehen!«
Da antwortete die Königin: »Gunter-König und du, ihr mögt ins Hünenland fahren,
Hagen, oder auch nicht,
wenn ihr wollt, aber mein junger Sohn Gislher, der soll daheim bleiben!« –
Gislher antwortete: »Fahren meine Brüder, dann will ich (mit),
gewiß nicht dahinten sitzen!«
und lief stracks und wappnete sich.

Mb 362

D

Nun höre ich, ihr Niflungen wollt

(Der Zug nach Soest)

Sv 307 **Mb 363**

Gunter-König sandte Botschaft
über all sein Land,
daß alle seine stärksten
und raschesten Mannen
und die ihm die zuverlässigsten schienen
sich sollten fahrtbereit machen
und sich wappnen,
so gut sie nur könnten.
Da ward Gunter-König fahrtbereit
mit tausend raschen Mannen
mit guter Rüstung
  mit blanken Brünnen
  und blitzenden Helmen
  und schneidenden Schwertern
  und scharfen Spießen
und reisigem Pferd.
  Und da sitzt daheim
  manch schöne Frau
  verlangend nach ihrem Gatten,
  ihrem Sohn und Bruder.
Da nahm Hagen
Gunter Königs Banner
  in seine Hand,
das war vorn golden,
inmitten weiß
und ein Aar darin
aus roter Seide
mit einer Krone,
und außen war das grün.
  Gunter König hat gleichen Aar
  auf all seiner Rüstung,
  und Hagen hat auch
  Aar auf seiner Rüstung
  und nicht mit Krone.
  Gernholt und Gislher
  haben rote Schilde
  und eingelegt
  mit goldenen Falken,
  und dies Wappen haben sie

auf all ihrer Rüstung,
und von gleicher Farbe
sind ihre Banner.
Hieran kann man sie kennen
mit ihrer Schar,
wo sie auch reiten.
So ritten sie
die Niflungen
immer ihren Weg,
bis sie kommen
zum Rhein,
wo Duna und Rhein
zusammenkommen.
Das war breit da hinüber,
wo die Flüsse sich treffen,
und war da kein Schiff.
Da blieben sie dort die Nacht
in ihren Zelten.

(Hagens Nachtgang)

Sv 308

Am Abend, als sie satt waren vom Nachtmahl, bat König Gunter Hagen, seinen Bruder, zum Wachthalten zu schicken, die ihm am besten schienen.

Mb 364

»Wer soll Wacht halten diese Nacht von unsern Männern? Bestimme den, der dir gut scheint!«

Hagen antwortete:
»Schickt flußaufwärts vom Heere, wen ihr meint,
flußabwärts vom Heer will ich selbst Wacht halten und sehen, ob ich irgend ein Schiff bekomme.«
Gunter-König gefiel das wohl.

Als das Volk schlafen 'gegangen war°, nahm Hagen all seine Waffen und ging flußabwärts im hellsten° Mondschein –
und kann deshalb seinen Weg sehen.
Er kam zu einem Wasser, das Maere hieß, und sah da irgendwelch Volk im Wasser

'°ging

°hellen

und sah ihre Kleider am Wasser liegen
zwischen See und Fluß.
Er nahm die Kleider und verbarg sie. Und das waren keine anderen Menschen als (zwei) sogenannte Wasserweiber
die haben ihr Wesen in See oder Wassern. Und diese Seeweiber,
die kamen vom Rhein und in diesen See, um sich zu vergnügen. Das Seeweib sagte zu Hagen: »Gib uns unsre Kleider wieder!«
und hebt sich auf aus dem Wasser.
Er antwortete: »Sag mir zuerst, (was ich dich frage): Werden wir alle (lebend) über den Rhein und zurückkommen?
Sagst du mir nicht, was ich dich frage, bekommst du nie deine Kleider!« –
Das Seeweib antwortete: »Ihr kommt alle heil weg über den Rhein, aber keiner von euch kommt zurück; und dir steht noch große Mühsal bevor!«
Da zog Hagen sein Schwert und erschlug die Seeweiber, er hieb sie mitten durch, beide, Mutter und Tochter.

Sv 309

Und darauf ging er am Fluß hinunter
eine Zeitlang
Da sah er ein Schiff, und
einen Mann (rudern) mitten im Fluß.
Hagen rief ihm und sagte: »Rudere hierher zu mir! Ich gehöre zu Elsung-Jarl!«
Darum sagte er so: er war da in Elsungs Reich gekommen,
des jungen Jarls, und er glaubt, der Schiffmann wird dann schneller ihm zurudern.
Der Fährmann antwortete:
»Ich frage nicht, wem du zugehörst. Wer mir Penninge gibt, den will ich überfahren!« –

Mb 365

»Nicht hole ich lieber einen Elsungsmann als einen andern Mann, und will sicher nicht rudern außer für Lohn!«

Da hielt Hagen seinen Goldring hoch und sagte: »Sieh
hier, guter Bursch, deine Schiffsmiete! Hier ist ein Goldring,
den will ich dir geben
zu deinem Fährgeld, wenn du mich übersetzst.«
Als der Fährmann den Goldring sah,
der ihm als Schiffsmiete geboten ist, da denkt er daran, daß er kürzlich geheiratet und eine schöne Frau genommen hat, und liebt sie und will ihr Gold verschaffen, wo immer ers kriegt. Er legt seine Ruder aus, und
da ruderte er zum Land (wo Hagen stand.)
Da stieg Hagen in die Fähre
und gibt dem Fährmann seinen Goldring und geht weiter hinaus ins Schiff
(und stieß vom Lande).
Der Fährmann wollte (flußabwärts) rudern
zurück über den Fluß;
Hagen sagte: »Du sollst flußaufwärts rudern«,
am Lande hin. Doch der Fährmann will nicht rudern. Hagen sagt, er muß rudern, ob er will oder nicht will. Da wird der Fährmann furchtsam, und
da mußte er rudern, wie Hagen verlangte,
und beide rudern sie
so lange, bis sie dahin kamen, wo das Heer der Niflungen lag.

(Die Überfahrt)

Sv 310

Da stand König Gunter auf und kleidete sich an und ließ das Volk übersetzen mit einem kleinen Schiff, und es war schon ein Teil seines Volks vorangegangen.

Mb 366

Nun ist Gunter-König auf den Beinen und all sein Gefolge, und sie haben zuvor ein Schiff gefunden, das ist ganz klein; und mit diesem kleinen Schiff sind einige Männer über den Fluß gefahren.

Und sobald sie vom Lande abfuhren, füllt sich
dies ganze Schiff und schlägt unter ihnen um,
und sie kommen mit Not ans Land.
Da kam Hagen mit dem größeren Schiff
zu ihnen, und da werden die Niflungen froh.
Da stieg König Gunter selbst ins Schiff ein und mit ihm ein Hundert Mannen. Als sie in die Mitte des Flusses kamen, ruderte Hagen so stark, daß er mit einem Ruck beide Ruder zerbrach und die Pflöcke dazu.
Er sprang auf und verfluchte den, der die Ruder machte,

und sprach: »Nimmer gedeihe, der uns diese Ruderpflöcke bastelte!«

und zog sein Schwert
und hieb dem Fährmann,
der vor ihm auf den Gangbrettern saß,
den Kopf ab.
Da sagte Gunter-König: »Warum tatest du das, Hagen, die üble Tat? Was gabst du ihm schuld?« Hagen antwortete:
»Er soll nicht sagen von unsrer Fahrt, wohin wir fahren!

»Ich will nicht, daß von unserer Fahrt Botschaft vorausgehe ins Hünenland!

Nun kann er nicht davon reden!«
Da sagte Gunter-König mit (großem) Zorn:
»Nur Übles kannst du tun, jetzt und jedesmal!
Du bist niemals froh, außer du tust etwas Übles!« – Hagen antwortete: »Was soll ich sparen, Übles zu tun, während ich hinfahre°? Denn ich weiß nun gewiß, daß keiner von unserer Fahrschaft zurückkommt!«

°wir hinfahren

Der König steuerte. Da barst das Steuerband entzwei, und das Steuer ging los. Dann trieb die Fähre (quer) vor (der) Strömung und Wind.
Da sprang Hagen eilig hin
nach hinten zum Steuerruder
und mühte sich um das Steuerband und besserte aus, was er nur konnte –

und als er das Steuerband gebunden und das Steuer gerichtet hat, in diesem Augenblick –

als sie gegen das Land kamen, da (füllte sich die Fähre und) schlug das Schiff um (mit ihnen), und sie kamen (naß und mit großer Not) ans Land,

so daß jedes Kleidungsstück durchnäßt ist, das an Bord war. Sie ziehen nun das Schiff an Land und bessern aus, was zerbrochen, und lassen ihre Leute über den Fluß zurückfahren zu ihrem Gefolge und setzen wieder über den Fluß so lange, bis alles Volk hinübergekommen ist; und

darauf reiten sie ihren Weg ...

(große Lücke)

Sv 311 – (Lücke)

diesen ganzen Tag.

(Auf dem Heerweg)

Mb 367

Am Abend legen sie sich nieder und lassen Hagen Wacht halten. Und als alle Mannen eingeschlafen sind, da geht Hagen allein auf Kundschaft weit von der Schar. Er kommt dahin, wo ein Mann liegt und schläft, der ist in Waffen; und sein Schwert hat er unter sich gelegt, und der Knauf guckt vor. Hagen greift zum Schwert und zieht das Schwert heraus und wirft es von sich. Er stößt mit seinem rechten Fuß ihm in die Seite und heißt ihn erwachen. Aber dieser Mann springt auf und sucht nach dem Schwert, vermißt es und rief: »Weh werde mir für diesen Schlaf, den ich nun schlief! Nun kam ein Heer ins Land meines Herrn, Rodinger Markgraf! Ich hab nun gewacht drei Tage und drei Nächte, und deshalb eben schlief ich!« –

Da redete Hagen mit ihm und findet, daß er ein guter Degen ist: »Du wirst ein guter Degen sein. Sieh hier meinen Goldring, den will ich dir geben für deine Mannhaftigkeit, und du sollst sein besser genießen als der, dem er vorher gegeben war. Ich will dir auch dein Schwert geben.« – Und so tut er.

Nun antwortet dieser Mann: »Hab großen Gottesdank für deine Gabe, zuerst, daß du mir mein Schwert gabst und dann deinen Goldring.« – Nun sprach Hagen: »Nicht sollst du in Furcht sein um dieses Heer, wenn du das Land von Rodinger Markgraf hütest. Er ist unser Freund. Über diese unsre Schar gebietet Gunter-König von Niflungenland und seine Brüder. Sag mir noch, guter Degen, wohin weisest du uns zu gastlicher Statt in der Nacht? Oder wie heißest du?« –

»Ich heiße Eckivard« sagte er; »und nun wundre ich mich, wie du daher fährst, bist du doch Hagen, Aldrians Sohn, der meinen Herrn Jung-Sigfrid getötet. Hüte dich, solang du im Hünenland bist, du wirst hier viel feindlich gesinnte Leute haben. Doch nicht kann ich dich weisen zu besserer Nachtstatt als in Bakalar zu Markgraf Rodinger, er ist ein guter Fürst.«

Da sprach Hagen: »Dahin hast du uns gewiesen, wohin wir es vorher beabsichtigten. Reite nun heim zur Burg und sage, daß wir dahin kommen werden. Sage auch, daß wir ganz naß sind!«

Sv – (Lücke)

Mb 368

Nun trennen sie sich, und Eckivard reitet heim, doch Hagen

kehrt zurück zu seinen Mannen und sagt Gunter-König alles, was ihm widerfahren ist und heißt sie da schleunigst aufstehen und heimreiten zu der Burg. Und das tun sie.
Eckivard reitet schleunigst heim zur Burg, und als er in die Halle kommt, hat Markgraf Rodinger gegessen und gedenkt schlafen zu gehen. Da sagt Eckivard, daß er Hagen getroffen hat und auch, daß Gunter König dorthin gekommen ist mit großer Schar und hierherreiten will zur Gastherberge. Rodinger Markgraf steht auf und ruft alle seine Mannen her und heißt sie, sich aufs beste und ehrenvollste zu rüsten und ebenso sein Haus. Und nun er selbst, Markgraf Rodinger, läßt sein Roß holen und will hinausreiten ihnen entgegen mit vielen Rittern, und alle seine Mannen sind nun in Arbeit und Vorbereitung. Und als Markgraf Rodinger hinausreitet zur Burg, kommt ihm Gunter-König entgegen mit all seiner Schar. Markgraf Rodinger begrüßt die Niflungen und lädt sie zu sich ein zu frohem Empfang, und gern nimmt Gunter-König das an. Und Hagen wünscht Eckivard großen Gotteslohn, wie er diesen Auftrag ausgeführt.

(Beim Markgrafen Rodinger)

Sv 312 – (Lücke)

Mb 369

Nun kommen die Niflungen in den Hof von Rodinger Markgraf und steigen von ihren Rossen, und die Mannen von Rodinger Markgraf empfangen und betreuen sie wohl. Und wie Eckivard gesagt hat, läßt der Markgraf zwei Feuer machen außen im Hof, da sie naß sind. Und am einen Feuer sitzt Gunter-König und Hagen und deren Brüder und einige ihrer Mannen, und eine Schar von ihnen am andern Feuer. Und die, welche trocken werden, folgen dem Markgrafen hinein in die Halle, und er weist ihnen Sitze an. Nun fahren die Niflungen aus ihren Kleidern am Feuer.

Da sprach Gudelinda, die Frau des Markgrafen – sie war die Schwester Herzog Naudungs, der bei Gronsport fiel –: »Die Niflungen haben hierhergeführt manch blanke Brünne, manch harten Helm, scharf Schwert und neuen Schild, und das ist besonders besorglich, daß Grimhild beweint jeden Tag ihren Gatten Jung-Sigfrid.«

Als diese Feuer heruntergebrannt, gehn Gunnar König und Hagen und ihre Brüder hinein in die Halle und sitzen den Abend und trinken mit größter Freude und sind nun höchst vergnügt. Und dann gehen sie schlafen.
Rodinger-Markgraf liegt in seinem Bett bei seiner Frau und sie reden mit einander. Da sprach Rodinger-Markgraf: »Frau, was soll ich Gunter-König geben und seinen Brüdern, das ihnen würdig sei, anzunehmen, und mir eine Ehre zu geben?« – Sie antwortet: »Das, Herr, was euch rätlich scheint. All das soll mein Rat in dieser Sache sein, was der deine ist.« – Und nochmals sprach Rodinger-Markgraf: »Ich will dir sagen von Jungherr Gislher, wenn das euer Rat ist, daß ich die Jung-

frau, meine Tochter ihm gebe als eine erste Gabe.« – Nun antwortete Gudelinda: »Das ist gut, daß du ihm unsre Tochter gibst, wenn es so ist, daß er sich ihrer erfreuen kann; doch darum bin ich besorgt.«

Sv 313 – (Lücke)

Mb 370

Nun ist lichter Tag, und Rodinger-Markgraf steht auf und kleidet sich an, und seine Ritter auch. Da stehen die Niflungen auf und rufen nach ihren Kleidern. Rodinger-Markgraf bittet sie, einige Tage bei ihm zu bleiben; doch die Niflungen wollen nun fahren und bleiben nicht. Und da sagt Rodinger-Markgraf, er wolle mit ihnen reiten samt seinen Rittern. Und nun gehen sie zu Tisch und trinken nun guten Wein und sind höchst vergnügt. Dort gibt es nun vielerlei Spiele und andere Kurzweil.

Nun läßt Rodinger-Markgraf einen Helm hereintragen, mit Gold geschmückt und mit edlen Steinen besetzt, und gibt ihn Gunter-König; und für diese Gabe dankt Gunter-König sehr und schätzt sie für ein großes Kleinod. Dann nimmt Rodinger-Markgraf einen neuen Schild und gibt ihn Gernholt. Darauf gibt der Markgraf seine Tochter an Gislher und spricht: »Guter Herr Gislher, diese Maid will ich dir geben zur Ehefrau, wenn du sie annehmen magst.« – Gislher antwortet, und er bittet, sie ihm zu geben, dem Glücklichsten unter allen Menschen, und dankbar will er sie nehmen.

Und ferner spricht Rodinger-Markgraf: »Sieh hier, Jungherr Gislher, ein Schwert will ich dir geben, das heißt Gram; das hat Jung-Sigfrid gehabt. Das, denke ich, wird von allen Waffen die beste sein, die in eurer Schar sind.« – Und nochmals dankt Gislher für diese Gabe, und wünscht ihm Gottes Lohn für all die Ehre, die er ihm auf dieser Fahrt erwiesen hat. Nun sprach Rodinger-Markgraf zu Hagen: »Guter Freund Hagen, welches Kleinod kannst du hier bei mir sehen, das du am liebsten besäßest?« – Da antwortet Hagen: »Mir scheint«, sagt er, »daß hier ein Schild hängt, dunkelblau von Farbe, der ist groß; und stark scheint er mir zu sein, er trägt mächtige Hiebspur: den will ich nehmen als Gastgeschenk!« –

Da antwortet Rodinger-Markgraf: »Das fügt sich gut; denn diesen Schild trug ein guter Held, Herzog Nodung, und er erhielt harte Hiebe unter Mimungs Schneiden von dem starken Widga, ehe er fiel.« Und als das Frau Gudelinn hört, weint sie bitterlich um ihren Bruder Nodung. Und dieser Schild wird nun an Hagen gegeben. Sie danken Rodinger-Markgraf gar sehr für seine Gaben und Wohltaten.

Als sie sich gesättigt, holen sie ihre Rosse und rüsten sich selber und mit ihnen Rodinger-Markgraf, und mit diesem seine tapfersten (A: *sieben seiner t. R.*) Ritter, und reiten hinaus aus der Burg, als sie dazu bereit sind. Da wünschte ihnen Frau Gudelinn, wohl und heil zu fahren und dann wieder zu kommen mit Ehre und Ruhm. Und der Markgraf küßt seine Frau Gudelinn, ehe er hinausreitet, und heißt sie sein Reich wohl lenken, bis sie sich wiederfinden.

(Auf dem Weg nach Soest)

Sv 314 – (Lücke)

Mb 371

Nun ist nichts andres von ihrer Fahrt zu sagen, als daß sie reiten einen Tag um den andern. Und den Tag, als sie auf Susa reiten, ist nasses Wetter und starker Wind, und alle Niflungen sind nun naß und ihre Kleider. Und als sie vorbeikommen bei einer Burg, die Thorta[8] heißt, reitet ihnen ein Mann entgegen, der ist Sendbote Attala-Königs und soll nach Bakalar fahren, um Rodinger-Markgraf zum Fest zu laden. Er reitet aber zu der Schar mit seinen Leuten.

Und als sie sich treffen, fragt der Markgraf: »Was gibt es Neues in Susa?« – Dieser Mann antwortet: »Das ist nun in Susa das Neueste: Die Niflungen sind ins Hünenland gekommen, und Attala-König rüstet ihnen nun ein Fest; und ich ward dir entgegengesandt, dich zu diesem Fest einzuladen. Doch nun werde ich wieder umkehren mit euch, denn nun habe ich meinen Auftrag erfüllt.« Er zieht nun wieder mit ihnen und reitet mit Rodinger-Markgraf.

Da spricht Rodinger-Markgraf mit dem Sendboten: »Ein wie großes Aufgebot gedenkt Attala-König zu machen, oder wieviele Männer dazu zu laden?« – Da antwortet der Sendbote: »Mir scheint, es möchten auf eurer Fahrt hier nicht weniger sein, als Attala-König viele Männer zum Mahl geladen hat; doch Königin Grimhild hat halbmal mehr von ihren Freunden entboten, und sie sammelt Mannen in all ihrem Reich, solche, die ihr Hilfe leisten

wollen. Und hier ist so viel vorgesehen für dieses Festmahl, als wenn hier eine ganz große Volksmenge sein sollte und lange dort bleiben.
Rodinger läßt diesen Mann vorausreiten zur Burg und sagen, daß nun die Niflungen gekommen sind

(Lücke Mb)

A. *vor die Burg Attala-Königs. Der reitet stracks zu Attala-König und sagt ihm diese Nachricht, daß nun die Niflungen gekommen sind vor*
Mb. seine Burg, und Rodinger-Markgraf. Nun sendet der König durch diese ganze Burg, daß jedes Haus vorbereitet sei, einige mit Zelten, und in einigen soll man Feuer machen. Und nun ist viel Vorbereitung in der Burg Susa.
Nun sprach Attala-König zu Didrik-König und bittet ihn, daß er hinausreite ihnen entgegen. Und nun tut er das und reitet hinaus mit seinen Mannen. Und als sie sich treffen, begrüßen die einen die andern wohl, und sie reiten alle zusammen zur Burg.

(Empfang in Soest)

Sv 315 – (Lücke)

Mb 372

Königin Grimhild steht auf einem Turm und sieht die Fahrt ihrer Brüder und sieht, daß sie nun einreiten in die Burg Susa. Nun sieht sie dort manchen neuen Schild und manch blanke Brünne und manchen teuren Held. Nun sprach Grimhild: »Nun ist dies ein grüner Sommer, ein schöner, nun fahren meine Brüder mit manch neuem Schild und manch

blanker Brünne; und nun gedenke ich, wie mich grämt die große Wunde Jung-Sigfrids!« – Nun beweint sie Jung-Sigfrid ganz bitterlich und ging den Niflungen entgegen und hieß sie da willkommen sein, und küßt den, der ihr am nächsten war, und einen um den andern.
Nun ist diese Burg nahezu voll mit Männern und Rossen, und da war doch auch schon vorher in Susa manches Hundert an Männern und auch so an Rossen, daß man die Zahl kaum bestimmen konnte.

Sv 316 – (Lücke)

Mb 373

Attala-König nimmt seine Schwäger wohl auf und ist ihnen gefolgt in die Hallen, die vorbereitet sind, und schafft für sie Feuer. Doch die Niflungen fahren nicht aus ihren Brünnen, und nicht lassen sie ihre Waffen von sich.
Nun kommt Grimhild hinein in die Halle, wo bereits ihre Brüder am Feuer waren und trocknen sich. Sie sieht, wie sie ihre Röcke heben, und darunter sind blanke Brünnen.

(Sv 316)

Als Hagen seine Schwester Grimhild sah, setzten sie ihre Helme auf und banden sie fest, er und Folkward Spelemann. Da sagte Grimhild zu Hagen:
»Heil dir!
Hast du mir nun hergeführt (den) Niflungenschatz, den Jung-Sigfrid besaß?«
Hagen antwortete: »Ich bringe dir
– sagt er –
einen großen Unfreund! Ihm folgt mein Schild und mein Helm
mit meinem Schwert,
und meine Brünne lege ich nicht ab!«

Da sagte König Gunter zu Grimhild: »Frau, (Schwester,) geh her und sitz bei uns!« Da ging (sie) Grimhild, zu ihrem jüngsten Bruder Gislher und küßte ihn und setzte sich zwischen König Gunter und ihn und weinte bitterlich.
Da fragte Gislher: »Was weinst du so, Frau (Schwester)?« – Sie antwortete:
»Das kann ich dir wohl sagen, was am meisten
mich grämt, jetzt wie allezeit, die große Wunde, die ich sah zwischen Sigfrids Schultern, und war keine Scharte in seinem Schild.«
Da antwortete Hagen:
»Lassen wir das nun ruhn!
Denk nicht mehr an Jung-Sigfrid oder seine Wunde, sondern hab König Attala von Hünenland mehr lieb,
als dir früher Jung-Sigfrid war;
denn er ist halbmal reicher (und mächtiger, als Sigfrid war). Nicht machst du Sigfrid mehr heil. Sigfrids Wunde, das wird nun bleiben, wie es getan ist.« –
Sv 317
Da stand auf und D
ging Grimhild hinaus, und Didrik von Bern kam darauf zu den Niflungen und bat sie, zu Tisch zu gehn; und ihm folgte Aldrian, der Sohn des Königs Attala. Da nahm König Gunter den Knaben Aldrian in seine Arme und trug ihn hinaus. Doch Didrik-König und Hagen legten jeder den Arm um des anderen Hals in guter Freundschaft und geleiteten so einander hinaus
aus dem Saal den ganzen Weg,
bis sie in des Königs Saal kamen.
Da standen alle Türme
und jede Halle und jeder Hof
und alle Zinnen voll mit adligen Frauen (und Jungfrauen), und alle wollten sie

Hagen sehen um der großen Berühmtheit willen, die er hatte über alle Lande hin, seiner Mannhaftigkeit wegen.

Sv 318 **Mb 374**

König Attala saß in seinem Hochsitz (mitten vor dem Tisch) und setzte zu seiner rechten Hand König Gunter

seinen Schwager, und demnächst

dann Gislher, dann Gernholt, dann Hagen und dann Folkward Spelemann, deren Blutsfreund. Zu seiner linken Hand setzte er Didrik von Bern, dann Markgraf Rodinger und dann Meister Hildebrand.

Diese alle sitzen im Hochsitz mit Attala-König.

Darauf setzen sich alle die andern Edelleute einer nach dem andern; und tranken den Abend guten Wein.

Und hier ist nun das köstlichste Fest,

und sie wurden auf jede Art wohl bewirtet mit Speise und Wein und waren nun sehr vergnügt. –

Und nun ist eine so große Menge von Menschen in die Burg gekommen,

da war jedes Haus voll von Volk. Diese Nacht schliefen sie in gutem Frieden

und sind nun sehr vergnügt und in guter Obhut.

Mb 375

Am Morgen, als sie aufstanden, kam Didrik König (von Bern) und Hildebrand und mancher Ritter mehr zu (ihnen) den Niflungen und Didrik von Bern fragte, wie sie die Nacht geschlafen hätten. Da antwortete Hagen und sagte: »Wir haben alle gut geschlafen; aber mein Sinn ist so, daß ich nicht allzu froh gewesen sein kann. Da sagte Didrik-König (von Bern): »Mein guter Freund Hagen, halte dich munter

und vergnügt und sei uns willkommen,

doch wahre dich, 'so gut du nur kannst!° '°hier im Hünenland
Du bedarfst da all deiner Fähigkeit, wenn

du von hinnen kommen willst! Denn Grimhild, deine Schwester, weint noch jeden Tag um Jung-Sigfrid(s Tod)!«

Das war die erste Warnung, welche die Niflungen empfingen.

Und nun ist Thidrek der erste Mann, der die Niflungen gewarnt hat.

Als sie angekleidet waren, begaben sie sich hinaus auf den Hof.

König Didrik und Gunter-König geleiteten sich, Hildebrand und Hagen gingen einen andern Weg zusammen und Folkward mit ihnen.

Auf der einen Seite von König Gunter geht König Thidrek, und auf der andern Meister Hildebrand, und mit Hagen geht Folkher.

Da waren alle Niflungen aufgestanden, gingen und sahen sich um in der Burg.

Da ging Attala-König aus dem Saal

hinaus in den Umgang und sieht zu, wo die Niflungen gehn,

und mancher Mann (mit ihm), um der Niflungen stolzes Gebaren zu sehn. Da fragten alle, wo Hagen war, (seiner Mannheit wegen,) so berühmt war er.

alle besonders begierig

Da sah Attala-König

wo Hagen geht und Folkward, und

welcher er wohl sein könnte,

und kannte ihn nicht gewiß; denn Hagen und Folkward Spelemann waren ebenso kostbar gekleidet wie Gunter-König; auch

kann er da nicht so genau sehen, denn es

hatten Hagen und Folkward allezeit ihre tiefschattenden Helme auf.

Und er fragt, welche dort gehen mit Gunter-König und Didrik-König. Da antwortet Herzog Osid: »Mir scheint, das können Hagen und Folkward sein.«

Da sagte Attala-König: »Nicht kenne ich jetzt Hagen. Und doch, ich und meine Königin Ercha, wir schlugen ihn seinerzeit zum Ritter. (Damals kannte ich ihn gut,) und da war er gewiß mein guter Freund.«

Da gingen Hagen-Folkward, (und einer führte den andern) rings um die Burg,

und jeder hält die Hand um des andern Schulter,

und sahen manche stolzen Frauen, die nach ihnen sahen; darum nahmen sie ihre Helme ab und ließen sich sehen. Hagen konnte man daran erkennen: Er war schmal um die Hüften und breit um die Brust, langes Antlitz und bleich wie Asche, und nur *ein* Auge, das war ganz schwarz; und war trotzdem von allen Männern der mannhafteste.

Nun stehen die Niflungen mit ihrer Schar außen an der Burgmauer und besehen die Stadt und ergetzen sich. Doch Thidrek von Bern geht nun heim in seinen Hof, wo er etwas auszurichten hat.

(Das Fest im Garten)

Sv 319

Attala-König erkannte, daß die Menge des Volks groß war,

die da zusammengekommen,

und fände nicht alle Raum in einem Saal. Nun war schöner Sonnenschein, gutes Wetter, darum ließ er das Gastmahl in einem Apfel-Baumgarten richten.

Mb 376

Da° ging Grimhild
zu Didrik von Bern

°Zu diesem Zeitpunkt

und zum Eingespräch mit ihm.

Er empfing sie wohl und fragte, was sie wollte. Sie antwortete weinend und klagend:

»Guter Freund Didrik, ich bin gekommen, Rat und Hilfe bei dir zu suchen.

Und nun will ich dich bitten, guter Herr, daß du mir Beistand leistest,

meinen größten Gram zu rächen, daß Jung-Sigfrid (mir so mörderisch) erschlagen wurde. Das will ich nun rächen an Hagen, Gunter und all den Brüdern. Guter Herr, (hilf mir das rächen!) Willst du so, dann will ich dir geben Gold und Silber, soviel du nur willst, und dazu noch will ich dir helfen,
(daß du wohl wiedergewinnst all dein eignes Land).

wenn du über den Rhein reiten willst und willst dich rächen.

Didrik antwortete: »Frau, das kann ich keinesfalls tun! Und wer das tut, das ist ohne meinen Rat und ohne meinen Willen; denn sie sind meine besten Freunde. Mir kommt eher zu, ihren Nutz zu suchen als ihren Schaden.«
Grimhild (antwortete nicht und) ging weinend hinaus und ging in die Halle zu Herzog Osid und sagte: »Herr Osid, willst du mir helfen, meinen Harm zu rächen? Mich grämt es, wie die Niflungen Jung-Sigfrid erschlugen; das will ich nun an ihnen rächen, wenn du mir dazu hilfst! Wenn du das tust: Dafür gebe ich dir ein großes Land, wo du es wünschest.«
Osid antwortete: »Tue ich das, dann habe ich Attala-Königs Feindschaft, denn er ist ihr guter Freund.«
Da ging die (Königin) von dort weg und nun geht sie zu Attala-König und redete mit ihm wie vorher: »Herr, wo ist das Gold und wo ist das Silber, das meine Brüder dir gebracht?« – Attala-König antwortete: »Sie brachten mir weder Gold noch Silber. Gerne will ich sie wohl empfangen, um so lieber hier in meinem eigenen Land.«
Die Königin antwortete: »Herr! Wer soll nun meine Unbill rächen, wenn du es nicht willst? 'Ich vergesse ihnen niemals°,

'°Nun ist mir das noch der größte Schmerz

wie Jung-Sigfrid ermordet wurde. (Darum tut es mir weh in meinem Herzen.) Tu nun so gut, Herr, und räche das! Dann bekommst du das Niflungenland und den ganzen Niflungen-Schatz!«
Der König antwortete: »Frau! Schweig und schwätze nicht ein Wort mehr! Ich will meine Schwäger nicht täuschen; sie kamen hierher auf Treue! Das sollst nicht du tun noch irgend ein Mann, ihnen ein Leid zufügen!« – Da ging Grimhild hinaus, weit unfroher als vorher.

Sv 320 **Mb 377**

Der König Attala ging hinaus in den Apfelgarten

dort, wo das Fest sein soll

und ließ alle Gäste dahin kommen. Da sagte die Königin zu den Niflungen:

»Hier soll nun kein Mann mit Waffen gehn!

Ihr seht, daß alle Hünen ihre Waffen weggelegt haben. Darum will ich, daß ihr Niflungen mir eure Waffen in Obhut gebt.« –
Hagen antwortete: »Du bist eine Königin, dir steht nicht an, Männerwaffen zu hüten! Mein Vater lehrte mich, als ich jung war, niemals meine Waffen in einer Frau Obhut zu legen; und solang ich im Hünenland bin, lege ich nie meine Waffen von mir!« – Damit band er seinen Helm **D**
so fest es nur ging.
Da sahen alle, daß Hagen schlimm zornig war und von übler Laune, und wußten doch nicht, was das bedeutete. Da sagte Gernholt: »Hagen war niemals froh, seit er auf diese Fahrt ging, und man wird heute seine Mannhaftigkeit sehen und seine Klugheit.« – Da schien es Gernholt, es wäre Betrug bei der Fahrt, und daß Hagen das vorher wußte,

wie den Niflungen diese Fahrt ergehen würde,
(und es geheimhielt vor ihm), und er band seinen Helm fest und ging° so in den Baumgarten. °sie gehen
(**Sv 321**)
Da sah Attala-König, daß Hagen voll Zorn war und seinen Helm festspannte, und er fragte Didrik von Bern: »Wer sind die, die so zornig ihre Helme festbinden?« – Didrik antwortete: »Mir scheint, das ist Hagen und sein Bruder Gernholt, die sind beide (zornig)
treffliche Helden in unkundem Lande.« –
(Der König antwortete:) »Das tun sie aus großer Entrüstung.« – König Didrik antwortete: »Sie sind vollkommene Helden; und geht es, wie ich meine, Herr, bekommst du das heut noch zu sehen.«
Sv 322
Attala-König stand auf und ging zu Gunter-König und Gislher und nahm Gunter-König mit seiner rechten Hand und Jungherr Gislher nahm er mit seiner linken Hand und rief Hagen und Gernholt, und Attala-König setzte sie zu Tisch, alle
diese, auf den Ehrensitz sich zur rechten Seite, einen nach dem andern,
wie vorher gesagt ist.
Doch 'waren viele Feuer° im Garten und Tische rings um die Feuer '°war ein großes Feuer gemacht
und Sitze dabei.
Da waren alle Niflungen im Garten mit blanken Brünnen und scharfen Schwertern und harten Helmen.
Schilde und Speere verwahrten ihre Knappen (draußen vor dem Garten); und sie hatten auf Hagens und Gernholts Rat 15° ihrer Diener bestellt °20
zur Hut der Türe,
die sollten ausspähen zwischen den Hü-

nen, ob Trug sich erhöbe
oder Unfriede.
Da saß der Erzieher Aldrians, des Sohnes des Königs Attila, bei Folkward Spelemann, und die Königin Grimhild ließ ihren Stuhl grade gegenüber dem König Attala setzen. Herzog Osid saß bei ihr.

Mb 378

Da ging
in dieser Zwischenzeit
die Königin Grimhild zu einem Ritter, der Irung hieß – er war Hauptmann über ihr Kriegsvolk – und sagte zu ihm: »Guter Freund Irung, willst du meine Unbill rächen, indem weder Attala-König noch Didrik von Bern noch irgend einer meiner Freunde das rächen will?« – Irung antwortete:
»Warum weinst du so bitterlich oder was willst du rächen, Frau?« – Sie antwortete: »Ich vergesse nie, wie Jung-Sigfrid ermordet ward, und ihn will ich rächen, wenn einer mir dazu hilft!« – Sie nahm seinen goldbeschlagenen Schild und sagte (zu ihm): »Guter Freund Irung! Willst du meine Unbill rächen, dann gebe ich dir darein so viel rotes Gold, wie du fassen magst, und dazu 'auf ewig° meine Freundschaft!« – Irung antwortete: »Frau, das ist viel Gold, doch deine Freundschaft ist besser!« und stand gleich auf und wappnete sich mit einer Hundertschaft Ritter, die ihm gehorchten, und schlug sogleich sein Banner aus.
Da sagte Grimhild: »Schlage zuerst 'all ihr Volk zur Hel, das° außen vom Garten ist, daß keiner von diesen Niflungen hereinkommt, und laß keinen lebendig hinauskommen, der erst drinnen ist!« –

'°alle

'°ihre Knappen, alles was

(Der Kampf beginnt)

Sv 323	Mb 379
Die Königin ging schnell in den Garten, wo das Fest war, und setzte sich (wieder) in ihren Stuhl. Da lief zu ihr hin ihr Sohn Aldrian und küßte sie. Da sagte die Königin: »Mein lieber° Sohn, bist du deinen Blutsfreunden gleich und hast du das Herz dazu, dann geh zu Hagen und wenn er sich vorbeugt über den Tisch und Speise nimmt aus der Schüssel, dann recke dich und schlage ihm stracks an sein Kinn mit deiner Faust einen ganz harten Hieb! Wagst du das, dann wirst du ein guter Held!« – Der Knabe rannte stracks hinüber zu Hagen, und als der sich über den Tisch herbeugte, da schlug er ihm an sein Kinn mit der Faust einen Schlag; der war stärker, als man ihn selbst einem älteren als er war kaum zutraute.	°süßer
(Sv 325) Da griff Hagen dem Wicht ins Haar mit der linken Hand und sagte: »Das tatest du nicht nach dem Rat deines Vaters Attala-König oder nach deinem eigenen Rat; sondern hierzu hetzte deine Mutter dich auf! Das entgiltst du nun!«	Und davon hast du nun wenig Nutzen!« –
Und zog das Schwert mit der rechten Hand	Und mit seiner rechten Hand umfaßt Hagen den Knauf seines Schwertes und ziehts aus der Scheide
und hieb das Haupt ab dem Wichte und schlug Grimhild damit vor die Brust	wirft das Haupt an die Brust Grimhilds
und sagte: (»Frau, da hast du 'nen sauren Appel!) Wir trinken guten Wein in diesem Baum-	

Garten, und den werden wir nun teuer erkaufen!

Eine erste Schuld zahle ich hiermit der Schwester Grimhild!« –

Und dann hieb Hagen über Folkward-Spelemann hinweg auch das Haupt ab dem Zuchtmeister des Knaben

(und sagte zu Grimhild):

»Nimm nun diese Zahlung für deinen Wein! Und du, Zuchtmeister, bekommst nun deinen gerechten Lohn dafür, daß du das Kind nicht besser zogst!«

»Nun ist der Königin gelohnt, wie es verdient ist, und wie du dieses Knaben pflegtest!« –

(Sv 323)

Da sprang Attala-König auf und rief: »Steht auf ihr Hünen, alle meine Mannen, wappnet euch und erschlagt die Niflungen!«

Da sprangen alle (Attala-)Mannen

die im Garten waren

auf (zu ihren Waffen), und die Niflungen zogen nun ihre Schwerter.

Da hatte Grimhild

blutige Rinder-Häute (auf der Erde) ausbreiten lassen;

Auf den Rat Grimhilds waren außen vorm Gartentor frischblutige Rindshäute ausgebreitet, und

wenn die Niflungen etwa darüberliefen

aus dem Garten hinaus,

dann fielen sie

auf den Häuten, und da fährt mancher Mann so, daß er zu Tode kommt.

Und Irung stand davor mit seinen Mannen, und die erschlugen manchen guten Mann. Dafür erschlugen die Niflungen manchen Mann im Garten von den Hünen, so daß manches Hundert von ihnen tot lag im Garten.

Sv 324

Mb 380

Als die Niflungen merkten, daß (all) ihre Mannen erschlagen wurden, die außerhalb des Gartens waren, da wandten sie sich zurück.

und machen nochmals einen Sturm

und schlugen sich (heftig) mit denen, die im Garten waren,

den Hünen, und sie lassen nicht ab,

so daß sie jedes Menschenkind der Hünen, zur Hel schlugen, das nicht davonfliehen konnte.

König Attala stand nun auf einem Turm° und hieß alle seine Mannen tapfer vordringen °Kastell

gegen seine Schwäger,

(und) die Niflungen (erschlagen). Didrik-König ging heim in seine Herberge mit allen seinen Mannen; und es dünkte ihm sehr übel, daß so viele seiner guten Freunde auf beiden Seiten einer den andern erschlugen.

Doch die Königin Grimhild ging den ganzen Tag und gab Helme, Brünnen, Schilde und Schwerter

die Attala-König hat, als Waffen

an die Leute (des Attala),

die kämpfen wollen; und von Zeit zu Zeit geht sie hinaus in die Burg

und versprach ihnen

– jedem Mann, der es von ihr annehmen will –

(viel) Gold

und Silber und gute Kleinode

und trieb sie an, die Niflungen

anzugreifen und

zu töten.

Das ist ihr Werk diesen ganzen Tag.

Mb 381

Nun erhob sich ein harter Kampf diesen Tag. Die Hünen griffen tapfer den Garten an, und die Niflungen verteidigten (den Garten). Der (Garten) heißt Horngarten,[9]

in dem der Kampf ansteht.

und noch jetzt heißt er Niflungen-Horngarten.

Da fielen viele von Hünen und Niflungen, und doch halbmal mehr von Hünen (als von Niflungen).

(Der Ausbruch)

Sv 325

Da drängten alle Hünen heran, Mannsvolk vom Land und von anderen Burgen, so daß sie halbmal mehr wurden als zuerst, wo der Kampf begann. Da sagte Hagen zu seinen Brüdern: — zu Gunter, seinem Bruder

»Mir scheint:

Wir haben° viele von den Hünen — °es sind

und Aumlungen

erschlagen; doch so viele hünische Männer wir auch bekämpfen, es ist als täten wir nichts. So sehr vermehrt sich ihr Volk vom Land und den Burgen. Und die, mit denen wir kämpfen, sind nichts andres als ihre Knechte. Die Anführer

stehen ganz drüben auf einer Seite und sehen dort zu — kommen gleichwohl nirgends heran

Das ist mein Hauptkummer, daß wir nicht draußen im Freien sind. Wären wir dort, dann könnten wir selber wählen, mit wem zu kämpfen uns lüstete. Soll das so bleiben, dann können wir genau sehen,

wie das Spiel ablaufen wird, wenn es so weitergeht:

daß die Niflungen fallen; denn die Hünen tun uns den größeren Schaden mit ihren Speeren und Schüssen

als mit ihren Schwertern.

Könnten wir unsre Schwerter mit Kühnheit gebrauchen, dann würden die uns nicht überwinden! — Und keine Heldentat können wir vollbringen, wenn wir nicht unsre Hiebwaffen gegen die Hünen verwenden können.

Versuchen wir heldenhaft – sagt er – wo wir hinausdringen aus dem Garten!«

Der Garten war rings umgeben mit einer Mauer wie eine Burg,

so festgefügt, und diese selbe Steinmauer ist noch heute um ihn.

Da sah Hagen ganz links zum Garten, wo die Mauer mehr morsch war, dahin liefen sie alle tatenfroh, die Niflungen, und brachen da die Mauer mit aller Kraft nach außen hin durch,

und sie lassen nicht nach,
bis ein Tor an dem Garten ist.

Nun sprang Hagen hinaus durch das Tor und seine Brüder (Gernholt und Gislher) mit ihm und noch mehr Niflungen.

Als sie nun hinauskamen zwischen Häuser in eine enge Gasse,

und es war nicht geräumig, und außen davor war ein breiter Weg und Hallen zu beiden Seiten,

da trat ihnen Herzog Osid mit seinem Bannertrupp entgegen, und es entstand zwischen ihnen ein harter Kampf.

Mb 382

Da bliesen die Hünen in ihre Hörner und ließen rufen, die Niflungen wären aus dem Garten herausgekommen. Nun strömten alle Hünen dorthin,

Und nun ist Herzog Osid in Kampf mit den Niflungen gekommen. Die Hünen drängen nun hin zu diesem Kampf, so daß jede Straße dort in der Nähe voll ist von Hünen,

in solcher Übermacht, daß die Niflungen

geworfen wurden und

wieder zurück in den Garten flüchteten.

Sv 326

Dort stand ein gemauerter Saal; dorthin kam Hagen zur Tür, die war verschlossen; er wandte seinen Rücken zur Tür

und schwang den Schild vor sich
und hieb mit seiner Hand einen Mann über den andern. Einige verloren die Arme und einige die Füße und einige das (Leben)
Haupt, und einige (haut er) mitten von einander; und keiner greift ihn an, der nicht gleichen Kaufs davon kommt.
Und die drangen so heftig auf ihn ein, und er wehrte sich so (heldenhaft)
mit seinem Schilde,
daß man über tote Männer gehen konnte wohl einen Armhoch über der Erde.

daß die, welche erschlagen sind, kaum zur Erde fallen können.

Da hatte Hagen noch keine Wunde.
Und den Niflungen zur linken Seite steht die Halle Thidrek Königs.
Herr Didrik stand dort ganz nahe oben auf einem Ausbau, auch alle seine Mannen, wohlgewaffnet. Dorthin kam Gernholt

(Mb 382 – Lücke)

wandte den Rücken an eine Wand, wehrte sich mannhaft und erschlägt manchen Mann. Die Hünen drangen dort hart auf sie ein.
Gernholt sagte zu Didrik-König:
»Wohl könntest du hergehn mit deinen Mannen und uns helfen. Und laß nicht wenige Männer sich schlagen mit so vielen Männern!« –
Herr Didrik antwortete: »Mein guter Freund Gernholt! Das ist mir ein großer Schmerz: Ich verliere manchen guten Freund, ich kann nichts dazu tun. Ich will nicht kämpfen mit König Attalas Volk; nichts Übles will ich auch euch tun daß ich etwa davon weiß.«

(König Gunters Ende)

Sv 327 **(Mb 383 – Lücke)**

König Gunter war im Garten. Er hörte, daß seine Brüder Beistand brauchten. Deshalb kam er mit seinen Mannen heraus durch die Bresche, die sie in die Mauer gebrochen hatten.

Dort stand außen davor Herzog Osid und viele Hünen mit ihm. König Gunter ging tapfer gegen sie vor, so daß keiner seiner Mannen stark genug war, ihm zu folgen.

Da traf auf ihn Osid-Jarl, Attalas Neffe, mit vielem Volk. König Gunter wehrte sich mannhaft den ganzen Tag über. Er hatte keine Hilfe, sondern stand allein mitten im Hünen-Heer und war da so müde, er mußte sich gefangen geben. Sie griffen ihn und banden ihn und führten ihn zu Attala-König. Da ließ der König den König Gunter in seinen Schlangenturm werfen, und dort ließ König Gunter sein Leben. Derselbe Turm steht noch mitten in Susa.

Sv 328 **(Mb 384 – Lücke)**

Das hörten Hagen und Gernholt, daß ihr Bruder König Gunter gegriffen (worden) war. Da sprang Hagen vor von der Tür und hinaus auf die Gasse und hieb über den Haufen jeden Mann, den er traf. Und da traute sich keiner, ihn zu erwarten. Gernholt tat desgleichen und hieb mit beiden Händen. Sein Schwert stand erst in der Erde still, auf welchen Helm er auch hieb; und ihm folgt mutig Herr Gislher und schlägt manchen Mann mit seinem Schwert Gram.

Da drangen die Niflungen so ungestüm aus dem Garten, daß die Hünen vor ihre

Füße stürzten; und in großen Haufen begannen die Hünen zu fliehen, jeder in seine Halle. Attala-König ging auf den Turm und ließ die Tür wieder schließen und verwahrte sich, daß die Niflungen nicht zu ihm kämen. Da erhoben die Niflungen lauten Heerruf: die Hünen würden fliehen, und riefen, sie wollten ihren Schaden rächen. Die Hünen flohen trotzdem. Und nun wurde es sehr dunkel von der Nacht. Doch die Niflungen suchten unten um die ganze Burg und schlugen zur Hel alle, die sie fanden.

Sv 329

Der Markgraf Rodinger ging in Didriks Herberge und blieb dort die Nacht über, und Herzog Osid und Irung-Jarl gingen jeder in seine Herberge. Da wurde die Nacht so dunkel, daß keiner sehen konnte. Da sammelten sich drinnen sehr viele Hünen und zogen zuhauf.

(Der Kampf in der Nacht)

(Mb 385 – Lücke)

Da ließ Hagen in seine Hörner blasen und rief sein ganzes Volk zusammen und stand oben auf einer Mauer, wo alle Niflungen nahe bei ihm waren. Da fragte Hagen Gernholt: »Zähle, wie viel Volk haben wir verloren mit Gunter-König! oder wieviel Volk haben wir noch?« – Sie ordneten ihr Volk aufs neue und schlugen ihre Banner aus und zählten ab. Sie hatten noch 700, und 300 hatten sie verloren. Da sagte Hagen: »Wir haben noch wieder Volk genug, und es sollen die Hünen manchen Mann lassen, ehe wir alle zur

Erde fallen. Das bejahten die Niflungen alle.
Als sie eine Weile geruht hatten und ihre Wunden verbunden, da sagte Hagen

(Ende der Lücke)
(Mb 385)

»(Wir können hier nicht fortkommen;)
Wäre nun Tag, wie nun Nacht ist, und könnten wir sehen, um zu kämpfen, so würden wir jetzt den Sieg erringen. Jetzt hat Attala-König wenig mehr Heervolk, als wir haben;
doch warten wir diese Nacht ab,
bis es Tag ist,
dann sammelt sich hier zur Burg so viel Volk vom Lande,
und wir werden da mit so viel Heervolk zu tun haben,
daß es uns noch übermächtiger sein wird;
und ich weiß nicht, ob wir irgend ein Heldenwerk vollbringen werden, ehe wir unser Leben lassen.
Darum wollen wir uns

Und es ist sehr schade, wenn wir uns nicht

Feuer verschaffen, (damit wir sehen können),
dann würden wir noch kämpfen können
(und die zur Hel schlagen, die zunächst hier sind; dann ist unsere Freiheit umso größer!)« –
Damit lief Hagen
fort mit wenigen Mannen
(und suchte Feuer)
und zündete ein hölzernes Kochhaus an, das dort in der Burg stand, so daß das Feuer leuchtete

und dort nahebei war ein Kochhaus, und hier nehmen sie sich Feuer und werfen das Feuer sogleich in das Haus, und brennen es auf, und nun wird es hell

durch die ganze Burg.

Mb 386

Da richten die Niflungen ihre Zeichen auf und gehen um die Burg mit Rufen, und

da ließen die Niflungen ihre Luren blasen
und schmähten die Hünen,
wenn sie vor die Hallen kommen,
und forderten sie heraus, sich mit ihnen zu schlagen.
Doch die Hünen standen oben in den Kampfscharten und schossen einer nach dem andern und warfen auf die Niflungen, so taten es auch die Niflungen wieder auf sie. Doch wollten die Hünen nicht heruntergehen, mit den Niflungen vor Tag zu kämpfen. Dennoch schlugen die Niflungen viele zur Hel diese Nacht.

(Der zweite Kampftag)

Sv 330

Am Morgen früh gingen die Hünen herunter, und viele waren über Nacht aus den Harden hereingekommen;
und liefen hinauf in die Burg und gingen hinein,
und sie hatten da ein ganz großes Heer;
sie ordneten ihre Trupps aufs neue, und dasselbe taten die Niflungen,
und jede Seite richtet nun ihre Banner auf, und sie blasen alle ihre Hörner
und traten gegen einander an und kämpften
ganz scharf und lange, und die Hünen drängen nun sehr mannhaft vor. Es ermuntert nun jeder den andern, und die Königin
Grimhild trieb die Hünen an, scharf vorzugehen;
jeder Mann solle von den Niflungen erschlagen, so viel er nur vermöge,
und sie bot ihnen dafür Gold und Silber.
Diesen Tag sind die Herzöge Osid und Irung im Kampf.
König Attala war dort nicht in der Nähe.
(Da kamen zusammen Herzog Osid und Gernholt –)

Gernholt läßt sein Feldzeichen gegen Osid tragen, und die beiden Schlachtordnungen gehen mit großer Hitze auf einander los. Nun geht Gernholt voraus vor allen seinen Mannen und haut zu seinen beiden Seiten und erschlägt nun manchen Mann. Und nun kommt ihm Herzog Osid entgegen, und sie heben da ihren Einzelkampf an mit gewaltigen Hieben

und kämpften lange mit einander. Gernholt ging äußerst mannhaft gegen ihn vor und hieb auf seinen Hals, daß das Haupt abflog.

und Gernoz scheidet so von dannen, daß er das Haupt Osid Jarls abgehauen.

Als der Herzog tot war, freuten sich die Niflungen mächtig

und ist nun ein Fürst der Hünen gefallen

(und sie gingen scharf vor. Gernholt hieb zu beiden Seiten. Da litten die Hünen großen Schaden.)

Sv 331

Als Markgraf Rodinger erfuhr, daß Herzog Osid erschlagen war, da wurde er ganz wütig

und ruft allen seinen Mannen zu, daß sie nun kämpfen und die Niflungen erschlagen sollten

und ließ sein Banner
mitten in das Niflungen-Heer
tragen und folgte selbst mannhaft
und tat den Niflungen großen Schaden,

vorwärts in den Kampf

und vor ihm fallen die Niflungen,

und er hatte sich nun lange Zeit geschlagen.

Mb 387

Da ging Hagen vor, mitten ins Heer

der Hünen, ganz allein,

und hieb zu beiden Handen,

zur rechten Hand und zur linken Hand

und vor sich auf die Hünen, und viele erschlägt er auch mit seinem Speere,

und machte einen Weg quer durch ihr Heer, und keiner traute sich, ihm so nahe zu kommen, daß sein Schwert ihn erreichte. Hagens ganze Hände und all seine Rü-

stung waren blutig –
bis zu den Achseln herauf. Und so lange hat er sich nun geschlagen, und
so weit kam er voraus 'in ihr Heer° — '°ins Heer der Hünen,
daß er nun beinahe müde ist, und
daß keiner seiner Mannen sich traute, ihm zu folgen oder zu helfen. — er weiß daher nicht, ob er wieder zu seinen Mannen kommen könnte.

Darum wandte er sich zu einem gemauerten Saal und zerschlug die Hallen-Tür und ging dort hinein
und wendet sich wieder zu der Türe und machte da halt
und ruhte sich (eine Weile) aus.
Markgraf Rodinger kämpfte mannhaft und tat den Niflungen großen Schaden. — es entsteht nun dort ein großer Kampf.

(Jarl Irung)

Sv 332

Nun stürmten die Hünen (heftig) gegen die Tür der Halle, in der Hagen war. Er wehrte die Tür (vor ihnen) und erschlug (dort) manchen Mann.
Da sah Grimhild, wo Hagen stand und manchen Mann tötete;
Sie ruft laut den Hünen zu, und
nun hieß sie Feuer auf den Saal werfen, denn das Dach war ganz von Holz.
Und so wird es gemacht.
(Da stand einer dabei, der) Irung (hieß; er) war der Königin Grimhild guter° Freund. — °lieber
Darum sagte sie zu ihm:
»Guter Irung, nun kannst du Hagen angreifen, dort, wo er in einem Hause ist!
(Geh hinein in den Saal zu ihm und) bringe mir nun sein Haupt wieder heraus, dann fülle ich deinen Schild voll mit rotem Gold!«
Da wendet sich Irung schnell zu der Halle, wie

die Königin bat; und nun ist es rauchig geworden in der Halle, in der Hagen ist.
Da sprang Irung (durch die Tür),
hinein in die Halle, ganz kühn, und als er hineinkommt,
hieb
er ganz kühn mit seinem Schwerte auf Hagen und
in seinen Schenkel, daß die Brünne zerbrach, und ein Stück aus dem Schenkel –
so viel, wie das größte Stück, das für den Kessel gehauen wird.
Dann sprang Irung sogleich aus dem Saal hinaus;
Nun sieht Grimhild, daß Hagen blutet und geht zu Irung, und
da sagte Grimhild zu ihm:
»Höre, mein lieber Irung,
»Du bist 'ein trefflicher Mann,°
ich sehe nun, daß Hagen blutet.
geh nun zu ihm,
dann wirst du schnell sein Tod!« –
Dann nahm sie zwei Goldringe und band sie um Irungs Helmband,
den einen auf die rechte Seite, den andern auf die linke Seite,
und sagte:
»Irung, guter Held,
hau nun Hagens Haupt ab, dann will ich dir
in deinen Schild so viel
Gold und Silber geben, wie du haben willst,
und wohl anderes ebenso viel.« –
Da sprang Iron-Jarl in den Saal
zu Hagen zum zweiten Mal –
Da nahm Hagen eine Spießstange
und sieht sich nun vor und dringt ihm entgegen
und stieß seinen Speer gegen ihn unter dem Schild her und durch Brünne und Brust,
so daß er an den Schultern herausstand,

'° aller Helden bester:
Nun hast du Hagen eine Wunde beigebracht; das nächste Mal wirst du ihn töten!«

und er stürzte tot auf das Pflaster,
und das heißt noch heute »Irons Weg«.

Und der Spieß Hagens kommt in den Steinweg zu stehen.

Hagen sagte: »Hätte ich Grimhild so ihre Bosheit vergolten, wie ich Irung meine Wunde vergalt, so hätte mein Schwert mannhaft gefochten im Hünenland.«

und da läßt Irung sich auf den Steinweg fallen, und dieser Steinweg heißt Irungs Weg noch heute.

Sv 333

Während dieser Zeit gibt es nun große Kunde:

Markgraf Rodinger geht tapfer vor und tut den Niflungen großen Schaden.
Auf ihn traf der junge Gislher.
Sie kämpften beide lange und heldenhaft.
Gislhers Schwert Gram biß so gut auf Stahl wie auf Kleider, beides, Helme und Schilde und Brünnen, (daß nichts vor ihm standhielt)

wenn er haut.

Da bekam der Markgraf manche Wunde,
bis er stürzte und gleich starb,

und dies alles

durch dasselbe Schwert, das er Gislher

vorher als Gastgeschenk

gab.

Mb 388

und da gebrauchen sie ihre Waffen.

Sv 334

Gislher und Gernholt gingen mannhaft vor und kamen zu dem Saal Attala-Königs, (in dem Hagen war, und gingen hinein zu ihm)

und erschlagen dort manchen Mann.

(Das sah) Folkward Spelemann. (Er) drang tapfer ihnen nach und hieb nun einen Mann auf den andern und ging so zu dem Saal, worin Hagen ist, daß er nicht irgend auf bloße Erde trat, sondern auf tote Körper.

Und nun sieht Hagen, wie ein Niflungs-Mann

daherfährt und die Hünen fällt und ihm Beistand leisten will.

Hagen fragte: »Wer bist du, der so mutig vorangeht? Und hierher zu mir!« – Folkward antwortete: »Ich hieße Folkward Spelemann, dein guter Freund! Sieh welchen Weg ich gemacht habe hierher zu dir!« – Hagen antwortete: »Habe guten° Dank dafür!

°großen Gottes

Dein Schwert soll wohl Sorgen schaffen im Hünenland.«

wie du singen läßt dein Schwert auf Helmen der Hünen!«

(Der Endkampf)

Sv 335

Das sah König Didrik (von Bern), daß der Markgraf Rodinger tot war. Er sagte° zu seinen Mannen:

»Nun ist mein bester Freund, Rodinger-Markgraf, tot.

Wir können nicht länger ruhig stehen.

Nehmt, alle meine Mannen, eure Waffen!«

Wir werden (Markgraf Rodingers Tod rächen und) mit den Niflungen kämpfen!«

Alsbald sprang er mitten auf die (blutige) Gasse.

Für Männer war nicht gut stehn zwischen Niflungen und ihm. Und das sagen deutsche Männer, daß man da hören konnte des Eckesax Sang auf den Helmen der Niflungen;

Denn Herr Didrik war ganz grimmig. Die Niflungen wehrten sich tapfer. Dort stürzten viele von Herrn Didriks Aumlungen-Mannen und Niflungen mit in diesem Kampf.

Mb 389

°ruft

Und so ist gesagt in deutschen Liedern, daß da zagem Mann nicht behaglich war, als zusammenkommen im Kampf Didrek und Niflungen, und man hört weithin durch die Burg, wie Eckisax singt in Helmen der Niflungen.

Da ging (Herr) Didrik ganz hart vor
mit seinen Mannen
so daß Hagen
der gute Held von Troja mit seinem scharfen Schwert
und Gernholt und Gislher (und Folkward Spelemann) zurückweichen mußten (hinein in den Saal). Didrik drang ihnen nach und Meister Hildebrand.
Und nun sind drinnen in der Halle Hagen, Gernholt und Gislher und Folkward.
Herr Didrik
geht nun ganz kühn hinein in die Halle und
kam zur Tür, da stand Folkward und wehrte die Tür vor ihm. Herr Didrik hieb
mit seinem Schwert mit dem ersten Hieb
auf Folkwards Hals°, so daß Folkwards Haupt dem Schwert folgte. Da sprang Hagen gegen Herrn Didrik

°Helm

und sie haben dort ihren Einzelkampf,
und Gernholt gegen Hildebrand
und es entsteht dort ein großer Sturm.
Und Hildebrand hieb auf Gernholt mit seinem starken° Schwert Lagulf, so daß Gernholt die Todeswunde empfing und gleich tot vor seine Füße° fiel. Da waren noch einige wenige Kampffähige übrig

°großen

°zur Erde

in dieser Halle, nur diese vier:
Didrik und Hildebrand, Hagen und Gislher

Didrik und Hagen mit ihrem Kampf, Hildibrand und Gislher an der andern Statt.

Sv 336

Mb 390

Da ging Attala-König
von seinem Turm und
dahin, wo sie sich schlugen. Da sagte Hagen zu Attala-König: »Handle wie ein Edelmann und gib diesem Jungherrn (das) Leben°! Das ist Gislher, er kann noch ein guter Held werden; denn er ist schuldlos an Jung-Sigfrids Tod, ich allein tötete ihn, laß das nicht Gislher entgelten, und wenn

°Frieden

er leben mag, kann er ein Edelmann° werden!« – Da sagte Gislher: »Ich war erst ein° Jahr alt, als Jung-Sigfrid erschlagen wurde, — °guter Held; °fünf

und ich lag im Bett meiner Mutter mit ihr,

und ich bin schuldlos an seinem Tod, das weiß meine Schwester Grimhild. Nicht sage ich dies aus Furchtsamkeit. Ich will mich wehren so lange ich kann, und will mir nicht wünschen, meine Brüder zu überleben.

Dann drang er auf Meister Hildebrand ein und hieb einer auf den andern, und es ging aus, wie zu erwarten war, daß er° ihn so schlug, daß er gleich niederfiel und starb. — °Meister Hildebrand

Sv 337 — **Mb 391**

Da sagte Hagen zu König Didrik: »Nun sehe ich, daß unsre Freundschaft sich scheiden wird,

die wir bisher gehalten haben, — so groß sie auch gewesen ist

und nun will ich

auf dein Ärgstes aus sein, — mein Leben so mutig verteidigen,

so daß eins von beiden jetzt geschehn muß

daß entweder 'du stirbst oder ich.° — '°ich nun mein Leben lasse oder dein Leben gewinne.

Und führen wir diesen Einzel-Kampf auf ritterliche Art, und keiner erbitte sich Hilfe dabei!

Und mache keiner dem andern seine Abstammung zum Vorwurf!«

Da antwortete König Didrik: »Ich bitte keinen, in diesem Einzel-Kampf mir zu helfen, und ich will dich° noch mit Kunst und Kühnheit bezwingen°!« — °ihn ...; °gewinnen

Sie schlugen sich lange und hart, und keiner konnte erkennen, wer von ihnen gewinnen würde;

und so lange währt der Kampf,

bis sie beide ermattet waren und übel wund. Da wurde König Didrik so grimmig und grobgelaunt und grollte, daß ein einzelner Mann ihm so lange widerstehen sollte. Da sagte Didrik:
»Das ist gewiß eine große Schande,
daß ich hier stehe den ganzen Tag, und
daß ein Elf-Sohn (so lange) vor meinen Händen° stehn soll – und kämpfen!« – Da antwortete Hagen: »Es ist nicht schlimmer, ein Elf-Sohn zu sein als ein Sohn des Teufels selber!« –

°vor mir

Da wurde König Didrik so wütig, daß 'ihn Feuer durchfuhr°, und Hagens Brünne, (Schild und Helm) wurde davon so heiß, daß sie ihn fast versengte;

'°Feuer aus seinem Munde fuhr,

und sie schützt ihn nicht, sondern sie verbrennt ihn.

Da sagte Hagen:
»Nun will ich gerne mich fügen und meine Waffen übergeben.
Nun bin ich blutig und brandig von meinen Brünnenringen. Wäre ich so Fisch, wie ich nun Mensch bin
dann wäre ich längst gebraten, (und ein Großteil meines Körpers ist so gebraten) – man könnte mich essen. (Darum ergebe ich mich nun.)« –
Da nahm Didrik ihm sein Schwert und seinen Helm und die Brünne ab.

Nun ergreift ihn Didrik-König und reißt ihm die Brünne ab.

(Grimhilds und Hagens Ende)

Sv 338

'Da nahm Grimhild°
einen brennenden Brand,
dort wo das Haus gebrannt hatte, und geht
und stieß ihn° ihrem Bruder Gernholt in den Mund

Mb 392 D

'°Und nun geht Grimhild und nimmt einen großen Brand

D

°den lohenden Brand

und will wissen, ob er tot ist oder lebendig;
und er war augenscheinlich tot.
Darauf geht sie und stieß sie den Feuer-Brand in Gislhers Mund. Er war da noch 'am Leben°, doch 'von der Flamme und dem Rauch° starb er. Da — D — '°nicht tot — '°hiervon
sieht Didrik König von Bern, was Grimhild tut, und
sagte zu Attala-König:
»Nun kannst du sehn, was für ein Teufel deine Ehefrau ist, und — Sieh die Teufelin Grimhild, deine Ehefrau,
wie sie ihre Brüder zu Tode quält, die schnellen° Helden, und wie mancher Mann sein Leben gelassen hat durch ihre Schuld, — °guten
und wie viele gute Männer hat sie vernichtet, Aumlungen und
Niflungen und Hünen. Und gerne wollte sie, daß auch du und ich erschlagen würden,
wenn sie das vermöchte.«
Da sagte Attala-König: »Lieber Didrik, erschlage du sie, sie ist gewiß ein Teufel!
Und das wäre ein gutes Werk!
Hättest du das vor 7 Tagen° getan, dann wäre manch wackerer Mann noch am Leben, der jetzt tot ist!« Da sprang Didrik-König zu Grimhild und hieb sie mitten durch. — °Nächten

Sv 339 — **Mb 393**

Darauf ging er zu Hagen und fragte, ob er sich zutraue, am Leben zu bleiben, (wenn er einen guten Arzt bekäme). Hagen antwortete: »Noch lebe ich einige Tage, doch währt das nicht lange wegen meiner großen Wunden.« Daraufhin ließ Herr Didrik Hagen in seine Herberge tragen und seine Wunden verbinden. Herr Didrik hatte eine Verwandte, die hieß Jungfer Märeth°, — °Herrad

die holte er herbei, und
sie verband Hagens Wunden.

Hagen sagte unter vier Augen zu Herrn Didrik: »Schaffe mir eine Frau für die Nacht, mich verlangt sehr danach.«

Und am Abend spricht Hagen mit Thidrek-König, er solle ihm eine Frau beschaffen, und er sagt, er will mit ihr schlafen die Nacht. Und so tut Didrik.

Herr Didrik tat, wie er bat. (Sie lag bei Hagen zur Nacht.)
Am Morgen früh sagte Hagen zu ihr:
»Nun kann es sein, wenn einige Zeit vorüber ist:
du wirst einen Sohn von mir gebären,
laß ihn Aldrian nennen!
Und hier hast du die Schlüssel,
die du bewahren sollst;
die gehn zum Sigis-fröd-Keller;
dort liegt das Gold, das man Niflungen-Schatz nennt.

diese Schlüssel gehen zum Sigisfrod-Keller, in dem der Niflungen-Schatz verwahrt wird.

Die Schlüssel sollst du meinem Sohn geben, wenn er mannbar geworden ist.« – Darnach starb Hagen.

Nun waren auch die meisten tot,

Und nun ist beschlossen das Leben für die

Niflungen und desgleichen alle die edelsten Männer im Hünenlande außer Attala-König und Thidrek-König und Meister Hildibrand.

von Attalas Volk wohl 4000 und Herrn Didriks; – Niflungen fielen um 1000.

In diesem Kampf sind gefallen tausend Niflungen und viertausend Hünen und Aumlungen.

Das sagen deutsche Männer, daß kein Kampf berühmter gewesen ist in alten Sagen als dieser. Nach diesem Kampf entstand eine so große
(Hier fehlen in Sv zwei Zeilen des Vortextes)

Verödung an edlen Männern im Hünenlande, daß in den Tagen Attala-Königs nicht bestand ein gleich großer Männer-

-Reichtum im Hünenland,
(denn das Volk war meist zur Hel geschlagen.)
Da war das wahr geworden, wie es Er-

cha°-Königin weis-sagte dem Attala-König, (als sie starb,) daß Hünenland Schaden erleiden würde, wenn der König eine Ehe einginge im Niflungenland.

°Erka

(Das Nachwort)

Mb 394

Das kann einer von denen sehen, die nach Susa kommen, die Ungeheuerlichkeiten, die da geschahen,

Hier kann man nun hören die Erzählung deutscher Männer, wie diese Begebenheiten ergangen sind (und zwar) einiger von denen, die in Susat geboren sind, wo diese Ereignisse sich zugetragen haben, und manchen Tag die Stätten noch unzerstört gesehen haben, woselbst die Begebenheiten sich ereignet haben:

den Garten, der Niflungen-Garten genannt wird, und den Schlangenturm

wo Hagen fiel oder Irung erschlagen ward oder den Schlangenturm, in dem Gunter-König den Tod erlitt,

und den Weg, der noch Irungs-Weg heißt; und manche anderen merk-würdigen Dinge, die da geschahen.

und den Garten, der noch »Niflungengarten« genannt wird;

Hierüber sind mehrere Bücher geschrieben und bewahren dies alles.

und steht alles auf dieselbe Weise, wie es damals war, als die Niflungen erschlagen wurden; auch die Tore: das alte östliche Tor, wo zuerst der Kampf sich erhob, und das westliche Tor, das Hagens Tor genannt wird, das die Niflungen in den Garten brachen, das wird noch auf dieselbe Weise genannt, wie es damals geschah. Auch die Männer haben uns davon gesagt, welche in Bremen und Maensterborg geboren sind, und keiner von ihnen wußte mit Gewißheit um den andern, und alle sagten auf dieselbe Weise davon; auch ist das meist dem gemäß, was alte Lieder in deutscher

Zunge sagen, welche weise Männer über die großen Begebenheiten, welche sich in diesem Lande zugetragen, gedichtet haben.

(Aldrians Rache)

Sv 365

König Attala im Hünenland war zu der Zeit ein alter Mann. Er zog Aldrian auf, den Sohn Hagens von Tröuia, den dieser zeugte mit der Frau, die bei ihm lag eine Nacht, bevor er starb. König Attala hatte auch einen Sohn, der war 12 Jahre alt. So war auch Aldrian Hagenssohn. Seiner Mutter Mutter zog sie beide auf.

Es war eines Abends. König Attala saß bei Tisch. Vor ihm stand Aldrian Hagenssohn und hielt Fackel vor ihm. Da fiel ein Brand von der Fackel und auf Aldrians Fuß und brannte durch den Schuh und nieder in den Fuß. Davon merkte Aldrian nichts.

Da sprach der König zu ihm: »Was denkst du, Aldrian? Merkst du nicht, daß das Feuer dich brennt?« Aldrian antwortete: »Ich sah dies: daß vor dir liegt gut Weizenbrot und leckere Speise, und du trinkst guten Wein. Da dachte ich, daß der Tag kommen würde, wo du Gerstenbrot äßest und tränkst Wasser danach, wenn du's bekämest.« –

König Attala antwortete: »Warum denkst du, ich sollte Gerstenbrot essen oder Wasser trinken? Das geschah mir oftmals auf Heerfahrt in meiner Jugend, als ich beides tat, hungerte und durstete; doch nun bin ich so alt, daß ich nie öfter in solche Not komme.«

(Mb 423 – Lücke)

Nun sprachen sie nicht mehr davon; und Aldrian dachte beständig darauf, wie er seinen Vater rächen würde und seine übrigen Verwandten.

Sv 366	(Mb 424 – Lücke)
Es war ein Tag, daß König Attala in den Wald ritt, sich zu erlustigen und Tiere zu jagen. Alle seine Leute verirrten sich von ihm außer Aldrian Hagenssohn. Aldrian sagte zu Attala: »Wieviel Gold und Silber besaß Jung-Sigfrid?« – »Das was Niflungen-Schatz genannt wird, das ist das meiste Gold, das ich auf einer Stelle weiß.« – Aldrian fragte: »Wer verwahrt das Gold?« –	
Attala antwortete: »Ich weiß nicht,	
wer das verwahrt; ich meine, das verwahrt kein Mensch;	wo der Niflungenschatz verwahrt wird; ich denke, das wird jetzt kein Mensch wissen.«
(denn das ist in der Erde vergraben).« – Aldrian antwortete: »Herr, was willst du dem Manne zum Lohn geben, der dir den Niflungen-Schatz weist?« – König antwortete:	
»Wer mag das tun?	
Ich will ihn reicher machen als irgend einen in meinem Reich.«	Ich würde den Mann groß machen in meinem Reich, daß nicht leicht einer gleich-reich sein sollte.«
Da sagte Aldrian: »(Hältst du dein Wort):	
willst du den Mann so groß und reich machen, wie du nun sagst	
dann will ich dir den Niflungen-Schatz weisen.«	daß er dir den Niflungenschatz weist, da kann es sein, daß ich dieser Mann sei.«
König bat, (ihn ihm zu weisen):	Da antwortet der König:
»Gewiß wäre das großes Glück, wenn du mir sagen könntest, wohin der Niflungen-Schatz gekommen ist.«	

(Aldrian:)

»Willst du, daß ich dir sage, wo der Niflungen-Schatz verwahrt wird:

Da wollen wir reiten, wir zwei alleine, so daß niemand dritter uns folgen soll!« – König antwortete:

»Das mag wohl werden.« –

daß er das gerne ausführen wolle.

Aldrian sagte: »Reiten wir diesmal heim (im Dämmern, wenn ihr wollt, dann will auch ich euch folgen).« –

Und so taten sie.

Sv 367

Einige Tage darnach reiten sie weg in den Wald, König Attala und Aldrian. Ihnen begegnete keiner, und keiner konnte ihnen folgen;

Das dünkt den Leuten wunderlich, weil Attala König ein so alter Mann ist, daß er nicht gut zu Rosse ist. Sie meinen, daß es für ihn nicht passend ist, mit nur *einem* Mann zu reiten. Der König will keinen Mann mit sich reiten lassen außer Aldrian. Und so geschieht es, daß sie im Walde reiten einen langen Weg, und dahin, bis

sie kamen zu einem Berg. Dort nahm Aldrian Schlüssel, die zum Berge gehen, und schloß 'drei Türen° auf,

'°eine Tür und eine zweite Tür und eine dritte Tür

und ging hinein in den Berg mit Attala-König und sagte:

»Sieh hier nun den Niflungenschatz!«

Mb 425

Einige Tage darauf will Attala-König ausreiten in den Wald und will keinen Mann mit sich fahren lassen außer Aldrian, seinem Ziehsohn.

und Attala König hinter ihm. Da sagt Aldrian zu Attala König, hier werde der Niflungen-Schatz sein.

D

Er geht und zeigt Attala-König:

»Hier (ist) das Gold

und Silber und gutes Gewaffen,

das Jung-Sigfrid besaß und Gunter-König und Hagen von Tröya°.«

°Troja

Und dahin ist nun zusammen gekommen die ganze bewegliche Habe der Niflungen. An einer Stelle ist das Gut, das Gunter-König hatte, Gold und Silber und edle Kleinode; und zu einer anderen Stelle geht Attala König, dorthin, wo das

Gut ist, das Hagen von Troia gehabt hatte. Dort war nicht weniger Gut als an der ersten Stelle.

Attala-König stand lange und sah auf das Niflungen-Gold. — betrachtete jedes Stück

Doch Aldrian geht nun innen im Berg herum, heißt nochmals Attala König dorthin kommen. Dort zeigt er ihm das Gut, das Jung-Sigfrid besessen hatte, das war halbmal mehr als jedes von denen, die er vorher gesehen hatte.

Und Attala-König war ganz vergnügt und meinte, er wäre nun der reichste König, den es bisher gab. — und weiß nun, daß dort so viel Gut sein werde, daß kein König reicher sein kann an Besitz all sein Leben lang, als er sein wird.

Nun geht nochmals Aldrian innen im Berg herum und mehr nach außen zur Tür,

Da° (sprang Aldrian zu den Türen) hinaus und schloß (alle) die (drei) Türen wieder zu. König Attala sagte°: »Mein guter Freund Aldrian, komm herein zu mir! (Das Gold und das Silber ist alles dein!)« — °und danach — °rief

(Aldrian antwortete:)

»Du magst nun haben Gold und Silber (zum Todestag)

und edle Gesteine so im Überfluß, daß du nicht nötig hast, mehr zu begehren, als du nun hast.

Doch ich habe lange gelebt mit wenig Gut; nun reite ich in den Wald und vergnüge mich!« – Darauf schloß er alle drei Türen wieder — die zweite Tür und die dritte Tür

und wälzte groß 'Berg und Steine° darauf. — '°(Geröll und Soden)

Da kam Attala-König in den Sinn,

was dieser Knabe getan hätte, und er glaubt nun zu wissen,

daß der Knabe seinen Vater rächen wollte und die andern Niflungen.

Mb 426

Drei Tage darnach kam Aldrian wieder

zu dem Berge.

Da hatte Attala-König eine Tür zerschlagen und rief (zu Aldrian):

»Guter Freund Aldrian, tu nun den Berg auf!

Laß mich hinaus! Ich will dir geben Gold und Silber,

soviel du nur haben willst,

und mache dich zum König über Hünenland und büße dir deines Vaters Tod

und deine Verwandten

Darum sollst du auch allein all das Gold und Silber haben, das hier im Berge ist, und noch mehr dazu. Und niemals will ich an dir rächen, was du jetzt (mir) getan hast!« –

Aldrian antwortete: »Attala-König!

»Du begehrtest allzeit sehr den Niflungen-Schatz, da (mein Vater)

dein Schwager Gunter und seine Brüder

lebten. Nun hast du die Gnade von Gott, daß du nun allein all das Gold und Silber besitzst, das viele Könige (und Herren) zusammenbrachten.

Ob nun wohl das erfüllt ist, was ich dachte?

Ich meine, der Tag ist (nun) gekommen, daß du gerne Gerste äßest und Wasser tränkst.«

Attala-König antwortete: »Das weiß Gott, das wäre nun eine süße Speise,

– ich wollte nun jedes von beiden –

Gerste essen und Wasser trinken –

wenn es vorhanden wäre!«

Aldrian antwortete:

»Willst du nun Gerste essen und schlechtes Wasser trinken? Nun kannst du keines von beiden haben!

(Du warst allzeit begieriger)°, Gold und Silber (zu trinken und zu essen); hiernach hat dich lange gehungert°.« –

°Trinke nun

°gedürstet

Darnach trug er Steine und Rasen vor die Türen

und legte so viel darauf, daß er einsieht,

daß Attala-König dort niemals lebend herauskommen würde.

Sv 368	Mb 427
Darauf stieg er zu Roß und ritt nun all seinen Weg ins Niflungen-Land zu der reichen (Königin) Brünhild, König Gunters Witwe, – sie empfängt ihn wohl – und Aldrian sagte (ihr von seiner Fahrt), wie es sehr wahrscheinlich sei, daß Attala König tot sei, und sehr wahrscheinlich, daß er gerächt hatte Hagen, seinen Vater, und König Gunter und die andern Niflungen. Er sagt ihr, wie die Sache sich zugetragen habe. Sie sagte ihm großen Gottes-Dank dafür, daß er so großes Glück darin gehabt habe, seinen Vater zu rächen. Nun nimmt sie ihn überaus freudig auf und rief ihr Volk zusammen und sagte ihm diese Zeitung, wie es ergangen wäre. Dann gab sie Aldrian viele Ritter (und Reisige), damit er sein Reich einnehmen solle. Darauf ritt er nun aus über das Land mit viel (Volk und) Heer und gewann (viel) vom Niflungenland, ein so großes Reich, wie es inne gehabt hatten Gunter-König und Hagen, und wurde dort König°	°Jarl
Dieses Reich beherrscht Aldrian all seine Zeit so lange er lebte. König Attala starb (in dem Berg) unter solchen Umständen, wie jetzt gesagt ist.	
	(Mb – Lücke) A
Seitdem ward der Niflungen-Schatz niemals gefunden;	und kein Mensch hat seitdem erfahren, wo der Niflungenschatz verborgen ist.
weil Aldrian *der es allein wußte,* danach nie mehr (in den Berg) kam nach König Attala.	*den Schatz niemals mehr hob, solange er lebte.*

A-Variante

Attala König der Hünen lenkt sein Reich nach der Erschlagung der Niflungen, und dort wird aufgezogen Aldrian Sohn Hagens (B: von Troja). Diesen Sohn hatte Hogni mit der Tochter Irungs, Anführers der Ritter. Und nun war dieser Knabe 12 Winter alt. Attala-König liebt ihn sehr. Attala-König hat einen Sohn, der ist nun 11 Winter alt. Da zieht eine Frau beide auf, auch Aldrian.

Es ist eines Abends, daß Attala-König in seinem Hochsitz sitzt und vor ihm steht Aldrian mit einer Kerze, und dort war eine Herdplatte und Feuer darauf, und vom Feuer stieß ein kleiner lohender Brand und kam auf Aldrians Fuß und brannte durch den Schuh und die Strümpfe in den Fuß. Doch Aldrian merkte dies selbst nicht, sondern ein Ritter nahm ihm den Brand weg.

Dies sieht Attala-König und sprach: »Aldrian, woran denkst du so fest, daß du nicht darauf achtest, das Feuer von dir zu nehmen?« – Da antwortet Aldrian: »Herr, ich dachte daran, ob es etwas Besonderes ist, daß vor euch steht Semmelbrot und allerlei Leckeres und der beste Wein; ob der Tag kommen wird, daß du Gerstenbrot essen möchtest und Wasser trinken.«

Da sagt der König: »Warum kommt dir das in den Sinn? In der Lage bin ich einst oft gewesen im Heer, daß mich dürstete und hungerte; doch nun bin ich so alt und hinfällig, daß ich weiß, ich käme nie so im Heer von hinnen, daß ich nötig hätte, Wasser zu trinken oder Gerste zu essen.« –

Einmal, als Attala-König ausgeritten ist in den Wald mit seinen Mannen, um Tiere zu jagen, da trennen sich von ihm alle Mannen außer Aldrian. Da sagte Aldrian zum König: »Wie viel Gut mag Jung-Sigfrid gehabt haben, das, was Niflungen-Schatz genannt wird?« – Da sagt [der] König: »Das Gut, das Niflungenschatz heißt, ist das meiste Gut, das zusammengekommen ist, so weit wir wissen. Da sagt Aldrian: »Wer verwahrt nun dies Gut?« –

1 Die folgenden sieben Zeilen sind in Mb inhaltlich gleich, aber nicht in rhythmischen Versen geschrieben.

2 An dieser Erzählung, bei der die Texte von Sv und Mb auffallend übereinstimmen, ist mehreres bemerkenswert.
Einmal, daß Hagen, obwohl er als »Sohn Aldrian Königs« galt und als solcher der älteste war, doch nicht das Königtum bekam, und seine Geburt also doch als ein Makel angesehen wurde, so daß die Bezeichnung des »ältesten« auf Gunnar überging.
Zweitens taucht die – uns aus dem Nibelungenlied bekannte – Namensform KRIMILDA (wenn sie dort auch meist Chriemhild heißt) hier ein einziges Mal auf. Auch sonst sind die Namen dieses Kapitels nicht ganz die gewöhnlichen: statt Gernoz steht GERNEROZ, statt Gisler (Gislher) GILSER.
Die obige Erzählung von Hagens Geburt im Kap. 169 der Membrane wird von Mb nochmals gebracht in Kap. 170, kürzer und etwas anders. Hier hat der Vater Gunnars den Namen IRUNG statt Aldrian. Das ist kaum die gültige Fassung, weil der Name Aldrian auch durch Sv gut überliefert ist, und weil bei zwei Enkeln der Name Aldrian wiederkehrt, beim Sohn Grimhilds und beim nachgezeugten Sohn Hagens (womit Hagen seine Zugehörigkeit zum Niflungengeschlecht trotz anderer Blutsherkunft unterstreicht). Dieser Name dürfte zu dem Vater der Königin gehören, den Sv Irian oder Yrian nennt, und wäre falsch übertragen. – Im Kap. 170 wird an zweiter Stelle noch ein weiterer Bruder Gunnars genannt, GUTHZORM-GUTHORM, von dem aber dann gesagt wird, daß er »siech« war, und der weiterhin aus der Niflungen-Erzählung verschwindet.

3 von nun an Gunter

4 von nun an Gernholt

5 von nun an Gislher

6 von nun an wird statt des durchgängigen »Brynilla« Brünhild gesetzt.

7 in Sv »Siogard« (= Seegard); A: Saegard; B: Regard.

8 Dortmund

9 Mb schreibt »holmgarde« (Kampfgarten), was Bertelsen in »homgardr« verbessert. A fehlt der Name. B schreibt »Høgnagardur« (Hagengarten).

Bildnachweis

Abb. 6 und 7: Aus: Erwin Menz, »Leverkusen, Junge Stadt am großen Strom«, Leverkusen 1961

Abb. 19: Rheinisches Landesmuseum Bonn

Abb. 20 und 21: Hubert Regh, Euskirchen

Abb. 22: Aus: »Rheinische Kunststätten, Heft 192«. Foto Michael Jeiter, Aachen

Abb. 23: Rheinisches Landesmuseum Bonn

Abb. 26 und 28: Aus: »Stabkirchen in Norwegen«, Stuttgart 1968, Verlag Freies Geistesleben. Foto Walther Roggenkamp, Dornach

Abb. 31: Atelier Dülberg, Soest

Alle anderen Abbildungen: Heinz Ritter, Schaumburg